신뢰도 이론의 이해와 활용

이희춘 지음

자유아카데미

머리말

보험 산업을 비롯한 대부분의 금융 산업에서는 합리적인 의사결정을 하기 위해 주로 과거의 경험데이터를 이용하게 된다. 하지만 의사결정에 필요한 경험데이터는 대부분 부족한 것이 현실이다. 특히, 보험요율은 과거 일정기간의 동질위험집단으로부터 발생한 경험데이터를 기초로 산출하기 때문에 경험데이터의 「양(volume)」은 물론 「동질성(homogeneous risk)」의 확보가 무엇보다 중요하다. 이렇게 경험데이터가 충분치 못한 상황 속에서 합리적인 의사결정을 하는 데 필요한 도구 중의 하나가 신뢰도 이론(credibility theory)이다.

최근 들어 신뢰도 이론을 각종 연구(논문), 자격시험, 보험요율산정 실무 등에 적용하려는 노력이 있으나 이를 뒷받침해 줄 수 있는 관련 자료가 부족한 것이 현실이다. 이 같은 점들을 고려해서 이 책에서는 신뢰도 이론을 보다 쉽게 이해하고 활용할 수 있도록 그림과 예제 등을 많이 포함시켰으며, 어려운 수식의 전개, 증명 등은 가능한 한 최소화시켰다.

이 책은 신뢰도 이론을 우리나라 보험실무환경에 맞게 체계적으로 종합 · 정리한 것이다. 또한 보험과 관련된 전공자나 보험요율 산정업무에 종사하는 실무자라면 누구나 쉽게 이해하고 활용할 수 있도록 각종 기호와 통계적인 모형들을 단순화시켰다. 특히, 이 책을 정리하는 과정에서 사용되는 보험용어와 통계용어에 대해서는 한국보험학회와 한국통계학회의 용어사전을 따랐다.

이 책은 총 12장으로 구성되어 있는데 각 장의 주요 내용들을 요약하면 다음과 같다.

제1장에서는 신뢰도의 개념, 필요성, 성질, 종류 등을 사례와 함께 정리하였다.

제2장에서는 신뢰도 이론을 이해하는 데 필요한 조건부 평균 및 분산, 베이지안 추정량 등에 대한 기초적인 통계이론을 정리하였다. 특히, 뷜만의 방법에 의한 신뢰도 등에서 기초가 되는 베이지안 관련 통계이론을 자세하게 다루었다.

제3장에서는 현재까지 국내외서 발표된 신뢰도 이론에 대한 3가지 접근방법(변동제한 방법, 뷜만의 방법, 베이지안의 방법)을 알기 쉽게 요약 · 정리하였다.

제4장에서는 우리나라에서 많이 사용하고 있는 변동제한 방법에 의한 신뢰도를 전신뢰도(full credibility)와 부분신뢰도(partial credibility)로 나누어 공식 유도 과정 등을 자세하게 기술하였다. 또한 과거 우리나라 보험업감독규정에서 적용하였던 자동차보험의 신뢰도 추정방법을 정리하였다.

제5장에서는 미국의 보험요율산출기관인 ISO(Insurance Service Office)에서 사용하고 있는 S값에 의한 신뢰도에 대해 기술하였다.

제6장에서는 뷜만(Bühlmann)의 방법에 의한 신뢰도에 대해 기술하였다. 뷜만의 방법에 의한 신뢰도에서 가장 기본이 되는 조건부(등급 간) 평균들의 분산값과 조건부(등급 내) 분산들의 기댓값에 대한 개념과 상호 관계를 알기 쉽게 이해할 수 있도록 다양한 그림과 예시들을 들어 설명하였다.

제7장에서는 뷜만-스트라웁(Bühlmann-Straub)의 방법에 의한 신뢰도에 대해 기술하였다. 뷜만의 방법에 의한 신뢰도와 달리 위험측정단위수의 크기가 다른 경우에 적용할 수 있는 방법으로 예시를 들어 알기 쉽게 설명하였다.

제8장에서는 순수 베이지안의 방법에 의한 신뢰도에 대해 기술하였다. 공액사전분포와 베이지안 신뢰도와의 관계를 통계적 분포를 가지고 설명하였다.

제9장에서는 사전분포를 전제로 전개되는 순수 베이지안 방법(제8장)에 의한 신뢰도와 달리 경험데이터만을 이용해서 신뢰도의 모수들을 추정할 수 있는 경험적 베이지안의 모수 추정 방법을 설명하였다.

제10장에서는 제9장에서 설명한 신뢰도의 모수 추정방법을 기초로 뷜만의 방법에 의한 경험적 베이지안 신뢰도에 대한 산출공식과 사례를 알고리즘에 따라 설명하였다.

제11장에서는 제10장의 단점(등급별 경험데이터가 동일)을 해결할 수 있도록 등급별 경험데이터가 둘 이상이고 조건부(등급 내) 분산들의 기댓값이 양수인 경우 적용할 수 있는 뷜만-스트라웁의 경험적 베이지안 신뢰도 방법과 실제 적용사례를 들어 설명하였다.

제12장에서는 제11장의 단점인 조건부(등급 내) 분산들의 기댓값이 음수가 되는 경우 이를 해결할 수 있는 뷜만-스트라웁의 경험적 베이지안 방법에 의한 신뢰도(Ⅱ)와 실제 적용사례를 들어 설명하였다.

이상에서 설명하고 있는 신뢰도 이론은 대수의 법칙과 수지상등의 원칙을 근간으로 하는 모든 금융 분야에 적용될 수 있을 것으로 판단된다. 특히, 우리나라와 같이 위험측정단위별 경험데이터가 부족한 상황에서 신뢰도 이론의 역할은 더 클 것으로 예상된다.

그동안의 실무와 강의 경험을 바탕으로 누구나 알기 쉽게 이해할 수 있도록 정리하였지만, 독자에 따라서 다소 어렵고 낯설게 느껴지는 부분이 있을 것으로 예상된다. 이에 대한 독자 여러분의 많은 조언을 구하며, 출간 후에 나올 수 있는 수정사항 등은 자유아카데미 홈페이지(www.freeaca.com) 자료실에 제공할 예정이니 참고하길 바란다.

끝으로 이 책을 출간하기까지 많은 도움을 주신 자유아카데미와 임현택 박사를 비롯한 모든 분들께 감사의 인사를 드린다.

2022년 5월

이희춘

목 차

1장

개요

1.1 신뢰도의 개념

신뢰도(credibility)[1]는 최근 정보(current knowledge)와 경험 정보(prior knowledge)를 적절히 가중하여 추정치(예, 손해율, 보험료, 보험금 등)의 정확도를 높이는 역할을 한다. 롱글리와 쿡(Longley, Cook[1962])은 신뢰도를 다음과 같이 정의하고 있다. "신뢰도란 적정한 요율을 산출하기 위해 사용되는 가중치의 하나로 경험데이터 내에 존재하는 신뢰의 정도를 말한다(a measure of the credence that the actuary believes should be attached to a particular body of experience for rate making purpose)." 즉, 경험데이터 내에 존재하는 믿음의 정도를 신뢰도로 정의하고 있다.

일반적으로 보험요율, 손해액, 보험료, 손해율 등을 추정하기 위해서는 '최근 정보(R)'와 '경험 정보(H)'에 신뢰도(credibility) Z와 그 보수(complement)인 $(1-Z)$를 각각 가중하여 산출한다. 이를 식으로 나타내면 식 (1.1)과 같다(아래 식에서 ^(hat)은 추정치를 의미한다).

$$\widehat{\text{추정치}} = \text{신뢰도}(Z) \times \text{최근 정보}(R) + (1-Z) \times \text{경험 정보}(H) \tag{1.1}$$

여기서 말하는 '최근 정보'란 가장 최근 연도에 집적된 경험데이터의 정보를 말하고 '경험 정보'란 1년 전, 또는 그 이전 연도에 집적된 경험데이터의 정보를 말한다. 결국 식 (1.1)에서 보듯이, 추정치 산출의 정확성은 최근 정보(R)와 경험 정보(H)를 어떻게 결합시키는지에 달려있다. 예를 들면, 식 (1.2)와 같이 적정 요율은 현행 요율(current rate)과 구 요율(old rate)에 신뢰도 Z라는 가중치를 결합하여 산출한다.

$$\widehat{\text{적정 요율}} = Z \times \text{현행 요율} + (1-Z) \times \text{구 요율} \tag{1.2}$$

식 (1.2)에서 보는 바와 같이 최근 정보에 가중되는 신뢰도 Z가 '1'이라면 현행 요율에 의해 적정 요율이 결정되고, 반대로 최근 정보에 가중되는 신뢰도 Z가 '0'이라면 적정 요율은 구 요율에 의해 결정된다. 이처럼 신뢰도는 최근 정보와 경험 정보를 적절히 가중시킴으로써 추정치의 정확도를 높이는 역할을 한다.

---

1) credibility를 미국의 손해보험보험요율산정(보험개발원, 1984), 보험업감독규정(금융위원회, 2017) 등에서 신뢰도(信賴度)라는 용어로 번역하고 있다. 이 책에서도 credibility를 신뢰도라 표기한다.

1.2 신뢰도의 필요성

신뢰도는 보험자가 어떤 위험등급이나 보험목적물에 대한 보험요율을 산정하거나 과거 경험데이터에 기초해서 장래에 적용할 보험요율을 수정할 때 필요한 도구이다. 만약에 어떤 보험계약자(피보험자)의 경험데이터가 매뉴얼 요율(순보험요율이라고도 부름) 산출 당시의 경험데이터보다 좋게 나왔다면 그 보험계약자는 보험요율의 인하를 요구할 것이다.

TV, 냉장고, 자동차 등과 같은 유형상품(有形商品)은 상품을 판매하기 전에 사전적(事前的)으로 가격(원가)이 결정되는 데 비해, 보험 상품은 무형상품(無形商品)으로 어떤 보험가입집단 내의 미래사고 발생 가능성을 예측하여 사후적(事後的)으로 가격이 결정되는 특징을 지니고 있다. 다시 말해, 유형상품의 가격은 상품생산 전 또는 판매 전에 재료비, 인건비 등과 같은 원가분석을 통해 사전적으로 결정된다. 반면에 무형상품인 보험상품은 보험가입과 동시에 보험료를 보험회사에 납입하지만 매출원가인 보험금은 보험기간이 경과해야만 최종적으로 결정된다. 따라서 최종가격(정확한 가격)은 보험기간이 경과한 시점에서 사후적으로 결정되는 특징이 있다.

보험계약자가 납입하는 보험료는 과거 일정기간(예를 들면, 보험기간 5년)에 동질위험집단으로부터 발생한 경험데이터(예를 들면, 보험료, 보험금 등)를 가지고 장래에 발생할 손해액을 추정해서 개략적(槪略的)으로 결정한다. 따라서 추정치와 실제치는 대부분 차이가 나게 마련이다. 이때, 이 차이를 최소화시키는 역할을 하는 것이 신뢰도이다.

일반적으로 보험요율은 동질위험집단을 대상으로 대수의 법칙(law of large numbers)과 수지상등의 원칙(principle equivalence)을 적용하여 산정한다. 그렇지만 아무리 정교한 인수지침(underwriting manual)을 적용하더라도 이질적인 위험이 포함되기 마련이다. 즉, 경험데이터가 충분하지 않거나 동질성이 확보되지 않은 경우 신뢰도를 적용한다.

다음 예제를 통해 신뢰도가 왜 필요한 것인가에 대해 살펴보자(Goulet, 1998).

예제 1.1

자동차보험 계약자 10명으로 구성된 동질위험집단(위험수준이 동일)을 가정해 보자. 각 피보험자는 1년에 단 1번의 사고만을 경험할 수 있으며 매 사고 시 보험금 1이 지급된다고 가정한다. 또한 각 보험계약자에게 적용되는 위험보험료(collective premium)[2)]는 모두 0.20으로 동일하다고 가정한다. 아래 표의 손해액[3)]은 위험보험료(risk premium)를 말하며 빈칸은 사고가 발생하지 않은 경우를 말한다.

보험에 가입한 후 1년이 경과한 시점에서의 경험데이터가 <표 1.1>과 같다고 가정할 때 평균손해액은 $\frac{1}{10} = 0.10$이다. 즉, 9번째 피보험자에게 보험사고가 발생해서 보험금 1이 지급되었다. 이것은 최초에 적용한 적용보험료 0.20에 훨씬 미치지 못하기 때문에 요율인하 요인이 발생하고 있으나 요율인하는 없는 것으로 가정한다.

표 1.1 1년 경과 후의 경험데이터

연도	피보험자(i)									
	1	2	3	4	5	6	7	8	9	10
1									1	

2년이 경과한 후의 경험데이터가 <표 1.2>와 같다고 가정할 때(즉, 2년간 가입자 20명 중 4명의 피보험자가 사고를 입었기 때문에) 평균손해액은 $\frac{4}{20}=0.20$이다. 이것은 최초 적용보험료 0.20과 일치하고 9번째의 피보험자는 사고가 2년간 계속해서 발생하는 불량피보험자(운전자)로 보인다.

표 1.2 2년 경과 후의 경험데이터

연도	피보험자(i)									
	1	2	3	4	5	6	7	8	9	10
1									1	
2	1	1							1	

2) 여기서 collective premium은 위험보험료를 말한다.
3) 이 책에서 손해액과 보험금은 동일한 의미를 갖는다.

표 1.3 10년 경과 후의 경험데이터

연도	피보험자(i)									
	1	2	3	4	5	6	7	8	9	10
1									1	
2	1	1							1	
3	1		1						1	
4			1						1	
5									1	
6		1								
7	1	1		1	1					
8	1			1		1			1	
9	1				1					
10	1								1	
$\overline{X_i}$	0.60	0.30	0.20	0.20	0.20	0.10	0.00	0.00	0.70	0.00
$\overline{X}$	0.23									

이와 같은 조건하에서 10년이 경과한 후 경험데이터가 <표 1.3>과 같다고 할 때 이들 <표 1.1>~<표 1.3>이 시사하는 점은 다음과 같다.

첫째, 보험회사에서 적정한 보험요율을 산출하기 위해서는 충분한 경험통계기간의 데이터가 필요하다. <표 1.1>과 같이 1년이 경과한 시점에서 평균손해액이 0.10이므로 적용보험료 0.20를 50% 인하(즉, 0.20×(1-0.5)=0.10)해야만 수지상등의 원칙이 적용된다고 볼 수 있다. 그러나 단지 1년이 경과한 시점에서의 경험데이터를 100% 믿는다는 것은 현실적으로 어렵다. 또한 <표 1.2>와 같이 2년이 경과한 시점에서 평균손해액 0.20은 적용보험료와 일치하고 있으나, 이 또한 2년간의 경험데이터만으로 요율을 조정하기에 충분하다고는 볼 수 없다. <표 1.3>과 같이 10년이 경과한 후 평균손해액($\overline{X_i}$, i=1, 2, ⋯, 10)은 0.0부터 0.70에 걸쳐 넓게 분포되었고 전체 평균손해액($\overline{X}$)은 0.23이 된다. 결국, 10년간의 사고경험데이터만을 볼 때 최초 적용보험료 0.20은 실제보다 조금 낮게 산출된 것으로 볼 수 있다. 반면에 피보험자별로 보험료의 차이는 크게 발생하고 있다.

둘째, 최초 보험 가입집단을 동질위험집단(homogeneous risk group)(즉, 피보험자간 사고발생 가능성이 동일)으로 가정하여 모든 피보험자에게 동일한 적용보험료 0.20을 적용하였다. 그러나 10년이 경과한 시점에서 9번째 피보험자는 평균손해액이 0.70으로 전체평균손해액($\overline{X}=0.23$)에 비해 3배가 넘게 나타나 동질위험집단 내에 포함하기에는 이질적(異質的)인 불량피보험자(운전자)라고 할 수 있다.

이상의 결과를 다시 한번 정리해 보면 첫째, [예제 1.1]에서와 같이 최초 보험가입 시에는 동질위험집단으로 간주하여 모든 피보험자에게 동일한 적용보험료 0.20을 적용하였으나 경험데이터가 집적된 후에는 피보험자의 사고발생 가능성에 따라 개별적으로 요율을 산출·적용해야만 피보험자간 요율의 형평성(공평성)이 유지될 수 있다. 둘째, 적정한 보험요율을 산출하기 위해서는 충분한 경험데이터가 집적되어야 한다는 것이다. 최근 정보가 충분하지 않은 경우 그 대안으로 과거의 경험 정보 또는 전체 집단의 유사정보(예, 예정손해율)를 요율산출에 사용하게 되는데, 이때 발생하는 문제 중 하나가 이들을 최근 정보와 동일하게 취급할 것인지, 아니면 최근 정보와 대비해서 가중치를 달리 부여해야 하는지에 대한 문제이다. 또한 과거의 경험 정보를 포함하는 경우에 과거와 현재 간의 시차(time lag)로 인한 정보의 이질성의 문제를 생각하여야 한다. 이 같은 문제점들을 해결하기 위해 신뢰도가 필요하다.

1.3 신뢰도의 성질

신뢰도 Z는 다음과 같은 성질을 갖는다. 여기서, E는 최근 정보량을 나타낸다.

① $0 \le Z \le 1$: 신뢰도 Z는 0보다 작거나 1보다 크면 안 된다. 즉, $Z=1$이라면 최근 정보를 완전히 신뢰하는 경우를 말하고, 반대로 $Z=0$이라면 최근 정보를 완전히 믿을 수 없는 경우, 즉 경험 정보만으로 추정치가 결정된 것을 의미한다.

② $\dfrac{d}{dE}(Z)>0$: 최근 정보량이 커짐에 따라 신뢰도 Z는 증가한다.

③ $\dfrac{d}{dE}(\dfrac{Z}{E})<0$: 신뢰도 Z의 변화율은 최근 정보량이 커지면 커질수록 감소한다.

예를 들면, 최근 정보량 500에 추가정보량 100이 추가되는 경우에 신뢰도의 변화율(ΔE_1)은 최근 정보량 10,000에 추가정보량 100이 추가되는 경우에 신뢰도의 변화율(ΔE_2)보다 크다. 이를 그래프로 나타내면 <그림 1.1>과 같다.

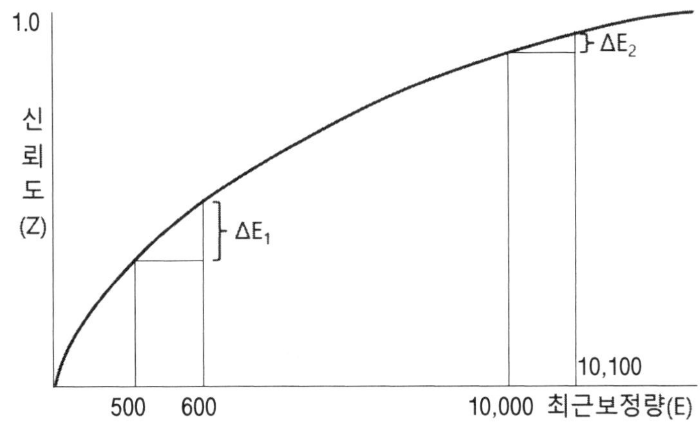

그림 1.1 신뢰도의 일반적 형태

1.4 신뢰도의 종류

신뢰도 Z는 크게「경험데이터의 안정성의 정도(the degree of stability)」를 반영하기 위한 신뢰도와「경험데이터의 이질성의 정도(the degree of heterogeneity)」를 반영하기 위한 신뢰도로 나누어진다. 그 어느 경우에도 신뢰도는 $0 \le Z \le 1$가 성립된다.

경험데이터의 안정성의 정도를 나타내는 신뢰도는 변동제한 방법에 의한 신뢰도를 말하는 것으로 보통 사고건수, 보험료, 보험금액 등의 크기(volume)에 의해 신뢰도가 결정된다. 반면, 경험데이터에 대한 이질성의 정도를 나타내는 신뢰도는 뷜만 신뢰도, 베이지안 신뢰도, 경험적 베이지안 신뢰도 등이 있으며 이 경우 신뢰도는 조건부(등급 내) 분산들의 기댓값과 조건부(등급 간) 평균들의 분산값에 의해 신뢰도의 크기가 결정된다. 이들에 대해서는 제6장에서 자세하게 설명할 것이다.

1.4.1 경험데이터의 안정성(安定性)을 고려하는 신뢰도

경험데이터의 안정성(stability)의 정도를 고려한 신뢰도는 경험데이터(예, 보험료, 보험금, 사고건수 등)의 크기 또는 규모에 의해 결정되는 것으로 식 (1.3)과 같이 n과 k의 비율의 제곱근 형태로 나타난다.

$$Z = \sqrt{\frac{n}{k}} \tag{1.3}$$

여기서, n은 실제사고건수, k는 전신뢰도(full credibility)에 필요한 최소 사고건수를 말한다. 제4장의 변동제한 방법에 의한 신뢰도에서 k는 n_F로 표시된다. 경험데이터의 안정성을 고려하는 신뢰도에 대해서는 제4장과 제5장에서 자세하게 설명한다.

1.4.2 경험데이터의 이질성(異質性)을 고려하는 신뢰도

경험데이터의 이질성(heterogeneity) 정도를 고려하는 신뢰도는 경험데이터의 크기나 규모보다는 경험데이터가 위험등급(class, group)별로 어느 정도 이질적인 위험들로 구성되어 있느냐의 여부에 따라 결정된다. 경험데이터의 이질성을 고려하는 신뢰도는 식 (1.4)와 같은 형태로 나타난다.

$$Z = \frac{E}{E+k} \tag{1.4}$$

여기서, E는 경과보험료, 손해액, 사고건수, 통계기간 등과 같이 위험등급(집단)의 위험도를 나타내는 특성치를 말하며 k는 조건부(등급 내) 분산들의 기댓값(Expected value of the Process Variance: EPV)을 조건부(등급 간) 평균들의 분산값(Variance of the Hypothetical Means: VHM)으로 나눈 값이다. 식 (1.5)와 같이 위험측정단위의 이질성 정도를 이용하는 부분신뢰도(partial credibility)는 뷜만(1969)의 방법, 베이지안의 방법 또는 뷜만-스트라웁(Bühlmann-Straub, 1972)의 경험적 베이지안 방법, 모리스-밴 슬라이키(Morris-Van Slyke, 1980)의 경험적 베이지안 방법 등이 있다(식 (1.4)와 (1.5)는 동일한 형태이다). 다만, 식 (1.5)는 부분신뢰도(Z_P)를 나타낸다. 이 방법에서는 위험측정단위 E와 적절한 상수 k를 사용하여 산출한다(자세한 내용은 제6장~제12장에서 다룬다).

이와 같은 부분신뢰도 산출 공식은 1918년 휘트니(Whitney)가 최초로 제안한 것으로 발표 당시 E는 경과보험료(earned premium), k는 요율산정자(rate maker)의 주관적 판단에 따라 결정되는 상수(constant)라 정의하였다.

이후 베이지안의 이론(Bayesian theory)이 보편화되기 시작한 20세기 후반에 메이어슨(Mayerson, 1968)은 휘트니가 제안한 부분신뢰도 산출 모델이 베이지안의 이론

결과와 유사하다는 사실을 밝혀냈다.

$$Z_P = \frac{E}{E+k} \tag{1.5}$$

여기서, E는 사고건수 또는 경과보험료, 경험통계기간과 같은 위험측정단위를 나타내며, k는 조건부(등급 내) 분산들의 기댓값(EPV)과 조건부(등급 간) 평균들의 분산값(VHM)의 비율을 나타낸다. 즉, k는 다음과 같은 식으로 나타난다.

$$k = \frac{\text{조건부(등급 내) 분산들의 기댓값}}{\text{조건부(등급 간) 평균들의 분산값}}$$

이를 영문으로 표시하면 다음과 같다.

$$k = \frac{Expected\ value\ of\ the\ Process\ Variance(EPV)}{Variance\ of\ the\ Hypothetical\ Means(VHM)} \tag{1.6}$$

식 (1.5)와 같이 부분신뢰도 Z_P는 위험측정단위수 E의 증가함수가 되며, k값이 일정하다고 가정할 때 E가 무한대로 접근하면 부분신뢰도 Z_P는 1.0으로 수렴함을 알 수 있다. 또한 부분신뢰도 Z_P는 k의 감소함수이기 때문에 조건부(등급 내) 분산들의 기댓값(EPV)(식 (1.6)의 분자)의 감소함수(최저 0)가 된다. 즉, 부분신뢰도 Z_P는 1.0을 한도로 하는 조건부(등급 간) 평균들의 분산값(VHM)(식 (1.6)의 분모)의 증가함수가 된다.

반면에 조건부(등급 내) 분산들이 크면 클수록(즉, 등급 내의 위험측정단위들이 이질적으로 구성되면 될수록) 최근 정보(R)보다는 경험 정보(H)에 더 많은 가중치가 주어진다. 조건부(등급 내) 분산들이 크다는 것은 요율등급 내의 경험데이터가 매우 이질적(heterogeneous)인 위험들로 구성되어 있어 위험등급 내의 위험변동 폭(예, 손해율, 보험료, 보험금 등)이 크다는 것을 의미한다. 이에 대해서는 제6장부터 제12장에 걸쳐 자세하게 설명된다.

연습문제

1. 신뢰도의 성질에 대해 수치적인 예를 들어 설명하시오.

2. 신뢰도에 대한 3가지 접근방법에 대하여 설명하시오.

3. 다음과 같은 조건이 주어질 때 식 (1.1)을 이용해서 C의 추정치를 계산하시오

〈조건〉 (ⅰ) 최근 관측치의 평균이 100,000

(ⅱ) 과거 평균치가 60,000

(ⅲ) 신뢰도가 0.25

4. 다음과 같은 조건이 주어질 때 식 (1.1)을 이용해서 해당 등급에 대한 보험요율을 결정하시오.

〈조건〉 (ⅰ) 해당 등급의 경험데이터를 이용해서 산출한 보험요율이 100,000원

(ⅱ) 모든 등급을 결합해서 구한 보험요율이 200,000원

(ⅲ) 해당 등급의 신뢰도는 0.40

2장

기초적 통계이론

2.1 개요

신뢰도 이론을 이해하기 위해서는 확률변수와 확률분포, 조건부 분포, 조건부 평균 및 분산, 베이지안 이론(Bayesian theory) 등과 같은 통계학의 기초이론을 이해하는 것이 무엇보다 중요하다. 특히, 베이지안 이론은 베이지안 방법에 의한 신뢰도(제8장)뿐만 아니라 뵐만의 방법에 의한 신뢰도 등에서 많이 사용되고 있다. 이번 장에는 신뢰도 이론을 전개하는 데 필요한 기초적인 통계이론을 정리하였다.

2.2 확률변수와 확률분포

2.2.1. 확률변수

확률변수(random variable)란 사회현상, 실험 또는 사건을 관심 있는 숫자로 요약, 표시한 것을 말한다. 각 실험이나 사건은 이에 맞는 확률변수를 만들어 내며 각각의 확률변수는 확률분포함수를 만들어 내게 된다. 예를 들면 주사위를 한번 던지는 실험에서 나타날 수 있는 실험결과는 다음과 같은 표본공간(sample space) S로 표현할 수 있다.

$$S=\{1\text{의 눈금}, 2\text{의 눈금}, 3\text{의 눈금}, \cdots\cdots, 6\text{의 눈금}\}$$

여기서, 확률변수 X를 "주사위를 한번 던져 나타나는 주사위 눈의 수"라 하면 실험결과 1의 눈금은 1이라는 수치를, 2의 눈금은 2라는 수치를, 3의 눈금은 3이라는 수치를 각각 부여하며, 이러한 숫자로 표시한 것을 확률변수라고 한다. 즉, 확률변수 X=1, 2, 3, 4, 5, 6의 값을 취한다. 통계적으로 확률변수는 $X : S \rightarrow R$이라고 표현되며, 여기서 X는 확률변수를, S는 표본공간을, R은 실수공간(real variable space)을 나타낸다.

이러한 확률변수에는 이산형(離散形) 확률변수(discrete random variable)와 연속형(連續形) 확률변수(continuous random variable)가 있다. 이산형 확률변수란 주사위 또는 동전을 던지는 실험에서와 같이 확률변수가 취할 수 있는 값이 한정되어 있거나, 한정되어 있지 않더라도 셀 수 있는 확률변수를 말한다. 반면에 연속형 확률변수는 취할 수 있는 값이 무한한 연속적인 값을 취하는 확률변수를 말한다.

2.2.2. 확률분포

확률변수는 확률분포(probability distribution)를 통해 나타나게 된다. 확률분포란 확률변수가 취할 수 있는 값 또는 수치들과 그러한 값들을 취할 가능성(확률)을 표나 그래프, 함수 등의 형태로 나타낸 것을 말한다. 확률분포는 취급하는 확률변수가 이산형이냐 연속형이냐에 따라 이산형 확률분포(discrete probability distribution)와 연속형 확률분포(continuous probability distribution)로 나누어진다. 즉, 이산형 확률변수의 분포를 이산형 확률분포라 하고 보통 $p(x)$로 표시한다. 또한 연속형 확률변수의 분포를 연속형 확률분포라 하고 보통 $f(x)$로 표시한다.

먼저, 이산형 확률변수의 확률분포에 대한 예를 들면, 주사위를 한번 던지는 실험에서 나타나는 주사위 눈의 수와 그에 대응하는 확률을 다음 <표 2.1>로 나타낼 수 있다.

표 2.1 주사위 실험의 확률분포

주사위 눈의 수 (확률변수)	확률	주사위 눈의 수 (확률변수)	확률
1	1/6	4	1/6
2	1/6	5	1/6
3	1/6	6	1/6

<표 2.1>에서와 같이 실험가능한 모든 결과(주사위 눈의 수)를 수치로 표시(즉, 확률변수)하고 그 확률을 나타낸 것이 이산형 확률분포이다. 이러한 표현은 상대도수분포와 유사한데, 확률분포는 실험으로부터 발생할 수 있는 모든 결과에 관한 것이므로 모집단(population)에 대한 상대도수분포라고 말할 수 있다. 확률분포는 표뿐만 아니라 그래프나 함수로도 표현할 수 있다. <표 2.1>을 그래프로 나타내면 <그림 2.1>과 같다.

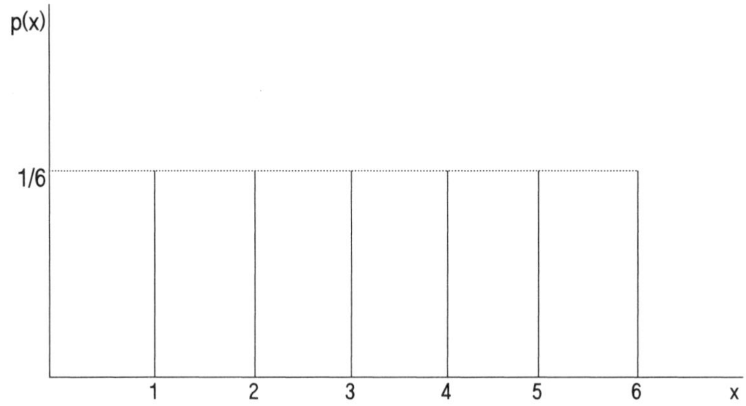

그림 2.1 이산형 확률분포

<그림 2.1>에서 각 선의 높이는 확률변수 X가 특정한 값을 취할 확률을 나타낸다. 또한 확률분포는 다음과 같은 함수의 형태로도 표시할 수 있다. 즉, 확률변수의 특징을 함수로 나타낸 것을 확률분포함수(probability distribution function: p.d.f)라 한다. 다음 식은 주사위를 한번 던지는 실험에 대한 확률분포함수이다.

$$p(x) = \begin{cases} \frac{1}{6}, & x = 1,2,3,\cdots,6 \\ \\ 0, & \text{그 밖의 경우} \end{cases}$$

다음으로 연속형 확률변수의 확률분포에 대한 예를 들면 다음과 같다. 연속형 확률분포는 연속형 수량자료의 도수 다각형에서 관측값의 수를 늘리고 계급구간과 폭을 제한 없이 줄여 원활한 곡선으로 나타낸 것을 말한다. 연속형 확률분포에서의 $f(x)$, 즉 확률밀도함수 값은 0 이상의 모든 실숫값을 취할 수 있다. 따라서 확률밀도함수의 값은 확률이 아니며 1을 초과할 수도 있다.

예를 들어, 균등분포(uniform distribution)는 연속형 확률분포의 하나로 주어진 구간 내 모든 실숫값을 취할 확률이 동일한 분포이다. 만일 확률변수가 0과 0.1 사이의 모든 실숫값을 취할 수 있는 균등분포를 한다면 X의 확률분포는 다음 <그림 2.2>와 같은 그래프로 표현될 수 있다.

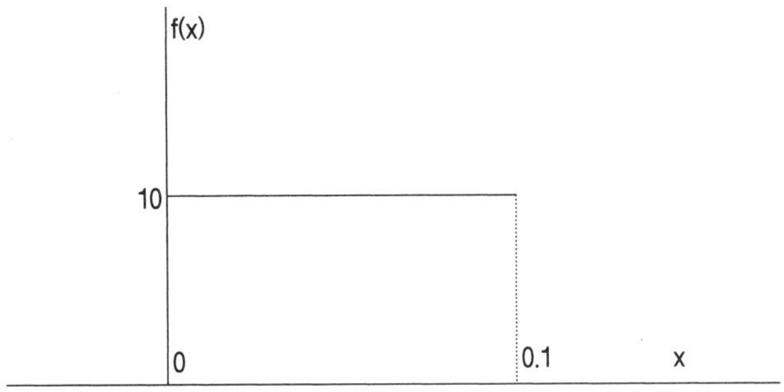

그림 2.2 균등분포(0, 0.1)

위 연속분포를 확률밀도함수 $f(x)$로 나타내면 다음과 같다.

$$f(x) = \begin{cases} \dfrac{1}{0.1} & 0 < x < 0.1 \\ 0 & \text{그 밖의 경우} \end{cases}$$

2.3 조건부 평균 및 분산

2.3.1. 결합확률분포

지금까지는 하나의 확률변수에 대한 분포에 대해서 알아보았다. 그러나 두 개 이상의 확률변수가 확률적으로 어떠한 관계가 있는지도 파악할 필요가 있다. 예를 들어, 두 개의 확률변수 X와 Y가 있을 때 X가 어떤 값을 취하고, 동시에 Y가 어떤 값을 취할 확률을 알고 싶은 경우가 있다. 이러한 경우, 두 확률변수의 결합확률분포(joint probability distribution)를 이용하면 문제를 쉽게 해결할 수 있다.

먼저 확률변수 X, Y가 모두 이산형인 경우의 예를 들어본다. 확률변수 X가 취할 수 있는 값이 $x_1,\ x_2,\ x_3,\ \cdots,\ x_T$이고 확률변수 Y가 취할 수 있는 값이 $y_1,\ y_2,\ y_3,\cdots,\ y_K$이라면, 모든 (x, y)에 대한 결합확률(joint probability)은 다음과 같다. 아래 식에서 콤마(,)는 "and"를 의미한다.

$$P(X=x,\ \ Y=y)=p(x,\ \ y)$$

이 결합확률은 모두 $T \times K$개가 존재한다. 만약, T=4, K=3이라고 하면 결합확률들은 모두 12개가 존재한다. 예를 들어, 확률변수 X, Y의 결합확률이 다음과 같다고 하자.

$Y \backslash X$	x_1	x_2	x_3	x_4	주변확률
y_1	1/78	2/78	3/78	4/78	10/78
y_2	5/78	6/78	7/78	8/78	26/78
y_3	9/78	10/78	11/78	12/78	42/78
주변확률	15/78	18/78	21/78	24/78	1.0

위 예에서는 모두 12(4×3)개의 결합확률이 존재하며, 예를 들면, $P(X=x_1,\ Y=y_1)=\frac{1}{78}$임을 알 수 있다. 또한 $X=x_1$인 경우의 주변확률(marginal probability)은 다음과 같다.

$$P(X=x_1)=P(X=x_1,\ Y=y_1)+P(X=x_1,\ Y=y_2)+\mathrm{P}(X=x_1,\ Y=y_3)=\frac{1}{78}+\frac{5}{78}+\frac{9}{78}=\frac{15}{78}$$

일반적으로 주변확률은 두 확률변수의 결합확률분포에서 한 변수에 대한 확률을 말하는 것으로 다음과 같이 표기한다. 확률변수 X의 주변확률은 $\mathrm{P}(X=\mathrm{x})=\sum_{y}\mathrm{P}(X=\mathrm{x},\ Y=\mathrm{y})$이고 확률변수 Y의 주변확률은 $\mathrm{P}(Y=\mathrm{y})=\sum_{x}\mathrm{P}(X=\mathrm{x},\ Y=\mathrm{y})$가 된다.

위와 같은 내용들을 일반화시킨 조건부 확률분포를 다음과 같이 정의할 수 있다.

$$P(X=x \mid Y=y)=\frac{P(X=x,\ Y=y)}{P(Y=y)}=\frac{p(x,\ y)}{p_Y(y)}$$

위 공식이 확률변수 Y에 대한 주변확률분포이다. 예를 들면, $Y=y_1$인 경우의 주변분포확률은 다음과 같이 계산된다.

$$P(X=x \mid Y=y_1))=\frac{P(X=x,\ Y=y_1)}{P(Y=y_1)}=\frac{\frac{1}{78}+\frac{2}{78}+\frac{3}{78}+\frac{4}{78}}{\frac{10}{78}}=1.0$$

또한 $X=x_1$, $Y=y_1$인 경우의 확률은 $\dfrac{P(X=x_1,\ Y=y_1)}{P(Y=y_1)}=\dfrac{\frac{1}{78}}{\frac{10}{78}}=\dfrac{1}{10}$이고 $X=x_2$, $Y=y_1$인 경우의 확률은 $\dfrac{P(X=x_2,\ Y=y_1)}{P(Y=y_1)}=\dfrac{\frac{2}{78}}{\frac{10}{78}}=\dfrac{2}{10}$가 된다. 같은 방법으로 $X=x_3$, $Y=y_1$인 경우 확률은 3/10, $X=x_4$, $Y=y_1$인 경우 확률은 4/10가 된다. 물론 $\sum_{x_1}^{x_4} P(X=x \mid Y=y)=1.0$이다.

2.3.2. 조건부 평균 및 분산(이산형인 경우)

이산형 확률분포를 가지고 확률변수 X와 Y의 조건부 평균과 조건부 분산을 구하면 다음과 같다. 먼저 확률변수 $X=x$로 주어졌을 때 확률변수 Y의 조건부 평균(conditional mean)은 다음과 같이 정의된다.

$$\mu_{Y \mid x}=E[Y \mid X=x]=\sum_{Y=y} y \times p(y \mid x)$$

다음으로 확률변수 $X=x$로 주어졌을 때 확률변수 Y의 조건부 분산(conditional variation)은 다음과 같이 정의된다.

$$\sigma^2_{Y \mid x}=E\{[Y-E(Y \mid x)]^2 \mid x\}$$

위 식은 다음과 같이 계산되기도 한다.

$$\sigma^2_{Y \mid x}=E[Y^2 \mid x]-[E(Y \mid x)]^2$$

증명

[정리 2.1]의 증명 참조(24쪽)

마찬가지로 확률변수 Y=y로 주어졌을 때 확률변수 X의 조건부 평균(conditional

mean)은 다음과 같이 정의된다.

$$\mu_{X \mid y} = E[X \mid Y = y] = \sum_{X=x} x \times p(x \mid y)$$

다음으로 확률변수 Y=y로 주어졌을 때 확률변수 X의 조건부 분산(conditional variation)은 다음과 같이 정의된다.

$$\sigma^2_{X \mid y} = \mathrm{E}\{[\mathrm{X}-\mathrm{E}(\mathrm{X} \mid \mathrm{y})]^2 \mid \mathrm{y}\}$$

위 식은 다음과 같이 계산되기도 한다.

$$\sigma^2_{X \mid y} = E[X^2 \mid y] - [E(X \mid y)]^2$$

예제 2.1

16쪽의 표를 이용하여 $X = x_2$일 때 $\mu_{Y \mid x_2}$와 $\sigma^2_{Y \mid x_2}$를 계산하면 다음과 같다.

$$\mu_{Y \mid x_2} = E[Y \mid X = x_2] = \sum_{Y=y_1}^{y_3} y \times p(y \mid x_2) = y_1 \times 2/78 + y_2 \times 6/78 + y_3 \times 10/78$$

$$\sigma^2_{Y \mid x_2} = E[Y^2 \mid x_2] - [E(Y \mid x_2)]^2$$

$$= [y_1^2 \times 2/78 + y_2^2 \times 6/78 + y_3^2 \times 10/78] - [y_1 \times 2/78 + y_2 \times 6/78 + y_3 \times 10/78]^2$$

예제 2.2

*X*와 *Y*의 결합밀도함수가

$$f(x,\ y) = \frac{x+y}{21},\ x=1,\ 2,\ 3 \quad y=1,\ 2$$

라 할 때 *x*와 *y*의 주변밀도함수는 각각 다음과 같다.

$$f_1(x) = \sum_y f(x,\ y) = \sum_{y=1}^{2} \frac{x+y}{21} == \frac{x+1}{21} + \frac{x+2}{21} = \frac{2x+3}{21},\ x=1,\ 2,\ 3$$

$$f_2(y) = \sum_x f(x,\ y) = \sum_{x=1}^{3} \frac{x+y}{21} = \frac{y+1}{21} + \frac{y+2}{21} + \frac{y+3}{21} = \frac{3y+6}{21},\ y = 1,2$$

여기서, $f_1(x)$와 $f_2(y)$는 모두 확률밀도함수의 성질을 만족시키고 있다. 그리고 $f(x,\ y) \neq f_1(x) \times f_2(y)$임으로 확률변수 X와 Y는 종속적임을 알 수 있다. 만약, $f(x,\ y) = f_1(x) \times f_2(y)$라 하면 두 확률변수 X와 Y는 상호 독립적이다. 따라서 Y=y로 주어졌을 때 X의 조건부 확률밀도함수는 다음과 같다.

$$g(x \mid y) = \frac{f(x,y)}{f_2(y)} = \frac{\frac{(x+y)}{21}}{\frac{(3y+6)}{21}} = \frac{x+y}{3y+6},\ x=1,\ 2,\ 3$$

여기서, y=1 또는 2값을 갖는다. 예를 들면, $P(X=2 \mid Y=2) = g(2 \mid 2) = \frac{4}{12} = \frac{1}{3}$이 된다. 마찬가지로 $X=x(x=1,\ 2,\ 3)$로 주어졌을 때 Y의 조건부 확률밀도함수는 다음과 같다.

$$h(y \mid x) = \frac{f(x,y)}{f_1(x)} = \frac{\frac{(x+y)}{21}}{\frac{(x+1)}{21} + \frac{(x+2)}{21}} = \frac{x+y}{2x+3}$$

x=3일 때 $\mu_{Y \mid x}$와 $\sigma^2_{Y \mid x}$를 계산하면 다음과 같다.

$$\mu_{Y \mid 3} = E[Y \mid X=3] = \sum_{y=1}^{2} y \times h(y \mid 3) = \sum_{y=1}^{2} y \times \frac{(3+y)}{9} = 1(\frac{4}{9}) + 2(\frac{5}{9}) = \frac{14}{9}$$

$$\begin{aligned}\sigma^2_{Y \mid 3} = E[(Y - \frac{14}{9})^2 | X=3] &= \sum_{y=1}^{2} (y - \frac{14}{9})^2\ h(y|3) \\ &= \sum_{y=1}^{2} (y - \frac{14}{9})^2\ \frac{(3+y)}{9} \\ &= \frac{25}{81}\ (\frac{4}{9}) + \frac{16}{81}\ (\frac{5}{9}) = \frac{20}{81}\end{aligned}$$

따라서 $Y=y$로 주어졌을 때 X의 조건부 평균은 y만의 함수이고 반대로 $X=x$로 주어졌을 때 Y의 조건부 평균은 x만의 함수이다(분산의 경우도 동일하다).

2.3.3 조건부 평균 및 분산(연속형인 경우)

이 절에서는 연속형인 경우의 조건부 평균과 조건부 분산을 계산하는 방법을 설명하고자 한다. 확률변수 X와 Y의 결합확률분포를 $f(x,y)$라 가정한다. X와 Y의 함수를 다음과 같이 $Z=g(X,Y)$로 나타낼 때 Z의 기댓값은 다음과 같다.

$$E(Z)=\int\int zf(x,y)dxdy$$

Z의 기댓값을 구하기 위해서는 일반적으로 중적분(重積分) 공식을 이용해야 하기 때문에 어렵다. 따라서 다음과 같이 X와 Y의 주변확률분포함수(marginal probability distributed function)와 조건부 확률분포함수(conditional probability distributed function)를 이용하여 Z의 기댓값을 이용하면 쉽게 구할 수 있다. 확률변수 $Y=y_0$일 때의 주변확률분포함수를 다음과 같이 정의한다.

$$f_2(y_0)=\int_{-\infty}^{\infty}f(x,y_0)dx \tag{2.1}$$

식 (2.1)은 다음과 같은 개념으로 이해하면 쉽다.

$$\begin{aligned}\Pr(Y\le y_0)&=\Pr(Y\le y_0\ \text{그리고}\ -\infty\le x\le\infty)\\&=\int_{-\infty}^{y_0}[\int_{-\infty}^{\infty}f(x,y)dx]dy\\&=\int_{-\infty}^{y_0}f_2(y)dy\end{aligned}$$

확률변수들이 서로 독립이면 하나의 확률변수가 어떤 값을 택하더라도 다른 확률변수에 영향을 미치지 못한다. 그러나 독립성이 성립하지 않으면 서로 다른 확률변수들은 상호 연관관계를 갖고 다른 확률변수가 택하는 값에 영향을 미친다. 즉, 같은 사건이라 하더라도 사전적으로 가지고 있는 사전정보 또는 주어진 조건, 판단에 따라 확률이 달라질 수 있다. 여기에서는 확률변수가 연속형인 경우 조건부 기댓값 및 분산을 살펴보기로 한다.

확률변수 X, Y가 연속형인 경우의 조건부 평균과 조건부 분산을 구해 보기로 하자. 확률변수 X와 Y의 조건부 분포를 다음과 같이 정의한다. 여기서 확률변수 $Y=y$로 고정시키면 $f(x\mid y)$는 확률변수 X의 확률분포함수가 됨을 알 수 있다.

여기서 $f_2(y)$는 이산형인 경우와 같이 y의 주변확률분포함수이다.

$$f(x \mid y) = \frac{f(x,y)}{f_2(y)} \tag{2.2}$$

일반적으로 $f(x \mid y)$가 y에 종속되지 않는다면 확률변수 X와 Y는 독립적이라 한다. 식 (2.2)는 다음과 같이 나타낼 수 있다.

$$f(x,y) = f(x \mid y) f_2(y) \tag{2.3}$$

따라서 $Z = g(X, Y)$의 기댓값은 다음과 같이 나타낼 수 있다.

$$\begin{aligned} E(Z) &= \int\int z f(x,y) dx dy \\ &= \int\int z f(x \mid y) f_2(y) dx dy \\ &= \int [\int z f(x \mid y) dx] f_2(y) dy \end{aligned}$$

또한 $Y = y$로 주어질 때 Z의 조건부 기댓값은 다음과 같이 나타낸다.

$$E(Z \mid y) = \int z f(x \mid y) dx$$

위 식은 y의 함숫값으로 나타난다. 따라서 Z의 기댓값은 다음과 같이 쓸 수 있다.

$$E(Z) = E_Y[E(Z \mid y)]$$

여기서, $E_Y(W)$는 Y의 주변확률밀도함수 $f_2(y)$에 대한 확률변수 W의 기댓값을 나타낸다. 즉, $E_Y(W) = \int w f_2(y) dy$이다. 물론, 다음과 같이 확률변수 X로도 나타낼 수 있다.

$$E(Z) = E_X[E(Z \mid x)]$$

여기서,

$$E(Z \mid x) = \int z f(y \mid x) dy,$$

$$E_X(W) = \int w f_1(x) dx,$$

$$f_1(x) = \int f(x,y) dy, \quad f(y \mid x) = \frac{f(x,y)}{f_1(x)}$$

를 각각 나타낸다. 결국, $E(Z)$를 구하기 위해서는 $E(Z) = E_Y[E(Z \mid y)]$ 또는 $E(Z) = E_X[E(Z \mid x)]$를 이용하면 쉽게 구할 수 있다. 같은 방법으로 Z의 분산을 구하면 다음 [정리 2.1]과 같다.

이상에서 설명한 주변분포함수와 조건부 평균과 분산을 이해하기 위한 예시를 든다. 아래 [예제 2.3]에서는 이해를 쉽게 하기 위해 풀이를 해두었다.

예제 2.3

X와 Y의 결합분포가 $f_{X,Y}(x,y) = \dfrac{2x+4y}{3}$, $0 < x < 1$, $0 < y < 1$일 때 다음 문제를 푸시오.

(1) Y의 주변분포에 대한 밀도함수는?

풀이

$$f_Y(y) = \int_0^1 f_{X,Y}(x,y) dx = \int_0^1 \frac{2x+4y}{3} dx = \frac{4y+1}{3}$$

(2) $Y=y$가 주어졌을 때 X의 조건부 분포의 밀도함수는?

풀이

$$f_{X|Y}(x|y) = \frac{f_{X,Y}(x,y)}{f_Y(y)} = \frac{\left[\dfrac{2x+4y}{3}\right]}{\dfrac{4y+1}{3}} = \frac{2x+4y}{1+4y}$$

(3) $E[X \mid Y]$는?

풀이

$$E[X|Y=y] = \int_0^1 x \cdot f_{X|Y}(x|y) dx = \int_0^1 x \cdot \frac{2x+4y}{1+4y} dx = \frac{2+6y}{3+12y}$$

(4) $E[E(X \mid Y)]$는?

풀이

$$E[E(X|Y)] = \int_0^1 E[(X|Y=y)] \cdot f_Y(y)dy = \frac{5}{9}$$

(5) $Var[X \mid Y=y]$는?

풀이

$$Var[X \mid Y=y] = E[X^2 \mid Y=y] - (E(X \mid Y=y])^2$$

$$E[X^2 \mid Y=y] = \int_0^1 x^2 \cdot f_{X \mid Y}(x \mid y)dx = \int_0^1 x^2 \frac{2x+4y}{1+4y}dx = \frac{3+8y}{6+24y}$$

이고 문제 (3)으로부터 $E[X \mid Y=y] = \dfrac{2+6y}{3+12y}$ 이므로

$$Var[X \mid Y=y] = \frac{3+8y}{6+24y} - (\frac{2+6y}{3+12y})^2 = \frac{1+12y+24y^2}{18(1+4y)^2}$$

(6) $E[Var(X \mid Y)]$는?

풀이

$$E[Var(X \mid Y)] = E[\frac{1+12Y+24Y^2}{18(1+4Y)^2}]$$

$$= \int_0^1 \frac{1+12y+24y^2}{18(1+4y)^2} \cdot \frac{4y+1}{3}dy = \int_0^1 \frac{1+12y+24y^2}{54(1+4y)}dy$$

$$= \int_0^1 [\frac{y}{9} + \frac{1}{36} - \frac{1}{108(1+4y)}]dy = \frac{1}{12} - \frac{\ln 5}{432}$$

(7) $Var[E(X \mid Y)]$는?

풀이

$Var[E(X \mid Y)] = E[(E(X \mid Y))^2] - (E[E(X \mid Y)])^2$ 이므로

문제 (3)과 (4)로부터 $E[X|Y] = \dfrac{2+6Y}{3+12Y}$, $E[E(X \mid Y)] = E(X) = \dfrac{5}{9}$ 이다.

$$E[(E(X \mid Y))^2] = E[(\frac{2+6Y}{3+12Y})^2] = \int_0^1 (\frac{2+6y}{3+12y})^2 \cdot \frac{4y+1}{3}dy$$

$$= \int_0^1 \frac{(2+6y)^2}{27(1+4y)}dy = \int_0^1 \frac{1}{27} \cdot [\frac{1}{4(1+4y)} + \frac{15}{4} + 9y]dy = \frac{\ln 5}{432} - \frac{11}{36}$$

$$Var[E(X \mid Y)] = \frac{\ln 5}{432} + \frac{11}{36} - (\frac{5}{9})^2 = \frac{\ln 35}{432} - \frac{1}{324}$$

정리 2.1

확률변수 X와 Y의 함수를 Z라고 할 때 Z의 분산은 다음과 같다.

$$Var(Z) = Var_Y[E(Z \mid y)] + E_Y[Var(Z \mid y)]$$

증명

$$\begin{aligned} Var(Z) &= E(Z^2) - [E(Z)]^2 \\ &= E_Y[E(Z^2 \mid y)] - \{ E_Y[E(Z \mid y)] \}^2 \\ &= E_Y\{ Var(Z \mid y) + [E(Z \mid y)]^2 \} - \{ E_Y[E(Z \mid y)] \}^2 \\ &= E_Y[Var(Z \mid y)] + E_Y[E(Z \mid y)]^2 - \{ E_Y[E(Z \mid y)] \}^2 \\ &= Var_Y[E(Z \mid y)] + E_Y[Var(Z \mid y)] \end{aligned}$$

참고로, 위 증명의 3번째 식은 $Var(Z \mid y) = E(Z^2 \mid y) - [E(Z \mid y)]^2$에서 근거를 두고 있다.

조건부 평균과 조건부 분산의 개념은 신뢰도 이론을 이해하는 데 중요한 역할을 한다. 여기서, $E(Z \mid y)$와 $Var(Z \mid y)$는 당연히 y의 함수이다. 이를 $E(Z \mid y) = u(y)$와 $Var(Z \mid y) = v^2(y)$로 표현해 보자. 즉, $E(Z) = E_Y[E(Z \mid y)] = E_Y[u(y)]$가 된다. 또한 $Var(Z)$는 다음과 같은 식으로 나타난다.

$$\begin{aligned} Var(Z) &= E[Z - E(Z)]^2 \\ &= E[Z - u(y) + u(y) - E(Z)]^2 \\ &= E[Z - u(y)]^2 + 2E\{ [Z - u(y)][u(y) - E(Z)] \} + E[u(y) - E(Z)]^2 \end{aligned}$$

마지막 식의 첫 번째 항 $E[Z - u(y)]^2$은 다음과 같이 나타낼 수 있다.

$$\begin{aligned} E[Z - u(y)]^2 &= E_Y\{ E[Z - u(y)]^2 \mid y) \} \\ &= E_Y[Var(Z \mid y)] \end{aligned}$$

그리고 세 번째 항 $E[u(y) - E(Z)]^2$은 다음과 같이 나타낼 수 있다.

$$E[u(y)-E(Z)]^2 = E_Y\{\ E[u(y)-E(Z)]^2 \mid y)\}$$

y가 주어질 때 $u(y)-E(Z)$는 상수이다. 우변은 다음과 같이 나타낼 수 있다.

$$\begin{aligned} E_Y\{\ E[u(y)-E(Z)]^2 \mid y)\} &= E_Y\{\ E[u(y)-E(Z)]^2\} \\ &= Var_Y[u(y)] \\ &= Var_Y[E(Z \mid y)] \end{aligned}$$

마지막으로 가운데 항 $+2E\{\ [Z-u(y)][u(y)-E(Z)]\}$는 다음 식에서 보는 바와 같이 0이 됨을 알 수 있다.

$$E\{\ [Z-u(y)][u(y)-E(Z)]\} = E_Y\{\ E([Z-u(y)][u(y)-E(Z)] \mid y)\}$$

y가 주어질 때 $u(y)-E(Z)$는 상수가 된다. 따라서 다음식이 성립한다.

$$E_Y\{\ E([Z-u(y)][u(y)-E(Z)] \mid y)\} = E_Y\{\ [u(y)-E(Z)]E\{\ [Z-u(y)] \mid y)\}$$

위 식에서 $E\{\ [Z-u(y)] \mid y\} = 0$이므로 세 번째 항은 결국 0이 됨을 알 수 있다.

예제 2.4

X와 Y의 결합밀도함수가 $0<x<\infty$, $0<y<\infty$에 대해 $f_{X,Y}(x,y)=\frac{1}{2}x^2(y+1)e^{-x-xy}$이라 가정한다.

(i) 확률변수 X의 주변확률밀도함수는 다음과 같다.

$$f_X(x) = \int_0^{\infty} \frac{1}{2}x^2(y+1)e^{-x-xy}dy = \frac{1}{2}(1+x)e^{-x}$$

참고로 확률변수 Y의 주변밀도함수는 다음과 같다.

$$f_Y(y) = \int_0^{\infty} \frac{1}{2}x^2(y+1)e^{-x-xy}dx = \frac{1}{(1+y)^2}$$

(ii) $Y=y$가 주어질 때 X의 조건부 분포의 확률밀도함수는 다음과 같다.

$$f_{X|Y}(x|y)=\frac{f_{X,Y}(x,y)}{f_Y(y)}=\frac{\frac{1}{2}x^2(y+1)e^{-x-xy}}{\frac{1}{(1+y)^2}}=\frac{1}{2}x^2(y+1)^3e^{-x-xy}$$

동일한 방법에 의해 $X=x$가 주어질 때 Y의 조건부 분포의 확률밀도함수는 다음과 같다.

$$f_{Y|X}(y|x)=\frac{f_{X,Y}(x,y)}{f_X(x)}=\frac{\frac{1}{2}x^2(y+1)e^{-x-xy}}{\frac{1}{2}(1+x)e^{-x}}=\frac{x^2(y+1)e^{-xy}}{(1+x)}$$

(iii) $Y=y$가 주어질 때 X의 조건부 기댓값은 다음과 같다.

$$\begin{aligned}E[X|Y=y]&=\int_0^\infty x\cdot f_{X|Y}(x|y)dx\\&=\int_0^\infty x\cdot\frac{1}{2}x^2(y+1)^3e^{-x-xy}dx=\frac{3}{2(1+y)}\end{aligned}$$

동일한 방법에 의해 $X=x$가 주어질 때 Y의 조건부 기댓값은 다음과 같다.

$$E[Y|X=x]=\int_0^\infty y\cdot f_{Y|X}(y|x)dy=\int_0^\infty y\cdot\frac{x^2(y+1)e^{-xy}}{(1+x)}dy=\frac{x+2}{x^2+x}$$

참고로 $E[E(X|Y)]=E[X]$을 구하면 다음과 같다.

$$E[X|Y]=\frac{3}{2(1+Y)}$$

이므로

$$\begin{aligned}E[E(X|Y)]=E[\frac{3}{2(1+Y)}]&=\int_0^\infty\frac{3}{2(1+y)}\cdot f_Y(y)dy\\&=\int_0^\infty\frac{3}{2(1+y)}\cdot\frac{1}{(1+y)^2}dy=\frac{3}{4}\end{aligned}$$

같은 방법으로

$$E[E(Y|X]=\int_0^\infty\frac{x+2}{x^2+x}\cdot\frac{1}{2}(1+x)e^{-x}dx=\infty$$

이고 역시 $E[Y]=\infty$ 이다.

(iv) $Var[X]=E[X^2]-(E[X])^2=\int_0^{\infty} x^2\cdot\frac{1}{2}(1+x)e^{-x}dx-(\frac{3}{4})^2$

$$=4-\frac{9}{16}=\frac{55}{16}$$

조건부 분포를 이용해서 $Var[X]$를 구하면 다음과 같다([정리 2.1] 참조).

$$Var[X]=E[Var(X\mid Y)]+Var[E(X\mid Y)]$$

이므로 먼저 $Var(X\mid Y)=E[X^2\mid Y]-(E[X\mid Y])^2$를 구한다.

$$E[X^2\mid Y=y]=\int_0^{\infty} x^2\cdot\frac{1}{2}x^2(y+1)^2e^{-x-xy}dx=\frac{12}{(1+y)^2}$$

$E[X\mid Y]=\frac{3}{2(1+Y)}$ 이므로 $Var(X|Y)=\frac{12}{(1+Y)^2}-[\frac{3}{2(1+Y)}]^2=\frac{39}{4(1+Y)^2}$ 이다. 따라서 $E[Var(X|Y)]=E[\frac{39}{4(1+Y)^2}]=\int_0^{\infty}\frac{39}{4(1+y)^2}\cdot\frac{1}{(1+y)^2}dy=\frac{13}{4}$ 이다.

(iii)으로부터 $E(X\mid Y)=\frac{3}{2(1+Y)}$ 이다.

$$Var[E(X|Y)]=E[E(X|Y)^2]-(E[E(X|Y)])^2=E[E(X|Y)^2]-(E[X])^2$$

$$E[E(X|Y)^2]=E[(\frac{3}{2(1+Y)})^2]=\int_0^{\infty}\frac{9}{4(1+y)^2}\cdot\frac{1}{(1+y)^2}dy=\frac{3}{4}$$

이고 $Var[E(X\mid Y)]=\frac{3}{4}-(\frac{3}{4})^2=\frac{3}{16}$ 이다. 따라서 $Var[X]=E[Var(X\mid Y)]+Var[E(X\mid Y)]=\frac{13}{4}+\frac{3}{16}=\frac{55}{16}$ 이다.

위에서 설명한 조건부 평균과 조건부 분산에 대한 개념은 신뢰도 이론을 이해하는 데 매우 중요하므로 정확한 이해가 필요하다.

실제 예시를 들어 설명해 보자.

순보험료(위험보험료)는 영업보험료(gross premium) 중에서 장래 보험사고로 지급되는 보험금의 재원이 되는 보험료를 말한다. 참고로 영업보험료는 순보험료(pure premium 또는 risk premium)와 부가보험료(loading premium)(사업비)의 합으로 구성된다.

어떤 보험조건하에서 발생하는 총손해액을 계산하기 위해서 총손해액(Total Loss)을 확률변수 TL로 나타낸다고 가정하자. 이때 총손해액의 기댓값 $E(TL)$과 분산값 $Var(TL)$를 계산해 보자.

이 문제를 해결하기 위해 우리는 두 개의 확률변수를 정의한다. 먼저 k는 사고건수를 나타내는 확률변수이다. 여기서, 사고건수들은 서로 독립이고 어떤 손해액 분포함수 S(예, 대수정규분포)를 따른다고 가정한다. 즉, 총손해액을 나타내는 확률변수 TL은 확률변수 k와 S의 함수임을 알 수 있다. 사고건수 k가 고정된다면 총손해액 TL은 k개의 서로 독립적이고 동일한 분포를 가지는 확률변수 S_i들의 합으로 나타낼 수 있다. 여기서, $i=1, 2, \cdots\cdots, k$이다. 따라서 사고건수 k가 고정된다면 총손해액은 $TL \mid k = \sum_{i=1}^{k} S_i$이다. 여기서, 확률변수 S_i는 S와 같은 동일한 분포를 따르며 서로 독립인 확률변수이다. 이때 사고건수 k가 주어질 때 총손해액 TL의 기댓값과 분산은 다음과 같다.

$$E(TL \mid k) = E(\sum_{i=1}^{k} S_i \mid k) = \sum_{i=1}^{k} E(S_i \mid k) = kE(S)$$

$$Var(TL \mid k) = Var(\sum_{i=1}^{k} S_i \mid k) = \sum_{i=1}^{k} Var(S_i \mid k) = k\,Var(S)$$

따라서 총손해액 TL의 비조건부 기댓값과 분산값은 다음과 같다.

$$\begin{aligned} E(TL) &= E_k[E(TL \mid k)] = E_k[kE(S)] = E_k(k)E(S) \\ Var(TL) &= Var_k[E(TL \mid k)] + E_k[Var(TL \mid k)] \\ &= Var_k[kE(S)] + E_k[k\,Var(S)] \\ &= Var_k(k)[E(S)]^2 + E_k(k)\,Var(S) \end{aligned}$$

손해액 분포가 독립적으로 동일하게 분포된다는(identically independent distribution: iid) 가정하에서 사고건수의 적률항과 손해액 분포로 총손해액의 적률을 나타낼 수 있다. 총손해액의 기댓값은 사고건수의 기댓값과 손해액의 기댓값의 곱으로 나타낸다.

전체 가입자 수(모집단의 크기)가 N개로 구성되어 있고 모집단 내 어떤 두 개 그룹의 가입자들은 서로 독립이고 동일한 분포를 따른다고 가정한다. 여기서 F를 보통 분포(common distribution)라고 표시할 때 주어진 N값에 대해 사고건수 k는 다음과 같이 나타낼 수 있다.

$$k = \sum_{i=1}^{N} F_i$$

여기서, 확률변수 F_i는 F와 같은 동일한 분포를 따르며 서로 독립이다. 이때 사고건수 k의 평균은 $E(k \mid N) = (N)E(F)$이고 분산은 $Var(k \mid N) = (N)Var(F)$가 됨을 알 수 있다. 엄격히 말하면 N을 확률변수로 취급해야 하며 기댓값은 $E(k \mid N)$으로 나타내야 한다. 그러나 실무에서는 N을 상수로 간주하는 것이 일반적이고 조건부 기호를 생략한다. 따라서 다음과 같이 표시된다.

$$E(TL) = E_k[E(TL \mid k)] = E_k[kE(S)] = E_k(k)E(S) = NE(F) \cdot E(S)$$

$$\begin{aligned} Var(TL) &= Var(k)[E(S)]^2 + E_k(k)Var(S) \\ &= (N)Var(F)[E(S)]^2 + (N)E(F)Var(S) \\ &= (N)[Var(F)[E(S)]^2 + E(F)Var(S)] \end{aligned}$$

이 결과로부터 순보험료(pure premium)는 총손해액(TL)을 총가입자수(N)로 나눈 $\frac{TL}{N}$로 나타낸다. 따라서 순보험료의 평균(1인당 순보험료)은 식 (2.4)와 같다.

$$\begin{aligned} E\left(\frac{TL}{N}\right) &= \frac{1}{N}E(TL) = \frac{1}{N}NE(F)E(S) \\ &= E(F)E(S) \end{aligned} \tag{2.4}$$

또한 순보험료의 분산은 다음 식 (2.5)와 같다.

$$\begin{aligned} Var\left(\frac{TL}{N}\right) &= \left(\frac{1}{N}\right)^2 Var(TL) \\ &= \left(\frac{1}{N}\right)^2 N\{ Var(F)[E(S)]^2 + E(F)Var(S) \} \end{aligned}$$

$$= \frac{\{ Var(F)[E(S)]^2 + E(F)Var(S) \}}{N} \tag{2.5}$$

여기서 중요한 점은 식 (2.4)와 같이 순보험료의 기댓값은 가입자수 N과 관련이 없지만 빈도(F) 및 심도(S) 분포에 따라 결정된다는 사실을 알 수 있다. 또한 식 (2.5)와 같이 순보험료의 분산은 가입자수 N에 반비례함을 알 수 있다. 그러나 여기서 관심을 갖는 추정치는 순보험료가 아니라 손해율(loss ratio)이다. 식 (2.5)에서 N 대신에 보험료 P로 대체시키면 손해율이 된다. F를 보험료 1원당 손해액의 발생분포로 해석한다면 앞의 결과와 동일함을 알 수 있다. 또한 두 개의 보험료들은 서로 독립이고 동일하게 분포된 손해액 발생분포를 따른다고 가정한다.

그러나 어떤 두 개의 보험료가 서로 독립적이고 동일한 사고발생분포를 갖는다는 조건은 현실적이지 못하다. 즉, 실무적으로 적용하기가 어렵다. 뷜만은 이 가정들을 자세하게 다루고 있다(제6장 참조). 이 가정들은 전체 데이터를 합리적인 그룹으로 등급화(그룹핑)함으로써 만족시킬 수 있다.

이런 점에서 손해율의 기댓값은 발생빈도와 심도분포에 따라 결정되지 보험료의 크기와는 무관하게 결정된다. 반면에 손해율의 분산은 보험료에 반비례한다고 가정한다.

2.4 손실함수와 위험함수

X_i의 확률밀도함수 $f(x_i \mid \theta)$으로부터 X_1, X_2, ..., X_n의 확률표본을 추출해서 모수 θ를 추정한다고 할 때 θ의 추정량을 $t=t(\underline{X})$라고 하자. 여기서, $\underline{X}$는 n개의 관측치로 이루어진 벡터(X_1, X_2, ..., X_n)이다. 모수 θ를 $t=t(\underline{X})$로 추정함으로써 발생하는 손실을 $l(\theta,t)$라 할 때, $t=t(\underline{x})$가 좋은 추정량인가를 결정하는 방법 중 하나로 $l(\theta,t)$의 기댓값을 다음과 같이 생각할 수 있다.

$$R(\theta,t) = E_X[l(\theta,t)] = \int l(\theta,t) f(x \mid \theta) dx \tag{2.6}$$

식 (2.6)에서 $l(\theta,t)$를 손실함수(loss function), $R(\Theta,t)$를 위험함수(risk function)라고 한다. 즉, 손실함수는 모수 Θ와 추정량 t와의 차이를 나타내는 함수(예를 들면,

제곱오차 손실함수 $l(\theta,t)=c(t-\theta)^2$, 여기서 c는 임의상수)를 말하며 위험함수는 손실함수의 기댓값을 말한다.

예제 2.5

모수 θ의 추정량은 $t=t(X)=0$이고 θ의 확률밀도함수 $h(\theta)$는 다음과 같이 폐구간 [-1, 1]에서 균등밀도함수라고 가정한다. 손실함수가 $l(\theta,t)=(\theta-t)^2$일 때 제곱오차 손실함수의 기댓값을 계산하시오.

$$h(\theta) = \begin{cases} 0.5 & -1<\theta<1 \\ 0 & \text{그 밖의 경우} \end{cases}$$

풀이

$$E_{\Theta}[l(\theta,\ t)|x]=\int_{-\infty}^{\infty}(\theta-t)^2\cdot h(\theta)d\theta=0.5\int_{-1}^{1}\theta^2 d\theta=0.5[\frac{\theta^3}{3}]_{-1}^{1}=\frac{1}{3}$$

예제 2.6

관측된 자료벡터 x가 주어졌을 때 추정량은 다음과 같고 θ의 사후확률밀도함수는 평균 $\overline{x}$와 분산 σ^2을 갖는다고 할 때 제곱오차 손실함수 $l(\theta,\widehat{\Theta})=(\Theta-\widehat{\Theta})^2$의 기댓값을 계산하시오.

$$\widehat{\Theta}=\widehat{\Theta}(x)=\widehat{\Theta}(x_1,\ x_2,\ \ldots,\ x_n)=\frac{1}{n}\sum_{i=1}^{n}x_i=\overline{x}$$

풀이

$\overline{x}=E_{\Theta}[\Theta|x]$이므로

$$E_{\Theta}[l(\Theta-\widehat{\Theta})|x]=E_{\Theta}[(\Theta-\widehat{\Theta})^2|x]=E_{\Theta}[(\Theta-\overline{x})^2|x]$$
$$=Var_{\Theta}(\Theta|x)=\sigma^2$$

예제 2.7

지수분포의 평균 θ를 추정하기 위하여 n개의 관측값을 선택했다. 손실함수는 $l(\theta,t)=(\theta-t)^2$을 이용한다. θ의 추정량인 t에 대하여 다음과 같이 세 가지를 생각해 보자.

$t_1=\overline{X}$

$t_2=\overline{X}+1$

$t_3=X_n$ (n번째 관측값)

여기에 대응하는 위험함수는 다음과 같다.

$$R_1(\theta,t_1)=E[l(\theta,t_1)]=E[(\overline{X}-\theta)^2]=Var[\overline{X}]=\frac{1}{n}\theta^2$$

$$R_2(\theta,t_2)=E[l(\theta,t_2)]=E[(\overline{X}-\theta)^2]+2E[\overline{X}-\theta]+1$$

$$(\because E(\overline{X}-\theta)=0)$$

$$=Var[\overline{X}]+1=\frac{1}{n}\theta^2+1$$

$$R_3(\theta,t_3)=E[l(\theta,t_3)]=E[(X_n-\theta)^2]=Var[X_n]=\theta^2$$

각 위험함수를 그려본 것이 아래 <그림 2.3>과 같다.

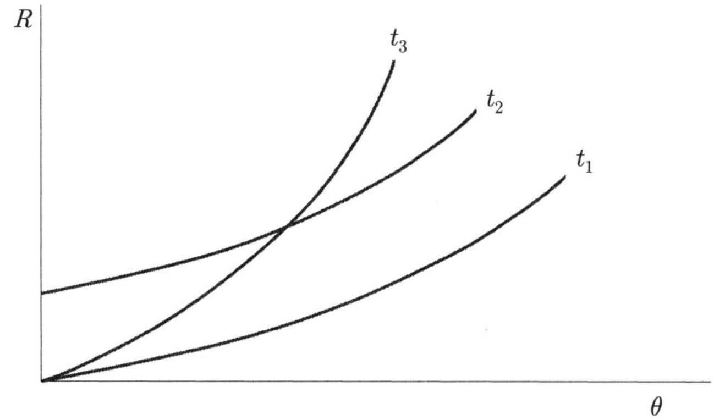

그림 2.3 [예제 2.7]의 위험함수 모형

<그림 2.3>에서 알 수 있듯이 t_1은 t_2와 t_3보다 항상 위험이 작다. 그러나 t_2와 t_3를 비교하면 한쪽이 다른 쪽보다 항상 위험이 작은 것은 아니다.

정리 2.2

$h(\theta)$는 Θ의 확률밀도함수로 정의한다. 손실함수가 제곱오차인 $(\Theta-\hat{\Theta})^2$이라 하면 그 손실함수의 기댓값을 최소화하는 점추정량 $\hat{\Theta}$는 Θ분포의 평균이다.

증명

다음을 최소화하는 $\hat{\Theta}$의 값을 찾는 것이다.

$$E_\Theta[(\Theta-\hat{\Theta})^2] \tag{2.7}$$

예를 들어, Θ의 분포가 연속형이라고 가정하면 다음과 같이 표현할 수 있다.

$$E_\Theta[(\Theta-\hat{\Theta})^2]=\int_{-\infty}^{\infty}(\theta-\hat{\Theta})^2\cdot h(\theta)d\theta$$

여기서, $h(\theta)$는 Θ의 확률밀도함수이다. 일반적으로 식 (2.7)을 다음과 같이 확장할 수 있다.

$$E_\Theta[(\Theta-\hat{\Theta})^2]=E_\Theta[\Theta^2-2\Theta\hat{\Theta}+\hat{\Theta}^2]=E_\Theta[\Theta^2]-2\hat{\Theta}E_\Theta[\Theta]+\hat{\Theta}^2$$

식 (2.7)을 최소화하는 $\hat{\Theta}$의 값을 찾기 위해서 $E_\Theta[\Theta^2]-2\hat{\Theta}E_\Theta[\Theta]+\hat{\Theta}^2$을 $\hat{\Theta}$에 대해서 미분하고 그 결과를 0으로 두면 $-2E_\Theta[\Theta]+2\hat{\Theta}=0$이 되고 $\hat{\Theta}$에 대해 풀면 $\hat{\Theta}=E_\Theta[\Theta]$가 됨을 알 수 있다. 따라서 $\hat{\Theta}$는 Θ의 분포의 평균임을 알 수 있다. ■

보조정리 2.1

관측된 자료벡터 x가 주어진 Θ의 사후확률밀도함수를 $h(\theta|x)$로 정의한다. 손실함수가 제곱오차인 $(\Theta-\hat{\Theta})^2$라면 그 손실함수의 기댓값을 최소화하는 베이지안 점추정량 $\hat{\Theta}$은 Θ의 사후분포의 평균이다.

증명

[정리 2.2]의 증명에서 $h(\theta)$를 $h(\theta|x)$으로 대체하고 $E_\Theta[\cdot]$을 $E_\Theta[\,\cdot\mid x]$으로 대체하면 된다. ■

2.5 불편추정량

모수 θ의 추정량 $\hat{\theta}$에 대해서 $E[\hat{\theta}]=\Theta$이면 $\hat{\theta}$을 Θ의 불편추정량(unbiased estimator)이라 하고, 만약 $E[\hat{\theta}]\neq\Theta$이면 편의추정량(biased estimator)이라 한다. 이때 $E[\hat{\theta}]-\Theta$를 편의(bias)라 한다.

예제 2.8

크기가 n인 확률표본 X_1, X_2, $\cdots$, X_n을 택했을 때 $E[X]$의 추정량으로 표본평균 $\overline{X}=\frac{1}{n}(X_1+X_2+\cdots\cdots+X_n)$을 택했다면 표본평균 $\overline{X}$는 $E(X)$의 불편추정량이다.

$$
\begin{aligned}
E[\overline{X}] &= E[\frac{1}{n}X_1+\frac{1}{n}X_2+\cdots+\frac{1}{n}X_n) \\
&= \frac{1}{n}E[X_1]+\frac{1}{n}E[X_2]+\cdots+\frac{1}{n}E[X_n]=E[X]
\end{aligned}
$$

예제 2.9

모집단이 1, 3, 5, 9로 구성되어 있다. 이 모집단으로부터 2개의 표본을 복원추출해서 모수를 추정하고자 한다. 모평균 $\theta=4.5$이다. 표본평균은 두 개 관측치의 평균이다. 모든 경우에 표본은 무작위 추출이다. 다시 말해, 모든 표본 크기 n은 추출될 가능성이 동일하다. 그와 같은 표본 추출은 모집단의 어떤 숫자도 관측될 가능성도 동일하다는 것을 의미한다. 이 예에서 16개의 표본이 구성된다.

1, 1	1, 3	1, 5	1, 9	3, 1	3, 3	3, 5	3, 9
5, 1	5, 3	5, 5	5, 9	9, 1	9, 3	9, 5	9, 9

위 표로부터 16개의 표본평균 $\overline{X}$가 만들어 진다.

1	2	3	5	2	3	4	6
3	4	5	7	5	6	7	9

표본평균 $\overline{X}$는 다음과 같은 분포를 갖는다.

x	1	2	3	4	5	6	7	9
$p_{\overline{X}}(x)$	$\frac{1}{16}$	$\frac{2}{16}$	$\frac{3}{16}$	$\frac{2}{16}$	$\frac{3}{16}$	$\frac{2}{16}$	$\frac{2}{16}$	$\frac{1}{16}$

추정량의 기댓값은 다음과 같다.

$$E(\overline{X})= \frac{[1(1)+2(2)+3(3)+4(2)+5(3)+6(2)+7(2)+9(1)]}{16}= 4.5$$

따라서 표본평균은 모평균의 불편추정량이 된다.

예제 2.10

표본평균 $\overline{X}= \frac{(X_1+X_2+X_3)}{3}$ 이다. 이때 X_j는 모수가 θ인 지수분포로부터 추출된 관측치 중의 하나이다. 표본평균의 평균은 다음과 같다.

$$E(\overline{X}) = E[\frac{(X_1+X_2+X_3)}{3}] = \frac{1}{3}[E(X_1)+E(X_2)+E(X_3)]$$
$$= \frac{1}{3}(\theta+\theta+\theta) = \theta$$

따라서 표본평균 $\overline{X}$는 모평균 θ의 불편추정량이다.

2.6 베이지안 패러다임(Bayesian paradigm)

2.6.1 베이지안 정리

[정의 2.1] A와 B를 어떤 사상(event)이라고 하자. $P(B)>0$이다. B가 주어졌을 때 A의 조건부 확률은 다음과 같이 정의된다.

$$P[A \mid B]=\frac{P[A \text{ and } B]}{P[B]} \tag{2.8}$$

정리 2.3

(베이지안 정리) A와 B를 어떤 사상(event)이라고 하자($P(B)>0$이다). 이때 다음과 같은 식이 성립한다.

$$P[A \mid B]=\frac{P[B \mid A]\cdot P[A]}{P[B]}$$

증명

조건부 확률의 정의를 응용하면 다음과 같은 식이 성립한다.

$$P[B \mid A]=\frac{P[A \text{ and } B]}{P[A]} \tag{2.9}$$

식 (2.9)에서 $P[A \text{ and } B]=P[B \mid A]\cdot P[A]$가 성립하므로

$$P[A \mid B]=\frac{P[\ \text{and } B]}{P[B]}=\frac{P[B \mid A]\cdot P[A]}{P[B]}$$

식 (2.9)에서 $P[B]$는 A와 무관하기 때문에 $P[A \mid B]$는 어떤 상수 c와 A의 두 함수의 곱으로 나타난다. 즉,

$$P[A \mid B]=c\cdot P[B \mid A]\cdot P[A] \tag{2.9a}$$

결과적으로 $P[A \mid B]$는 다음과 같은 두 개의 A의 함수식의 곱과 비례한다.

$$P[A \mid B]\propto P[B \mid A]\cdot P[A] \tag{2.9b}$$

■

다음 정리는 베이지안 정리를 응용하는 데 자주 사용된다.

정리 2.4

(총확률 정리) $A_1, A_2, \ldots$를 상호 배반적인 사상들이다. 따라서 $A_i \cap A_j = \varnothing \quad i \neq j$이고 $\bigcup_{i=1}^{\infty} A_i = \Omega$, 여기서 Ω는 전체 표본공간을 나타낸다. 이때 $P[B] = \sum_{i=1}^{\infty} P[B \mid A_i] \cdot P[A_i]$가 성립한다.

증명

$$\begin{aligned} P[B] &= P[B \text{ and } \Omega] \\ &= P[B \text{ and } \bigcup_{i=1}^{\infty} A_i] \\ &= P[\bigcup_{i=1}^{\infty} (B \text{ and } A_i)] = \sum_{i=1}^{\infty} P[B \text{ and } A_i] \\ &= \sum_{i=1}^{\infty} P[B \mid A_i] \cdot P[A_i] \end{aligned}$$

■

위의 총확률 정리는 자주 사용된다. 이해를 돕기 위해서 다음 절에서는 베이지안 정리와 관련된 [예제 2.12]를 설명한다.

2.6.2 베이지안 정리의 예제

베이지안 방법은 실제 값의 선형 추정치일 필요는 없다. 사실 베이지안 추정치 B는 다음과 같은 <그림 2.4>에서 보는 것처럼 R과 H의 선상에 위치하지 않는다.

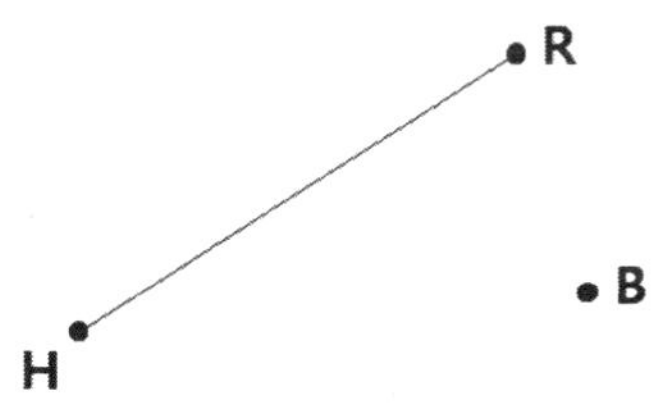

그림 2.4

예제 2.11

필브릭(Philbrick[1981])의 표지 사격 그림을 그려보자. 여기서 두 사격자 X 또는 Y 중 한명의 사격자가 무작위(확률 1/2)로 선발된다. 각 사격자의 사격결과가 <그림 2.4a>처럼 겹쳐지지 않은 원표적지에 균등하게 분포된다.

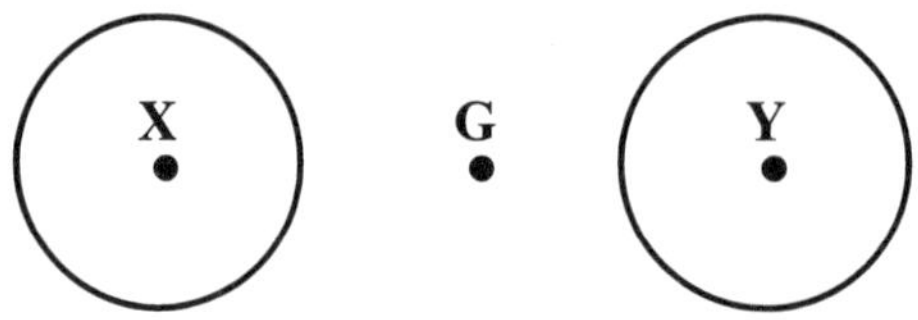

그림 2.4a

두 표적지의 (전체) 평균은 두 원의 중심사이의 점 G이다(물리학에서는 무게중심이라고 한다). 단 한발의 사격이 이루어진 결과 <그림 2.4b>에서 보는 것처럼 점 S에 관찰되었다면 그다음 사격의 베이지안 추정치를 구하시오.

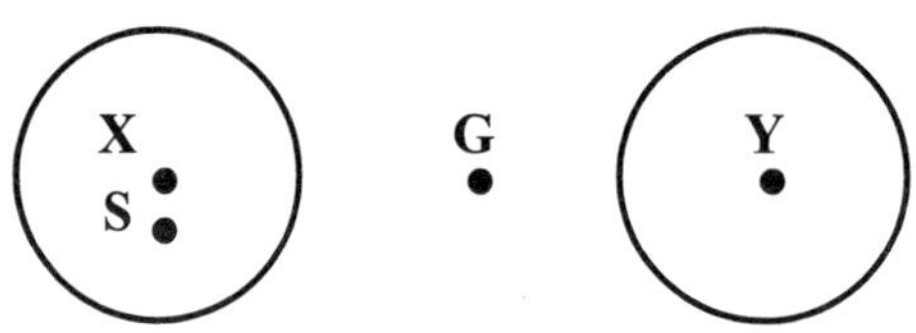

그림 2.4b

풀이

그 답은 표적지 X의 중심점이다. 그 이유[4]는 선발된 사수가 X임에 틀림없기 때문이다. 사전추정치가 점 G이기 때문에 두 표적지의 중심선 사이의 반이다. 두 번째 사격위치에 대한 베이지안 점추정치는 G로부터 첫 번째 사격점 S까지 이어지는 선위는 아니다. ■

베이지안의 정리를 사용한 다음 [예제 2.12]는 헤위트(Hewitt[1970])의 논문에서 인용하였다.

예제 2.12

두 개의 주사위 중에서 하나의 주사위가 무작위로 선택(확률 1/2를 갖는)되었다. 하나의

4) 그 이유는 직관적인 것이지 완전한 것은 아니다. 이를 완전하게 만들기 위해서는 손실함수를 고려해야 한다. 특히, 제곱오차 손실함수를 채택한다면 그 중심은 최적의 추정치가 된다. 제곱오차의 합을 최소화시켜 주기 때문이다.

주사위 a_1은 하나의 표시(marked)된 면과 5개의 표시되지 않은(unmarked) 면을 가지고 있는 것으로 알려졌다. 다른 주사위 a_2는 3개의 표시된 면과 3개의 표시되지 않은 면을 가지고 있다. A를 주사위가 선택되는 것을 나타내는 확률변수이라 하자. 만약에 하나의 주사위를 던져 표시가 되지 않은 면을 나타냈다면 u로 나타내고 만약 그 결과가 마크된 면이라면 m이라고 나타낸다.

A_1은 사상 $A=a_1$을 나타낸다. 즉, 1개의 면은 표시가 되어 있고(marked) 나머지 5개 면은 표시가 되지 않은(unmarked) 주사위를 뽑는 것을 말한다.

A_2는 사상 $A=a_2$을 나타낸다. 즉, 3개의 면은 표시가 되어 있고(marked) 나머지 3개 면은 표시가 되지 않은(unmarked) 주사위를 뽑는 것을 말한다.

T_i는 뽑힌 주사위를 i번째 던진 결과를 나타내는 확률변수이다. $i=1,2,\ldots$에 대해서 그때 U_i는 $T_i=u$인 사상을 나타낸다. 이것은 i번째 던진 결과 표시되지 않은 면을 나타낸다. M_i는 $T_i=m$인 사상을 나타낸다. 이것은 i번째 던진 결과 표시된 면을 나타낸다.

A와 T_i는 확률변수를 나타낸다. 반면에 A_1, A_2, U_i, M_i는 사상을 나타낸다. 각 주사위 면이 고르다고 가정할 때 다음과 같은 결과가 나타난다.

$$P[U_i \mid A_1]=\frac{5}{6} \tag{2.10a}$$

$$P[U_i \mid A_2]=\frac{3}{6} \tag{2.10b}$$

이와 같은 가정하에서 $P[A_1 \mid U_1]$을 계산하시오. 이는 곧 무작위로 선택된 하나의 주사위를 한번 던져서 그 결과가 표시되지 않은 면이 나왔을 때 그 주사위가 1개면은 표시가 되어 있고 나머지 5면은 포시가 되어있지 않은 주사위일 확률이다.

풀이

베이지안의 정리에 의해

$$P[A_1 \mid U_1]=\frac{P[A_1 \text{ and } U_1]}{P[U_1]}=\frac{P[U_1 \mid A_1]\cdot P[A_1]}{P[U_1]}$$

식 (2.10a)로부터 $P[U_1 \mid A_1]=\frac{5}{6}$이다. 각 주사위가 뽑힐 확률은 $\frac{1}{2}$이므로 $P[A_1]=\frac{1}{2}$이다. $P[U_1]$의 값은 총확률 정리(정리 2.4)를 이용해서 다음과 같이 계산한다.

$$\begin{aligned} P[U_1] &= P[A_1 \text{ and } U_1] + P[A_2 \text{ and } U_1] \\ &= P[U_1 \mid A_1] \cdot P[A_1] + P[U_1 \mid A_2] \cdot P[A_2] \\ &= (\frac{5}{6})(\frac{1}{2}) + (\frac{3}{6})(\frac{1}{2}) = \frac{2}{3} \end{aligned}$$

베이지안의 정리 식을 이용하면 다음과 같이 계산된다.

$$P[A_1 \mid U_1] = \frac{(\frac{5}{6})(\frac{1}{2})}{\frac{2}{3}} = \frac{5}{8}$$

2.6.3 사전(事前)확률과 사후(事後)확률

[예제 2.12]에서 사상 A_1의 초기 또는 사전확률(의 추정치)을 $\frac{1}{2}$이라 가정하였다. 여기서 사전(事前, prior)이라는 용어는 주사위를 던지는 실험을 하기 전에 부여되는 확률을 의미한다. 주사위를 처음 던진 결과 표시되지 않은 면을 관찰한 후에 우리는 A_1의 확률추정치를 $\frac{5}{8}$로 수정하였다. 기호로 나타내면 $P[A_1 \mid U_1] = \frac{5}{8}$로 표시된다. U_1이 주어졌을 때 A_1의 최종 또는 사후확률(의 추정치)은 $\frac{5}{8}$이다. 최근 관찰 데이터에 기초한 사전확률 추정치의 수정은 베이지안 통계학의 진수이다. 그와 같은 수정은 보험요율 산출과 같은 문제를 풀기 위해 자주 인용된다.

모수 A의 확률분포 형태로 최초에는 $P[A = a_1] = \frac{1}{2}$이고 $P[A = a_2] = \frac{1}{2}$이었다. 처음 주사위를 던진 결과 표시되지 않은 면을 관찰한 후에 모수 A의 확률분포가 $P[A = a_1 \mid T_1 = u] = \frac{5}{8}$과 $P[A = a_2 \mid T_1 = u] = \frac{3}{8}$으로 수정되었다. 일반적으로 모수의 사전확률과 관련된 모든 분포를 사전확률분포라고 부른다. 또한 사후확률과 관련된 모든 분포를 사후확률분포라고 부른다. 사전밀도함수와 사후밀도함수는 유사하게 정의된다.

2.6.4 조건부 기댓값

보험요율을 계산하는 데 가장 유용하게 사용하는 개념을 설명한다.

[정의 2.2] X가 가질 수 있는 $x_1, x_2, \ldots$가 하나의 셀 수 있는 값으로 주어지고 양의 확률을 가지는 X를 이산확률변수라고 한다. 이때 X의 기댓값 $E[X]$는 다음과 같이 계산한다.

$$E[X] = \sum_{i=1}^{\infty} x_i \cdot P[X = x_i] \tag{2.11}$$

[정의 2.3] [정의 2.2]의 기호를 사용해서 사상 A_1이 발생했을 때, 확률변수 X의 조건부 기댓값은 다음과 같다.

$$E[X \mid A_1] = \sum_{i=1}^{\infty} x_i \cdot P[X = x_i \mid A_1] \tag{2.12}$$

조건부 기댓값을 설명하기 위해 다음과 같은 예제를 생각해 본다.

예제 2.13

2개의 원판(spinner)으로부터 무작위로(확률 1/2) 하나의 원판을 선택한다. (a) 하나의 원판 b_1은 6개의 동일한 구간으로 나누어졌는데 2가 표시된 구간은 5개이고 14가 표시된 구간은 1개이다. (b) 다른 원판 역시 6개의 동일한 구간으로 나누어졌는데 2가 표시된 구간은 3개이고 14가 표시된 구간은 3개라는 것이 알려져 있다. B를 원판이 선택되는 것을 나타내는 확률변수이다.

B_1은 사상 $B_1 = b_1$를 나타낸다. 즉, 2가 표시된 구간이 5개이고 14가 표시된 구간이 1개인 원판의 선택하는 사상을 말한다.

B_2은 사상 $B_1 = b_2$를 나타낸다. 즉, 2가 표시된 구간이 3개이고 14가 표시된 구간이 3개인 원판의 선택하는 사상을 말한다.

$i = 1, 2, \ldots$에 대해서 S_i는 i번째 회전시킨 원판에 나타난 결과를 표시하는 확률변수이다.

(a) $E[S_1 \mid B_1]$를 계산하시오. 2가 표시된 구간이 5개이고 14가 표시된 구간이 한 개인 원판이 선택되었을 때 그 원판을 단 한번 회전시킬 경우의 조건부 기댓값을

구하시오.

(b) $E[S_1 \mid B_2]$를 계산하시오.

풀이

(a) 조건부 기댓값의 [정의 2.3]의 식 (2.12)에 의해서

$$E[S_1 \mid B_1] = 2 \cdot P[S_1 = 2 \mid B_1] + 14 \cdot P[S_1 = 14 \mid B_1]$$
$$= 2(\frac{5}{6}) + 14(\frac{1}{6}) = 4$$

(b) 동일한 방법에 의해

$$E[S_1 \mid B_2] = 2(\frac{3}{6}) + 14(\frac{3}{6}) = 8$$

베이지안의 정리를 이용해서 다음 예제를 풀어보자.

예제 2.14

$P[B_1 \mid S_1 = 2]$를 계산하시오.

풀이

[예제 2.12]와 같이 베이지안의 정리에 따라서

$$P[B_1 \mid S_1 = 2] = \frac{P[S_1 = 2 \mid B_1] \cdot P[B_1]}{P[S_1 = 2]}$$

여기서, $P[S_1 = 2 \mid B_1] = \frac{5}{6}$, $P[B_1] = \frac{1}{2}$이다. [정리 2.4]로부터

$$P[S_1 = 2] = P[S_1 = 2 \mid B_1] \cdot P[B_1] + P[S_1 = 2 \mid B_2] \cdot P[B_2]$$
$$= (\frac{5}{6})(\frac{1}{2}) + (\frac{1}{2})(\frac{1}{2}) = \frac{2}{3}$$

따라서 $P[B_1 \mid S_1 = 2] = \dfrac{(\frac{5}{6})(\frac{1}{2})}{\frac{2}{3}} = \frac{5}{8}$이다.

2.6.5 비조건부 기댓값

다음 정리는 순보험료의 추정치를 계산하는 데 유용하게 적용된다.

정리 2.5

$A_1, A_2, \ldots$는 상호 배반사상들을 표시한다. X는 $E[X]$가 존재하는 이산확률변수라고 하자. 이때 다음 식이 성립한다.

$$E[X] = \sum_{i=1}^{\infty} E[X \mid A_i] \cdot P[A_i] \tag{2.13}$$

증명

X는 이산확률변수이기 때문에 [정의 2.2]로부터 다음 식이 성립한다.

$$E[X] = \sum_{j=1}^{\infty} x_j \cdot P[X = x_j] \tag{2.14}$$

[정리 2.4]의 총확률 정리에 의해

$$P[X = x_j] = \sum_{i=1}^{\infty} P[X = x_j \mid A_i] \cdot P[A_i]$$

따라서 식 (2.14)를 다시 쓰면 다음과 같다.

$$E[X] = \sum_{j=1}^{\infty} x_j \sum_{i=1}^{\infty} P[X = x_j \mid A_i] \cdot P[A_i]$$

시그마의 기호 순서를 바꾸면 다음과 같다.

$$\begin{aligned} E[X] &= \sum_{j=1}^{\infty} \sum_{i=1}^{\infty} x_j \cdot P[X = x_j \mid A_i] \cdot P[A_i] \\ &= \sum_{i=1}^{\infty} P[A_i] \cdot \sum_{j=1}^{\infty} x_j \cdot P[X = x_j \mid A_i] \end{aligned}$$

[정의 2.3]의 조건부 기댓값의 정의에 의해서 두 번째 합은 $E[X \mid A_i]$이다. 마지막 표현을 다시 쓰면 다음과 같다.

$$E[X] = \sum_{i=1}^{\infty} P[A_i] \cdot E[X \mid A_i]$$

예제 2.15

[예제 2.13]에서 정의한 확률변수 S_1의 기댓값을 구하시오.

풀이

[정리 2.5]와 [예제 2.13]의 결과를 이용해서 다음과 같이 계산한다.

$$E[S_1] = \sum_{i=1}^{2} P[B_i] \cdot E[S_1 \mid B_i] = (\frac{1}{2})(4) + (\frac{1}{2})(8) = 6$$

정리 2.6

X와 Y는 이산확률변수이고 $g(Y)$는 $E[g(Y)]$가 존재하는 Y의 함수라고 하자. 이때 다음과 같은 식이 성립한다. 여기서 E_X는 X의 표본공간에서의 기댓값을 나타낸다.

$$E[g(Y)] = E_Y[g(Y)] = E_X[E_Y[g(Y) \mid X]] \tag{2.15}$$

증명

E_Y의 정의에 따라서 다음이 성립한다.

$$E[g(Y)] = E_Y[g(Y)]$$

Y는 확률변수이기 때문에 다음 식이 성립한다.

$$\begin{aligned} E[g(Y)] &= \sum_{i=1}^{\infty} g(y_i) \cdot P[Y = y_i] \\ &= \sum_{i=1}^{\infty} g(y_i) \cdot \sum_{j=1}^{\infty} P[Y = y_i \mid X = x_j] \cdot P[X = x_j] \\ &= \sum_{i=1}^{\infty} P[X = x_j] \cdot \sum_{j=1}^{\infty} g(y_i) \cdot P[Y = y_i \mid X = x_j] \end{aligned}$$

$$= \sum_{i=1}^{\infty} P[X = x_j] \cdot E_Y[g(Y) \mid X = x_j]$$

위 식에서 마지막 표현이 $X = x_j$가 주어졌을 때 확률변수 $g(Y)$의 조건부 기댓값이다. 이것은 다음과 같이 표현된다.

$$E[g(Y)] = E_X[E_Y[g(Y) \mid X]]$$

예제 2.16

[정리 2.6]을 이용해서 $E[S_1^2]$을 계산하시오.

풀이

확률변수 B는 회전판 b_1 또는 b_2를 뽑은 결과를 나타낸다. 그때 다음 식이 성립한다.

$$E[S_1^2] = E_B[E_{S_1}[S_1^2 \mid B]]$$

$$= \frac{1}{2} \cdot E_{S_1}[S_1^2 \mid B = b_1] + \frac{1}{2} \cdot E_{S_1}[S_1^2 \mid B = b_2]$$

$$= \frac{1}{2} \cdot [(2)^2 (\frac{5}{6}) + (14)^2 (\frac{1}{6})] + \frac{1}{2} \cdot [(2)^2 (\frac{1}{2}) + (14)^2 (\frac{1}{2})]$$

$$= \frac{1}{2}(36) + \frac{1}{2}(100) = 68$$

이상에서 설명한 베이지안의 정리와 사전 및 사후확률의 개념들을 기초로 다음 절에서는 베이지안의 추정방법 등에 대해 설명한다.

2.7 베이지안 추정

2.7.1 베이지안 추정방법

2.7.1.1 개요

모집단의 분포가 $f(x|\theta)$일 때 미지의 모수 θ를 추정하기 위해 이 모집단에서 표

본 $X_1, X_2, \cdots, X_n$을 뽑는다. 일반적으로 미지의 모수 θ는 상수(constant)임을 가정하고, 표본에 기초하여 모수 θ를 추정하거나 θ에 대한 검정을 시행한다.

그러나 현실에서는 θ에 대한 사전정보를 갖고 있을 수 있다. 예를 들어, 외국의 구매자가 S 회사에서 TV를 구매할 것인지의 여부를 결정하는 문제를 생각해 보자. θ가 이 회사 제품의 품질을 나타내는 척도라고 할 때, 지금까지는 몇 개의 TV 제품을 임의로 선택해 이 표본에서 얻어진 통계량을 이용하여 미지의 모수 θ를 추정하였다. 즉, 확률표본에서 얻어진 표본정보만을 가지고 θ를 추정하는 것이다. 그러나 이 구매자가 과거의 경험 혹은 주관적 판단으로 S 회사 제품 품질에 대한 사전정보가 있다면 단순히 표본에서 얻어진 정보만을 사용하여 θ를 추정하는 것보다는 과거의 경험 혹은 주관적 판단(θ에 대한 사전정보의 형태)을 θ의 추정에 이용하는 것이 좀 더 바람직할 것이다. 이 경우 사전정보는 θ에 대한 것이며 θ에 대한 분포형태로 표현될 수 있다. 이처럼 고전적인 방법에서는 모수 θ를 상수로 취급하였던 것에 반해 베이지안 방법에서는 모수 θ를 확률변수로 취급한다는 점에서 차이가 있다. 이와 같이 추정 혹은 검정하고자 하는 모수 θ를 확률변수로 취급하고 이에 대한 사전정보를 θ의 확률분포 형태로 표현하여 의사결정에 적용하는 방법을 베이지안 방법(Bayesian methods)이라 한다.

예제 2.17

젊은 운전자 1,500명과 성인 운전자 8,500명으로 구성된 보험계약자 모수집단을 가정한다. 과거 경험에 의하면 한 명의 운전자가 1년에 n번 사고를 낼 확률이 다음과 같다.

n(사고 횟수)	젊은 운전자	성인 운전자
0	0.50	0.80
1	0.30	0.15
2	0.15	0.05
3	0.05	0.00

전년도에 단 1건의 사고가 발생되었다고 가정할 때 그 사고를 일으킨 운전자가 젊은 운전자일 확률을 계산하시오.

풀이

베이지안 정리를 이용한다([정리 2.3] 참조).

$$P[\text{젊은 운전자}|1\text{건의 사고}] = \frac{P[1\text{건의 사고}|\text{젊은 운전자}]\cdot P[\text{젊은 운전자}]}{P[1\text{건의 사고}]}$$
$$= \frac{(0.3)(0.15)}{P[1\text{건의 사고}]}$$

$$\begin{aligned} P[1\text{건의 사고}] &= P[1\text{건의 사고}|\text{젊은 운전자}]\cdot P[\text{젊은 운전자}] \\ &+ P[1\text{건의 사고}|\text{성인 운전자}]\cdot P[\text{성인 운전자}] \\ &= (0.3)(0.15) + (0.15)(0.85) = 0.1725 \end{aligned}$$

따라서 $P[\text{젊은 운전자}|1\text{ 건의 사고}] = \frac{0.045}{0.1725} = 0.261$

2.7.1.2 베이지안 추정량

2.4절의 위험함수 $R(\theta,t)$는 θ를 포함하고 있으며 θ를 모르기 때문에 θ값을 최소화하는 t를 구하는 것은 매우 어렵다. 그러나 만약 θ에 대한 사전정보를 아는 경우 이를 밀도함수로 표현하여 $E_\theta[R(\theta,t)]$를 택하면 이 결과는 θ를 포함하지 않게 되어 문제를 쉽게 해결할 수 있다. $\pi(\theta)$를 θ에 대한 사전분포(prior distribution)라고 하면 기대위험 또는 베이지안 위험(Bayesian risk)는 다음과 같이 정의된다.

$$E_\theta[R(\theta,t)] = \int R(\theta,t)\pi(\theta)d\theta \tag{2.16}$$

따라서 식 (2.16)에서 기대위험 또는 베이지안 위험은 θ에 관하여 적분한 결과이므로 θ를 포함하지 않는다.

기대위험 $E_\theta[R(\theta,t)]$는 추정량 t와 θ의 사전분포 $\pi(\theta)$에 의해 결정된다. 이를 강조하기 위하여 기대위험을 $r(\pi,t)$와 같이 π와 t의 함수로 표현한다. 만약 θ에 대한 사전분포 $\pi(\theta)$가 주어졌을 때, 기대위험 또는 베이지안 위험 $r(\pi,t)$를 최소로 하는 t를 구할 수 있다면 이를 베이지안 추정량(Bayesian estimator)이라 한다. 물론 베이지안 추정량은 사전분포 $\pi(\theta)$에 따라 달라지므로 이를 논할 때는 항상 $\pi(\theta)$를 같이 생각하여야 한다. θ에 대한 사전분포 $\pi(\theta)$가 주어지고 관측값 X의 확률밀도함수 $f(x|\theta)$가 주어지면 이로부터 θ에 대한 사후분포를 구할 수 있다. X와 θ가 모두 확률변수라면 $f(x|\theta)$는 θ가 고정된 상태에서 X의 조건부 밀도함수로 생각할 수 있다.

따라서 $g(x,\theta)=f(x|\theta)\pi(\theta)$와 같이 정의된 $g(x,\theta)$는 X와 θ의 결합밀도함수이다. 그러나 $g(x,\theta)=g(\theta|x)h(x)$로도 표현될 수 있으며 여기서, $h(x)$는 다음과 같이 정의된다.

$$h(x)=\int g(x,\theta)d\theta=\int f(x|\theta)\pi(\theta)d\theta$$

위와 같이 정의되는 $h(x)$가 X의 주변밀도함수이다. 즉, $g(\theta|x)$는 다음과 같이 정의된다.

$$g(\theta|x)=\frac{g(x,\theta)}{h(x)}=\frac{f(x|\theta)\pi(\theta)}{\int f(x|\theta)\pi(\theta)d\theta} \tag{2.17}$$

이를 θ의 사후분포(posterior distribution)라고 한다.

일반적으로 손실함수가 제곱오차일 때, 모수 θ에 대한 베이지안 추정량은 사후분포의 평균 $E[\theta|x]$임이 알려져 있다. 이를 증명하면 다음과 같다.

정리 2.7

손실함수가 제곱오차일 때 모수 θ에 대한 베이지안 추정량은 θ의 사후분포의 평균이다.

증명

$$\begin{aligned} r(\pi,t) &= \int R(\theta,t)\pi(\theta)d\theta=\int [\int l(\theta,t)f(x|\theta)dx]\pi(\theta)d\theta \\ &= \int [\int l(\theta,t)\frac{g(x,\theta)}{\pi(\theta)}dx]\pi(\theta)d\theta \\ &= \int [\int (\theta-t)^2 g(x,\theta)d\theta]dx=\int h(x)[\int (\theta-t)^2 g(\theta|x)d\theta]dx \\ &= \int h(x)[E(\theta-t)^2]dx \end{aligned}$$

■

즉, 기대위험 또는 베이지안 위험 $r(\pi,t)$가 최소가 되는 것은 $E(\theta-t)^2$가 최소일 때이며, $E(\theta-t)^2$를 최소로 하는 t는 $E[\theta|x]$이다. 따라서 $r(\pi,t)$를 최소로 하는 t는 θ의 사후분포 $g(\theta|x)$의 평균이다. 이들을 요약하면 다음과 같은 정리를 얻는다.

정리 2.8

손실함수가 제곱오차일 때 모수 θ에 대한 베이지안 추정량은 θ의 사후분포 $g(\theta|x)$의 평균 $E[\theta|x]$이다.

증명 생략

예제 2.18

확률변수 X의 확률밀도함수가 $f(x|\mu)=\frac{1}{\sqrt{2\pi}}\exp[-\frac{1}{2}(x-\mu)^2]$이고 μ의 사전분포가 다음과 같다.

$$\pi(\mu)=\frac{1}{\sqrt{2\pi}}\exp[-\frac{1}{2}(\mu-\mu_0)^2]$$

이 경우 사후분포 $g(\mu|x)$와 베이지안 추정량을 구해 보자. 이때 결합밀도함수 $g(x,\mu)$는 다음과 같다.

$$g(x,\mu)=f(x|\mu)\pi(\mu)=\frac{1}{2\pi}\exp\{-\frac{1}{2}[(x-\mu)^2+(\mu-\mu_0)^2]\}$$

위의 식에서 지수부분을 정리하면 다음과 같다.

$$-\frac{1}{2}[(x-\mu)^2+(\mu-\mu_0)^2]=-\frac{1}{2}[2(\mu-\frac{x+\mu_0}{2})^2+\frac{1}{2}(x-\mu_0)^2]$$

그러나 $\frac{1}{\sqrt{2\pi}\,b}\int_{-\infty}^{\infty}\exp[-\frac{1}{2}(\frac{t-a}{b})^2]dt=1$이므로

$\int_{-\infty}^{\infty}\exp\{-\frac{1}{2}[2(\mu-\frac{x+\mu_0}{2})^2]\}d\mu=\frac{\sqrt{2\pi}}{\sqrt{2}}=\sqrt{\pi}$ 임을 이용하면 x의 주변분포는 다음과 같다.

$$\begin{aligned}h(x)&=\int g(x,\mu)d\mu\\&=\frac{1}{2\pi}\int\exp\{-\frac{1}{2}[2(\mu-\frac{x+\mu_0}{2})^2+\frac{1}{2}(x-\mu_0)^2]d\mu\end{aligned}$$

$$= \frac{1}{2\pi}\exp[-\frac{1}{2}\frac{(x-\mu_0)^2}{2}]\int \exp[-\frac{1}{2}\times 2(\mu - \frac{x+\mu_0}{2})^2]d\mu$$

$$(\because -\frac{1}{2}\frac{(x-\mu_0)^2}{2}\text{은 상수이므로})$$

$$= \frac{1}{\sqrt{2\pi}\sqrt{2}}\exp[-\frac{1}{4}(x-\mu_0)^2]$$

따라서 사후분포는 다음과 같다.

$$g(\mu|x) = \frac{g(x,\mu)}{h(x)} = \frac{1}{\sqrt{2\pi}(\frac{1}{\sqrt{2}})}\exp\{-\frac{1}{2}[2(\mu - \frac{x+\mu_0}{2})^2]\}$$

따라서 손실함수가 제곱오차이면 μ의 베이지안 추정량은 다음과 같다.

$$E[\mu|x] = \frac{x+\mu_0}{2}$$

만약 n개의 관측값을 택해 μ의 추정량으로 $\overline{X}$를 이용하고 μ의 사전분포의 평균을 μ_0라고 하면 μ의 베이지안 추정량은 $\frac{n\overline{X}+\mu_0}{n+1}$이다.

[예제 2.18]의 경우 X와 μ의 분산이 모두 1이었다. 만약 X와 μ의 분산이 각각 σ^2과 τ^2이라면 μ의 베이지안 추정량은 다음과 같다.

$$E[\mu|x] = \frac{x\tau^2+\mu_0\sigma^2}{\sigma^2+\tau^2}$$

이를 다시 표현하면 다음과 같다.

$$E[\mu|x] = (\frac{\tau^2}{\sigma^2+\tau^2})x + (1-\frac{\tau^2}{\sigma^2+\tau^2})\mu_0$$

즉, 베이지안 추정량은 데이터로부터 획득한 정보(x)와 사전정보의 가중평균(μ_0)이다.

따라서 베이지안 추정량은 μ의 최우추정량(likelihood estimator) x와 사전분포의 평균 μ_0의 가중평균이며 가중 값은 x와 μ_0의 정밀도(precision), 즉 분산의 역수의 비율로 표시된다.

손실함수가 제곱오차일 때 모수 θ에 대한 베이지안 추정량은 데이터로부터 관측된 정보와 사전정보의 가중평균치가 결합되는 경우가 많다. 이와 같은 예들은 다음과 같다.

예제 2.19

$\Theta=\theta$가 주어질 때 $X_1, X_2, \ldots, X_n$은 평균이 θ이고 분산이 v인 정규분포를 한다. 즉,

$$f_{X_j \mid \Theta}(x_j \mid \theta)=(2\pi v)^{-\frac{1}{2}} e^{-[\frac{1}{2v}(x_j-\theta)^2]} \tag{2.18}$$

이다. 그리고 Θ는 평균이 μ이고 분산이 a인 정규분포를 한다. 즉,

$$\pi(\theta)=(2\pi a)^{-\frac{1}{2}} e^{-[\frac{1}{2a}(\theta-\mu)^2]} \tag{2.19}$$

이다. Θ의 사후분포를 결정하시오.

풀이

식 (2.17)에 의해 θ의 사후분포 $g(\theta \mid x)$는 $f(x \mid \theta)\pi(\theta)$에 비례한다. 따라서 θ를 포함하지 않는 항들을 무시하면 $X=x$가 주어질 때 Θ의 사후밀도함수는 식 (2.20)에 비례한다.

$$e^{-[\frac{1}{2\nu}\sum_{j=1}^{n}(x_j-\theta)^2-\frac{1}{2a}(\theta-\mu)^2]} \tag{2.20}$$

따라서 일반적으로 $\sum_{j=1}^{n}(X_j-\overline{X})^2=\sum_{j=1}^{n}(X_j-\mu)^2-n(\overline{X}-\mu)^2$이 성립한다. 이를 이용하여 식 (2.20)을 정리하면 다음과 같다.

$$e^{\{-\frac{1}{2v}[\sum_{j=1}^{n}(x_j-\overline{x})^2+n(\overline{x}-\theta)^2]-\frac{1}{2a}(\theta-\mu)^2\}} \tag{2.21}$$

θ를 포함하지 않는 항을 무시하면 θ의 함수로 다음 식에 비례한다.

$$e^{[-\frac{n}{2v}(\overline{x}-\theta)^2]-\frac{1}{2a}(\theta-\mu)^2]} \tag{2.22}$$

식 (2.22)을 θ^2항으로 정리하면 다음 식에 비례한다.

$$e^{[-\frac{\theta^2}{2}(\frac{n}{v}+\frac{1}{a})+\theta(\frac{n\overline{x}}{v}+\frac{\mu}{a})]} \tag{2.23}$$

만약 Θ의 평균이 μ_*이고 분산이 a_*라면 확률밀도함수는 다음에 비례한다.

$$e^{[-\frac{1}{2a_*}(\theta-\mu_*)^2]} \tag{2.24}$$

식 (2.24)는 다음 식에 비례한다.

$$e^{[-\frac{\theta^2}{2a_*}+\frac{\mu_*}{a_*}\theta]} \tag{2.25}$$

그러나

$$a_* = \frac{1}{(\frac{n}{\nu}+\frac{1}{a})} \tag{2.26}$$

이고

$$\frac{\mu_*}{a_*} = \frac{n\overline{x}}{v}+\frac{\mu}{a} \tag{2.27}$$

이다. 즉,

$$\mu_* = \frac{\frac{n\overline{x}}{v}+\frac{\mu}{a}}{\frac{n}{v}+\frac{1}{a}} \tag{2.28}$$

따라서 식 (2.23)과 식 (2.25)는 동일하다는 것이 명확하다. Θ의 사후분포는 식 (2.26)과 식 (2.28)이 각각 주어질 때 모수 μ_*와 a_*를 갖는 정규분포임이 틀림없다. 결과적으로 사후분포 평균 $E(\Theta \mid X=x)$는 μ_*이고 이를 풀어 정리하면 다음과 같다.

$$E(\Theta \mid X=x) = (\frac{\frac{v}{a}}{n+\frac{v}{a}})\mu + (\frac{n}{n+\frac{v}{a}})\overline{x}$$

즉, 사전평균 μ와 표본평균 $\overline{x}$의 가중평균이다.

$$E(\Theta \mid X=x) = (1-\frac{n}{n+\frac{v}{a}})\mu + (\frac{n}{n+\frac{v}{a}})\overline{x} \tag{2.29}$$

식 (2.29)는 $(1-Z)\mu+Z\overline{x}$의 형태로 구성된다.

앞의 [예제 2.18]과 마찬가지로 [예제 2.19]의 베이지안 추정량은 데이터로부터 관측된 n개의 정보 $\bar{x}$와 사전정보의 평균값 μ와의 가중평균이다. 즉, 베이지안 추정량은 μ의 최우추정량 $\bar{x}$와 사전분포의 평균 μ의 가중평균이다. 다만, [예제 2.18]과 [예제 2.19]의 차이점은 데이터의 개수에 있다. [예제 2.18]은 하나의 데이터를 가정한 반면, [예제 2.19]에서는 n개의 데이터를 가정하였다.

예제 2.20

$X_i \mid \theta \sim B(n,\theta)$(이항분포)이고 $\theta \sim B(\alpha,\beta)$(베타분포)라고 하자. 손실함수가 제곱오차일 때 모수 θ에 대한 베이지안 추정량은 사후분포의 평균값으로 다음과 같다.

$$E(\theta \mid x) = \left(\frac{n}{\alpha+\beta+n}\right)\frac{x}{n} + \left(1-\frac{n}{\alpha+\beta+n}\right)\frac{\alpha}{\alpha+\beta}$$

[예제 2.19]과 마찬가지로 θ에 대한 베이지안 추정량은 데이터로부터 관측된 θ의 최우추정량 $\frac{x}{n}$와 사전분포 $\theta \sim B(\alpha,\beta)$의 평균 $\frac{\alpha}{\alpha+\beta}$와의 가중평균이다.

결국, 위의 예제들을 통해 손실함수가 제곱오차일 때 모수 μ와 Θ에 대한 베이지안 추정량은 $ZR+(1-Z)H$의 형태로 나타남을 알 수 있다. 여기서, R은 표본평균, H는 사전분포의 평균으로 나타난다.

[예제 2.19]에서 보여주는 바와 같이 θ가 주어졌을 때 X의 조건부 분포의 평균이 $u(\theta)=\theta$이고 분산이 $v^2(\theta)=\sigma^2$(즉, θ와 독립인 상수)이라 하고 또한 θ가 평균이 M이고 분산이 τ^2인 정규분포를 따른다면 베이지안 추정량은 위와 같은 형태로 구해진다.

[예제 2.18] ~ [예제 2.20]에서 보는 바와 같이 어떤 모수 θ가 주어질 때 확률변수 X의 조건부 분포 $f(x \mid \theta)$와 모수 θ에 대한 사전분포 $\pi(\theta)$가 주어지면 [보조정리 2.2]가 성립함을 알 수 있다. 여기서, 손실함수를 제곱오차라고 가정한다.

보조정리 2.2

확률변수 X의 분포는 모수 θ에 의존한다. $f(x \mid \theta)$를 θ가 주어졌을 때 X의 조건부 확률밀도함수라고 가정하자. 또한 θ가 확률밀도함수 $h(\theta)$를 따르는 확률변수라고 가정한다면, $f(x \mid \theta)$와 $h(\theta)$하에서 X의 평균인 베이지안 추정량 $\tilde{u}(x)$를 다음과 같이 계산할 수 있다.

$$\tilde{u}(x) = ZX + (1-Z)M$$

여기서, $M = E(X) = E_\theta[E(X \mid \theta)] = E_\theta[u(\theta)]$, $Z = \dfrac{\tau^2}{\tau^2 + \delta^2}$,

$$\tau^2 = Var_\theta[E(X \mid \theta)] = Var_\theta[u(\theta)],\ \delta^2 = E_\theta[Var(X \mid \theta)] = E_\theta[v^2(\theta)]$$

이다. 즉, $E(X|\theta)$와 $Var(X|\theta)$는 θ의 함수이다.

보조정리 2.3

확률변수 $X_i(i=1,\ 2,\ \cdots,\ n)$는 서로 독립이고 동일한 분포를 따르며 [보조정리 2.2]의 가정이 적용된다고 하자. $\sum_{i=1}^{n} C_i = 1$을 만족하는 가중치 $C_1,\ C_2,\ \cdots,\ C_n$에 대하여 $\overline{X} = \sum_{i=1}^{n} C_i X_i$라 가정할 때, 확률변수 $\overline{X}$에 기초한 $\mu(\theta)$의 최적선형불편추정량(best linear unbiased estimator: $b.l.u.e$)은 다음과 같이 주어진다.

$$\hat{\mu} = Z\overline{X} + (1-Z)M \tag{2.30}$$

여기서, $Z = \dfrac{\tau^2}{\tau^2 + \Delta^2}$이고 $\Delta^2 = E_\theta[Var(\overline{X} \mid \theta)]$이다.

결론적으로 [보조정리 2.2]와 [보조정리 2.3]의 차이점은 하나의 확률변수 또는 n개의 확률변수에 의한 추정량인가에 차이가 있다. 즉, δ^2과 Δ^2에 있다. [보조정리 2.2]에서 가중치 C_i가 임의적으로 결정될 수 있기 때문에 δ^2과 Δ^2에는 다음과 같은 차이점이 있다.

$$\Delta^2 = E_\theta[Var(\overline{X} \mid \theta)] = E_\theta[\sum_{i=1}^{n} C_i^2 \sigma^2(\theta)] \quad (\because \text{ 독립이기 때문에})$$

$$= (\sum_{i=1}^{n} C_i^2)\ E_\theta[\sigma^2(\theta)]$$

$$= (\sum_{i=1}^{n} C_i^2)\ \delta^2$$

만약, 가중치를 $C_i = \frac{1}{n}$라고 하면 $\Delta^2 = \frac{\delta^2}{n}$가 됨을 알 수 있다.

[보조정리 2.2]와 [보조정리 2.3]에서 모든 관측치들의 평균값은 동일한 $\mu(\theta)$를 갖는 반면 분산은 일반적인 위험측정 단위수(예, 계약건수, 보험료 등)의 크기 $E_{i.}$에 반비례한다고 가정한다. 즉, $E_{i.}$가 크면 클수록 손해율 X_i의 분산은 적어진다고 가정한다. 실제로 보험료 또는 사고건수가 크면 클수록 손해율의 분산은 적어진다(다음과 같이 손해율의 평균과 분산을 각각 나타낸다).

$$E(X_i \mid \theta) = \mu(\theta)\ ,\ \ Var(X_i \mid \theta) = (\frac{K}{E_{i.}})\sigma^2(\theta)$$

여기서, K는 임의의 상수를 나타내고 $E_{i.}$는 어떤 양의 측도를 나타낸다[5]. 이 경우에도 위에서 설명한 보조정리가 모두 적용된다. 다만, 차이점은 Δ^2에 있으며 Δ^2은 다음과 같다.

$$\begin{aligned}\Delta^2 = E_\theta[Var(\overline{X} \mid \theta)] &= E_\theta[\sum_{i=1}^{n} C_i^2\ \ Var(X_i \mid \theta)] \\ &= E_\theta[\sum_{i=1}^{n} C_i^2\ (\frac{K}{E_{i.}})\sigma^2(\theta)] \\ &= [\sum_{i=1}^{n} C_i^2\ (\frac{K}{E_{i.}})]\ \ E_\theta[\sigma^2(\theta)] \\ &= [\sum_{i=1}^{n} C_i^2\ (\frac{K}{E_{i.}})]\delta^2 \qquad (2.31)\end{aligned}$$

만약 가중치의 제곱 C_i^2을 $E_{i.}$에 비례하게 선택한다면 $\Delta^2 = K'\delta^2$이 됨을 알 수

5) ISO(1980)에서는 일반적인 위험단위수 $E_{i.}$ 대신 보험료 $P_{i.}$를 양의 측도(measure of volume)로 사용하고 있다.

있다.

[예제 2.18]~[예제 2.20]과 같이 손실함수가 제곱오차일 때 모수 Θ에 대한 베이지안 추정량은 사후분포의 평균값이 되며, 이때 평균값은 데이터로부터 관측된 정보와 사전정보에 가중치가 각각 부여되고 있음을 알 수 있다. 이 경우의 가중치가 바로 신뢰도 Z이다.

위와 같은 결과들은 오늘날 베이지안 통계학을 연구하는 데 가장 기초가 되는 것이다. 여러 경우에 베이지안 추정량(제곱오차를 갖는 최우추정량) 관측치와 전체 평균의 가중평균값을 간단하게 계산할 수 있다. 더욱이 그 가중치는 사후분포를 구하지 않고 분포에 포함되어 있는 적률의 항으로 쉽게 구할 수 있다.

2.7.2 조건부 분포와 베이지안 추정

2.7.2.1 개요

조건부 분포와 베이지안의 추정방법은 앞으로 신뢰도 이론을 설명하는 데 매우 중요한 역할을 하게 되므로 이에 대한 기본적인 이해가 필요하다.

앞에서 설명한 바와 같이 모수 그 자체가 확률변수인 경우를 생각해 볼 수 있다. 경우에 따라 관심 있는 확률변수가 어떤 형태인가를 말할 때가 있다. 예를 들면, 확률변수 X는 "포아송 분포를 따르는 확률변수이다."라고 말할 수 있다. 이 경우에 다루고자 하는 확률변수들의 발생건수를 정확하게 알기 위하여 모수를 구체화시키는 것이 필요하다. 즉, 이 모수를 구체화함으로써 확률변수에 대한 정확한 분포의 도출이 가능하다. "확률변수 X의 분포는 모수 θ에 의존한다"라고 말하는 것은 매우 추상적이다. 즉, θ값에 따라 결정된다는 것은 여러 개의 확률밀도함수족(族)이 존재한다는 것을 의미한다. 결과적으로 X의 확률밀도함수(probability density function)는 이들 족(family) 중의 하나이다.

그러나 모수 θ를 알고 있음으로써 정확한 X의 분포를 알 수 있다. 특히, 모수집합(즉, 가능한 θ값)은 어떤 집합이 될 수 있으며 그것은 벡터의 집합이 될 수 있다. 일반적으로 우리는 θ가 실수라고 가정한다.

Z가 X의 함수 $Z=g(X)$일 경우 단순히 Z의 기댓값이라고 말하는 것은 옳지 않다. 즉, 어떤 θ값이 주어졌을 때 Z의 기댓값이라고 말하는 것이 올바른 표현이다. 왜냐하면, 정확한 θ값을 안다면 우리는 정확한 X의 분포를 알 수 있으며 이때 Z의

기댓값을 계산할 수 있기 때문이다.

이것을 좀 더 자세하게 설명하면 다음과 같다. θ의 각 값에 대한 확률밀도함수를 $f_\theta(x)$라고 가정한다. 어떤 하나의 θ값이 주어질 때 $f_\theta(x)$는 x의 유일한 확률밀도함수가 된다. 일반적으로 $f_\theta(x)$라는 표현보다는 $f(x \mid \theta)$로 나타내는 것이 일반적이다. 이하에서는$f(x \mid \theta)$로 통일한다.

2.7.2.2 확률변수 X의 평균과 분산

$\Theta = \theta$가 주어질 때 Z의 기댓값은 다음과 같다. 여기서 Z는 확률변수 X의 함수이다. 즉, $Z = g(X)$이다.

$$E(Z \mid \theta) = \int z f(x \mid \theta) dx \tag{2.32}$$

결국, 식 (2.32)는 θ의 함수임을 알 수 있다. 특히, θ가 주어졌을 때 X의 조건부 평균 $u(\theta)$와 조건부 분산 $v^2(\theta)$는 아래와 같이 θ의 함수이다.

$$u(\theta) = E(X \mid \theta) = \int x f(x \mid \theta) dx$$
$$v^2(\theta) = Var(X \mid \theta) = \int [x - E(X \mid \theta)]^2 f(x \mid \theta) dx$$

만약에 모수 θ가 확률밀도함수 $h(\theta)$를 갖는 확률변수라고 가정하면 X와 θ의 결합확률밀도함수를 다음과 같이 나타낼 수 있다.

$$k(x,\theta) = f(x \mid \theta) h(\theta)$$

즉, 확률변수 X와 θ의 결합확률밀도함수 $k(x,\theta)$는 θ의 주변확률밀도함수 $h(\theta)$와 θ가 주어졌을 때 X의 조건부 확률밀도함수 $f(x \mid \theta)$를 곱함으로써 구해질 수 있다. 따라서 $Z = g(X)$에 대해 우리는 Z의 기댓값을 다음과 같이 구할 수 있다.

$$E(Z) = \int \int z k(x,\theta) dx d\theta = \int \int z f(x \mid \theta) h(\theta) dx d\theta$$

앞에서와 마찬가지로 $E(Z) = E_\theta[E(Z \mid \theta)]$가 성립한다($\because E(Z|\theta)$는 θ의 함수이기 때문이다). 특히, $E(X) = E_\theta[E(X \mid \theta)] = E_\theta[u(\theta)]$이다. 우리는 이것을 M으로 나

타낸다. 즉, $M = E_\theta[u(\theta)]$로 나타내며 이는 곧 경험데이터의 전체평균(Grand Mean)이 된다.

다음으로 X의 분산에 대해 살펴보자(좀 더 자세한 내용은 [정리 2.1] 참조).

$$\begin{aligned} Var(X) &= Var_\theta[E(X \mid \theta)] + E_\theta[(Var(X \mid \theta)] \\ &= Var_\theta[u(\theta)] + E_\theta[v^2(\theta)] \end{aligned}$$

이 두 개의 값들을 다음과 같이 표현한다.

$$\tau^2 = Var_\theta[u(\theta)] \ : \text{조건부(등급 간) 평균들의 분산값}$$

$$\delta^2 = E_\theta[v^2(\theta)] \ : \text{조건부(등급 내) 분산들의 기댓값}$$

결국, 확률변수 X의 비조건부 평균과 비조건부 분산은 다음과 같이 쓸 수 있다.

$$\begin{aligned} E(X) &= M \\ Var(X) &= \tau^2 + \delta^2 \end{aligned}$$

다시 말해, τ^2과 δ^2은 조건부(등급 간) 평균들의 분산값과 조건부(등급 내) 분산들의 기댓값으로 표현될 수 있다. 앞에서 θ가 확률변수라는 가정에 어떤 의문도 제기하지 않고 단순히 θ가 확률변수일 경우를 설정하였다. 이 경우 X의 비조건부 평균 $E(X)$와 비조건부 분산 $Var(X)$가 계산될 수 있다. 그와 같은 예가 총손해액(Total Loss)은 사고건수를 나타내는 모수(그 자체가 확률변수) k에 의존한다는 것이다.

주어진 모수 Θ를 확률변수로 취급하느냐 아니냐는 오늘날 통계학의 중요 관심사 중의 하나이다. 베이지안 통계학자들은 어떤 모수이건 확률변수로 표현될 수 있다고 주장한다. 다시 말해 베이지안 통계학자들의 관점은 누구나 모수 Θ에 대한 사전정보 또는 지식을 갖고 있다는 것이다. 실제로 베이지안 통계학자들은 누구나 Θ에 대한 확률분포를 완전하게 특정지을 수 있다고 믿는다.

이번 장에서 전개되는 내용의 대부분은 베이지안적인 관점에서 출발한다. 즉, 모수 Θ에 종속되는 확률변수 X를 갖는다고 가정하자. Θ가 주어졌을 때 X의 조건부 확률밀도함수를 $f(x \mid \theta)$로 표시한다. 그리고 Θ는 확률밀도함수 $h(\theta)$를 갖는 확률변수라고 가정한다. 이때 $h(\theta)$를 Θ에 대한 사전확률밀도함수(prior probability density function)라 한다. 다음과 같은 기호들을 사용한다.

$$E(X \mid \theta) = u(\theta), Var(X \mid \theta) = v^2(\theta)$$

$$M = E_\theta[u(\theta)],\ \tau^2 = Var_\theta[u(\theta)],\ \delta^2 = E_\theta[v^2(\theta)]$$

따라서 X의 비조건부 평균과 비조건부 분산을 다음과 같이 나타낼 수 있다([정리 2.1] 참조)

$$E(X) = E_\theta[E(X \mid \theta)] = E_\theta[u(\theta)] = M$$

$$Var(X) = Var_\theta[E(X \mid \theta)] + E_\theta(Var(X \mid \theta)]$$

$$= \tau^2 + \delta^2$$

즉, $E(X)$는 총평균이 되고 $Var(X)$는 조건부(등급 간) 평균들의 분산값과 조건부(등급 내) 분산들의 기댓값의 합으로 나타난다.

[예제 2.21]은 실제 표본들로부터 주변분포, 사전 또는 사후분포들이 어떻게 생성되는지에 대한 이해를 돕기 위해 정리한 것이다.

예제 2.21

X의 분포로부터 $n=8$개의 표본 3, 4, 8, 10, 12, 18, 22, 35이 추출되었다. X의 분포는 모수가 θ인 지수분포인 $f(x \mid \theta) = \frac{1}{\theta}e^{-\frac{x}{\theta}}$라 가정하고 Θ의 사전분포는 구간 [10, 20]에서 균등분포를 한다고 가정한다. 즉, $10 \le \theta \le 20$에 대해서 $\pi(\theta) = 0.1$이다.

(i) 분포가 $f_{X \mid \Theta}(x \mid \theta)$라고 할 때, 이들 8개 표본에 해당하는 분포는 다음과 같다.

$$\prod_{i=1}^{8} f(x_i \mid \theta) = \prod_{i=1}^{8} (\frac{1}{\theta})^8 e^{-\frac{x_i}{\theta}} = \frac{1}{\theta^8} e^{-\frac{\Sigma x_i}{\theta}} = \frac{1}{\theta^8} e^{-\frac{112}{\theta}}$$

(ii) X와 θ의 결합밀도함수는 $f_{X,\Theta}(x,\theta) = f_{X \mid \Theta}(x \mid \theta) \cdot \pi(\theta)$이다. 이들 8개 표본에 해당하는 결합밀도함수는 다음과 같다.

$$f_{X,\Theta}(x,\theta) = f_{X \mid \Theta}(x \mid \theta) \cdot \pi(\theta) = \prod_{i=1}^{8} f(x_i \mid \theta) \cdot (0.1) = \frac{0.1}{\theta^8} e^{-\frac{112}{\theta}}$$

(iii) $n=8$개의 관측치 $x=x_1,\ldots,x_8$의 주변분포는 다음과 같다.

$$\int f_{X|\Theta}(x|\theta)\cdot\pi(\theta)d\theta=\int_{10}^{20}\frac{0.1}{\theta^8}e^{-\sum_{i=1}^{8}\frac{x_i}{\theta}}d\theta$$

(iv) Θ의 사후분포는 $\pi_{\Theta|X}(\theta|x)=\dfrac{f_{X|\Theta}(x|\theta)\cdot\pi(\theta)}{\int f_{X|\Theta}(x|\theta)\cdot\pi(\theta)d\theta}$이다. 이들 8개 관측치에 대한 사후분포는 다음과 같다.

$$\pi_{\Theta|X}(\theta|x)=\frac{f_{X|\Theta}(x|\theta)\cdot\pi(\theta)}{\int f_{X|\Theta}(x|\theta)\cdot\pi(\theta)d\theta}=\frac{\frac{0.1}{\theta^8}e^{-\frac{112}{\theta}}}{\int_{10}^{20}\frac{0.1}{\theta^8}e^{-\frac{112}{\theta}}d\theta}$$

$$=(5.122\times10^{11})(\frac{1}{\theta^8}e^{-\frac{112}{\theta}})$$

(v) 새로운 관측치 y에 대한 예측분포는 다음과 같다.

$$f_{Y|X}(y|x)=\int f_{Y|\Theta}(y|\theta)\pi_{\Theta|X}(\theta|x)$$

$$=\int_{10}^{20}\frac{1}{\theta}e^{-\frac{y}{\theta}}(5.122\times10^{11})(\frac{1}{\theta^8}e^{-\frac{112}{\theta}})d\theta$$

예제 2.22

확률변수 X는 모수가 Λ인 포아송 분포를 따른다. Λ의 사전분포는 정숫값 1, 2, 3에서 이산균등분포를 따른다고 가정한다. 하나의 X값이 관찰되었을 때,

1) 결합확률분포 $f_{X,\Lambda}(x,\lambda)$는?

$$\frac{e^{-\lambda}\lambda^{x/3}}{3x\,!}$$

2) $X=1$이 주어졌을 때 Λ의 사후분포의 평균값은?

X의 주변확률분포는 다음과 같다. $x=0,1,2,\ldots$에 대하여

$$f_X(x)=\sum_{\lambda=1}^{3}f_{X,\Lambda}(x,\lambda)=\frac{e^{-1}}{3x\,!}+\frac{e^{-2}2^x}{3x\,!}+\frac{e^{-3}3^x}{3x\,!}+\ldots$$

Λ의 사후분포함수는 다음과 같다.

$$\pi_{\Lambda \mid X}(\lambda \mid x) = \frac{f_{X,\Lambda}(x,\lambda)}{f_X(x)} = \frac{\dfrac{e^{-\lambda}\lambda^x}{3x\,!}}{\dfrac{e^{-1}}{3x\,!} + \dfrac{e^{-2}2^x}{3x\,!} + \dfrac{e^{-3}3^x}{3x\,!}}$$

위 식에 각각 대입하면

$$\pi_{1 \mid 1}(1 \mid 1) = \frac{\dfrac{e^{-1}}{3}}{\dfrac{e^{-1}}{3} + \dfrac{e^{-2}2}{3} + \dfrac{e^{-3}3}{3}} = 0.467$$

$$\pi_{2 \mid 1}(2 \mid 1) = \frac{\dfrac{e^{-1}2}{3}}{\dfrac{e^{-1}}{3} + \dfrac{e^{-2}2}{3} + \dfrac{e^{-3}3}{3}} = 0.344$$

$$\pi_{3 \mid 1}(3 \mid 1) = \frac{\dfrac{e^{-1}3}{3}}{\dfrac{e^{-1}}{3} + \dfrac{e^{-2}2}{3} + \dfrac{e^{-3}3}{3}} = 0.190$$

따라서 $E(\Lambda \mid X=1) = 1(0.467) + 2(0.344) + 3(0.190) = 1.7$

2.7.2.3 주요 추정 문제

이번 절에서는 가장 일반적인 형태에서의 주요 추정문제를 다루고자 한다. 주요 추정문제 중 하나는 확률과정(random process)의 어떤 값들을 추정하는 것이다. 앞에서도 언급한 바와 같이 이번 절에서 얻는 결과는 이번 장에서 가장 중요한 것이 될 것이고 앞으로 많은 문제를 해결하는 데 기초가 될 것이다.

문제를 해결하는 (베이지안적)접근법과 고전적인 통계학을 구분하는 것이 매우 중요하다. 고전적인 통계학에서는 어떤 값들을 추정하고 신뢰구간을 결정함으로써 그 추정치의 정확도를 나타낸다. 반대로 (베이지안적) 접근방법은 추정량에 대한 정확도의 측도를 결정하는 것이다. 이 기준에 적합한 추정량을 찾는 것이다.

앞 절에서와 같이 동일한 가정들을 둔다. 즉, 모수 θ에 의존하는 확률변수 X를 가정한다. 모수 θ는 확률변수라는 베이지안 가정을 둔다. θ가 주어질 때 X의 조건

부 확률분포함수를 $f(x|\theta)$로 나타내고 θ의 확률분포함수는 $h(\theta)$로 나타낸다. θ가 주어질 때 X의 조건부 평균과 분산은 $u(\theta)$와 $v^2(\theta)$로 나타낸다. 앞에서 언급한 바와 같이 X의 비조건부 평균과 분산을 다음과 같이 나타낸다.

$$E(X) = M$$
$$Var(X) = \tau^2 + \delta^2$$

여기서, $\tau^2 = Var_\theta[u(\theta)]$이고 $\delta^2 = E_\theta[v^2(\theta)]$이다.

이때, 확률변수 X의 평균값과 추정량(결정함수) d를 결정하기를 원한다. 만약 X의 관측값이 x라고 할 때, $u(\theta)$의 추정치는 $d(x)$가 될 것이다.

여기에는 많은 추정량이 있으므로 그 추정량 중의 하나를 선택하는 기준을 설정할 필요가 있다. 먼저, 손실함수 $L_d(x,\theta)$를 선택한다. 이것은 모수의 진값(true value)이 θ이고 추정치가 $d(x)$일 때의 손실(오차)을 나타낸다. 문제를 풀어나가기 위해 여기서는 제곱오차손실을 선택한다. 즉, 다음과 같이 정의한다.

$$L_d(x,\theta) = [d(x) - u(\theta)]^2$$

다른 오차함수들이 많이 있지만 제곱오차손실이 일반적이다. 그러나 앞에서도 언급한 바와 같이 아래의 많은 결과들이 제곱오차손실인 경우에 유효하다. 만약 모수의 진(眞)값이 θ라면 추정량 d와 관련된 위험(risk)을 다음과 같이 정의한다.

$$\begin{aligned} r_d(\theta) &= E[L_d(x,\theta)|\theta] \ (\because \text{ 이것은 } \theta\text{의 함수이다.}) \\ &= E\{ [d(x) - u(\theta)]^2|\theta \} \\ &= \int [d(x) - u(\theta)]^2 f(x|\theta)dx \end{aligned}$$

앞에서와 같이 d의 베이지안 위험을 다음과 같이 정의한다.

$$\begin{aligned} R_d &= E_\theta[r_d(\theta)] \\ &= E_\theta[E(L_d(x,\theta)|\theta)] \\ &= E[L_d(x,\theta)] \\ &= E[(d(x) - u(\theta))^2] \end{aligned}$$

d의 베이지안 위험은 d 전체값의 측도가 된다. 두 개의 추정량 d_1과 d_2가 있다고 할 때, 다음과 같은 등식이 성립하면 d_1이 d_2보다 더 좋은 $u(\theta)$의 추정량이라고 말한다.

$$R_{d_1} < R_{d_2}$$

가장 적은 베이즈 위험을 갖는 추정량을 베이지안 추정량(Bayesian estimator) 또는 베이즈 규칙(Bayes rule)이라고 정의하고 이 추정량을 $\tilde{u}$라고 표시한다.

따라서 $\tilde{u}$는 모든 다른 추정량 d들 중에서 $R_{\tilde{u}} \le R_d$가 성립하는 추정량이다. 베이지안 추정량을 계산하기 위해 X와 θ의 결합확률밀도함수를 다음과 같이 정의한다.

$$k(x,\theta) = h(\theta) f(x|\theta)$$

앞 절로부터 확률변수 $Z = g(X,\theta)$의 기댓값을 다음과 같이 구한다.

$$E(Z) = E_\theta[E(Z|\theta)] \text{ 또는 } E(Z) = E_X[E(Z|x)]$$

두 번째 표현($E(Z) = E_X[E(Z \mid x)]$)은 X의 주변확률밀도함수를 다음과 같이 계산함으로써 가능하다.

$$k_1(x) = \int k(x,\theta)d\theta = \int h(\theta) f(x|\theta) d\theta$$

다음으로 X가 주어졌을 때 θ의 조건부 분포는 다음과 같이 계산한다.

$$k(\theta|x) = \frac{k(x,\theta)}{k_1(x)}$$

이때

$$E(Z|x) = \int z k(\theta|x) d\theta \text{이고 } E_X(W) = \int w k_1(x) dx$$

x가 주어질 때, θ의 조건부 확률밀도함수는 $k(\theta|x)$이다. 이것을 θ의 사후분포(posterior distribution)라 부른다. 베이지안 관점에서 볼 때, 확률변수 X의 값들을 관찰하고 난 후 θ의 가장 좋은 값 중 수정된 추정치로 나타난다. 이 같은 기호들

을 가지고 다음과 같이 나타낸다.

$$\begin{aligned} R_d &= E[(d(x)-u(\theta))^2] \\ &= E_X(E[(d(x)-u(\theta))^2 \mid x]) \\ &= \int [\int (d(x)-u(\theta)]^2 k(\theta|x)d\theta] k_1(x)dx \end{aligned}$$

위 수식의 표현을 자세하게 살펴보면 베이지안 추정량을 결정하기 위해 필요한 것을 찾을 수 있다. 중괄호를 살펴보면 x는 고정되어 있고 θ는 변수이다. 만약 x의 각 값에 대해 중괄호의 $d(x)$를 최소화하도록 선택한다면 R_d는 최소화된다. 즉, 베이지안 추정량 $\tilde{u}(x)$는 x의 고정된 각 값에 대해 $\tilde{u}(x)$이 결정된다. 그러므로

$$E([\tilde{u}(x)-u(\theta)]^2|x) = \int [\tilde{u}(x)-u(\theta)]^2 k(\theta|x)d\theta$$

도 최소화된다.

간단한 예를 들어 보자. 어떤 확률변수 W와 어떤 실수 b에 대해서 다음과 같이 쓸 수 있다.

$$E[(W-b)^2] = E[(W-E(W))^2] + [E(W)-b]^2$$

$E[(W-b)^2]$은, $b=E(W)$일 때 최소화되는 것이 명확하다. 따라서

$$E\{ [\tilde{u}(x)-u(\theta)]^2|x \}$$

은 다음과 같을 때 최소화된다.

$$\tilde{u}(x) = \int u(\theta)k(\theta|x)d\theta$$

즉, 베이지안 추정량 $\tilde{u}(x)$는 다음과 같다.

$$\tilde{u}(x) = E[u(\theta)|x]$$

제곱오차 손실함수를 갖는 베이지안 추정량은 θ의 사후분포와 관련해서 $u(\theta)$의

평균값이다. 모수 θ에 대한 사후추정량은 사후분포의 평균 $E[u(\theta)]$이다. 이들 개념에 대한 예를 들면 다음과 같다.

예제 2.23

X는 모수 θ에 종속하는 확률변수라고 가정한다. 만약 θ가 주어졌을 때 x의 조건부 분포는 음의 지수분포(negative exponential distribution)라 가정한다. 즉, 어떤 양수 θ에 대해 θ가 주어질 때 x의 조건부 분포는 다음과 같다.

$$f(x|\theta) = \theta e^{-\theta x},\ 0 < x$$

반면에 θ의 확률밀도함수가 다음과 같다고 가정하자.

$$h(\theta) = \frac{8}{3}\theta^3 e^{-2\theta}$$

이때 다음 식들을 계산한다.

$$u(\theta) = E(X|\theta),\ v^2(\theta) = Var(X|\theta)$$
$$M = E_\theta[u(\theta)] = E_\theta[E(X|\theta)] = E(X)$$
$$\tau^2 = Var_\theta[u(\theta)],\ \delta^2 = E_\theta[v^2(\theta)]$$

여기서, $u(\theta)$의 베이지안 추정량 $\tilde{u}(x)$을 계산하고자 한다.

앞에서의 정의와 감마함수(부분적분에 의해 쉽게 계산됨)의 성질에 따라 다음과 같은 식이 성립한다.

$$\int_0^\infty w^n e^{-w} dw = n! \qquad n = 0,1,2,3\cdots$$

이 같은 사실과 간단한 변수변환을 통해 이들 적분을 계산할 수 있다. 예를 들면,

$$u(\theta) = E(X|\theta) = \int_0^\infty x f(x|\theta) dx = \int_0^\infty x\theta e^{-\theta x} dx$$

$w - \theta x$로 놓으면 $dw = \theta dx$이다. 띠리서

$$u(\theta) = \int_0^\infty \frac{\omega}{\theta}\theta e^{-w}\frac{1}{\theta}dw = \frac{1}{\theta}\int_0^\infty we^{-w}dw = \frac{1}{\theta}$$

같은 방법으로 하면 $E(X^2|\theta) = \dfrac{2}{\theta^2}$가 된다. 따라서

$$v^2(\theta) = E(X^2|\theta) - [E(X|\theta)]^2 = \frac{2}{\theta^2} - \frac{1}{\theta^2} = \frac{1}{\theta^2}$$

따라서 $u(\theta) = \dfrac{1}{\theta}$이고 $v^2(\theta) = \dfrac{1}{\theta^2}$이 된다.

$$M = E_\theta[u(\theta)] = \int_0^\infty \frac{1}{\theta} h(\theta) d\theta = \frac{8}{3}\int_0^\infty \theta^2 e^{-2\theta} d\theta = \frac{2}{3}$$

즉, 전체평균 M은 상수가 된다. 또한

$$E_\theta[u^2(\theta)] = \int_0^\infty (\frac{1}{\theta})^2 h(\theta) d\theta = \frac{2}{3}$$

$$\tau^2 = Var_\theta[u(\theta)] = E_\theta[u^2(\theta)] - [E_\theta(u(\theta))]^2 = \frac{2}{3} - (\frac{2}{3})^2 = \frac{2}{9}$$

또한

$$\delta^2 = E_\theta[v^2(\theta)] = \int_0^\infty \frac{1}{\theta^2} h(\theta) d\theta = \frac{2}{3}$$

따라서

$$u(\theta) = \frac{1}{\theta},\ v^2(\theta) = \frac{1}{\theta^2},\ M = \frac{2}{3},\ \tau^2 = \frac{2}{9},\ \delta^2 = \frac{2}{3}$$

이 되므로

$$E(X) = M = \frac{2}{3},\ Var(X) = \tau^2 + \delta^2 = \frac{2}{9} + \frac{2}{3} = \frac{8}{9}$$

이 된다.

다음으로 $u(\theta)$에 대한 베이지안 추정량 $\tilde{u}(x)$를 계산한다. 이를 계산할 때 $Var(X|\theta)$, M, τ^2, δ^2을 계산할 필요가 없다는 데 주목해 볼 필요가 있다. 베이지안 추정량을 계산한 후에 이 값($\tilde{u}(x)$)과 앞에서 계산한 값($Var(X|\theta)$, M, τ^2, δ^2)들과의 중요한 관계를 설명할 것이다.

X의 주변확률밀도함수와 결합확률밀도함수로부터 x가 주어졌을 때 θ의 조건부 확률밀도함수를 계산해야 한다.

$$k(x,\theta) = h(\theta)f(x|\theta) = \frac{8}{3}\theta^3 e^{-2\theta}\theta e^{-\theta x} = \frac{8}{3}\theta^4 e^{-\theta(x+2)}$$

이때 X의 주변확률밀도함수는 다음과 같다.

$$k_1(x) = \int_0^\infty k(x,\theta)d\theta = \frac{8}{3}\int_0^\infty \theta^4 e^{-\theta(x+2)}d\theta$$

$w=\theta(x+2)$와 $dw=(x+2)\theta$로 변수변환 시키면

$$k_1(x) = \frac{8}{3}\int_0^\infty (\frac{w}{x+2})^4 e^{-w}(\frac{dw}{x+2}) = \frac{8}{3(x+2)^5}4\ ! = \frac{64}{(x+2)^5}$$

따라서

$$k(\theta|x) = \frac{k(x,\theta)}{k_1(x)} = \frac{(x+2)^5}{24}\theta^4 e^{-\theta(x+2)}$$

따라서 베이지안 추정량 $\tilde{u}(x)$은 다음과 같다.

$$\tilde{u}(x) = \int_0^\infty u(\theta)k(\theta|x)d\theta = \int_0^\infty \frac{1}{\theta}[\frac{(x+2)^5}{24}]\theta^4 e^{-\theta(x+2)}d\theta$$

$\theta(x+2)=w$로 놓으면 $(x+2)d\theta = dw$가 된다. 이를 윗 식에 대입하면 다음과 같이 계산된다.

$$= \frac{(x+2)^5}{24}\int_0^\infty (\frac{\omega}{x+2})^3 e^{-\omega}(\frac{1}{x+2})d\omega$$

$$= \frac{(x+2)^5}{24}\frac{1}{(x+2)^4}\int_0^\infty \omega^3 e^{-\omega}d\omega$$

$$= \frac{x+2}{24}\int_0^\infty \omega^3 e^{-\omega}d\omega \quad (\because \int_0^\infty \omega^n e^{-\omega}d\omega = n!)$$

$$= \frac{x+2}{24}3! = \frac{x+2}{24}\times 3\times 2\times 1$$

$$= \frac{(x+2)}{4}$$

따라서 베이지안 추정량 $\tilde{u}(x)$은 다음과 같이 계산된다.

$$\tilde{u}(x) = \frac{(x+2)}{4}$$

위 예제에 대한 계산결과를 요약하면 다음과 같다. 총평균 $M = \frac{2}{3}$, 조건부(등급 간) 평균들의 분산값 $\tau^2 = \frac{2}{9}$, 조건부(등급 내) 분산들의 기댓값 $\delta^2 = \frac{2}{3}$로 계산되었다. 이처럼 위 값들은 앞에서 계산한 방법과 완전히 별개로 계산되었다. $u(\theta)$의 베이지안 추정량은 $\tilde{u}(x)$이다. 이처럼 $u(\theta)$에 대한 베이지안 추정량 $\tilde{u}(x)$을 결정하는 데 필요한 계산은 매우 복잡하다. 일반적으로 이들의 계산은 매우 어렵거나 불가능한 경우가 존재한다. 그러나 대부분의 경우에 $u(\theta)$에 대한 베이지안 추정량 $\tilde{u}(x)$은 보다 복잡한 계산과정을 거치지 않고 M, τ^2, δ^2항으로 계산될 수 있다. 이 같은 예는 다음과 같다.

만약 $x=1$로 관측되었다면 (θ의 진 값에 대한) x의 기댓값의 최적의 추정치는 $\frac{1+2}{4} = \frac{3}{4}$이다. 이 값은 관측값 1과 X의 전체 평균값 $M = \frac{2}{3}$사이에 놓여 있다는 점에 주목해 볼 필요가 있다. 또한 $x = \frac{1}{2}$이라면 $\tilde{u}(x) = \frac{5}{8}$가 된다. 이 값은 관측값 $\frac{1}{2}$와 $M = \frac{2}{3}$ 사이의 값이라는 점이다. 이 결과는 우연의 일치가 아니며 다음과 같이 표현할 수 있다.

$$\tilde{u}(x) = \frac{1}{4}x + \frac{1}{2} = \frac{1}{4}x + (\frac{3}{4})(\frac{2}{3}) = \frac{1}{4}x + (1 - \frac{1}{4})M = \frac{1}{4}x + \frac{3}{4}M$$

위 식에서 보는 것과 같이 $\tilde{u}(x)$는 관측치 x와 총평균(Grand Mean)의 가중평균값이다. 만약에 Z를 다음과 같이 정의한다면 $Z = \frac{\tau^2}{\tau^2 + \delta^2}$이므로 Z를 다음과 같이 쓸 수 있다.

$$Z = \frac{\frac{2}{9}}{\frac{2}{9} + \frac{2}{3}} = \frac{1}{4}$$

이것을 다시 쓰면 다음과 같은 형태가 된다.

$$\tilde{u}(x) = ZX + (1 - Z)M$$

여기서, $Z = \frac{\tau^2}{\tau^2 + \delta^2}$, $M = E_\theta[u(\theta)] = E_\theta[E(X|\theta)]$,

$$\tau^2 = Var_\theta[u(\theta)] = Var_\theta[E(X|\theta)],\ \delta^2 = E_\theta[v^2(\theta)] = E_\theta[Var(X|\theta)]$$

이다. 위 예에서 보는 것처럼 베이지안 추정량은 사후분포를 유도하지 않고 조건부 분포와 사전분포의 적률항(moments)으로 직접 나타낼 수 있다는 것이다.

그러나 안타깝게 이와 같은 성질은 항상 성립하지 않는다. 다만 여러 경우에서 베이지안 추정량을 얻을 수 있다. θ가 주어질 때 X의 조건부 분포가 $u(\theta) = \theta$이고 $v^2(\theta) = \sigma^2$(상수이고 θ와 독립)인 정규분포를 하고 θ가 평균이 M이고 분산이 τ^2인 정규분포를 한다면 베이지안 추정량은 위와 같은 형태로 나타난다. 이를 일반적인 형태로 정리하면 다음과 같다.

정리 2.9

θ가 주어질 때 x의 조건부 분포가 평균이 θ이고 분산이 σ^2(θ와 독립)인 정규분포를 한다고 가정하자. 또한 θ는 평균이 M이고 분산이 τ^2인 정규분포를 한다고 가정한다. 이때

(1) X의 주변(비조건부) 확률분포는 평균이 M이고 분산이 $\sigma^2 + \tau^2$인 정규분포를 한다.

(2) θ의 베이지안 추정량 $\tilde{\mu}(x)$ ($\tilde{\mu}(x) = E(\theta|x)$로 정의됨)은 다음과 같이 주어진다.

$$\tilde{\mu}(x) = Zx + (1 - Z)M,\ Z = \frac{\tau^2}{\tau^2 + \sigma^2}$$

증명

위 가정으로부터

$$f(x|\theta) = \frac{1}{\sqrt{2\pi}\,\sigma} e^{-\frac{1}{2}(\frac{x-\theta}{\sigma})^2} \text{ 이고 사전분포 } h(\theta) = \frac{1}{\sqrt{2\pi}\,\tau} e^{-\frac{1}{2}(\frac{\theta - M}{\tau})^2}$$

가 된다. x와 θ의 결합확률밀도함수 $k(x,\theta)$는 다음과 같다.

$$k(x,\theta) = h(\theta) f(x|\theta) = \frac{1}{2\pi\sigma\tau} e^{-\frac{1}{2}[(\frac{x-\theta}{\sigma})^2 + (\frac{\theta - M}{\tau})^2]}$$

또한 x의 주변확률분포함수는 다음과 같이 계산된다.

$$k_1(x) = \int k(x,\theta) d\theta$$

x가 주어질 때 θ의 조건부 분포(즉, θ의 사후분포)는 다음과 같이 정의된다.

$$k(\theta|x) = \frac{k(x,\theta)}{k_1(x)}$$

이들 계산을 쉽게 하려고 실수 a와 b에 대해 정리하면 다음과 같다.

$$\begin{aligned} ax^2 + bx &= a(x^2 + \frac{b}{a}x) = a[x^2 + \frac{b}{a}x + (\frac{b}{2a})^2 - (\frac{b}{2a})^2] \\ &= a[(x - (-\frac{b}{2a}))^2 - \frac{b^2}{4a^2}] \\ &= \frac{1}{\frac{1}{a}}[(x - (-\frac{b}{2a}))^2] - \frac{b^2}{4a^2} = (\frac{x - (-\frac{b}{2a})}{\sqrt{\frac{1}{a}}})^2 - \frac{b^2}{4a} \end{aligned}$$

이때, $\mu = -\frac{b}{2a}$와 $\delta = \sqrt{\frac{1}{a}}$로 놓으면 다음과 같이 된다. 여기서 z는 평균이 μ이고 분산이 δ^2인 정규분포를 한다.

$$\int e^{-\frac{1}{2}(ax^2+bx)} dx = \int e^{-\frac{1}{2}[(\frac{x-\mu}{\delta})^2 - \frac{b^2}{4a})]} dx = e^{\frac{b^2}{8a}} \int e^{-\frac{1}{2}(\frac{x-\mu}{\delta})^2} dx$$

$$= \sqrt{2\pi}\,\delta e^{\frac{b^2}{8a}} \int \frac{1}{\sqrt{2\pi}\,\delta} e^{-\frac{1}{2}(\frac{x-\mu}{\delta})^2} dx$$

$$= \sqrt{2\pi}\,\delta e^{\frac{b^2}{8a}} \int f_z(x)dx$$

그러므로

$$\int_{-\infty}^{\infty} e^{-\frac{1}{2}(ax^2+bx)} dx = \sqrt{2\pi}\sqrt{\frac{1}{a}}\, e^{\frac{b^2}{8a}} \qquad (1)`$$

가 된다. 또한

$$\int x e^{-\frac{1}{2}(ax^2+bx)} dx = \sqrt{2\pi}\sqrt{\frac{1}{a}}\, e^{\frac{b^2}{8a}} \int x f_z(x)dx$$

가 된다. 여기서 z는 $\mu = -\dfrac{b}{2a}$이고 분산이 $\delta^2 = \dfrac{1}{a}$인 정규분포를 따른다. 따라서

$$\int_{-\infty}^{\infty} x e^{-\frac{1}{2}(ax^2+bx)} dx = (\sqrt{2\pi}\sqrt{\frac{1}{a}}\, e^{\frac{b^2}{8a}})(\mu),\ \text{여기서}\ \mu = -\frac{b}{2a}$$

이다.

$$\int_{-\infty}^{\infty} x e^{-\frac{1}{2}(ax^2+bx)} dx = [\int_{-\infty}^{\infty} e^{-\frac{1}{2}(ax^2+bx)} dx](\mu) \qquad (2)`$$

앞에서 유도한 식 (1)`과 식 (2)`이 문제를 푸는 데 도움이 된다.

x의 주변확률분포함수를 계산하기 위하여 우리는 $k_1(x) = \int k(x,\theta)d\theta$라고 한다. 먼저 $k(x,\theta)$를 다음과 같이 계산한다.

$$k(x,\theta) = \frac{1}{2\pi\sigma\tau} e^{-\frac{1}{2}[(\frac{x-\theta}{\sigma})^2 + (\frac{\theta-M}{\tau})^2]}$$

$$= \frac{1}{2\pi\sigma\tau} e^{-\frac{1}{2}[\frac{\tau^2x^2 - 2\tau^2x\theta + \tau^2\theta^2 + \sigma^2\theta^2 - 2\sigma^2\theta M + \sigma^2 M^2}{\sigma^2\tau^2}]}$$

$$= \frac{1}{2\pi\sigma\tau} e^{-\frac{1}{2}[\frac{\tau^2x^2 + \sigma^2M^2}{\tau^2\sigma^2} + (\frac{\tau^2+\sigma^2}{\tau^2\sigma^2})\theta^2 - 2(\frac{\tau^2x + \sigma^2M}{\tau^2\sigma^2})}$$

따라서 x의 주변확률밀도함수는 다음과 같다. 여기서, $a = \frac{\tau^2 + \sigma^2}{\tau^2\sigma^2}$이고 $b = -2(\frac{\tau^2 x + \sigma^2 M}{\tau^2\sigma^2})$이다.

$$k_1(x) = \int k(x,\theta)d\theta = \frac{1}{2\pi\sigma\tau} e^{-\frac{1}{2}(\frac{\tau^2x^2 + \sigma^2M^2)}{\tau^2\sigma^2}} \int e^{\frac{-1}{2}(a\theta^2 + b\theta)} d\theta$$

식 (1)`으로부터

$$k_1(x) = \frac{1}{2\pi\sigma\tau} e^{-\frac{1}{2}(\frac{\tau^2x^2 + \sigma^2M^2)}{\tau^2\sigma^2}} [\sqrt{2\pi} \sqrt{\frac{\tau^2\sigma^2}{\tau^2 + \sigma^2}} e^{-\frac{b^2}{8a}}]$$

여기서, $\frac{b^2}{8a} = \frac{4(\frac{\tau^2x + \sigma^2M}{\sigma^2\tau^2})^2}{8(\frac{\tau^2 + \sigma^2}{\tau^2}\sigma^2)} = \frac{1}{2}\frac{(\tau^2x + \sigma^2M)^2}{\tau^2\sigma^2(\tau^2 + \sigma^2)}$이다. 따라서

$$k_1(x) = \frac{\sqrt{2\pi}}{2\pi}\frac{\sqrt{\tau^2\sigma^2}}{\sigma\tau}\frac{1}{\sqrt{\tau^2 + \sigma^2}} e^{-\frac{1}{2}[\frac{\tau^2x^2 + \sigma^2M^2}{\tau^2\sigma^2}) - \frac{(\tau^2 + \sigma^2M)^2}{\tau^2\sigma^2(\tau^2 + \sigma^2)}]}$$

지수부분을 간단히 하면 다음과 같다.

$$\begin{aligned}
&\frac{\tau^2x^2 + \sigma^2M^2}{\tau^2\sigma^2} - \frac{(\tau^2 + \sigma^2M)^2}{\tau^2\sigma^2(\tau^2 + \sigma^2)} \\
&= \frac{(\tau^2x^2 + \sigma^2M^2)(\tau^2 + \sigma^2) - (\tau^2x + \sigma^2M)}{\tau^2\sigma^2(\tau^2 + \sigma^2)} \\
&= \frac{(\tau^4x^2 + \tau^2\sigma^2x^2 + \sigma^2\tau^2M^2 + \sigma^4M^2 - \tau^4x^2 - 2\tau^2\sigma^2xM - \sigma^4)}{\tau^2\sigma^2(\tau^2 + \sigma^2)} \\
&= \frac{\tau^2\sigma^2(x^2 - 2xM + M^2)}{\tau^2\sigma^2(\tau^2 + \sigma^2)} = \frac{(x - M)^2}{\tau^2 + \sigma^2}
\end{aligned}$$

따라서 $k_1(x) = \frac{1}{\sqrt{2\pi}}\frac{1}{\sqrt{\tau^2 + \sigma^2}} e^{-\frac{1}{2}\frac{(x - M)^2}{\tau^2 + \sigma^2}}$이다. 결과적으로 x의 주변확률분포함수는 평균이 M이고 분산이 $\tau^2 + \sigma^2$인 정규분포를 한다.

제2장(2.7.2.3절)에서 X의 비조건부 평균은 $E(X) = M$이고 분산은 $Var(X) = \tau^2 + \sigma^2$이라는 것을 확인하였다. 정규분포를 한다는 결과는 매우 중요하다. 식 (2)`으로부터

$\int \theta k(x,\theta)dx = [k_1(x)](\mu)$가 된다. 여기서,

$$\mu = -\frac{b}{2a} = -\frac{-2(\frac{\tau^2 x + \sigma^2 M}{\tau^2\sigma^2})}{2(\frac{\tau^2+\sigma^2}{\tau^2\sigma^2})} = \frac{\tau^2 x + \sigma^2 M}{\tau^2+\sigma^2}$$

이므로 우리는 $\tilde{\mu}(x)$를 쉽게 찾을 수 있다. 이때 θ의 베이지안 추정량은 다음과 같다.

$$\begin{aligned}\tilde{\mu}(x) &= \int \theta k(\theta|x)d\theta = \int \theta \frac{k(x,\theta)}{k_1(x)}d\theta \\ &= \frac{1}{k_1(x)}\int \theta k(x,\theta)d\theta = \frac{1}{k_1(x)}k_1(x)\mu = \mu \\ &= \frac{\tau^2 x + \sigma^2 M}{\tau^2+\sigma^2} = \frac{\tau^2}{\tau^2+\sigma^2}x + (1-\frac{\tau^2}{\tau^2+\sigma^2})M \\ &= Zx + (1-Z)M\end{aligned}$$

여기서, $Z = \frac{\tau^2}{\tau^2+\sigma^2}$이다.

■

종합정리

X는 모수 θ에 의존하는 분포의 확률변수이다. $f(x \mid \theta)$를 θ가 주어질 때 X의 조건부 확률밀도함수라고 하고 θ는 확률밀도함수 $h(\theta)$를 갖는 확률변수라고 한다(항상 성립하지 않음). $f(x \mid \theta)$와 $h(\theta)$의 조건하에서 X의 평균에 대한 베이지안 추정량(제곱오차 손실함수 하에서)은 다음과 같다.

$$M = E(X) = E_\theta[E(X \mid \theta)] = E_\theta[u(\theta)],\ Z = \frac{\tau^2}{\tau^2+\delta^2},$$

$$\tau^2 = Var_\theta[E(X \mid \theta)] = Var_\theta[u(\theta)]$$

$$\delta^2 = E_\theta[Var(X \mid \theta)] = E_\theta[v^2(\theta)]$$

$$\tilde{u}(x) = ZX + (1-Z)M$$

위와 같은 결과는 베이지안 통계이론에 기초를 두고 있다. 최소자승오차를 갖는

베이지안 추정량은 전체 평균값(M)과 관찰 값(X)의 가중평균으로 간단하게 계산될 수 있고 이때 가중치는 분포들의 적률 항으로 쉽게 계산될 수 있다.

2.8 일원배치 분산분석(One Way ANOVA)

2.8.1 개요

일원배치 분산분석(One Way ANalysis Of VAriance: One Way ANOVA)은 표본자료를 이용하여 한 개의 실험요인(인자)에 대한 여러 가지 다른 처리(treatments)가 가져오는 효과에 대한 차이를 검증하는 방법이다. 여기서 처리라는 말은 비료종류, 열처리방법, 위험등급 등과 같이 실험자가 실험에서 통제할 수 있는 요인의 수준으로 말한다. 이 책에서 처리를 위험등급으로 간주하면 이해가 쉽다.

2.8.2 가정

분산분석에서 처리의 수준수가 c개 있을 경우, c개의 모집단은 서로 독립적인 정규분포를 따르며 c개의 모집단 분산은 동일하다.

2.8.3 가설설정

c개의 처리집단의 모집단 평균을 μ_1, μ_2, $\cdots$, μ_c라 할 때 c개의 모집단의 평균이 같다고 할 수 있는지 검정할 때 귀무가설과 대립가설은 다음과 같이 표현된다. 여기서, c개의 처리집단을 c개의 위험등급으로 이해하면 된다.

$$H_0 : \mu_1 = \mu_2 = ... = \mu_c$$

$$H_1 : \mu_1 \neq \mu_2 \neq \cdots \neq \mu_c$$

2.8.4 분산분석의 원리

분산분석을 하기 위해서 다음과 같은 값들을 구한다.

• 등급(처리) 간 제곱합(Sum of Squares Between Treatments)

$$\sum_{i=1}^{c} r(\overline{X_i} - \overline{X})^2$$

• 등급(처리) 내 제곱합(Sum of Squares Within Treatments)

$$\sum_{i=1}^{c}\sum_{j=1}^{r}(X_{ij} - \overline{X_i})^2$$

• 총제곱합(Sum of Squares Total)

$$\sum_{i=1}^{c}\sum_{j=1}^{r}(X_{ij} - \overline{X})^2$$

위와 같은 평균제곱에 의해 다음과 같은 일원배치 분산분석표를 만든다.

표 2.2 **일원배치 분산분석표**

요인	제곱합	자유도	평균제곱	F-비
급간	$SSA = \sum n_i(\overline{X_{i.}} - \overline{X_{..}})^2$	$c-1$	$MSA = \dfrac{SSA}{k-1}$	$F = \dfrac{MSA}{MSE}$
급내	$SSE = \sum\sum(\overline{X_{ij}} - \overline{X_{i.}})^2$	$N-c$	$MSE = \dfrac{SSE}{N-k}$	
계	$SST = \sum\sum(X_{ij} - \overline{X_{..}})^2$	$N-1$		

<표 2.2>의 일원배치 분산분석표에서 $F = \dfrac{MSA}{MSE} \geq F_{\alpha, c-1, N-c}$이면 귀무가설을 기각한다.

예제 2.24

어떤 보험종목의 3개 위험등급(A, B, C)별 손해율(%)이 다음과 같다. 3개 위험등급의 손해율이 모두 같다고 할 수 있는지 검정하시오.

구분	A	B	C	비고
	40	60	60	
	30	40	50	
	50	55	70	

	50	65	65	
	30	-	75	
	-	-	40	
표본크기	5	4	6	
평균	40	55	60	총평균 52

풀이

위 표에서 $n_1 = 5$, $n_2 = 4$, $n_3 = 6$이고, 각 처리의 평균과 총평균은 다음과 같다.

$$\bar{x}_{1.} = \frac{200}{5} = 40,\ \bar{x}_{2.} = \frac{220}{4} = 55,\ \bar{x}_{3.} = \frac{360}{6} = 60,\ \bar{x}_{..} = \frac{200 + 220 + 360}{5} = 52$$

제곱합은 다음과 같다.

$$SSA = 5(40-52)^2 + 4(55-52)^2 + 6(60-52)^2 = 1,140$$
$$SST = (40-52)^2 + (30-52)^2 \ ... + (40-52)^2 = 2,740$$
$$SSE = SST - SSA = 2,740 - 1,140 = 1,600$$

따라서 일원배치 분산분석표는 다음과 같다.

요인	제곱합	자유도	평균제곱	F−비
급간	1,140	2	570	$\frac{570}{133.3} = 4.28$
급내	1,600	12	133.3	
계	2,740	14		

위 분산분석표에서 F−비는 $F = 4.28$, F−분포표에서 $F_{0.05,2,12} = 3.89$이다. 따라서 $F = 4.28 > 3.89$이므로 유의수준 5%하에서 귀무가설 $H_0 : \mu_1 = \mu_2 = \mu_3$를 기각한다. 즉, 위험등급에 따라 손해율이 다르다는 근거가 있다.

연습문제

1. $P[A_2 \mid U_1]$은 무엇을 말하는지 설명하시오.

2. 어떤 상자에 4개의 붉은공과 6개의 흰공이 있다고 한다. 상자로부터 크기가 3인 표본을 비복원으로 뽑았다. 그 표본에 적어도 2개의 흰공이 있다는 가정하에서 1개의 붉은공과 2개의 흰공이 뽑힐 확률을 계산하시오.

3. 어떤 공정에서 제품 불량이 발생할 확률은 독립적으로 0.05라고 한다. 이때 100개의 제품을 표본으로 추출하였다. 뽑힌 제품의 적어도 99개가 불량품이 아니라는 조건하에서 첫 번째 뽑은 제품이 불량이 아닐 확률을 계산하시오.

4. 상자 I 에는 3개의 붉은돌과 2개의 파란돌이 포함되어 있다. 상자 II 에는 3개의 붉은돌과 7개의 파란돌이 포함되어 있다. 상자 I 이 선택될 확률은 2/3이고 상자 II 가 택해질 확률은 1/3이라 한다. 무작위로 하나의 상자를 택해서 하나의 돌을 꺼냈더니 붉은돌이 뽑혔다. 뽑인 돌이 상자 I 에서 뽑혔을 확률을 계산하시오.

5. 어떤 자동차보험 가입자의 모집단은 1,500명의 25세 미만의 젊은 운전자와 8500명의 25세 이상의 성인 운전자로 구성되어 있다. 1년 동안에 개별피보험자에 대한 사고발생확률은 다음과 같다.

사고건수	발생확률	
	25세 미만	25세 이상
0	0.50	0.80
1	0.30	0.15
2	0.15	0.05
3	0.05	0.00

어떤 보험증권에서 정확하게 1번의 사고만이 발생했다고 할 때, 그 사고를 일으킨 피보험자가 25세 미만일 확률을 계산하시오.

6. ABC 화재해상보험회사에서는 자동차보험을 역년기준(calender year basis only)으로만 인수를 하고 있다. 2006년도 동안 역년기준으로 인수한 계약 중 2006년도에 발생한 사고건수를 나타내는 확률변수라고 X라고 하자. 2006년도 역년기준으로 인수한 보험증권(계약)에서 발생한 총사고건수를 확률변수 Y라고 하자. 2006년도 동안 체결된 계약에 대해서 2006년도에 개별사고가 발생할 확률은 d이다. 개별사고에 대한 시간은 서로 독립적이라 가정한다. 또한 Y는 고정된 모수가 r, p인 다음과 같은 부의 이항분포(negative binomial distribution)를 따른다고 가정한다.

$$P[Y=y]=\binom{r+y-1}{y}p^r(1-p)^y$$

이때 $y=0,1,2,\cdots$에 대하여 $P[Y=y \mid X=x]$를 계산하시오. 역년도 말에 보고된 사고건수를 x라 주어질 때 2006년도 체결된 계약에 대해 발생한 총사고건수가 y일 확률을 계산하시오.

7. 어떤 보험사업자는 2006년도 동안에 발생할 사고건수 Y는 {2, 3, 4, 5, 6}의 내에서 균등하게(uniformly distributed) 발생하는 것으로 믿고 있다. 즉, 다음과 같다.

$$P[Y=y]=\begin{cases}0.2 & y=2,3,4,5,6\\ 0 & \text{다른곳에서}\end{cases}$$

더욱이 보험회사는 역년도가 끝나기 전까지 역년도 동안 사고가 발생할 가능성은 50%라고 믿고 있다(단, 어떤 보험사고는 다른 사고에 영향을 전혀 미치지 않는다). X를 2006년 동안에 사고가 발생해서 2006년도 말까지 보고된 사고건수를 나타내는 확률변수라고 하자. $x=0,1,\cdots$, 이고 $y=x$, $x+1$, $\cdots$, 6일 때 $P[Y=y \mid X=x]$의 값을 계산하시오.

8. R_1과 R_2가 확률적으로 독립이라 가정하자. 각각의 확률밀도함수는 $x \geq 0$에 대하여 $f(x)=e^{-x}$이다. $r_1>0$에 대하여 $E[R_1^2+R_2^2 \mid R_1=r_1]$를 계산하시오.

9. S 보험회사의 1년간 자동차보험(연령제한 담보특약)의 포트폴리오가 다음과 같다고 가정하자.

연 령		25세 이상		25세미만		전체 포트폴리오
자동차 형태		소형	중형	소형	중형	
가입건수(exposure)		5,826	1,281	3,570	1,622	12,299
사고건수 (n)	n=0	5,019	1,068	2,907	1,232	10,226
	n=1	738	182	592	334	1,846
	n=2	65	27	66	50	208
	n=3	4	4	5	6	19
	n=4	0	0	0	0	0
	계	880	248	739	452	2,319
평균보험금(백만원)		1,020	1,486	1,097	1,413	1,171

① 위 데이터를 이용하여 연령별, 자동차 형태별 구분없이 전체 포트폴리오의 순보험료를 계산하시오.

② 음이항 분포의 모수(p, k)와 감마분포의 모수(α, β)들을 추정하시오.

10. 다음을 증명하시오.

$$\sigma^2_{Y|x} = E[Y^2 \mid x] - [E(Y \mid x)]^2$$

11. 확률변수 X가 자유도 k인 카이자승분포를 한다고 할 때 다음을 증명하시오.

$$E\left(\frac{1}{X}\right) = \frac{1}{k-2}$$

12. θ와 t가 구간(0, 1)의 값을 취한다고 하자. 이때 확률변수 Z는 모수 $n=2$, $p=\theta$인 이항분포이다. 손실함수가 제곱오차이고 θ의 추정량으로 $T_1 = \frac{Z}{2}$, $T_2 = \frac{Z+1}{2}$을 고려할 때 다음을 구하시오.

① T_1과 T_2의 위험함수를 구하고 비교하시오.

② θ의 사전분포로 구간 (0, 1)에서 균등분포를 가정할 때, T_1과 T_2의 기대위험을 구하고 이를 비교하시오.

13. $X_1, X_2, \ldots, X_n$이 $f(x;\theta) = \theta x^{\theta-1}$, $\theta < x < 1$, $(\theta > 0)$로부터의 확률표본이고 θ의 사전확률분포는 모수가 (r,λ)인 감마분포일 때 θ의 사후확률분포를 구하고, 손실함수가 제곱오차일 때 θ의 베이지안 추정량을 구하시오.

14. X가 $f(x;\theta) = \dfrac{2x}{\theta^2}$, $0 < x < \theta$, $(\theta > 0)$의 확률밀도함수를 갖고 θ의 산정확률분포는 구간 (0, 1)에서 균등분포라고 한다. 손실함수가 $l(t,\theta) = \theta^2(t-\theta)^2$일 때 θ의 베이지안 추정량을 구하시오.

15. $X_1, X_2, \ldots, X_n$이 모수가 θ인 포아송 분포로부터의 확률표본이고 θ의 사전확률분포는 모수가 (r, λ)인 감마분포일 때 다음을 구하시오.

① θ의 사후확률분포를 구하시오.

② 손실함수가 제곱오차일 때 θ의 베이지안 추정량을 구하고 이를 사전분포의 평균과 표본에서 얻어진 θ의 최대가능도추정량의 가중평균으로 표시하시오.

16. 어느 대학교의 신입생의 키는 $N(\theta,4)$를 따른다고 하자. 신입생의 평균키 θ를 추정하기 위해 5명을 랜덤하게 추출하여 키를 조사하였더니 170, 172, 168, 175(㎝)이었다. 과거 자료에 의하면 θ의 사전확률분포는 $N(168,\ 0.4)$이라고 한다.

① θ의 사후확률분포를 구하시오.

② 손실함수가 제곱오차일 때 θ의 베이지안 추정량을 구하고 그 의미를 설명하시오.

17. 고속도로의 일정구간에서 일주일 동안 발생하는 교통사고 건수는 모수가 θ인 포아송 분포를 따른다고 한다. 이 구간을 3주일 동안 조사한 결과 10건의 교통사고가 있었다고 한다. θ의 사전분포는 평균이 4이고 분산이 $\dfrac{2}{3}$인 감마분포를 따른다고 할 때, θ의 사후확률분포를 구하고, 제곱오차 손실함수에 대한 θ의 베이지안 추정량을 구하시오.

3장

신뢰도 이론에 대한 3가지 접근방법

3.1 개요

신뢰도 이론의 발원지는 1910년대 미국이었으나 1960년대부터 유럽, 특히, 스위스와 독일을 중심으로 많은 연구 자료들이 발표되고 있다. 현재까지 발표된 신뢰도에 대한 연구 자료들을 접근방법에 따라 분류하면 1.4절에서 언급한 것과 같이 변동제한 방법(limited fluctuation approach), 뷜만의 방법(Bühlmann's approach), 베이지안의 방법(Bayesian approach) 등 3가지 방법으로 크게 분류된다(Herzog, 1999, pp.4~6).

변동제한 방법과 뷜만의 방법은 빈도학파 또는 고전적 패러다임에 의해 주장된 방법으로 사전정보 또는 사전분포를 전혀 고려치 않고 신뢰도를 계산한다는 점이다. 반면에 베이지안의 방법은 그룹 간의 위험 속성과 사전정보(분포)를 고려하여 신뢰도를 계산한다는 점에서 변동제한 방법과 뷜만의 방법과는 큰 차이가 있다.

현재 우리나라에서 주로 사용되는 방법은 변동제한 방법에 의한 신뢰도이다. 뷜만의 방법과 베이지안의 방법 등은 아직은 실무에 활용되지 않고 있다.

3.2 변동제한 방법

변동제한 방법은 미국의 모우브레이(Mowbray, 1914)가 최초로 연구를 시작했다해서 미국식 신뢰도라고도 말한다. 변동제한 방법은 확률적 변동을 일정한 한도로 제한하여 전신뢰도($Z=1.0$) 또는 부분신뢰도($Z<1.0$)에 필요한 사고건수[6]를 계산하는 방법이다.

페리멘(Perrymen, 1932)은 변동제한 방법을 이용하여 부분신뢰도($Z<1.0$)를 산출하는 방법을 연구하였고 이후 롱글레이(Longley)와 쿡(Cook, 1962), 호작(Hossack), 폴라드(Pollard)와 젠워스(Zehnwirth, 1983) 등은 변동제한 방법을 이용하여 전신뢰도(full credibility)와 부분신뢰도(partial credibility)를 동시에 계산할 수 있는 방법을 개발하였다. 변동제한 방법에 의한 신뢰도는 제4장과 제5장에서 자세하게 다루고 있다.

6) 사고건수뿐만 아니라 보험금, 보험료, 임금 등에 의해 전신뢰도와 부분신뢰도를 계산한다.

3.3 뷜만의 방법

뷜만의 방법은 베일리(Bailey, 1942, 1943)의 논문에서 유래된 방법으로 최대정확방법(greatest accuracy approach)이라고도 불리는 방법이다. 또한 뷜만의 방법은 최초 스위스의 통계학자 뷜만(1967)이 연구를 시작했다고 하여 유럽식 신뢰도라고도 불리고 있으며 뷜만-스트라웁(1972)이 체계적으로 발전시켰다.

일반적으로 변동제한 방법은 개별경험치의 안정성의 정도(the degree of stability)에 초점을 맞춘 반면에 뷜만의 방법은 등급 간 포트폴리오 이질성(異質性)의 정도(the degree of heterogeneity)를 반영하기 위해 개발된 모델이다. 따라서 뷜만의 방법에서는 포트폴리오를 구성하고 있는 경험데이터의 등급 간 이질성의 정도가 크면 클수록 등급별 경험데이터(예, 사고건수)의 크기와 관계없이 더 큰 신뢰도가 부여되는 특징이 있다. 예를 들면, 어떤 보험종목의 포트폴리오는 <그림 3.1>에서 보는 바와 같이 동일한 평균값(M)을 갖는 5개의 등급(class) 또는 그룹(group)으로 구성되어 있으며, 각각의 등급 내에는 전신뢰도($Z=1$)를 만족시킬 정도의 충분한 위험 측정단위수(예컨대, 등급별 사고건수가 100,000건)가 포함되어 있다고 가정하자. 여기서, $\overline{X_{i.}}=M$는 등급별($i=1,\ 2,\ \ldots,\ 5$) 평균손해율을 나타낸다.

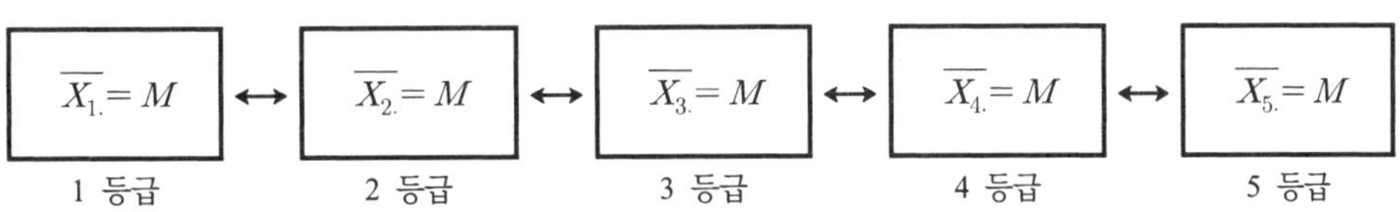

그림 3.1 5개 등급별 평균값의 특성

<그림 3.1>에서 보는 바와 같이 각 등급별 평균값(M)이 동일하기 때문에 등급 간 동질적인 포트폴리오로 구성되어 있다고 말할 수 있다. 따라서 등급 간 포트폴리오의 이질성의 정도를 나타내는 뷜만의 방법에 의한 신뢰도는 각 등급별로 0.0이지만 안정성의 정도를 나타내는 변동제한 방법에 의한 신뢰도는 1.0이 된다.

뷜만의 방법에 의한 신뢰도는 식 (3.1)과 같은 형태로 나타나며 합리적인 추정치를 계산하는 데 사용된다. 이것은 식 (1.1)과 동일하다.

$$\widehat{C}=ZR+(1-Z)H \tag{3.1}$$

여기서, $\widehat{C}$ 은 구하고자 하는 추정치로 손해율, 보험료, 요율 등이 될 수 있다. 또 Z는 등급별 신뢰도, R은 최근 관찰값에 의한 평균값, H는 경험통계에 의한 전체 평균값을 각각 의미한다.

이상과 같은 내용을 중심으로 실제 예를 들어 보자. 어떤 피보험자의 과거 경험 실적 손해액이 $X=(X_1,\ X_2,\ \ldots,\ X_n)'$으로 집계되었다고 하자. 보험회사에서는 이 피보험자에게 매년 매뉴얼 요율[7] μ를 적용하였다. 그러나 매뉴얼 요율 μ를 과거 경험데이터 $X=(X_1,\ X_2,\ \cdots,\ X_n)'$와 비교해 보았을 때 매뉴얼 요율 μ는 적정하지 않다고 가정하자. 즉, 매뉴얼 요율 μ는 $\overline{X}=\dfrac{(X_1+X_2+\cdots+X_n)}{n}$와 큰 차이가 있다.

이와 같은 경우 다음 연도에 적용될 보험요율이 매뉴얼 요율 μ에 기초해야 하는지, $\overline{X}$에 기초해야 하는지, 아니면 이들 두 값의 결합에 기초해야 하는지에 대한 의문을 제기할 수 있다. 분명한 사실은 매뉴얼 요율 μ와 $\overline{X}=\dfrac{(X_1+X_2+\cdots+X_n)}{n}$의 차이가 많이 발생하고 있다는 사실이다.

보험회사에서는 다음과 같은 문제들을 고려할 필요가 있다. 즉, 그 피보험자는 매뉴얼 요율 μ를 계산하기 위한 가정들을 만족시키고 있는가? 또한 보험회사는 μ와 $\overline{X}$의 차이를 수용할 수 있는가?

피보험자에게 적용되는 매뉴얼 요율 μ는 첫째, 피보험자의 위험의 크기에 따라 요율등급이 결정된다. 둘째, 매뉴얼 요율 μ는 해당 요율등급 내의 모든 피보험자에게 공통적으로 적용된다. 그와 같은 요율등급에는 인수기준(언더라이팅)상의 특성에 맞는 유사한 위험을 포함하고 있음에 틀림없다. 다시 말해, 그 요율등급은 인수기준상의 특성과 비교해 볼 때 동질적으로 볼 수 있다. 그러나 그 등급 내의 모든 위험들이 완전히 동질적이라고 볼 수는 없다. 인수방법 및 절차가 아무리 정교하고 자세하더라도 그 요율등급 내의 평균위험의 특성치와 비교해 볼 때, 어느 정도 이질적인 것이 남아 있을 수 있다. 즉, 출발점에서는 동질위험으로 분류하지만 보험기간이 경과함에 따라 우량위험과 불량위험이 구분될 수 있다는 것이다(제1장의 <표 1.1>~<표 1.3> 참조).

---

7) 엄격히 말하면 매뉴얼 요율은 순(위험)보험료를 말한다.

이처럼 기간이 지나면서 개별 피보험자의 위험이 처음 보험이 시작될 때 가정된 위험도와 "차이"가 날 수 있다는 것을 충분히 예상해 볼 수 있다. 이 경우 앞으로 그 피보험자에게 적용할 요율을 어떻게 산출해야 하는가? 이와 같은 내용을 통계적인 방법을 이용하여 나타내면 다음과 같다.

그 요율등급 내에 있는 각 피보험자들의 위험수준은 위험모수 Θ(가능하다면 벡터값)에 의해 나타날 수 있다고 가정하자. 그러나 동일한 위험등급이라 하더라도 위험모수 Θ값은 피보험자별로 다르게 나타나게 된다. 따라서 위험모수 Θ를 통해 피보험자들 간 위험의 특성치의 차이를 계량화 해줄 수 있다. 보험가입 당시 모든 관측가능한 인수상의 특성치들이 이미 사용되었기 때문에 위험모수 Θ는 잔여(관측되지 않은) 위험수준에 영향을 미치는 요소들을 대표하는 것으로 본다. 결국, 위험모수 Θ의 존재는 가정해 볼 수 있지만 Θ는 실제 관측할 수 없고 위험모수 Θ의 진 값(true value)을 모른다고 가정한다.

위험모수 Θ가 피보험자마다 다르기 때문에 동일한 요율등급 내에서 이 Θ값들의 사전분포 $\pi(\Theta)$를 갖는 확률분포가 있다고 가정할 수 있다. 만약 위험모수 Θ가 스칼라(scalar)라면, 누적확률분포함수 $\pi(\Theta)$는 위험모수 Θ가 θ보다 적거나 같은 피보험자의 구성비로 해석할 수 있다(통계학적으로 위험모수 Θ는 분포함수 $\Pi(\theta)=\Pr(\Theta \leq \theta)$를 갖는 확률변수이다). 다른 방법으로 표현하면, $\pi(\Theta)$는 어떤 요율등급으로부터 무작위로 뽑힌 피보험자가 Θ보다 같거나 적은 위험모수를 가질 확률을 나타낸다. 새로운 피보험자의 가능성을 수용할 수 있도록 모든 잠재 가능한 위험들(보험에 가입했던 안했던 간에)로 구성된 모집단으로 "요율등급"을 일반화시켰다.

개별적인 피보험자와 관련된 위험모수 Θ값은 알지 못하지만(알 수도 없지만), 사전분포 $\pi(\Theta)$를 안다고 가정하였다. 즉, 모집단 내의 위험의 특성치(모수)들의 구조를 안다고 가정하였다. 이 가정은 완화될 수 있다. 나중에 $\pi(\Theta)$와 관련된 특성치들을 어떻게 추정하는가를 결정하게 된다. 왜냐하면, 이것은 신뢰도 이론을 전개하기 위해 필요하기 때문이다.

모집단 내에서 위험수준들이 변하기 때문에 피보험자의 경험도 위험모수 Θ를 중심으로 변경된다. 모집단으로부터 무작위로 뽑은 어떤 피보험자의 경험이 2단계에 걸쳐 발생한다고 상상해 보자. 첫째, 위험모수 Θ는 사전분포 $\pi(\Theta)$로부터 선택되었다. 둘째, 그때 손해액 또는 사고건수 X는 Θ가 주어졌을 때 X의 조건부 분포 $f(x \mid \theta)$로부터 발생하였다. 이처럼 사고경험은 위험모수 Θ가 주어졌을 때 결정된다. 따라서 사고경험은 위험모수 Θ에 따라 변한다. 이처럼 사전분포는 위험모수들 간의 차이를 반영하기 위해 피보험자별로 차이가 있다.

위의 설명들이 쉽게 이해될 수 있도록 다음과 같은 예를 들어 보자.

예제 3.1

자동차보험의 요율등급에 관한 예를 들어 보자. 여기서, Θ는 위험모수가 Θ인 피보험자에 대해 예상되는 사고건수를 나타낸다. 사고발생의 변이를 반영하기 위해 우리는 Θ값이 요율등급에 따라 변한다고 가정한다. 다시 말하면, 우량운전자들은 Θ값이 적게 될 것이고 불량운전자들은 Θ값이 크게 될 것이다. 위험모수 Θ를 갖는 피보험자의 사고건수는 위험모수가 Θ인 포아송 분포를 따른다고 가정하고 확률변수 Θ는 모수가 α와 β인 감마분포를 따른다고 가정한다. 이 요율등급의 평균예상 사고건수는 0.15(즉, $E(\Theta)$=0.15)이라는 것이 알려졌다고 가정한다. 그리고 전체 피보험자의 95%의 예상 사고건수가 0.10과 0.20사이의 값을 갖는다고 알려졌다. 이때 α와 β값을 계산하시오.

풀이

감마분포에 정규근사를 가정하면, 평균의 2×표준편차 내(=2σ)에 놓일 확률이 95%라는 것이 알려졌다. 위험모수 Θ의 표준편차는 $\dfrac{0.20-0.15}{\sigma}=1.96$에서 $\sigma=0.025$이다.

따라서 $E(\Theta)=\alpha\beta=0.15$이고 $Var(\Theta)=\alpha\beta^2=(0.025)^2$이다. α와 β에 대해서 풀면 모수 $\alpha=36$, $\beta=1/240$이 됨을 알 수 있다. ■

예제 3.2

두 가지 형태의 운전자(우량운전자와 불량운전자)가 있다고 가정하자. 전체 모집단에서 우량운전자(Good driver)는 75%를 차지하고 있다. 우량운전자 중에서 1년에 사고가 전혀 발생치 않는 확률은 0.7, 한 번 발생하는 확률은 0.2, 두 번 사고가 발생하는 확률은 0.1이다. 반면에 전체 모집단에서 불량운전자(Bad driver)는 25%를 차지한다. 이 불량운전자 중에서 1년에 사고가 전혀 발생치 않는 확률은 0.5, 한 번 발생하는 확률은 0.3, 두 번 사고가 발생하는 확률은 0.2이다. 이를 요약하면 <표 3.1>과 같다.

표 3.1 우량운전자와 불량운전자의 사고발생 확률

$X=x$	$\Pr(X=x\|\Theta=G)$	$\Pr(X=x\|\Theta=B)$	θ	$\Pr(\Theta=\theta)$
0	0.7	0.5	G	0.75
1	0.2	0.3	B	0.25
2	0.1	0.2		

어떤 운전자가 보험에 가입했을 때 해당 운전자가 우량운전자인지 불량운전자인지 알지 못한다고 가정한다. 그래서 위험모수 Θ는 둘 중 하나가 된다. 선택된 운전자가 우량운전자일 때는 위험모수 $\Theta = G$가 될 것이고, 불량운전자일 때는 위험모수 $\Theta = B$가 될 것이다. 사고발생건수 X와 위험모수 Θ에 대한 확률이 <표 3.1>에 정리되어 있다.

예제 3.3

손해액 X는 평균이 $\frac{1}{\Theta}$인 지수분포를 한다고 가정한다. 등급별 피보험자와 잠재적 피보험자사이에서는 위험모수 Θ가 $\alpha=4$이고 $\beta=0.001$인 감마분포에 따라서 변한다고 한다. 이 같은 모형은 다음과 같은 모델로 나타낼 수 있다.

먼저, 손해액 X에 대해서는 $f_{X|\Theta}(x|\theta)=\theta e^{-\theta x}$, x, $\theta>0$이고 위험모수 Θ에 대한 사전분포는 $\pi_{\Theta}(\theta)=\dfrac{\theta^3 e^{-1{,}000\theta}1{,}000^4}{6}$, $\theta>0$이 된다.

한편 뷜만-스트라웁(1972)의 방법은 뷜만의 방법을 일반화시킨 것이다. 뷜만의 방법은 각 등급별 위험측정단위수가 동일한 경우에만 적용이 가능하나, 뷜만-스트라웁의 방법에서는 각 등급별 위험측정단위수가 서로 다른 경우에도 적용될 수 있다는 점이 다르다(헤르조그(Herozg), 1999, pp109). 이들 방법에 대한 자세한 내용은 제7장에서 자세하게 다루고 있다.

3.4 베이지안의 방법

베이지안의 방법은 20세기 후반부터 본격적으로 연구되기 시작한 방법으로, 1.4.2절의 부분신뢰도 산출공식인 식 (1.5)가 베이지안 이론의 결과와 유사하다는 사실이 밝혀졌다. 베이지안의 방법은 메이어슨(Mayerson), 존스(Jones) & 바워스(Bowers, 1968), 클러그만(Klugman, 1998) 등에 의해 더욱 발전되었다. 휘트니(Whitney, 1918)가 정의한 신뢰도는 다음과 같은 형태이다.

$$Z = \frac{P}{P+K} \tag{3.2}$$

식 (3.2)에서 P는 경과보험료, K는 결정해야 하는 상수로 취급하였다. 문제는 K를 어떻게 결정하느냐이다. 휘트니는 "K는 판단에 따라 결정해야 한다"라고 말하면서 이 문제에 대한 자세한 답은 베이즈 이론에 따라 결정되어야 한다고 언급하고 있다.

베이지안의 방법은 변동제한 방법 또는 뷜만의 방법과 달리 어떤 분포의 모수(parameter)를 하나의 확률변수로 취급하고 있다는 점이 다르다. 즉, 베이지안의 방법에서는 모수에 대한 주관적인 판단 또는 사전적인 정보를 이용한다.

따라서 베이지안의 방법에 의한 신뢰도를 적용하기 위해서는 모든 분포의 형태와 모수에 대한 추정치를 완전하게 알아야 한다.

예를 들면, 손해율이라는 확률변수 X의 분포는 정규분포 $N(\Theta,\ \sigma_1^2)$이고, 또 확률변수 Θ의 사전분포는 정규분포 $N(\mu,\ \sigma_2^2)$이라 가정할 때, 제곱오차의 손실함수(loss functions)를 사용하면 1.4.2절의 식 (1.5)의 k값은 식 (3.3)과 같이 계산된다(여기서, σ_1^2은 알고 있다고 가정한다). 손실함수가 제곱오차일 때 베이지안 추정량은 사후분포의 평균이 된다는 것은 제2장의 [보조정리 2.1]에서 살펴본 바와 같다.

$$k = \frac{E_\Theta[Var(X \mid \Theta)]}{Var_\Theta(E[X \mid \Theta])} = \frac{E_\Theta(\sigma_1^2)}{Var_\Theta(\Theta)} = \frac{\sigma_1^2}{\sigma_2^2} \tag{3.3}$$

여기서, 분자인 $E_\Theta[Var(X \mid \Theta)]$는 조건부(등급 내) 분산들의 기댓값을 나타내고, 분모인 $Var_\Theta[E(X \mid \Theta)]$는 조건부(등급 간) 평균들의 분산값을 각각 나타낸다. 만약 1년간의 경험데이터를 가정할 경우 $E=1$이므로 부분신뢰도 Z_P는 다음과 같은 형태로 나타난다.

$$Z_P = \frac{1}{1+k} = \frac{1}{1+(\frac{\sigma_1^2}{\sigma_2^2})} \tag{3.4}$$

만약, n년 동안 반복실험(예를 들면, 통계 기간이 5개년인 경우 $n=5$)을 할 경우 Θ에 대한 사후분포의 기댓값은 다음과 같다(8.5.4절 참조).

$$E[\Theta \mid X_1 = x_1,\ X_2 = x_2,\ \ldots\ldots,\ X_5 = x_5] = \frac{\mu\sigma_1^2 + \sigma_2^2 5\bar{x}}{\sigma_1^2 + 5\sigma_2^2}$$

$$= \frac{5\sigma_2^2}{\sigma_1^2 + 5\sigma_2^2}\bar{x} + (1 - \frac{5\sigma_2^2}{\sigma_1^2 + 5\sigma_2^2})\mu \tag{3.5}$$

여기서, $\mu = H$, $\bar{x} = R$라 하면 식 (3.5)는 식 (3.1)의 $\hat{C} = ZR + (1-Z)H$의 형태로 나타난다. 따라서 신뢰도는 다음과 같이 식 (3.6)으로 나타난다.

$$Z = \frac{5\sigma_2^2}{\sigma_1^2 + 5\sigma_2^2} = \frac{5}{5+(\frac{\sigma_1^2}{\sigma_2^2})} \tag{3.6}$$

식 (3.6)과 같이 X의 조건부(등급 내) 분산들의 기댓값 σ_1^2과 Θ의 사전분포의 조건부(등급 간) 평균들의 분산값 σ_2^2이 일정한 경우, 경험통계기간을 크게 하거나 반복실험을 많이 하면(즉, $n \to \infty$) 신뢰도 Z가 1.0에 가까워짐을 알 수 있다. 또한 n이 일정한 경우 X의 조건부(등급 내) 분산들의 기댓값 σ_1^2이 Θ의 사전분포의 조건부(등급 간) 평균들의 분산값 σ_2^2에 비해 현저히 크다면 신뢰도는 상대적으로 작아짐을 알 수 있다.

위와 같은 예는 정규분포를 공액분포(켤레분포) 족으로 설정함으로써 베이지안 추정량을 쉽게 구하였다. 그러나 일반적인 분포에서는 사후분포를 찾기가 어렵고 설사 사후분포를 찾았다고 하더라도 사전분포를 정규분포로 가정하는 것은 요율산정자의 주관적 판단에 의존한다는 문제점이 있다.

이처럼 순수 베이지안 이론(exact Bayesian theory)의 어려움을 극복하기 위하여 1960년대부터 연구하기 시작한 통계이론이 경험적 베이지안 이론(empirical Bayesian theory)이고 이 경험적 베이지안 이론을 신뢰도에 본격적으로 응용하기 시작한 사람은 뷜만-스트라웁(1972), 모리스-밴슬라이키(1980) 등이다. 이들은 사전분포의 평균이나 분산 등과 같은 모수들을 주관적 판단에 의해 결정하기 보다는 경험데이터를 이용하여 해결하고자 하였다. 즉, 계산의 어려움과 주관적 판단의 어려움을 동시에 극복할 수 있도록 개발된 모델이 경험적 베이지안 신뢰도(empirical Bayesian credibility) 이론이다. 이에 대해서는 제9장~제12장에서 자세하게 다루고 있다.

연습문제

1. 신뢰도 이론에 대한 3가지 접근방법에 대해 설명하시오.

2. 변동제한 방법과 뷜만-스트라웁의 방법의 큰 차이를 서술하시오.

3. 순수 베이지안 이론(exact Bayesian theory)과 경험적 베이지안 이론(empirical Bayesian theory)의 차이는 무엇인지 서술하시오.

4. 일반적으로 베이지안의 방법에서 신뢰도는 사후분포의 평균값으로 구한다. 이 같은 논리가 항상 성립하는지에 대해 설명하시오.

4장

변동제한 방법에 의한 신뢰도

4.1 개요

미국식 신뢰도라고도 불리는 변동제한 방법에 의한 신뢰도(limited fluctuation credibility)는 모브레이(1914)의 논문에서 유래되었다. 이 논문에서 모브레이는 "근로자재해보장책임보험(workers'compensation insurance)의 보험료를 산출하기 위해서는 얼마나 많은 임금(payroll)이 필요한가?"라는 문제를 변동제한 방법에 의한 신뢰도를 이용하여 해결하였다. 논문 제목이 의미하는 바와 같이 모브레이는 100% 믿을 수 있는 보험료를 산출하기 위해서는 어느 정도의 임금수준(크기)이 필요한가에 대해 관심을 갖게 되었다. 다시 말해, 적정한 보험료를 산출하기 위해서는 "얼마나 많은 임금수준이 필요한가?"를 의미한다. 참고로 근로자재해보상책임보험(이하 "근재보험")은 근로자의 업무 중 발생하는 재해위험(사망, 부상 등)을 보장해 주는 보험으로 보험료는 근로자의 임금(위험측정단위)에 근로자가 종사하는 업종의 보험요율을 곱해서 산출한다. 예를 들면, 어떤 업종의 연간 총임금이 10억 원이고 해당업종의 연간 보험요율이 4%라고 하면 연간보험료는 10억×4%=40,000,000원이 된다. 따라서 근재보험에서 임금은 보험료를 산정하는 데 중요한 변수(위험측정단위)가 된다.

변동제한 방법에 의한 신뢰도는 확률적 변동을 일정 한도로 제한하여 전신뢰도($Z=1.0$) 또는 부분신뢰도($Z<1.0$)에 필요한 최소 위험측정단위수(예, 사고건수)를 계산한다. 만약 동질위험집단으로 구성된 경험데이터(예, 사고건수, 손해율, 보험료, 보험금 등)가 충분하고 연도별로 변동 폭이 크지 않다면 개별피보험자의 경험데이터는 충분히 신뢰(fully credible)할만 하다고 할 수 있다. 이런 점에서 변동제한 방법에 의한 신뢰도는 등급 내의 이질성의 정도(the degree of heterogeneity)를 반영하기 위해 개발된 뷜만의 신뢰도, 뷜만-스트라웁의 경험적 베이지안 신뢰도, Morris-Van Slyke의 경험적 베이지안 신뢰도 등과 달리 경험데이터의 양(volume)에 의해 신뢰도의 크기가 결정되는 특징이 있다. 즉, 변동제한 방법에 의한 신뢰도는 요율의 안정성(stability)에 초점을 두고 있기 때문에 위험측정단위 수(예, 사고건수)가 많으면 많을수록 신뢰도는 커진다. 일반적으로 변동제한 방법에 의한 신뢰도에서는 사고건수의 크기뿐만 아니라 위험단위집단 내의 보험료, 근로자수, 임금, 공장의 면적의 크기 등도 신뢰도 산정을 위한 위험측정단위로 사용되고 있다.

변동제한 방법에 의한 신뢰도 공식을 도출하기 위해서는 다음과 같은 기본적인 가정들이 필요하다. 첫째, N은 주어진 기간 동안(예를 들면, 보험기간 1년)에 포트폴리오 내에서 발생하는 총사고건수(total number of claims)를 나타내는 확률변수이다. 확률변수 N의 분포로 포아송 분포, 이항분포, 음의 이항분포 등을 들 수 있겠으나 여기서는 모수(parameter)가 n인 포아송 분포를 따른다고 가정한다(참고로 포아송 분포의 평균과 분산은 동일하다). 둘째, 주어진 포트폴리오 내에서 발생하는 i번째 사고 건에 대한 손해액의 크기(amount of the ith claim)를 나타내는 확률변수 $X_i(i=1,2,3,\cdots,N)$는 서로 독립이고 동일한 분포(i.i.d)를 따르며 평균이 μ이고 분산이 σ^2이라 가정한다. 즉, 확률변수 X_i는 어떤 특정한 분포를 가정하지 않는다. 셋째, 총사고건수를 나타내는 확률변수 N과 손해액의 크기를 나타내는 확률변수 $X_1, X_2, \cdots, X_N$은 서로 독립이라 가정한다.

위와 같은 기본 가정하에서 주어진 기간 동안에 발생하는 총손해액은 확률변수 $S=X_1+X_2+......+X_N$로 나타낼 수 있으며, 총손해액 S의 평균과 분산은 2.3절에서 설명한 조건부 평균과 조건부 분산에 의해 다음과 같이 계산된다.

<평균>
$$\begin{aligned} E(S) &= E_N[E(S \mid N)] \\ &= E_N[NE(X_1)] \ (\because \text{ 가정에서 } X_i\text{들은 서로 독립}) \\ &= E(N)E(X_1) \ (\because \text{ 가정에서 } N\text{과 } X_i\text{는 서로 독립}) \end{aligned} \tag{4.1}$$

<분산>
$$\begin{aligned} Var(S) &= E_N[Var(S \mid N)] + Var_N[E(S \mid N)] \\ &= E_N[NVar(X_1)] + Var_N[NE(X_1)] \\ &= E(N)Var(X_1) + Var(N)[E(X_1)]^2 \end{aligned} \tag{4.2}$$

위에서 가정한 바와 같이 확률변수 N은 모수가 n인 포아송 분포를 따르고 위의 기본가정들을 만족시킬 때 총손해액 S의 평균과 분산은 각각 다음과 같다. 포아송 분포의 경우 $E(N)=Var(N)=n$이 된다.

$$E(S)=n\mu \tag{4.3}$$

$$Var(S)=n(\sigma^2+\mu^2) \tag{4.4}$$

예제 4.1

확률변수 N는 평균이 5인 포아송 분포를 따르고 손해액의 크기 $X_i(i=1, 2, 3, \ldots, N)$는 서로 독립이면서 평균이 30이고 분산이 7인 정규분포를 따른다고 가정하자. 또한 확률변수 N과 X_i는 서로 독립이라고 할 때 총손해액 S의 평균과 분산값을 구하시오.

풀이

확률변수 N이 포아송 분포를 따르므로 $E(N)= Var(N)=5$가 된다. 문제에서 하나의 손해액 X_1에 대한 기댓값은 $E(X_1)=30$이고 분산은 $Var(X_1)=7$로 주어졌으므로 식 (4.1)에 의해

$$E(S)=E(N)E(X_1)=(5)(30)=150$$

이 된다. 따라서 식 (4.2)에 의해

$$Var(S)=E(N)\,Var(X_1)+Var(N)[E(X_1)]^2$$

이므로

$$Var(S)=(5)(7)+(5)(30)^2=4,535$$

이다.

4.2 변동제한 방법에 의한 신뢰도의 형태

변동제한 방법에 의한 신뢰도는 신뢰도의 크기에 따라 전신뢰도(full credibility)와 부분신뢰도(partial credibility)로 나누어진다.

전신뢰도는 최근정보를 100% 신뢰할 수 있을 때(즉, 경험데이터량이 충분히 많을 때) 부여되는 신뢰의 정도($Z=1.0$)를 말하고, 부분신뢰도는 최근정보를 100% 신뢰할 수 없을 때 부여되는 신뢰의 정도($Z<1.0$)를 말한다. 일반적으로 전신뢰도와 부분신뢰도의 구분은 고전적인 관점에서 분류하는 것으로 사고건수(number of claims)의 크기 또는 보험료(premium)의 크기 등 포트폴리오 내의 위험측정단위(exposure units)의 크기(규모)에 따라 전신뢰도 또는 부분신뢰도가 결정된다.

변동제한 방법에 의한 신뢰도는 계산이 간편해 우리나라를 비롯해서 미국, 유럽, 일본 등에서 보험요율을 산출하는 데 주로 사용된다. 그러나 변동제한 방법에 의한 신뢰도를 계산하기 위해서는 4.3절에서 보는 바와 같이 범위모수(range parameter) k와 신뢰수준(confidence level) P를 요율산정가(Rate Maker)가 주관적으로 판단해서 결정해야 한다는 한계를 갖고 있다.

4.3 전신뢰도

4.3.1 사고건수 기준

전신뢰도는 최근 정보량을 100% 신뢰할 수 있을 때 부여되는 신뢰도를 말한다. 변동제한 방법에 의한 전신뢰도는 4.1절의 기본가정을 전제로 다음과 같이 3단계의 과정을 거쳐 전신뢰도에 필요한 최소 사고건수를 구한다.

<1단계> 총손해액 S와 총손해액의 기댓값 $E(S)$와의 차이가 $kE(S)$ 내에 있을 확률이 P 이상 되도록 제한하는 방법이다. 즉, 확률 P에 대하여 부등식 $\Pr[\,|S-E(S)|\le kE(S)] \ge P$ 가 성립하는 최소의 n의 값을 전신뢰도 산출에 필요한 사고건수 n_F라고 놓는다. 여기서, k는 범위모수이고 P는 신뢰수준이라 한다.

<2단계> 다음과 같은 표준화된 식에 중심극한정리(central limit theorm)를 적용한다.

$$\Pr\left[\frac{-kE(S)}{\sqrt{Var(S)}} \le \frac{S-E(S)}{\sqrt{Var(S)}} \le \frac{kE(S)}{\sqrt{Var(S)}}\right] \ge P \qquad (4.5)$$

중심극한정리에 의해 표준화된 식 $\dfrac{S-E(S)}{\sqrt{Var(S)}}$는 평균이 0이고 분산이 1인 표준정규분포(standard normal distribution)[8]를 따르므로

---

8) $X_1, X_2, \cdots, X_n$이 평균 μ, 분산 σ^2인 확률표본일 때 $Z=\dfrac{\overline{X}-\mu}{\sigma/\sqrt{n}}$의 분포는 n이 증가하면서 $N(0,1)$에 한 없이 가까워진다.

$$\frac{kE(S)}{\sqrt{Var(S)}} \geq \Phi^{-1}(1-\alpha/2) \tag{4.6}$$

가 성립한다. 여기서, $\alpha = 1 - P$이고 $\Phi(x)$는 표준정규분포의 누적분포함수이다.

<3단계> 식 (4.6)에 의해 다음 식이 성립한다.

$$[E(S)]^2 \geq (\frac{\Phi^{-1}(1-\alpha/2)}{k})^2 Var(S) \tag{4.7}$$

식 (4.7)에 식 (4.3)과 식 (4.4)의 총손해액에 대한 기댓값 $E(S) = n\mu$와 분산 $Var(S) = n(\sigma^2 + \mu^2)$을 각각 대입하여 n에 대해 풀면 전신뢰도를 만족시키는 사고건수 n_F가 구해진다. 여기서, $y = \Phi^{-1}(1-\alpha/2)$이다.

$$n_F = \frac{y^2}{k^2}[1 + (\frac{\sigma}{\mu})^2] \tag{4.8}$$

그러나 식 (4.8)을 실제 적용하기 위해서는 주어진 경험데이터로부터 $E(S)$와 $Var(S)$에 대한 추정값을 구하지 않으면 안 된다. 이처럼 변동제한 방법에 의한 전신뢰도 산출 식에서는 확률변수 S에 대한 확률분포를 특정하지 않는다.

예제 4.2

자동차 대인배상책임보험의 사고발생빈도가 0.02, 손해액의 평균이 1,324(천원)이고 분산이 356,929이라 하자. 범위모수 $k = 0.10$이고 신뢰수준이 $P = 0.95$일 때 전신뢰도를 만족시키기 위해 필요한 최소 사고건수는 다음과 같다.

풀이

실제 자료로부터 $\frac{\sigma}{\mu}$의 추정값 $\frac{\hat{\sigma}}{\hat{\mu}} = \frac{\sqrt{356,929}}{1,324} = 0.451$과 <표 4.1>의 384건을 식 (4.8)에 각각 대입하여, n에 대해 풀면 전신뢰도에 필요한 최소 사고건수 $n_F = (\frac{1.96}{0.1})^2[1 + (0.451)^2]$ $= 384[1 + (0.451)^2] = 462$(건)이 계산된다. 여기서, 1.96은 표준정규분포의 누적확률이 95%가 되는 y값이다.

[예제 4.2]에서 보는 바와 같이 식 (4.8)의 $\frac{y^2}{k^2}$은 384로 주어지는 반면, 여기에 곱해지는 $[1+(\frac{\sigma}{\mu})^2]$의 크기에 따라 n_F의 크기가 결정된다. 즉, 그 집단 내의 손해액 X_i의 변동계수(Coefficient of Variation: CV)인 $\frac{\sigma}{\mu}$가 크면 클수록 전신뢰도에 필요한 최소 사고건수 n_F의 크기는 커지게 된다.

따라서 변동계수가 0일 때(즉, N개의 모든 손해액의 크기가 동일할 때) 전신뢰도에 필요한 최소 사고건수 n_F는 범위모수 k와 신뢰수준 $1-\alpha$에 의해 $n_F=y^2/k^2$에 따라 결정된다. 여기서, $y=\Phi^{-1}(1-\alpha/2)$을 뜻한다.

표 4.1 손해액이 동일(변동계수 0)한 경우 전신뢰도에 필요한 최소 사고건수

$1-\alpha$ \ k	0.3	0.2	0.1	0.05	0.01
0.90	30	68	271	1,083	27,060
0.95	43	96	384*	1,537	38,416
0.99	74	166	664	2,654	66,358
0.999	120	271	1,083	4,331	108,274

예제 4.3

범위모수 $k=0.03$이고 신뢰수준 $1-\alpha=0.95$일 때 전신뢰도에 필요한 최소 사고건수 n_F를 결정하시오.

풀이

신뢰수준 P에 대하여 부등식 $\Pr(|S-E(S)| \le kE(S)) \ge P$이 된다. 따라서 $\Pr[0.97E(S) < S < 1.03E(S)] = 0.95$이다. 이 식을 다음과 같이 변형할 수 있다.

$$\Pr[0.97E(S)-E(S) < S-E(S) < 1.03E(S)-E(S)] = 0.95$$
$$\Pr[-0.3E(S) < S-E(S) < 0.3E(S)] = 0.95$$

위 식의 좌변을 $\sqrt{Var(S)}$로 나누면 다음과 같은 식이 성립한다.

$$\Pr[\frac{-0.3E(S)}{\sqrt{Var(S)}} \le \frac{S-E(S)}{\sqrt{Var(S)}} \le \frac{0.3E(S)}{\sqrt{Var(S)}}] = 0.95$$

따라서 표준정규분포 표로부터 $y=\Phi^{-1}(1-\alpha/2)$=1.96이 되므로 전신뢰도에 필요한 최소 사고건수 $n_F=(\frac{1.96}{0.03})^2[1+(\frac{\sigma}{\mu})^2]=4,268[1+(\frac{\sigma}{\mu})^2]$가 된다. 여기서, 4,268은 <표 4.1>에서 신뢰수준 $1-\alpha=0.95$, 범위모수 $k=0.03$일 때의 값이다(<표 4.1>에는 나타나 있지 않음). 여기서는 비례식에 의해 직접 계산하였다.

예제 4.4

총사고건수가 예상총사고건수의 5% 내에 있을 확률(신뢰수준)이 98%가 되도록 전신뢰도 기준을 결정하고자 한다. 만약 전신뢰도 기준이 총손해액에 적용된다면 그때 총손해액이 신뢰수준 95%의 확률로 예상총손해액의 100%k 내에 있다고 한다. 손해액 심도의 변동계수가 0.894이고 총손해액의 분포가 근사정규분포를 따른다고 할 때 범위모수 k를 결정하시오.

풀이

범위모수 $k=0.05$이고 $1-\alpha=0.98$이므로 $\alpha=2\%$이다. 또한 $\frac{\alpha}{2}=1\%$이므로 $y=\Phi^{-1}(1-\alpha/2)=2.327$[9]가 된다. 따라서 $n_F=y^2/k^2$에 의해 $n_F=(\frac{2.327}{0.05})^2=2,165.972$가 된다. $y=1.96$이고 $\frac{\sigma}{\mu}=0.894$이므로 $n_F=(\frac{1.96}{k})^2[1+(0.894)^2]=\frac{6.912}{k^2}$가 된다. 위 두 식에 의해 $\frac{6.912}{k^2}=2,165.972$가 성립하므로 $k=0.0565$가 된다.

예제 4.5

어떤 보험회사에서는 전신뢰도에 필요한 사고건수를 이용하여 보험요율을 산정하고자 한다. 전신뢰도 기준은 기본요율을 적용했을 때 예상총손해액이 신뢰수준 95%하에서 진값의 5% 내에 있도록 설정한다. 사고발생 빈도는 포아송 분포를 따르고 심도분포의 확률밀도함수는 다음과 같다.

$$f(x)=\frac{100-x}{5,000}, \qquad 0\le x\le 100$$

9) 2.327은 표준정규분포의 누적확률이 99.0%가 되는 z값이다.

이때 정규근사(normal approximation)를 이용해서 전신뢰도를 얻기 위해 필요한 예상 사고건수를 결정하시오.

풀이

식 (4.8)에서 $\dfrac{y^2}{k^2}=(\dfrac{1.96}{0.05})^2=1,536.6$가 된다. 또한 심도분포의 평균(1차 적률)과 2차 적률은 다음과 같다.

$$E(X)=\int_0^{100} x\frac{(100-x)}{5,000}dx=33.3$$

$$E(X^2)=\int_0^{100} x^2\frac{(100-x)}{5,000}dx=1,666.7$$

분산은 $Var(X)=1,666.7-(33.3)^2$=557.8(표준편차는 $\sqrt{557.8}=23.6$이다)이 된다. 따라서 전신뢰도에 필요한 사고건수는 식(4.8)에 의해 $n_F=1,536.6[1+(\dfrac{23.6}{33.3})^2]$ $=2,308.4$이 된다.

<표 4.1>은 범위모수 k와 신뢰수준 $1-\alpha$에 따라 산출된 것으로 전신뢰도에 필요한 최소 사고건수를 계산한 것이다. 이처럼 여러 가지 범위모수 k와 신뢰수준 $1-\alpha$에 의해 전신뢰도에 필요한 최소 사고건수를 계산할 수 있다. 우리나라에서는 주로 $k=0.1$이고 $1-\alpha=0.95$일 때의 최소 사고건수 384건을 기준으로 전신뢰도에 필요한 최소 사고건수를 산출, 적용하고 있다. 참고로 384건은 다음과 같이 계산된다.

$$(\frac{\Phi^{-1}(1-\alpha/2)}{0.1})^2=(\frac{1.96}{0.1})^2=384(\text{건})$$

예제 4.6

심도분포가 상수(constant)라 가정하고 전신뢰도에 필요한 총사고건수가 2,670이라 결정하였다. 만약 심도분포가 평균이 1,000이고 분산이 1,500,000인 대수정규분포를 한다고 할 때 전신뢰도에 필요한 총사고건수를 계산하시오. 총사고건수는 포아송 분포를 따른다고 가정한다.

풀이

심도분포의 분산이 $Var(Y)=0$이라면 다음과 같다.

$$2{,}670=(\frac{y}{k})^2[1+\frac{Var[Y]}{(E[Y])^2}]=(\frac{y}{k})^2$$

$Var[Y]=1{,}500{,}000$이고 $E[Y]=1{,}000$라면 전신뢰도에 필요한 총사고건수는 다음과 같이 계산된다.

$$(\frac{y}{k})^2[1+\frac{Var[Y]}{(E[Y])^2}]=2{,}670[1+\frac{1{,}500{,}000}{(1{,}000)^2}]=6{,}675$$

예제 4.7

어떤 보험계약자에게 매년 600(만 원)의 보험료를 부과하였다. 해당 보험계약자의 과거 손해액은 다음과 같다.

연도	1차 연도	2차 연도	3차 연도
사고금액(만 원)	475	550	400

전신뢰도 또는 부분신뢰도가 적정한지 평가하고 정규근사를 이용해서 4차 연도의 순보험료를 산정하시오. 이때 $k=0.05$, $P=0.90$이라 가정한다.

풀이

식 (4.6)에서 $\frac{kE(S)}{\sqrt{Var(S)}}=\frac{k\mu}{\sigma/\sqrt{n}}\geq y$이다. 전신뢰도에 필요한 사고건수 n은 다음과 같다.

$$n\geq(\frac{\sigma}{\mu})^2(\frac{y}{k})^2=(\frac{75}{600})^2(\frac{1.645}{0.05})^2=16.913$$

따라서 부분신뢰도 $Z=\sqrt{\frac{3}{16.913}}=0.4212$이다.

부분신뢰도가 반영된 4차 연도의 순보험료는 다음과 같이 계산된다.

0.4212(475)+(1-0.4212)(600)=547.35(만원)

예제 4.8

어떤 피보험자 집단의 총사고건수는 평균이 λ인 포아송 분포를 따른다고 하자. 정규근사를 이용해서 신뢰수준이 0.975이고 예상 사고건수가 λ의 3% 범위 내에 있도록 λ값을 결정하시오.

풀이

<표 4.1>을 이용해서 $\frac{y^2}{k^2}$을 구하면

$$\lambda = \frac{y^2}{k^2} = (\frac{2.2414}{0.03})^2 = 5,582.08$$

이므로 5,583건이 필요하다.

예제 4.9

어떤 보험회사는 과거 경험데이터에 기초해서 요율을 조정하고자 한다. 전신뢰도에 필요한 기대 사고건수는 90% 신뢰수준에서 진값의 5% 내에서 관측 총사고건수가 선택되도록 하고자 한다. 개별 사고금액분포의 확률밀도함수는 $f(x) = \frac{1}{200,000}$, $0 < x < 200,000$이고 사고건수는 포아송 분포를 따른다고 가정한다. 최근 사고경험데이터는 1,082건이다. 정규근사를 이용해서 최근 경험데이터에 부여되는 신뢰도를 구하시오.

풀이

$$E(X) = \int_0^{200,000} x(\frac{1}{200,000})dx = 100,000$$

$$E(X^2) = \int_0^{200,000} x^2(\frac{1}{200,000})dx = 13,333,333,333.3$$

$$Var(X) = E(X^2) - [E(X)]^2 = 13,333,333,333.3 - (100,000)^2 = 3,333,333,333.3$$

식 (4.8)에 의한 전신뢰도에 필요한 사고건수는 다음과 같다.

$$1,082.41(1+3,333,333,333.3/10,000,000,000)=1,443.4$$

따라서 부분신뢰도는 다음과 같다.

$$Z = \sqrt{\frac{1,082}{1,443.2}} = 0.8658$$

예제 4.10

어떤 피보험자 집단의 평균손해액은 1,500이고 표준편차는 7,500이라고 한다. 사고건수는 포아송 분포를 따른다고 할 때, 총손해액이 평균총손해액이 신뢰수준 90%에서 6% 내에 있도록 평균 사고건수를 결정하시오

풀이

$(\frac{1.645}{0.06})^2(1+\frac{7,500^2}{1,500^2}) = 19,543.5$이다. 따라서 평균 사고건수는 19,544건이 된다.

예제 4.11

어떤 피보험자 집단에서 6,000건의 사고가 발생했고 이때 총손해액은 15,600,000이다. 총손해액에 대한 사전추정치는 16,500,000이었다. 이 피보험자 집단의 총손해액을 변동제한 방법에 의한 신뢰도를 반영해서 결정하시오. 단, 전신뢰도에 필요한 사고건수는 [예제 4.10]을 이용한다.

풀이

$Z = \sqrt{\frac{6,000}{19,543.5}} = 0.55408$이다. 따라서 변동제한 방법에 의한 신뢰도가 반영된 총손해액의 추정치는 0.5548(15,600,000)+(1-0.5548) (16,500,000)=16,001,328이다.

예제 4.12

총사고건수가 확률 P를 갖는 진값(true value)의 5% 내에 있도록 전신뢰도 기준을 적용하고 있다. 이 기준에 따르면 전신뢰도에 필요한 사고건수는 800건이다. 이 기준을 총손해액이 확률 P를 갖는 진값의 10% 내에 있도록 기준을 변경하고자 한다. 사고발생빈도는 포아송 분포를 따르고 심도분포의 확률밀도함수는 $f(x) = 0.0002(100-x)$, $0 < x < 100$이다. 새로운 기준하에서 전신뢰도에 필요한 평균 사고건수를 결정하시오.

풀이

사고건수를 기준으로 한 전신뢰도에 필요한 사고건수는 800=$(\frac{y}{0.05})^2$이므로 $y=\sqrt{2}$ 가 된다.

$$E(X)=\int_0^{100} 0.0002x(100-x)dx = 33.3$$

$$E(X^2)=\int_0^{100} 0.0002x^2(100-x)dx = 1{,}666.7$$

$$Var(X)=E(X^2)-[E(X)]^2 = 1{,}666.7-(33.3)^2 = 555.6$$

이므로 새로운 기준하에서 전신뢰도에 필요한 사고건수는 다음과 같다.

$$(\frac{\sqrt{2}}{0.1})^2[1+\frac{555.6}{(33.3)^2}] = 300$$

예제 4.13

실제 순보험료가 평균순보험료의 95% 수준에서 10% 내에 있도록 하기 위해 전신뢰도에 필요한 1,000건의 사고건수의 기준을 설정하였다. 사고건수는 포아송 분포를 따른다고 한다. 심도분포의 변동계수를 결정하시오.

풀이

$1{,}000=(\frac{1.96}{0.1})^2(1+CV^2)$에서 변동계수 $CV=1.2661$이 된다.

예제 4.14

어떤 피보험자 집단에 대한 정보는 다음과 같다.

① 예상총손해액에 대한 사전추정치는 20,000,000

② 관측총손해액은 25,000,000

③ 관측 사고건수는 10,000

④ 전신뢰도에 필요한 사고건수는 17,500

위와 같은 정보에 기초하여 해당 피보험자 집단의 예상총손해액을 신뢰도가 반영된 총손해액으로 추정하시오. 목적이 예상 사고건수를 추정하기 위한 것이라면 적정한 신뢰도 계수를 사용하시오.

풀이

$Z=\sqrt{\dfrac{10,000}{17,500}}=0.75593$이므로 신뢰도가 반영된 총손해액은 0.75593(25,000,000)+(1−0.75593)(20,000,000)=23,779,650이 된다.

예제 4.15

총사고건수가 신뢰수준 98%를 갖는 평균 사고건수의 5% 내에 있도록 전신뢰도 기준이 결정되었다. 만약 전신뢰도를 위해서 동일한 평균 사고건수가 총손해액에 적용되었다면 실제 총손해액이 95% 수준에서 평균손해액의 100K% 내에 있다고 한다. 개별손해액에 대한 심도의 확률밀도함수가 $f(x)=2.5x^{-3.5}$, $x>1$이라고 할 때 K값을 결정하시오.

풀이

사고건수 추정을 위한 전신뢰도 기준은 $(\dfrac{2.326}{0.05})^2=2,164.11$이 된다. 손해액을 추정하기 위하여 다음을 구한다.

$$E(X)=\int_1^{\infty}2.5x^{-2.5}dx=\frac{5}{3}$$

$$E(X^2)=\int_1^{\infty}2.5x^{-1.5}dx=5$$

$$Var(X)=5-(\frac{5}{3})^2=\frac{20}{9}$$

따라서 $2,164.11=(\dfrac{1.96}{K})^2[1+\dfrac{(\frac{20}{9})}{(\frac{25}{9})}]$에서 $K=0.056527$이 된다.

예제 4.16

사고건수는 포아송 분포를 따른다. 사고건수와 심도는 독립적이다. 개별손해액은 확률 0.5, 0.3, 0.2로 각각 1, 2, 10이다. 총손해액이 90% 확률로 평균손해액의 10% 이내에 있도록 하기 위한 총사고건수를 결정하시오.

풀이

$$E(X) = 0.5(1) + 0.3(2) + 0.2(10) = 3.1$$

$$E(X^2) = 0.5(1) + 0.3(2^2) + 0.2(10^2) = 21.7$$

$$Var(X) = 21.7 - (3.1)^2 = 12.09$$

따라서 전신뢰도 기준에 필요한 사고건수는 다음과 같다.

$$(\frac{1.645}{0.1})^2(1 + \frac{12.09}{3.1^2}) = 611.04 = 612$$

예제 4.17

사고건수는 포아송 분포를 따른다. 심도분포의 변동계수는 2이다. 총사고건수를 추정하기 위한 전신뢰도 기준은 3,415건이다. 이 기준을 가지고 관측 순보험료가 평균순보험료 95%의 k% 내에 있다고 할 때 k값을 결정하시오.

풀이

$3,415 = (\frac{1.96}{k})^2(1 + 2^2)$식에서 k값을 구하면 k=0.075, 즉 7.5%가 된다.

예제 4.18

다음과 같은 조건이 주어질 때 이들 4개의 조건의 함수로서 관측 사고건수를 나타내시오.

<조건>

① $P=$ 어떤 등급에 대한 순보험료의 사전추정치

② $O=$ 어떤 등급에 대한 과거 경험기간동안 관측순보험료

③ $R=$ 동일한 등급의 관측치를 통해 수정한 순보험료 추정치

④ $F=$ 순보험료가 전신뢰도를 만족시키는 데 필요한 사고건수

풀이

$$Z = \sqrt{\frac{n}{F}},\ R = ZO + (1 - Z)P,\ Z = \frac{(R - P)}{(O - P)} = \sqrt{\frac{n}{F}},\ \frac{n}{F} = \frac{(R - P)^2}{(O - P)^2}$$

따라서 관측 사고건수는 $n = \dfrac{F(R-P)^2}{(O-P)^2}$ 이 된다.

4.3.2 손해액 기준

식 (4.8)에서 보는 바와 같이 변동제한 방법에 의한 신뢰도는 위험측정단위로 사고건수를 사용하고 있다. 그러나 미국의 요율산출기관(ISO)에서는 위험측정단위로 사고건수 외에 보험료 크기, 보험가입금액의 크기 등으로 전신뢰도 또는 부분신뢰도를 나타내고 있다. 예를 들면, 어떤 요율등급의 전신뢰도를 만족시키는 총사고건수가 1,083건이라고 할 때 그 등급의 1사고당 평균손해액이 200만원이라면 총손해액을 기준으로 전신뢰도를 만족시키기 위해서는 최소한 1,083건×200만원=2,166,000(천원)의 총손해액이 발생되지 않으면 안된다. 즉, 손해액을 기준으로 보험료를 계산할 때 최소한 21억 6천 6백만원의 총손해액이 발생하면 그 등급의 신뢰도 Z=1이 된다. 동일한 방법에 의해 계약건수 또는 사고건수를 기준으로 전신뢰도에 필요한 보험료 규모와 손해액의 규모를 설정할 수 있다.

보험업감독규정 제7-78조(일반손해보험의 예정위험율 산출기준) 제1항 1호에서는 "통계자료는 연단위로 적용하며 적용되는 통계기간은 최근 5년을 원칙으로 한다. 다만, 위험의 특성 및 통계자료의 통계적 신뢰도 등을 고려하여 통계기간을 달리 할 수 있다"라고 규정하고 있다. 그러나 담보위험별로 위험을 세분하면 그렇지 못한 경우가 많아 대부분의 경우 부분신뢰도를 적용하고 있는 것이 현실이다.

4.4 부분신뢰도

부분신뢰도는 주어진 최근 정보량을 100% 신뢰할 수 없을 때 부여되는 신뢰의 정도를 말하는 것으로 4.3절에서 설명한 전신뢰도에 필요한 최소 사고건수(n_F)와 실제 사고건수(n)를 결합시켜 산출하거나 보험료, 손해액, 보험가입금액과 같은 위험측정단위를 사용하여 산출한다. 일반적으로 부분신뢰도를 산출할 때에는 다음과 같은 두 가지 형태가 주로 사용된다.

실제 사고건수와 전신뢰도에 필요한 최소 사고건수의 비율의 제곱근 등으로 부분신뢰도를 결정한다.

$$Z_P = \min\left\{\sqrt{\frac{n}{n_F}},\ 1\right\} \tag{4.9}$$

$$Z_P = \min\left\{(\frac{n}{n_F})^{3/2},\ 1\right\} \tag{4.10}$$

여기서, n_F는 전신뢰도에 필요한 최소 사고건수, n은 실제 사고건수를 말한다. 식 (4.9)와 같은 부분신뢰도 산출 식은 배상책임보험(liability insurance)에서 주로 사용되고 있는 반면에 식 (4.10)과 같은 부분신뢰도 산출식은 주로 근로자재해보장책임보험, 기계보험, 건설공사보험 등 주로 재물보험(property insurance)에서 많이 사용된다. 예를 들면, 캐나다의 자동차 대인배상책임보험 식 (4.11)과 자동차 대물배상책임보험 식 (4.12)에서 적용되는 부분신뢰도 산출 공식은 다음과 같다.

$$Z_P = \min\left\{\sqrt{\frac{n}{10{,}000}},\ 1\right\} \tag{4.11}$$

$$Z_P = \min\left\{\sqrt{\frac{n}{7{,}500}},\ 1\right\} \tag{4.12}$$

식 (4.11)과 (4.12)에서 보는 바와 같이 자동차대인배상책임보험과 자동차대물배상책임보험에서 전신뢰도에 필요한 최소 사고건수를 각각 10,000건과 7,500건으로 설정하고 있는데 이는 자동차 대인배상책임보험의 위험(예, 손해율) 변동 폭이 자동차 대물배상책임보험의 위험 변동 폭에 비해 크기 때문에 신뢰도를 높이기 위해서는 더 많은 사고건수가 필요하다는 것을 말해주고 있다. (<그림 1.1> 참조)

위의 부분신뢰도 산출 식 (4.11)과 (4.12)에서 실제 사고건수 n과 전신뢰도에 필요한 사고건수 n_F가 동일하거나 크다면 전신뢰도($Z=1$)를 만족하고, 또 실제 사고건수에 비례적으로 신뢰도가 증가하지 않는다는 사실을 알 수 있다.

전신뢰도의 경우와 마찬가지로 부분신뢰도에서도 4.3절의 기본 가정들을 만족시킨다고 가정할 때, 다음과 같은 단계를 거쳐 실제 사고건수와 전신뢰도에 필요한 최소 사고건수의 비율의 제곱근으로 결정되는 부분신뢰도가 산출된다.

<1단계> 부분신뢰도가 가중된 총손해액 $ZS+(1-Z)E(S)$와 총손해액의 기댓값 $E(S)$의 차이 $[ZS+(1-Z)E(S)-E(S)]=[ZS-ZE(S)]$가 $kE(S)$ 내에 있을 확률이 P 이상이 되도록 한다. 즉, $\Pr[\,|ZS-ZE(S)|\, \le kE(S)] \ge P$이다.

<2단계> 다음과 같은 표준화된 식에 중심극한정리를 적용한다.

$$\Pr\left[\frac{-kE(S)}{Z\sqrt{Var(S)}} \le \frac{S-E(S)}{\sqrt{Var(S)}} \le \frac{kE(S)}{Z\sqrt{Var(S)}}\right] \ge P \tag{4.13}$$

<3단계> 중심극한정리에 따라 $\dfrac{S-E(S)}{\sqrt{Var(S)}}$는 평균이 0이고 분산이 1인 표준정규분포를 따르므로 다음과 같은 등식이 성립한다.

$$\frac{kE(S)}{Z\sqrt{Var(S)})} = \Phi^{-1}(1-\alpha/2) \tag{4.14}$$

식 (4.14)를 Z에 대해 풀면 다음과 같은 부분신뢰도 Z_P가 된다(여기서, 첨자 P는 부분신뢰도를 나타내는 기호이다).

$$Z_P = \frac{kE(S)}{\sqrt{Var(S)}\,\Phi^{-1}(1-\alpha/2)} \tag{4.15}$$

식 (4.15)에 식 (4.3)과 식 (4.4)에서 구한 총손해액의 기댓값 $E(S)=n\mu$와 분산 $Var(S)=n(\sigma^2+\mu^2)$을 각각 대입하여 Z에 대해 풀면 부분신뢰도 Z_P가 구해진다. 이것이 실제 사고건수와 전신뢰도에 필요한 최소 사고건수의 비율의 제곱으로 결정되는 부분신뢰도 산출 공식이다.

$$\begin{aligned} Z_P &= \frac{kE(S)}{\sqrt{Var(S)}\,\Phi^{-1}(1-\alpha/2)} = \frac{kn\mu}{\sqrt{n(\sigma^2+\mu^2)}\,\Phi^{-1}(1-\alpha/2)} \\ &= \sqrt{\frac{n}{(\frac{y}{k})^2[(\frac{\sigma}{\mu})^2+1]}} \\ &= \sqrt{\frac{n}{n_F}} \end{aligned} \tag{4.16}$$

식 (4.16)에서 n는 포아송 분포를 따르는 확률변수 N의 기댓값(분산)이고 n_F는 전신뢰도에 필요한 최소 사고건수이다. σ와 μ는 각각 손해액 X_i들의 표준편차와 평균손해액을 나타낸다. 또한 $y = \Phi^{-1}(1-\alpha/2)$와 k는 전신뢰도의 경우와 동일하다. 다만, 실무에서는 확률변수 N의 기댓값 n 대신 경험기간에 발생된 실제 사고건수를 적용하고 있다는 점이 다르다. 부분신뢰도에 대한 예를 들면 다음과 같다.

예제 4.19

어떤 보험가입집단의 포트폴리오는 다음과 같다고 가정하자.

① 1차 연도까지의 총손해액에 대한 사전적인 정보: 20,000(천원)

② 2차 연도의 총손해액에 대한 최근 정보: 25,000(천원)

③ 3차 연도에 예상되는 사고건수: 10,000(건)

④ 전신뢰도에 필요한 사고건수 : 17,500(건)

위와 같은 정보를 가지고 3차 연도의 총손해액을 예측하고자 한다. 먼저 부분신뢰도를 구하면 다음과 같다.

풀이

부분신뢰도 $Z_{P=}\sqrt{\dfrac{n}{n_F}} = \sqrt{\dfrac{10,000(\text{건})}{17,500(\text{건})}} = 0.756$ 이다. 식 (1.1)에 의해 3차 연도의 예상총손해액은 다음과 같다.

$$\begin{aligned}\hat{C} &= ZR + (1-Z)H \\ &= (0.756)(25,000) + (1-0.756)(20,000) = 23,780(\text{천원})\end{aligned}$$

따라서 부분 신뢰도를 반영하여 추정한 3차 연도의 총손해액은 사전적인 정보 20,000(천원)와 최근정보 25,000(천원) 사이인 23,780(천원)이 된다.

4.5 과거 자동차보험의 신뢰도 계산방법[10)]

보험업감독규정 제7-50조(자동차보험)에 의한 신뢰도 계산방법은 변동제한 방법에 의한 신뢰도 산출방법이다. 신뢰도는 위험측정단위수를 평균유효대수 기준 방식과 사고발생 기준 방식으로 나누어 산출하고 있다(식 (4.8) 참조). 다만, 이외에 실무적으로 인정되는 새로운 산출방법이 있을 경우 적용의 타당성을 입증한 후 이를 사용할 수 있도록 규정하고 있다. 부분신뢰도 산출 공식은 어느 기준에 의하던지 식 (4.16)의 형태를 갖고 있다.

4.5.1 평균유효대수 기준 산출방식

① 전신뢰도

전신뢰도에 필요한 최소 평균유효대수(n^*) 산출식은 다음과 같다.

$$n^* = [\frac{[E(N)V(Y) + E(Y)^2 V(N)] Z_{\alpha/2}}{kE(N)E(Y)}]^2 \tag{4.17}$$

여기서, n^*는 전신뢰도에 필요한 최소 평균유효대수, N은 사고발생빈도, Y는 1사고당 손해액, k는 요율산출자의 판단계수(범위모수), α는 통계적 유의수준을 말한다. 식 (4.17)을 간단하게 증명하면 다음과 같다.

증명

순보험료법에 의한 신뢰도 공식을 유도하고 이에 따른 전신뢰도에 필요한 계약건수(평균유효대수)를 계산한다. 순보험료법에 의한 전신뢰도 평균유효대수는 실제 (평균)순보험료($\overline{X}$)가 예정 순보험료(μ)의 ±100k% 범위내에 있을 확률이 100P%라고 할 때 이를 만족시키는 평균유효대수를 말한다.

이상의 내용을 수식으로 나타내면 $P = \Pr(\mu - k\mu \leq \overline{X} \leq \mu + k\mu)$가 되고 이를 변형시켜 다음과 같은 표준정규분포식으로 나타난다. 여기서, P는 신뢰수준을 말한다.

---

10) 보험업감독규정 7-50에 의한 신뢰도 계산방법은 보험업감독규정 개정시(2011. 1. 24) 폐지되었다.

$$P = 2\Phi(\frac{k\mu}{\sigma(\overline{X})}) - 1 \tag{4.18}$$

식 (4.18)에서 $\frac{k\mu}{\sigma(\overline{X})} = Z_{\alpha/2}$가 되고, $\sigma(\overline{X})$ 대신에 $\frac{\sigma(X)}{\sqrt{n}}$을 대입하여 n에 대해 풀면 전신뢰도에 필요한 최소 사고건수 n^*는 다음과 같다. 여기서 α는 통계적 유의수준을 말한다.

$$n^* = [\frac{\sigma(X)Z_{\alpha/2}}{k\mu}]^2 \tag{4.19}$$

확률변수 X는 순보험료를 의미하므로 X는 사고건수 N과 1 사고당 손해액 Y의 함수로 표시된다. 즉, $X = \sum_{i=1}^{N} Y_i$가 된다. 여기서, 확률변수 N과 Y는 서로 독립이라 가정한다.

식 (4.1)과 (4.2)에 의해 X의 평균과 분산은 다음과 같다.

$$E(X) = E_N[E(X \mid N)] = E(N)Var(Y_1) \tag{4.20}$$

$$\begin{aligned} Var(X) &= Var_N[(X \mid N)]] + E_N[Var(X \mid N)] \\ &= Var_N[N(Y_1)] + E_N[NVar(Y_1)] \\ &= E(N)Var(Y_1) + [E(Y_1)]^2 Var(N) \end{aligned} \tag{4.21}$$

식 (4.20)과 (4.21)을 식 (4.19)에 대입하면 전신뢰도에 필요한 최소 사고건수 n^*는 다음과 같이 증명된다.

$$n^* = [\frac{[E(N)Var(Y) + [E(Y)]^2 Var(N)]Z_{\alpha/2}}{kE(N)E(Y)}]^2 \tag{4.22}$$

---

② 부분신뢰도

평균유효대수방식에 의한 부분신뢰도 계산방식은 다음 식 (4.23)를 따른다. 이에도 불구하고 신뢰도 이론에 부합되는 다른 산출방식이 있는 경우 이를 사용할 수 있도록 규정하고 있다.

$$Z = \sqrt{\frac{n}{n^*}} \tag{4.23}$$

여기서 n는 실적평균유효대수, n^*는 전신뢰도를 기준으로 한 평균유효대수를 말한다. 신뢰도가 반영된 수정자료는 식 (1.1)과 마찬가지로 다음과 같이 추정한다.

$$\widehat{\text{수정자료}} = Z \times \text{실적자료} + (1-Z) \times \text{보완자료}$$

4.5.2 사고건수 기준 방식

① 전신뢰도

전신뢰도에 필요한 사고건수 λ^*의 산출식은 다음과 같이 계산한다.

$$\lambda^* = \frac{x_\alpha^2}{k^2}\left[1 + \left(\frac{\sqrt{Var(Y)}}{E(Y)}\right)^2\right] \tag{4.24}$$

여기서, λ^*는 전신뢰도에 필요한 사고건수, x_α는 정규분포(normal distribution)에서 유의수준 α에 해당하는 신뢰구간 해당 값. k는 요율산출자의 판단계수(범위모수), α는 통계적 유의수준, Y는 1 사고당 손해액을 말한다.

② 부분신뢰도

사고건수에 의한 부분신뢰도 계산방식은 다음의 공식에 따른다. 이에도 불구하고 신뢰도 이론에 부합된 다른 방식을 사용할 수도 있다고 규정하고 있다. 식 (4.24)은 식 (4.16)과 동일하다.

$$Z = \sqrt{\frac{\lambda}{\lambda^*}} \tag{4.25}$$

여기서 λ는 실제 사고건수, λ^*는 전신뢰도에 필요한 사고건수를 말한다.

신뢰도가 반영된 수정자료는 식 (1.1)과 마찬가지로 다음과 같다.

$$\widehat{\text{수정자료}} = Z \times \text{실적자료} + (1-Z) \times \text{보완자료}$$

4.6 손해액의 변동계수를 이용한 손해율 산정

앞 절에서 언급한 전신뢰도와 부분신뢰도를 이용하여 손해율을 산정하는 방법은 다음과 같다.

4.6.1 손해액의 변동계수[11)]가 0인 경우의 부분신뢰도와 손해율 산정식

손해액의 변동계수가 0인 경우, 즉 사고발생빈도만을 고려할 때 전신뢰도에 필요한 최소 사고건수는 <표 4.1>에서 구한 사고건수를 말한다. 현재 우리나라에서 주로 적용하고 있는 전신뢰도에 필요한 최소 사고건수는 범위모수 $k=0.1$, 신뢰수준 $P=0.95$를 기준으로 산출한 최소 사고건수 384건을 사용하고 있다. 그러나 미국, 유럽 등 외국에서는 범위모수 $k=0.05$, 신뢰수준 $P=0.90$을 기준으로 산출한 최소 사고건수 1,083건을 많이 사용하고 있다.

물론, 위험의 속성에 따라 범위모수와 신뢰수준을 달리 사용할 수 있다. 예를 들면, 식 (4.11)과 (4.12)에서 보는 바와 같이 캐나다에서는 자동차 대인배상책임보험의 경우 10,000건, 자동차 대물배상책임보험에서는 7,500건을 전신뢰도에 필요한 최소 사고건수로 사용하고 있다. 또한 부분신뢰도는 실제 사고건수와 전신뢰도에 필요한 사고건수의 제곱근으로 나타내는 모델을 이용하고 있다.

위와 같은 기준에 의해 i번째 등급의 신뢰도를 산출하는 공식은 다음과 같다. 즉, i번째 등급의 사고건수($N_{i.}$)가 1,083건과 같거나 많으면 전신뢰도($Z_i=1$)를 만족함을 알 수 있다.

$$Z_i = \begin{cases} 1 & N_{i.} \geq 1{,}083 \\ \sqrt{\dfrac{N_{i.}}{1{,}083}} & N_{i.} < 1{,}083 \end{cases} \tag{4.26}$$

따라서 <표 4.2>에 의해 산출된 등급별 손해율에 식 (4.26)의 신뢰도를 반영하여 산출한 i번째 등급의 추정손해율은 다음과 같다. 여기서, 신뢰도가 반영된 $\widehat{X}_i^{(LFC)}$의 첨자 (LFC)는 변동제한 방법에 의한 신뢰도(Limited Fluctuation Credibility)의

11) 변동계수(coefficient of variation)는 평균(μ)에 대한 표준편차(σ)의 비율 σ/μ를 말한다.

영문 약자를 나타낸다. $\overline{X_{i.}}$는 i등급의 평균손해율이고 $\overline{X_{..}}$는 총 평균손해율이다.

$$\widehat{X}_i^{(LFC)} = Z_i \overline{X_{i.}} + (1 - Z_i) \overline{X_{..}} \tag{4.27}$$

실무에서는 $(1 - Z_i)$에 곱해지는 총평균손해율 $\overline{X_{..}}$ 대신 담보위험별 예정손해율(새로운 요율을 추정하는 하는 경우에는 현행 매뉴얼 요율) 또는 각 등급별 평균손해율 $\overline{X_{i.}}(i = 1,\ 2,\ \cdots,\ k)$을 사용하기도 한다.

4.6.2 손해액의 변동계수가 0보다 큰 경우의 부분신뢰도와 손해율 산정식

손해액의 변동계수가 0보다 큰 경우, 즉 손해액의 크기가 동일하지 않을 때에는 사고발생빈도와 손해심도를 동시에 고려해서 최소 사고건수를 산출한다. 즉, <표 4.1>의 사고건수에 손해액의 변동계수를 반영하여 전신뢰도에 필요한 최소 사고건수를 산출한다.

여기서 변동계수가 0이라면(즉, 손해액의 크기가 모두 동일) 전신뢰도에 필요한 최소 사고건수는 사고발생빈도만을 고려한 <표 4.1>의 최소 사고건수와 동일하게 된다. 반대로 변동계수가 1보다 크면 클수록 <표 4.1>의 최소 사고건수보다 더 많은 사고건수를 필요로 하게 된다. 현재 화재보험, 해상보험 등 통계자료의 전산집적이 가능한 종목은 대부분 이러한 방식에 의해 전신뢰도의 사용여부가 결정된다.

변동계수가 0보다 큰 경우(즉, 사고발생빈도와 손해심도를 동시에 고려)의 전신뢰도는 <표 4.1>의 사고건수에 손해액의 변동계수(σ/μ)를 동시에 고려하여 구한다.

여기서는 <표 4.1>와 같이 $k = 0.05$, 신뢰수준 $P = 0.90$을 기준으로 한 사고건수 1,083건을 사용하였다. 또한 부분신뢰도 산출은 제곱근을 적용하는 공식을 채택하였다. 따라서 사고발생빈도만을 고려하는 경우와 유사하지만 변동계수를 동시에 고려한다는 점에서 차이가 있다.

위와 같은 기준에 의한 i번째 등급의 부분신뢰도 산출공식은 다음과 같이 i번째 등급의 전신뢰도에 필요한 최소 사고건수(n_F)가 실제 사고건수($N_{i.}$)보다 많은가 적은가에 따라 부분신뢰도가 정해진다. i번째 등급의 실제 사고건수($N_{i.}$)가 전신뢰도에 필요한 최소 사고건수(n_F)보다 크거나 같다면 i번째 등급의 사고건수는 전신뢰도를 만족시킬 수 있음을 알 수 있다. 여기서, μ와 σ는 총손해액의 기댓값 $E(S) = n\mu$와 분산값 $Var(S) = n(\sigma^2 + \mu^2)$에 의해 구해진다(식 (4.3)과 (4.4) 참조).

$$Z_i = \begin{cases} 1 & N_{i.} \geq 1{,}083[1+(\frac{\sigma}{\mu})^2 \\ \sqrt{\dfrac{N_{i.}}{1{,}083[1+(\frac{\sigma}{\mu})^2]}} & N_{i.} < 1{,}083[1+(\frac{\sigma}{\mu})^2] \end{cases} \tag{4.28}$$

따라서 <표 4.2>에 의해 산출된 손해율에 식 (4.28)의 부분신뢰도를 반영하여 산출한 i번째 등급의 추정손해율은 다음과 같다.

$$\widehat{X}_i^{(LFC)} = Z_i \overline{X_{i.}} + (1 - Z_i)\overline{X_{..}} \tag{4.29}$$

식 (4.27)과 (4.29)에서 보는 바와 같이 손해율 산출 식은 동일하다.

4.7 변동제한 방법에 의한 신뢰도를 이용한 손해율 산정 모델의 알고리즘

앞에서 설명한 변동제한 방법에 의한 신뢰도 산출에 필요한 기호들을 정리하면 다음과 같다. <표 4.2>에서 보는 바와 같이 손해율을 산출하는 위험등급은 K개이고 경험통계기간은 매 등급별로 $T(i)$년도가 존재한다.

표 4.2 변동제한 신뢰도 산출에 필요한 자료 구조

〈 데 이 터 〉

L_{it} = i등급의 t년도 손해액	P_{it} = i등급의 t년도 순보험료
N_{it} = i등급의 t년도 사고건수	$T(i)$ = i등급의 경험통계기간

〈 수 식 〉

$N_{i.} = \sum_{t=1}^{T(i)} N_{it}$는 i번째 위험등급에 대한 $T(i)$년도 동안의 총사고건수

$\overline{X_{i.}} = \dfrac{\sum_{t=1}^{T(i)} L_{it}}{\sum_{t=1}^{T(i)} P_{it}} = \dfrac{L_{i.}}{P_{i.}}$는 i번째 위험등급에 대한 $T(i)$년도 동안의 평균손해율

$\overline{X_{..}} = \dfrac{\sum_{i=1}^{K}\sum_{t=1}^{T(i)} L_{it}}{\sum_{i=1}^{K}\sum_{t=1}^{T(i)} P_{it}} = \dfrac{L_{..}}{P_{..}}$는 $T(i)$년도 동안의 위험등급 전체평균손해율

표 4.3 변동제한 방법에 의한 신뢰도가 반영된 손해율 산출 알고리즘

등급	데이터 \ t	연 도 별 (t)				소 계	손해율($\overline{X_{i.}}$)
		1	2	…	$T(i)$		
1	사고건수	N_{11}	N_{12}	…	$N_{1T(i)}$	$N_{1.}$	
	보험료	P_{11}	P_{12}	…	$P_{1T(i)}$	$P_{1.}$	$\overline{X_{1.}} = \dfrac{L_{1.}}{P_{1.}}$
	손해액	L_{11}	L_{12}	…	$L_{1T(i)}$	$L_{1.}$	
…							
i	사고건수	N_{i1}	N_{i2}	…	$N_{iT(i)}$	$N_{i.}$	
	보험료	P_{i1}	P_{i2}	…	$P_{iT(i)}$	$P_{i.}$	$\overline{X_{i.}} = \dfrac{L_{i.}}{P_{i.}}$
	손해액	L_{i1}	L_{i2}	…	$L_{iT(i)}$	$L_{i.}$	
…							
K	사고건수	N_{K1}	N_{K2}	…	$N_{KT(i)}$	$N_{K.}$	
	보험료	P_{K1}	P_{K2}	…	$P_{KT(i)}$	$P_{K.}$	$\overline{X}_{K.} = \dfrac{L_{K.}}{P_{K.}}$
	손해액	L_{K1}	L_{K2}	…	$L_{KT(i)}$	$L_{K.}$	

변동제한 방법에 의한 신뢰도가 반영된 손해율 $\hat{C}$의 산정은 다음과 같이 6단계로 이루어진다.

단계	알고리즘
1단계	관측년도 n을 결정한다.
2단계	i등급의 손해율 $\overline{X_{i.}}$를 계산한다.
3단계	전체손해율 $\overline{X_{..}}$를 계산한다.
4단계	전신뢰도에 필요한 사고건수를 계산한다.
5단계	식 (4.28)에 의해 i등급의 신뢰도(Z_i)를 계산한다.
6단계	손해율 추정치 $\widehat{X}_i^{(LFC)} = Z_i\overline{X_{i.}} + (1-Z_i)\overline{X_{..}}$를 계산한다.

4.8 사례분석

4.8.1 경험데이터

화재보험의 물건별 3개년 간 계약 및 손해상황이 다음 <표 4.4>와 같을 때 4차연도 손해율을 변동제한 방법에 의한 신뢰도를 적용해서 추정하시오. (통계기간 $T=3$, 등급 $k=3$). 여기서, 범위모수 $k=0.1$이고 신뢰수준 $1-\alpha=95\%$로 한다.

표 4.4 연도별 경험데이터 (금액단위: 백만 원)

구분		1차 연도	2차 연도	3차 연도	계	σ	μ
주택 ($i=1$)	사고건수	7,358	8,073	3,991	19,422		6,474
	경과보험료	81,817	84,524	49,253	215,594		71,864
	손해액	46,162	29,479	26,553	102,194	10,578	34,064
	손해율				47.4%		
일반 ($i=2$)	사고건수	2,555	2,332	2,579	7,466		2,488
	경과보험료	128,847	121,489	110,478	360,814		120,271
	손해액	44,856	27,208	30,771	102,835	9,332	34,278
	손해율				28.5%		
공장	사고건수	1,364	1,203	1,050	3,617		1,205

(계속)

구분		1차 연도	2차 연도	3차 연도	계	σ	μ
$(i=3)$	경과보험료	121,945	118,411	91,136	331,492		110,497
	손해액	71,628	60,678	62,575	194,881	5,851	64,960
	손해율				58.8%		
계	사고건수						
	경과보험료				907,900		
	손해액				399,910		
	손해율				44.0%		

4.8.2 단계별 산출

<1단계> 관측년도 n을 결정한다.

$$n=3$$

<2단계> 등급별 손해율 $\overline{X_{i\cdot}}$를 계산한다.

주택($\overline{X_{1\cdot}}$)	일반($\overline{X_{2\cdot}}$)	공장($\overline{X_{3\cdot}}$)
47.4%	28.5%	58.8%

<3단계> 전체손해율 $\overline{X_{\cdot\cdot}}$를 계산한다.

$$\overline{X_{\cdot\cdot}}=44.0\%$$

<4단계> 전신뢰도에 필요한 사고건수를 계산한다.

- 주택$(i=1)$: $n_F=1{,}083[1+(\dfrac{\sigma}{\mu})^2]$

- 일반$(i=2)$: $n_F=1{,}083[1+(\dfrac{\sigma}{\mu})^2]$

- 공장$(i=3)$: $n_F=1{,}083[1+(\dfrac{\sigma}{\mu})^2]$

<5단계> 식 (4.28)에 의해 i등급의 신뢰도(Z_i)를 계산한다.

- 주택($i=1$): $\sqrt{\dfrac{N_{1.}}{1,083[1+(\dfrac{\sigma}{\mu})^2]}} = \sqrt{\dfrac{19,422}{1,083[1+(\dfrac{10,578}{34,064})^2}} = 4.0$

- 일반($i=2$): $\sqrt{\dfrac{N_{2.}}{1,083[1+(\dfrac{\sigma}{\mu})^2]}} = \sqrt{\dfrac{7,466}{1,083[1+(\dfrac{9,332}{34,278})^2}} = 2.5$

- 공장($i=3$): $\sqrt{\dfrac{N_{3.}}{1,083[1+(\dfrac{\sigma}{\mu})^2]}} = \sqrt{\dfrac{3,617}{1,083[1+(\dfrac{5,851}{64,960})^2}} = 1.8$

※ 위에서 3개 위험등급의 부분신뢰도 값이 1.0을 초과하므로 $Z_i = 1.0$을 적용한다. 즉, 3개년간 사고건수는 전신뢰도를 만족시키기에 충분하다고 판단한다.

<6단계> 손해율 추정치 $\widehat{X}_i^{(LFC)} = Z_i\overline{X_i}. + (1-Z_i)\overline{X}_{..}$를 계산한다.

- 주택($i=1$): $\widehat{X}_1^{(LFC)} = Z_1\overline{X_1}. + (1-Z_1)\overline{X}_{..} = 1.0 \times 47.4\%$
- 일반($i=2$): $\widehat{X}_2^{(LFC)} = Z_2\overline{X_2}. + (1-Z_2)\overline{X}_{..} = 1.0 \times 28.5\%$
- 창고($i=3$): $\widehat{X}_3^{(LFC)} = Z_3\overline{X_3}. + (1-Z_3)\overline{X}_{..} = 1.0 \times 58.8\%$

연습문제

1. 확률변수 N이 모수 n, p인 이항분포(binomial distribution)를 따른다고 가정할 때 전신뢰도를 만족시키는 n_F를 구하시오

2. 확률변수 N이 모수 n, p인 음의 이항분포(negative binomial distribution)를 따른다고 가정할 때 전신뢰도를 만족시키는 n_F를 구하시오.

3. 신뢰수준이 90%이고 범위모수가 5%일 때 전신뢰도를 만족시키는 최소 사고건수를 구하시오.

4. 신뢰수준이 90%, 범위모수가 5%, 평균손해액이 500$, 표준편차가 1,000$일 때 전신뢰도를 만족시키는 최소 사고건수를 구하시오.

5. 총손해액에 대한 전신뢰도 기준 사고건수가 1,800건이라 가정한다. 여기서 사고건수는 포아송 분포를 따른다. 만약 심도분포가 상수라면 전신뢰도에 필요한 사고건수는 1,200건이다. 평균손해액이 400일 때 처음 상황에서 심도분포의 분산을 계산하시오.

6. X는 신뢰수준이 90%이고 범위모수가 5%라고 가정할 때 전신뢰도를 만족시키는 예상되는 최소 사고건수이다. Y는 신뢰수준이 90%이고 범위모수가 10%라고 가정할 때 전신뢰도를 만족시키는 예상되는 최소 사고건수이다. 이때 $\frac{X}{Y}$ 값을 구하시오.

7. 신뢰수준이 95%이고 범위모수가 4%일 때 전신뢰도를 만족시키는 자동차보험의 예상 최소 사고건수는 2,401건이다. 다음 연도에 예상되는 자동차 평균유효대수(car-years of exposure)는 40,000대이고 평균사고율은 0.0441이라 가정한다. 이때 부분신뢰도 $Z_P = 0.86$이 됨을 보이시오.

8. ABC 손해보험회사의 계리사는 어떤 종목에 대한 요율로 125(천원)을 산출하였다.

① 구요율이 100(천원)이고 경험기간의 요율은 200(천원)이었다. 이때 신뢰도 $Z=0.25$가 됨을 보이시오.

② 경험기간 평균사고율이 0.021이고 이 기간에 10,000명의 피보험자가 있다. 인플레이션이 0이라고 할 때, 전신뢰도에 필요한 예상 사고건수를 구하시오.

9. ABC 손해보험회사는 요율수준을 검증하고 있다. 신뢰수준이 90%이고 범위모수가 5%가 되도록 전신뢰도에 필요한 예상 최소 사고건수를 원하고 있다. 개별손해액은 확률밀도함수 $f(x)=\frac{1}{200,000}$, $0<x<200,000$인 분포를 따르고 서로 독립이며 동일하게 분포되었다고 추정된다. 사고건수가 포아송 분포를 따른다고 가정할 때 다음을 구하시오.

① 총손해액의 분산 $Var(S)=(200,000)^2(\frac{1}{3})$가 됨을 보이시오.

② 가장 최근 관찰에 따르면 총사고건수가 1,082라고 가정한다. 그 기간 동안 부분신뢰도 $Z_P=0.866$임을 보이시오(포아송 분포의 정규분포 근사를 이용하시오).

10. ABC 보험회사의 2015~2019년도까지 5개년간 주택화재보험의 사고발생분포가 다음과 같다고 한다.

손해액(백만 원)	사고발생건수
0~400	2
400~800	24
800~1,200	32
1,200~1,600	21
1,600~2,000	10
2,000~2,400	6
2,400~2,800	3
2,800~3,200	1
3,200~3,600	1
3,600 이상	0
계	100

① 순보험료를 계산하시오.

② 신뢰수준(P)이 90%, 범위모수(k)가 0.05일 때 전신뢰도에 필요한 최소 사고건수를 구하시오.

5장

S-값의 신뢰도

5.1 개요

S-값의 신뢰도(S-Values Credibility)는 미국의 보험요율산출기관인 ISO(Insurance Service Office)에서 제안한 방법으로 변동제한 방법에 의한 신뢰도와 형태, 계산과정 등이 매우 흡사하다. 이 신뢰도는 i번째 등급 내의 변동계수의 제곱에 총사고건수를 곱하여 전신뢰도를 계산한 후, i번째 등급 내의 실제 사고건수와 비교하여 부분신뢰도를 산출하는 방법이다(ISO, 1980).

5.2 S-값의 신뢰도

경험통계기간 $T(i)$의 연도별 손해율에 의한 등급 내 분산을 다음과 같이 구한다. 분산을 계산할 때 각 연도의 보험료 P_{it}를 가중치로 두고 있는 것이 특징이다. 다만, ISO에서는 i번째 등급의 경험통계기간을 동일하게 T로 두고 있으나 이 책에서는 일반적인 형태의 경험통계기간 $T(i)$로 두고 있다. 즉, 경험통계기간 $T(i)$의 연도별 손해율에 의한 등급 내 분산은

$$W_i^2 = \frac{1}{T(i)-1}\sum_{t=1}^{T(i)} P_{it}(X_{it} - \overline{X_{i.}})^2 \tag{5.1}$$

이 되며, i번째 등급에 대하여 전신뢰도에 필요한 사고건수 S_i^2은 다음과 같다.

$$S_i^2 = \frac{N_{i.}W_i^2}{\overline{\overline{X_{i.}^2}}} = N_{i.}\left(\frac{W_i}{\overline{\overline{X_{i.}}}}\right)^2 \tag{5.2}$$

여기서, $N_{i.}$는 i번째 등급의 총사고건수(즉, $\sum_t^{T(i)} N_{it} = N_{i.}$), X_{it}와 P_{it}는 i번째 등급의 $T(i)$년도 실적손해율과 보험료, $\overline{X_{i.}}$는 i번째 등급의 평균손해율이다. 따라서 i번째 등급 내의 변동계수가 1보다 크게 되면(즉, $W_i > \overline{X_{i.}}$) 전신뢰도에 필요한 사고건수는 실제 사고건수보다 크게 된다. 결론적으로 i번째 등급 내의 분산값(W_i^2)

이 평균값보다 크게 되면 해당 등급의 신뢰도는 줄어들게 된다.

다만, ISO에서는 S_i^2 전체를 전신뢰도에 필요한 사고건수로 두는 것이 아니라 이 중 80%만을 전신뢰도에 필요한 사고건수로 고려하였다. i번째 등급에 대해 전신뢰도(Full credibility Standards for classs i)에 필요한 사고건수는 $FS_i = S_i^2 \times 0.8$가 되며 i번째 등급의 신뢰도 산출 공식은 다음과 같다.

$$Z_i = \begin{cases} 1 & N_i \geq FS_i \\ \sqrt{\dfrac{N_{i.}}{FS_i}} & N_i < FS_i \end{cases} \tag{5.3}$$

따라서 식 (5.3)에 의해 산출된 S-값 신뢰도를 반영한 i번째 등급의 추정손해율은 다음과 같다.

$$\widehat{X}_i^{(S)} = Z_i \overline{X}_{i.} + (1 - Z_i)\overline{X}_{..} \tag{5.4}$$

여기서, $\overline{X}_{i.}$는 i번째 등급의 평균손해율이고 $\overline{X}_{..}$는 $T(i)$연간의 그룹 전체 평균손해율을 나타낸다(4.6절의 수식 참조).

5.3 S-값의 신뢰도를 이용한 손해율 산출 모델의 알고리즘

S-값의 신뢰도를 이용한 손해율 산출에 필요한 기호들을 정리하면 다음과 같다. <표 5.1>에서 보는 바와 같이 손해율을 산출하는 등급은 K개이고 경험통계기간은 매 등급별로 $T(i)$년도가 존재한다.

〈 데 이 터 〉

L_{it} = i등급의 t년도 손해액	P_{it} = i등급의 t년도 순보험료
N_{it} = i등급의 t년도 사고건수	$T(i)$ = i등급의 경험통계기간

〈 수 식 〉

$N_{i.} = \sum_{t=1}^{T(i)} N_{it}$는 i번째 등급에 대한 $T(i)$년도 동안의 총사고건수

$\overline{X_{i.}} = \frac{\sum_{t=1}^{T(i)} L_{it}}{\sum_{t=1}^{T(i)} P_{it}} = \frac{L_{i.}}{P_{i.}}$는 i번째 등급에 대한 $T(i)$년도 동안의 손해율

$\overline{X_{..}} = \frac{\sum_{i=1}^{K}\sum_{t=1}^{T(i)} L_{it}}{\sum_{i=1}^{K}\sum_{t=1}^{T(i)} P_{it}} = \frac{L_{..}}{P_{..}}$는 $T(i)$년도 동안의 위험등급 전체평균손해율

표 5.1 S-값의 신뢰도 산출에 필요한 자료 구조

등급 \ 데이터 t		연도별 (t)				소 계	손해율($\overline{X_i}$)
		1	2	⋯	$T(i)$		
1	사고건수	N_{11}	N_{12}	⋯	$N_{1T(i)}$	$N_{1.}$	
	보험료	P_{11}	P_{12}	⋯	$P_{1T(i)}$	$P_{1.}$	$\overline{X}_{1.} = \frac{L_{1.}}{P_{1.}}$
	손해액	L_{11}	L_{12}	⋯	$L_{1T(i)}$	$L_{1.}$	
⋯							
i	사고건수	N_{i1}	N_{i2}	⋯	$N_{iT(i)}$	$N_{i.}$	
	보험료	P_{i1}	P_{i2}	⋯	$P_{iT(i)}$	$P_{i.}$	$\overline{X}_{i.} = \frac{L_{i.}}{P_{i.}}$
	손해액	L_{i1}	L_{i2}	⋯	$L_{iT(i)}$	$L_{i.}$	
⋯							
K	사고건수	N_{K1}	N_{K2}	⋯	$N_{KT(i)}$	$N_{K.}$	
	보험료	P_{K1}	P_{K2}	⋯	$P_{KT(i)}$	$P_{K.}$	$\overline{X}_{K.} = \frac{L_{K.}}{P_{K.}}$
	손해액	L_{K1}	L_{K2}	⋯	$L_{KT(i)}$	$L_{K.}$	

S-값의 신뢰도가 반영된 추정치 $\widehat{X}_i^{(S)}$를 계산하기 위한 단계는 다음과 같이 6단계로 이루어진다.

단계	알고리즘
1단계	관측년도 n을 결정한다.
2단계	등급별 평균손해율 $\overline{X_{i\cdot}}$를 계산한다.
3단계	등급 내 분산 W_i^2을 계산한다. 식 (5.1)
4단계	전신뢰도에 필요한 사고건수 S_i^2을 계산한다. 식 (5.2)
5단계	전신뢰도에 필요한 신뢰도(Z_i)를 계산한다. 식 (5.3)
6단계	손해율 추정치 $\widehat{X}_i^{(S)} = Z_i\overline{X_{i\cdot}} + (1-Z_i)\overline{X_{\cdot\cdot}}$를 계산한다. 식(5.4)

5.4 사례분석

5.4.1 경험데이터

화재보험의 물건별 3개년 실적(표 4.4와 동일)을 가지고 4차 연도 손해율 추정(산출)방법을 제시하였다($T=3$, $k=3$). 다만, <표 5.2>에서 손해율은 경과손해율이다.

표 5.2 연도별 경험데이터 (금액단위: 백만원)

구분		1차 연도	2차 연도	3차 연도	계	σ	μ
주택 ($i=1$)	사고건수	7,358	8,073	3,991	19,422		6,474
	경과보험료	81,817	84,524	49,253	215,594		71,864
	손해액	46,162	29,479	26,553	102,194	10,578	34,064
	손해율(%)	56.4	34.9	53.4	47.4		
일반 ($i=2$)	사고건수	2,555	2,332	2,579	7,466		2,488
	경과보험료	128,847	121,489	110,478	360,814		120,271
	손해액	44,856	27,208	30,771	102,835	9,332	34,278
	손해율(%)	34.8	22.4	27.9	28.5		

(계속)

구분		1차 연도	2차 연도	3차 연도	계	σ	μ
공장 ($i=3$)	사고건수	1,364	1,203	1,050	3,617		1,205
	경과보험료	121,945	118,411	91,136	331,492		110,497
	손해액	71,628	60,678	62,575	194,881	5,851	64,960
	손해율(%)	58.7	51.2	68.7	58.8		
계	사고건수				30,505		
	경과보험료				907,900		
	손해액				399,910		
	손해율				44.0%		

5.4.2 단계별 산출결과

<1단계>: 관측년도 n을 결정한다.

$$n=3$$

<2단계>: 등급별 평균손해율 $\overline{X_{i\cdot}}$를 계산한다.

$$\text{주택}(i=1):\ \overline{X_{1\cdot}}=\frac{102,194}{215,594}=47.4$$

$$\text{일반}(i=2):\ \overline{X_{2\cdot}}=\frac{102,835}{360,814}=28.5$$

$$\text{공장}(i=3):\ \overline{X_{3\cdot}}=\frac{194,881}{331,492}=58.8$$

<3단계>: 식 (5.1)에 의해 등급 내 분산 W_i^2을 계산한다.

$$W_1^2=\frac{1}{3-1}[81,817(56.4-47.4)^2+84,524(34.9-47.4)^2+49,253(53.4-47.4)^2]$$

$$=\frac{1}{2}[6,627,177+13,206,875+1,773,108)]=10,803,580$$

$$W_2^2=\frac{1}{3-1}[128,847(34.8-28.5)^2+121,489(22.4-28.5)^2+110,478(27.9-28.5)^2]$$

$$=\frac{1}{2}[5,113,937+4,520,605+39,772)]=4,837,157$$

$$W_3^2=\frac{1}{3-1}[121,945(58.7-58.8)^2+118,411(51.2-58.8)^2+91,136(68.7-58.8)^2]$$

$$= \frac{1}{2}[1,219 + 6,839,419 + 8,932,239)] = 7,886,439$$

<4단계>: 식 (5.2)에 의해 전신뢰도에 필요한 사고건수 S_i^2을 계산한다.

$$S_1^2 = \frac{N_{1.}W_1^2}{\overline{X}_{1.}^2} = \frac{19,422 \times 10,803,580}{(47.4)^2} = 93,390,986$$

$$S_2^2 = \frac{N_{2.}W_2^2}{\overline{X}_{2.}^2} = \frac{7,466 \times 4,837,157}{(28.5)^2} = 44,461,944$$

$$S_3^2 = \frac{N_{3.}W_3^2}{\overline{X}_{3.}^2} = \frac{3,617 \times 7,886,439}{(58,8)^2} = 8,250,396$$

<5단계>: 식 (5.3)에 의해 전신뢰도에 필요한 신뢰도(Z_i)를 계산한다.

$$Z_1 = \sqrt{\frac{19,422}{93,390,986 \times 0.8}} = 0.016$$

$$Z_2 = \sqrt{\frac{7,466}{44,461,944 \times 0.8}} = 0.014$$

$$Z_3 = \sqrt{\frac{3,617}{8,250,396 \times 0.8}} = 0.023$$

<6단계>: 손해율 추정치 $\widehat{X}_i^{(S)} = Z_i\overline{X_{i\cdot}} + (1 - Z_i)\overline{X_{..}}$를 계산한다.

$$\widehat{X}_1^{(S)} = Z_1\overline{X_{1.}} + (1 - Z_1)\overline{X_{..}} = 0.016 \times 47.4 + (1 - 0.016) \times 44.0 = 44.1$$

$$\widehat{X}_2^{(S)} = Z_2\overline{X_{2.}} + (1 - Z_2)\overline{X_{..}} = 0.014 \times 28.5 + (1 - 0.014) \times 44.0 = 43.8$$

$$\widehat{X}_3^{(S)} = Z_3\overline{X_{3.}} + (1 - Z_3)\overline{X_{..}} = 0.023 \times 58.8 + (1 - 0.023) \times 44.0 = 44.3$$

연습문제

1. 변동계수(coefficient of variation: c.v)란 무엇인가?

2. 변동계수가 크다는 것은 무엇을 의미하는 것인가?

6장

뷜만의 방법에 의한 신뢰도

6.1 개요

최대 정확 신뢰도(greatest accuracy credibility)라 불리는 뷜만의 방법에 의한 신뢰도는 1967년 뷜만이 제안하였고 이후 휘트니(Whitney)와 베일리(Bailey)가 발전시켰다. 뷜만의 방법에 의한 신뢰도를 반영한 추정치 $\hat{C}$은 다음과 같은 형태로 나타난다. 이것은 식 (1.1)의 형태와 동일하다.

$$\hat{C} = ZR + (1-Z)H \tag{6.1}$$

즉, 제1장에서 설명한 바와 같이 식 (6.1)의 R은 최근 관측치(정보 데이터)를 말하고 H는 사전평균과 같은 과거 경험정보(예, 예정손해율)를 말한다. 여기서, 뷜만의 방법에 의한 신뢰도 Z는 다음과 같이 정의된다. 식 (1.5)와 같은 형태이다.

$$Z = \frac{n}{n+k} \tag{6.2}$$

식 (6.2)에서 n은 사고건수, 보험료, 보험금, 경험통계기간 등과 같이 보험종목별 위험측정단위의 크기를 나타내는 것으로 보통 사고건수를 많이 사용하고 있다. 또한 식 (6.2)의 범위모수 k는 아래 식 (6.3)과 같이 정의된다.

$$k = \frac{\text{Expected } value \ of \ the \ \text{Process } Variance(EPV)}{Variance \ of \ the \ Hypothetical \ Means(VHM)} \tag{6.3}$$

식 (6.3)에서 범위모수 k는 조건부(등급 내) 분산들의 기댓값(Expected value of the Process Variance: EPV)과 조건부(등급 간) 평균들의 분산값(Variance of the Hypothetical Means: VHM)의 비율로 나타낸다. 이 같은 형태의 뷜만의 방법에 의한 신뢰도 Z는 다음과 같은 특징을 갖는다.

첫째, 신뢰도 Z는 위험측정단위 수 n의 증가함수이다. 따라서 위험측정단위 수 n이 무한대로 커지면 커질수록 신뢰도 Z는 1.0으로 접근한다.

둘째, 신뢰도 Z는 k의 함수이기 때문에 신뢰도 Z는 조건부(등급 내) 분산들의 기댓값(EPV)에 대해 감소함수이다. 다시 말해, 개별위험에 대한 변이가 크면 클수록(즉, 위험등급 내의 위험들이 이질적인 위험들로 구성되면 될수록) 신뢰도 Z는 감소하기 때문에 식 (6.1)에서 보는 바와 같이 최근 관측치 R에 적은 가중치(신뢰도)가 부여되므로 사전평균(예, 예정손해율)과 같은 과거 경험 관측치 H에 더 많은 가중치가 부여된다.

셋째, 결과적으로 신뢰도 Z는 극한값 1.0을 갖는 조건부(등급 간) 평균들의 분산값(VHM)의 증가함수이다. 다시 말해, VHM이 크면 클수록(즉, 위험등급 간 이질성이 크면 클수록) 최근 관측치 R에 더 많은 가중치(신뢰도)가 부여된다.

영문 Process와 Hypothetical을 "조건부(conditional)"로 해석하는 이유는 6.6절에서 자세하게 설명한다. 이처럼 뷜만의 방법에 의한 신뢰도 Z는 여러 가지 위험등급(또는 그룹)에 대한 조건부 분산들의 기댓값(EPV)과 조건부 평균들의 분산값(VHM)의 변이에 따라 증가 또는 감소하는 특징이 있다. 앞으로 뷜만의 방법에 의한 신뢰도를 설명하는 과정에서 조건부 분산들의 기댓값(EPV)과 조건부 평균들의 분산값(VHM)이 중요한 개념이므로 정확한 이해를 돕기 위해 다음 절에서는 몇 가지 예시 등을 통해 조건부 분산들의 기댓값(EPV)과 조건부 평균들의 분산값(VHM)의 개념과 그들 간의 관계를 설명한다.

6.2 조건부 평균들의 분산값과 조건부 분산들의 기댓값

필브릭(Philbrick)의 사격실험을 통해 조건부 평균들의 분산값(VHM)과 조건부 분산들의 기댓값(EPV)에 대한 개념을 설명하면 다음과 같다. 참고로 <그림 6.1>에서 사수 W, X, Y, Z를 각각의 위험등급(예, 1, 2, 3, 4등급)으로 간주하면 이해하기가 쉽다.

6.2.1 조건부 평균(Hypothetical Mean)

<그림 6.1>에서 4명의 사수(W, X, Y, Z) 중에서 무작위로 1명이 선택될 확률은 각각 1/4이다. 먼저 선발된 사수(그러나 선발된 사수는 4명의 사수 중 누구인지 전혀 모름)가 일정한 기리를 두고 있는 표적을 향해 총을 한 발 쐈다고 가정하자. 문제는 선발된 사수가 한 발을 쏜 다음, 두 번째 사격을 할 경우 그 위치를 추정하는 것이다.

또한 추가적인 사전정보의 이용이 가능하다. 4명의 사수가 동일한 표적지를 향해 수많은 사격할 경우 그 결과가 표적지에 남게 될 것이다. 사격 결과가 <그림 6.1>에서 보는 바와 같이 4개의 중복되지 않은 원 표적지에 균일하게 분포된다고 가정한다. W, X, Y, Z로 마크된 위치는 각 원표적지의 중심(평균)을 나타낸다. 이 네 표적지의 중심 각각이 조건부 평균들(Hypothetical Means)이다. 또한 네 표적지의 전체 평균(무게 중심) G가 조건부 평균들의 기댓값(전체 평균값)이 된다.

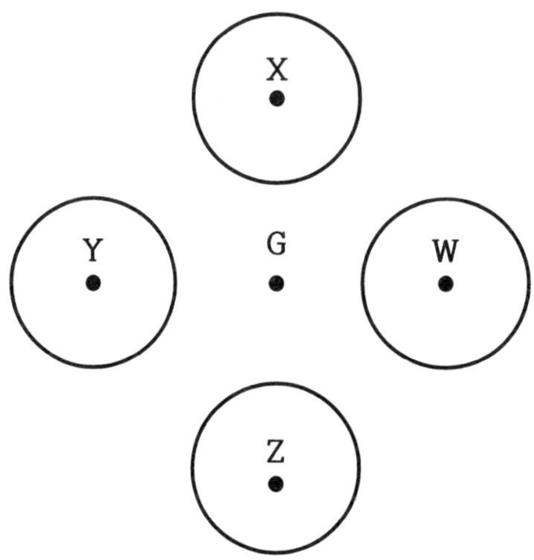

그림 6.1 사수 W, X, Y, Z의 사격결과

선택된 어떤 사수가 사격을 하기 전에 미리 예측해 볼 수 있는 두 번째 사격에 대한 최량추정치(the "best" estimate)는 G가 된다. 예를 들면, 첫 번째 사격 결과 탄흔(S)이 표적지 W 위에 위치했다면 뷜만의 방법에 의한 신뢰도가 반영된 두 번째 사격결과의 최량추정치 $\hat{C}$는 <그림 6.2>에서 보는 바와 같이 G와 S를 연결하는 선상에 위치하게 된다.

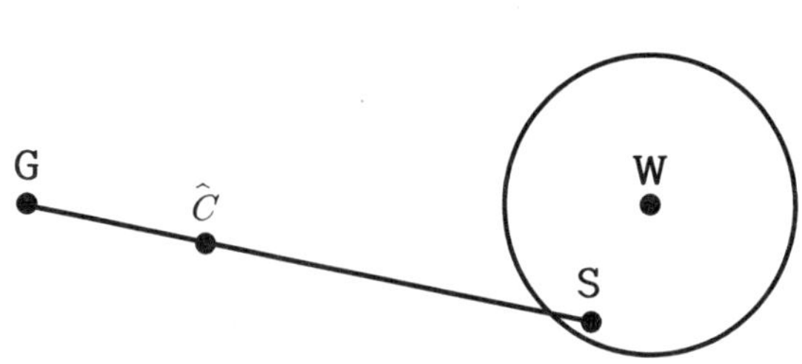

그림 6.2 뷜만의 방법에 의한 신뢰도가 반영된 추정치

어떤 사람들은 뷜만의 방법에 의한 신뢰도가 반영된 추정치($\hat{C}$)가 표적지 밖에 위치한다는 것을 이해할 수 없을지도 모른다. 하지만 뷜만의 방법에 의한 신뢰도를 적용한 추정치의 계산은 간단한 반면에 정확성이 다소 떨어지는 추정치라는 점을 감수해야 한다.

6.2.2 조건부 평균들의 분산값(VHM)

<그림 6.1>과 같이 조건부 평균들의 분산값은 네 표적지들의 평균(W, X, Y, Z) 간의 거리함수이다. 좀 더 자세하게 설명하기 위해 <그림 6.1>을 (a) 네 표적지의 지름이 각각 1이고 (b) 각 표적의 중심은 G로부터 1만큼 떨어져 있다고 가정하자.

만약 <그림 6.5>와 같이 각 표적지의 중심이 G로부터 2만큼 떨어지도록 표적지들을 좌우로 움직여 보자. 이것은 표적지들의 중심 간 거리(간격)를 길게 하는 것이다. 따라서 조건부 평균들의 분산값은 증가하게 된다. 반면에 <그림 6.3>과 같이 각 표적지의 중심을 G로부터 1/2만큼 줄여 표적지들을 중첩시킨다면 이것은 표적지들의 중심 간의 거리를 적게 하는 것이므로 결국 조건부 평균들의 분산값은 감소하게 된다.

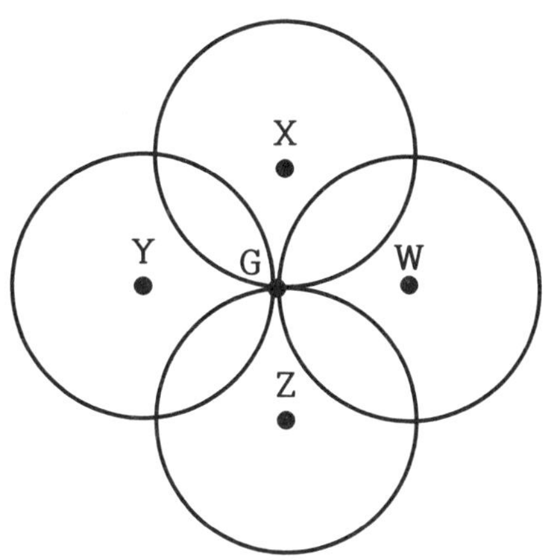

그림 6.3 표적지들이 중첩된 형태

<그림 6.3>과 같이 표적지들이 서로 중첩된 상태에서 매우 적은 수의 사격을 한 후에 사수들을 구분하는 것은 여간 어려운 일이 아니다. 예를 들면, 한 명의 사수가 아래 <그림 6.4>에서 보는 것처럼 S점에 사격을 하였다면 그 사수는 X 아니면 Y가 되는 것으로 추정해 볼 수 있다. 즉, 사수의 분간이 더욱 어렵게 된다.

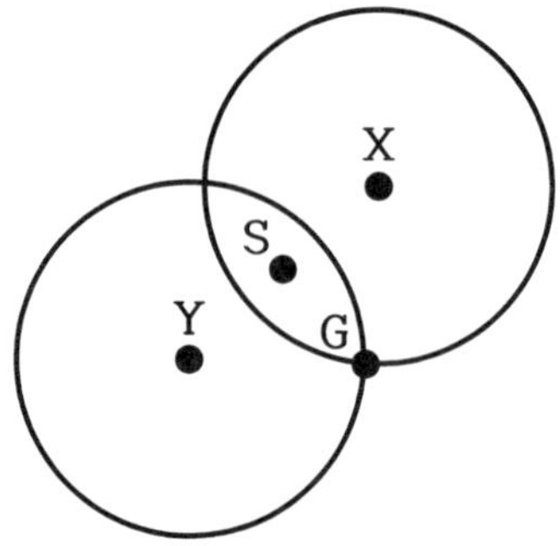

그림 6.4 중첩된 상황에서 사격수의 추정

이처럼 표적지들이 서로 가까이 모여든다면 조건부 평균들의 분산값은 감소하게 된다. 극단적으로 모든 표적지가 G를 중심으로 완전하게 겹쳐진다면 조건부 평균들 모두가 G 위에 위치할 것이고 이때 조건부 평균들의 분산값은 당연히 0이 된다. 이 경우 식 (6.2)에서 보면 k는 무한대가 되므로 결국 신뢰도 Z는 0이 된다(이것은 4개의 위험등급이 완전 동질위험집단이라는 것을 말해준다). 결과적으로 식 (6.1)에서 보는 것처럼 모든 정보들이 사전(과거)정보 H에 포함되게 되고 이 경우 무게중심은 G가 된다. 그러므로 두 번째 사격에 대한 뷜만의 방법에 의한 신뢰도를 반영한 추정치 $\hat{C} = H = G$가 된다. 왜냐하면 $Z = 0$이므로 $1 - Z = 1.0$이 되기 때문이다.

다음으로 <그림 6.1>과 <그림 6.3>에 의해 예시되는 상황들을 비교해 보자. <그림 6.1>에서는 단 한 발의 사격위치만을 가지고 그 사수가 누구인지를 쉽게 확인할 수 있는 반면에 <그림 6.3>의 경우는 그렇지 못하다. <그림 6.4>의 경우도 마찬가지이다. 따라서 조건부 평균들의 분산값은 <그림 6.3>보다 <그림 6.1>이 더 크다. 다시 말해, <그림 6.1>과 같은 경우가 <그림 6.3>의 경우보다 최근 관측치(R)에 더 많은 가중치(신뢰도)가 부여되게 된다.

예제 6.1

조건부 평균들의 분산값을 설명하기 위해 다음과 같은 두 개의 주사위가 있다고 가정하자. 한 개의 주사위에는 6면 중 한 면에만 마크(mark)되어 있고 나머지 5면에는 마크되어 있지 않았다. 다른 한 개의 주사위에는 6면 중 3면에만 마크되어 있고 나머지 3면에는 마크되어 있지 않다. 참고로 하나의 주사위를 하나의 위험등급으로 간주하면 이해가 쉽다.

이 같은 두 개의 주사위 중 한 개의 주사위를 무작위로 선택했다고 하자. 이때 각 주사위가 선택될 확률은 1/2이다. 그리고 선택된 주사위를 한번 던져서 마크(mark)된 면이 나왔다면 $1의 손해액이 발생한 것으로 가정하고, 마크되지 않은 면이 나왔다면 손해액이 발생치 않은 것으로 가정한다. 이 같은 주사위 실험에 대응되는 보험사고는 다음과 같이 2가지 경우가 있다.

(a) 마크가 한 개인(마크가 표시 안 된 면은 5개) 주사위를 한번 던졌을 때 발생되는 조건부 평균(손해액)은 1/6($np = 1 \times 1/6$)이 된다.

(b) 마크가 3개인(마크가 표시 안 된 면은 3개) 주사위를 한번 던졌을 때 발생되는 조건부 평균(손해액)은 3/6=1/2($np = 1 \times 3/6$)이 된다.

어느 경우든 각각의 주사위가 선택될 확률은 1/2이기 때문에 전체평균손해액(즉, 조건부 평균들의 기댓값)은 다음과 같다.

$$(\frac{1}{2})(\frac{1}{6}) + (\frac{1}{2})(\frac{1}{2}) = \frac{1}{3} \tag{6.4}$$

따라서 조건부 평균들의 분산값은 다음과 같이 계산된다.

$$\frac{1}{2}(\frac{1}{6} - \frac{1}{3})^2 + \frac{1}{2}(\frac{1}{2} - \frac{1}{3})^2 = \frac{1}{36} \tag{6.5}$$

다시 말해, 식 (6.5)은 모든 사고로부터 발생하는 조건부 평균들의 분산값이 된다. 즉, 조건부 평균들의 분산값은 여러 가지 위험의 특성치를 모두 포함한 조건부 평균들의 분산값(the variance of the conditional expectation)이다. 이상의 계산과정을 통계적인 기호를 사용하여 표현하면 다음과 같다.

먼저, 마크가 하나(마크되지 않은 면은 5개)인 주사위를 던졌을 때 발생되는 조건부 평균(손해액)은 다음과 같이 계산한다. 즉, 위 (a)의 경우가 해당된다.

$$\begin{aligned} E_X[X \mid A = a_1] &= E[X \mid A_1] = 0 \times P[X=0 \mid A_1] + 1 \times P[X=1 \mid A_1] \\ &= 0 + \frac{1}{6} = \frac{1}{6} \end{aligned}$$

여기서, A_1은 사상(event) $A = a_1$을 나타낸다. 사상 a_1은 마크가 하나인 주사위를 선택하는 사상을 말한다. X는 손해액을 나타내는 확률변수로 $X = 0$이면 손해액이 발생하지 않은 경우를, $X = 1$이면 손해액이 발생한 경우로 그 손해액은 1이다.

동일한 방법으로 마크가 3개인(마크되 않은 면은 3개) 주사위를 던졌을 때 발생되는 조건부 평균(손해액)은 다음과 같다. 즉, 위 (b)의 경우가 해당된다.

$$E_X[X \mid A=a_2] = E[X \mid A_2] = 0 \times P[X=0 \mid A_2] + 1 \times P[X=1 \mid A_2]$$
$$= 0 + \frac{1}{2} = \frac{1}{2}$$

여기서, A_2는 사상 $A=a_2$를 나타낸다. 사상 a_2는 마크가 3개인 주사위를 선택하는 사상을 말한다. 위의 경우와 마찬가지로 X는 손해액을 나타내는 확률변수로 $X=0$이면 손해액이 발생하지 않은 경우를, $X=1$이면 손해액이 발생한 경우로 그 금액은 1이다.

다음으로 각 주사위가 선택될 확률은 어느 경우에나 동일하므로 조건부 평균(손해액)들의 기댓값은 다음과 같이 계산한다.

$$\begin{aligned} E[X] = E_X[X] &= E_A[E_X(X \mid A)] \\ &= \sum_{i=1}^{2} P[A_i] \times E_X[X \mid A_i] \\ &= P[A_1] \times E_X[X \mid A_1] + P[A_2] \times E_X[X \mid A_2] \\ &= (\frac{1}{2})(\frac{1}{6}) + (\frac{1}{2})(\frac{1}{2}) = \frac{1}{3} \end{aligned} \tag{6.6}$$

이는 식 (6.4)에서 계산한 조건부 평균(손해액)들의 기댓값과 동일함을 알 수 있다. 이처럼 $E[X] = E_X[X]$는 식 (6.6)에서 계산된 것처럼 조건부 평균들의 기댓값(평균손해액)을 나타낸다.

다음으로 조건부 평균들의 분산값을 구해 보자. 위와 동일한 통계적 기호들을 사용하여 다음과 같이 계산한다.

$$\begin{aligned} Var_A(E_X[X \mid A]) &= \sum_{i=1}^{2} P[A_i] \times \{E_X[X \mid A_i] - E_X[X]\}^2 \\ &= P[A_1] \times \left\{E_X[X \mid A_1] - \frac{1}{3}\right\}^2 + P[A_2] \times \left\{E_X[X \mid A_2] - \frac{1}{3}\right\}^2 \\ &= \frac{1}{2}(\frac{1}{6} - \frac{1}{3})^2 + \frac{1}{2}(\frac{1}{2} - \frac{1}{3})^2 = \frac{1}{36} \end{aligned} \tag{6.7}$$

이다. 이것은 식 (6.5)에서 계산한 조건부 평균들의 분산값과 동일함을 알 수 있다.

예제 6.2

주사위-원판의 모델을 고려해 보자. 6면체인 주사위 두 개와 6면으로 나누어진 두 개의 원판이 있다.

두 개의 주사위 중 한 개의 주사위(A_1)에는 1개의 표시된 면이 있고 나머지 5개의 면에는 표시가 되어 있지 않다. 다른 한 개의 주사위(A_2)에는 3개의 표시된 면과 3개의 표시되지 않은 면이 있다.

다음으로 두 개의 원판 중 한 개의 원판(B_1)에는 5개의 면에 2가 표시되어 있고 나머지 한 개의 면에는 14가 표시되어 있다. 다른 한 개의 원판(B_2)에는 3개의 면에 2가 표시되어 있고 나머지 3개의 면에는 14가 표시되어 있다. 하나의 주사위와 하나의 원판을 무작위로 선택한다.

만약 무작위로 선택된 한 개의 주사위를 던져서 표시되지 않은 면이 나왔다면 사고가 발생하지 않은 것으로 가정하고 반대로 표시된 면이 나왔다면 사고가 발생한 것으로 간주한다. 사고가 발생했다면 무작위로 선택된 원판을 한번 돌려 손해액을 결정한다. 하나의 주사위를 던지는 것과 원판을 돌리는 것은 1기간의 관측치를 구성한다. $i = 1, 2, \ldots$에 대해서, X_i는 i번째 관찰기간동안 총사고금액을 나타내는 확률변수이다.

이때 주사위와 원판의 형태에 따른 순보험료(평균손해액)를 계산하시오.

풀이

먼저 주사위-원판은 독립적이고 무작위로 선택한다. 각 주사위와 각 원판간의 확률을 다음과 같이 계산한다. $i = 1, 2$와 $j = 1, 2$에 대해서,

$$\begin{aligned} P[A_i \text{ and } B_j] &= P[A_i] \cdot P[B_j] \\ &= \left(\frac{1}{2}\right)\left(\frac{1}{2}\right) = \frac{1}{4} \end{aligned} \tag{6.8}$$

이다(주사위와 원판이 한번 선택되면 피보험자의 위험특성(등급)이 결정된 것으로 복원하지 않는다). 먼저 초기(사전)확률 $P[A_i \text{ and } B_j]$를 이용해서 초기순보험료 $E[X_1]$을 계산한다. 첫 번째 관측기간의 결과가 나왔다면 이 결과를 이용해서 수정된(사후)확률에 기초한 수정된 순보험료 추정치 $E[X_2 \mid X_1]$를 계산한다.

초기 순보험료는 다음과 같이 추정한다. X_1은 0, 2, 14의 값을 갖기 때문에 $E[X_1]$을 다음과 같이 계산한다.

$$E[X_1] = 0 \cdot P[X_1 = 0] + 2 \cdot P[X_1 = 2] + 14 \cdot P[X_1 = 14] \tag{6.9}$$

표시되지 않은 면 U_1과 표시된 면 M_1을 이용해서 다음과 같은 확률을 계산할 수 있다.

$$\begin{aligned} P[X_1 = 0] &= P[U_1] \\ &= P[U_1 \mid A_1] \cdot P[A_1] + P[U_1 \mid A_2] \cdot P[A_2] \\ &= (\frac{5}{6})(\frac{1}{2}) + (\frac{1}{2})(\frac{1}{2}) = \frac{2}{3} \end{aligned} \quad (6.10)$$

$$\begin{aligned} P[X_1 = 2] &= P[M_1 \text{ and } (S_1 = 2)] \\ &= P[M_1] \cdot P[(S_1 = 2)] \\ &= (P[M_1 \mid A_1] \cdot P[A_1] + P[M_1 \mid A_2] \cdot P[A_2]) \times (P[S_1 = 2 \mid B_1] \cdot P[B_1] \\ &\quad + P[S_1 = 2 \mid B_2] \cdot P[B_2]) \\ &= [(\frac{1}{6})(\frac{1}{2}) + (\frac{1}{2})(\frac{1}{2})] \times [(\frac{5}{6})(\frac{1}{2}) + (\frac{1}{2})(\frac{1}{2})] = \frac{2}{9} \end{aligned} \quad (6.11)$$

마지막으로 여사상에 따라 확률을 구하면 다음과 같다.

$$P[X_1 = 14] = 1 - P[X_1 = 0] - P[X_1 = 2] = 1 - \frac{2}{3} - \frac{2}{9} = \frac{1}{9} \quad (6.12)$$

위에서 구한 초기(사전)확률은 <표 6.1>의 (2)열에 요약되어 있다.

표 6.1 초기(사전) 순보험료 추정치

(1) x값	(2) 초기 확률 $P[X_1 = x]$	(3)=(1)×(2) $x \cdot P[X_1 = x]$
0	6/9	0
2	2/9	4/9
14	1/9	14/9
계	1	2

위 <표 6.1>의 (3)열에서 순보험료의 초기추정치 $E[X_1] = 2$가 됨을 확인하였다. $E[X_1]$을 다음과 같이 쓸 수 있다. 여기서, $E[X_1 \mid A_i \text{ and } B_j]$는 사상 A_i와 B_j가 주어졌을 때 평균손해액이다.

$$E[X_1] = \sum_{i=1}^{2} \sum_{j=1}^{2} E[X_1 \mid A_i \text{ and } B_j] \times P[A_i \text{ and } B_j] \quad (6.13)$$

이것은 사고가 발생했다는 조건하에서 (a) 평균 사고건수와 (b) 평균심도의 곱과 같다. 이것은 다음과 같이 표시될 수 있다.

$$E[X_1 \mid A_i \text{ and } B_j] = E[I_1 \mid A_i] \times E[S_1 \mid B_j]$$

여기서,

$$I_1 = \begin{cases} 1, & \text{주사위를 한번 던져서 표시된 면이 나온다면} \\ 0, & \text{그 밖의 경우} \end{cases}$$

이처럼 $E[I_1 \mid A_i] = P[M_1 \mid A_i]$가 된다. $P[A_i \text{ and } B_j] = \frac{1}{4}$을 따르는 (4)열로부터 순보험료 값을 식 (6.13)에 대입하면 $E[X_1] = 2$를 얻는다. 참고로 아래 <표 6.2>에서 「(1) 주사위와 원판의 형태」 각각을 하나의 위험등급으로 간주하면 이해하기 쉽다. 즉, 주사위-원판 형태는 4개의 위험등급으로 이루어진다.

표 6.2 주사위와 원판의 형태에 따른 순보험료

(1) 주사위와 원판의 형태	(2) 빈도 $E[I_1 \mid A_i]$	(3) 심도 $E[S_1 \mid B_j]$	(4) (2)×(3) $E[X_1 \mid A_i \text{ and } B_j]$
A_1 and B_1	1/6	4	2/3
A_1 and B_2	1/6	8	4/3
A_2 and B_1	1/2	4	2
A_2 and B_2	1/2	8	4

예제 6.3

[예제 6.2]에서 조건부 평균들의 분산값을 구하시오.

풀이

조건부 평균들은 <표 6.2>의 (4)열에 있는 것처럼 각 4개의 주사위-원판 조합(또는 위험 특성치들의 결합)에 대한 순보험료 추정치이다. 조건부 평균들의 분산값은 4개의 순보험료 추정치와 사전평균 $E[X] = 2$의 차이에 대한 가중제곱합이다(여기서 사전평균은 조건부 평균들의 기댓값이다). 각 가중치는 $1/4$이므로 조건부 평균들의 분산값은 다음과 같다.

$$\frac{1}{4}[(\frac{2}{3}-2)^2+(\frac{4}{3}-2)^2+(2-2)^2+(4-2)^2]=\frac{14}{9}$$

6.2.3 조건부 분산(Process Variance)

조건부 분산이란 어떤 보험계약으로부터 발생할 수 있는 빈도의 분산, 심도의 분산, 총손해액의 분산 등을 말한다. 여기서, 영어로 process라는 용어는 사고건수 또는 보험금을 발생시키는 과정을 말한다. 그러므로 조건부 분산이라는 것은 어떤 보험사고가 발생했을 경우에 발생된 손해액들이 평균손해액을 중심으로 얼마나 퍼져있는 정도, 즉 분산을 말한다. <그림 6.7>에서 Risk #1 모형과 Risk #2 모형의 [1]이 조건부 분산을 나타낸다.

예를 들면, <그림 6.1>에서 사수 W의 조건부 분산은 표적지 W 위에 사격된 탄착점들의 변이(variation)로 나타난다. 이것은 나머지 3명의 사수에게도 동일하게 적용된다. <그림 6.7>에서 조건부 분산은 [1]을 나타낸다. 즉, 조건부 분산은 위험등급 내에서 평균을 중심으로 퍼져있는 정도를 말한다.

6.2.4 조건부 분산들의 기댓값(EPV)

<그림 6.1>과 같이 표적지 4개(W, X, Y, Z)의 개별적인 분산들을 산술평균한 값이 조건부 분산들의 기댓값이 된다. 왜냐하면, 각 사수가 뽑힐 확률은 어느 경우에나 동일하기 때문이다.

지금부터 4명의 사수는 충분히 많은 사격연습을 했다고 가정하자. 즉, <그림 6.5>처럼 탄착점들은 대부분 각 표적지의 중심에 집중되어 있다고 가정하자. 각 사수들이 사격한 탄착점들은 각 표적지들의 중심(또는 평균)에 더 많이 집중 분포되어 있기 때문에 각 표적지의 중심(평균)과의 변이는 적어질 것이다(즉, 각 등급 내 경험데이터가 동질적인 위험들로 이루어진다). 따라서 각 표적지의 조건부 분산은 적어지게 되고 결국 조건부 분산들의 기댓값 역시 상대적으로 줄어지게 된다. 예를 들면, <그림 6.3>의 경우보다 <그림 6.5>의 경우가 사수를 구분하는 것이 쉬워진다. 결국 <그림 6.3>보다 <그림 6.5>의 경우가 조건부 분산들의 기댓값이 커지게 되므로 식 (6.3)의 k값이 <그림 6.3>보다는 <그림 6.5>가 더 적어진다.

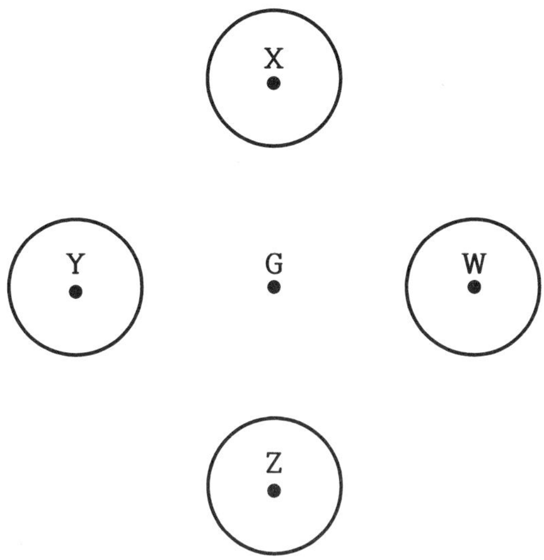

그림 6.5 조건부 분산들의 기댓값

이 같은 결과는 신뢰도 Z가 <그림 6.3>보다 <그림 6.5>에서 더 크다는 사실을 말해주고 있다. 이것은 분자의 조건부 분산들의 기댓값이 상대적으로 감소하기 때문으로 <그림 6.3>의 경우보다 <그림 6.5>의 경우에 최근 관측치 R에 더 많은 가중치(신뢰도)를 부여한다.

이상과 같은 조건부 평균들의 분산값과 조건부 분산들의 기댓값을 이용해서 뷜만의 방법에 의한 신뢰도가 반영된 추정치가 산출된다.

[예제 6.1]에서 설명한 두 개의 주사위를 가지고 조건부 분산들의 기댓값과 뷜만의 방법에 의한 신뢰도를 설명하면 다음과 같다.

각 주사위에 의한 사고건수는 이항분포[12]를 따른다고 생각할 수 있다. 먼저, 마크(mark)가 하나 있는 주사위(마크가 표시되지 않은 면은 5개)를 한 번 던졌을 때 조건부 분산은 다음과 같이 계산된다.

$$npq = (1)(\frac{1}{6})(\frac{5}{6}) = \frac{5}{36}$$

같은 방법으로 마크가 3개인 주사위(마크가 표시되지 않은 면은 3개)를 한번 던질 때 조건부 분산은 다음과 같다. 마크가 1개인 주사위의 경우보다 마크가 3개인 주사위를 던질 경우 분산이 줄어드는 것을 알 수 있다.

---

12) 확률변수 $X \sim B(n,p)$일 때 평균은 np이고 분산은 npq이다.

$$npq = (1)(\frac{3}{6})(\frac{3}{6}) = \frac{1}{4}$$

두 개의 주사위 중 하나의 주사위가 뽑힐 확률은 $\frac{1}{2}$로 동일하므로 조건부 분산들의 기댓값은 다음과 같다. 즉, 마크가 하나인 주사위를 선택할 확률은 $\frac{1}{2}$이다.

$$(\frac{1}{2})(\frac{5}{36}) + (\frac{1}{2})(\frac{1}{4}) = \frac{7}{36} \tag{6.14}$$

통계적인 기호를 사용하여 조건부 분산들의 기댓값 $E_A[Var_X(X \mid A)]$을 계산하면 식 (6.15)와 같다. 여기서, A_1는 사상 $A = a_1$을 나타낸다. 사상 a_1는 마크가 한 개인 주사위를 선택하는 사상을 말한다. A_2는 사상 $A = a_2$을 나타낸다. 사상 a_2는 마크가 세 개인 주사위를 선택하는 사상을 말한다.

$$\begin{aligned} E_A[Var_X(X \mid A)] &= \sum_{i=1}^{2} P[A_i] \times Var_X(X \mid A_i) \\ &= P[A_1] \times Var_X(X \mid A_1) + P[A_2] \times Var_X(X \mid A_2) \\ &= (\frac{1}{2})(\frac{5}{36}) + (\frac{1}{2})(\frac{1}{4}) = \frac{7}{36} \end{aligned} \tag{6.15}$$

식 (6.7)의 조건부 평균들의 분산값 $\frac{1}{36}$과 식 (6.15)의 조건부 분산들의 기댓값 $\frac{7}{36}$을 식 (6.3)에 대입하면 $k = (\frac{7/36}{1/36}) = 7$이 된다. 따라서 하나의 관측치(n=1)에 대한 신뢰도 Z는 식 (6.2)에 따라 다음과 같다.

$$Z = \frac{1}{1+7} = \frac{1}{8}$$

다음은 [예제 6.2]의 주사위-원판 실험에서 조건부(등급 내) 분산들의 기댓값을 구해보자. 각 주사위-원판에 대한 조건부(등급 내) 분산들의 기댓값을 구하는 데 필요한 계산과정은 <표 6.3>에 요약되어 있다.

(3)열의 평균빈도는 $E[I_1 \mid A_i] = P[M_1 \mid A_i]$ $i = 1,\ 2$에 의해 계산한다. 여기서,

I_1는 지시확률변수로 첫 번째 주사위를 던져서 마크가 표시된 면이 나오면 1, 그렇지 않으면 0을 나타낸다.

단 한 번의 베르누이 시행에서의 분산은 pq이기 때문에 (4)열의 분산은 다음과 같이 쉽게 계산된다.

$$Var(I_1 \mid A_1) = (\frac{1}{6})(\frac{5}{6}) = \frac{5}{36} \tag{6.16}$$

$$Var(I_1 \mid A_2) = (\frac{3}{6})(\frac{3}{6}) = \frac{1}{4} \tag{6.17}$$

심도의 분산 $Var(S_1 \mid B_j)$, $j=1,2$는 (5)열에 계산되어 있다. 여기서, B_1는 사상 $B=b_1$을 나타낸다. 사상 b_1은 2가 표시된 구간이 5개이고 14가 표시된 구간이 1개인 원판을 선택하는 사상을 말한다. B_2는 사상 $B=b_2$를 나타낸다. 사상 b_2는 2가 표시된 구간이 3개이고 14가 표시된 구간이 3개인 원판을 선택하는 사상을 말한다. 또한 S_i , $i=1,\ 2,\ ...$,는 i번째 원판을 돌려서 나온 결과를 나타내는 확률변수이다. 예를 들면, $E[S_1 \mid B_1]$는 14개가 한 개 표시된 원판이 선택되었을 때 그 원판을 한 번 돌려서 나온 조건부 기댓값을 말한다. 이것을 계산식으로 나타내면 다음과 같다.

$$E[S_1 \mid B_1] = 2\ P[S_1 = 2 \mid B_1] + 14\ P[S_1 = 14 \mid B_1] = 2(\frac{5}{6}) + 14(\frac{1}{6}) = 4$$

같은 방법으로 $E[S_1 \mid B_2]$는 다음과 같다.

$$E[S_1 \mid B_2] = 2P[S_1 = 2 \mid B_2] + 14\ P[S_1 = 14 \mid B_2] = 2(\frac{3}{6}) + 14(\frac{3}{6}) = 8$$

$$\begin{aligned} Var(S_1 \mid B_j) = & (2 - E[S_1 \mid B_j])^2 \times P[S_1 = 2 \mid B_j] \\ & + (14 - E[S_1 \mid B_j])^2 \times P[S_1 = 14 \mid B_j] \end{aligned}$$

먼저, $j=1$에 대한 분산 $Var(S_1 \mid B_1)$은 다음과 같이 계산된다.

$$Var(S_1 \mid B_1) = (2-4)^2 \times (\frac{5}{6}) + (14-4)^2 \times (\frac{1}{6}) = 20 \tag{6.18}$$

다음으로 $j=2$에 대한 $Var(S_1 \mid B_2)$은 다음과 같이 계산된다.

$$Var(S_1 \mid B_2) = (2-8)^2 \times (\frac{3}{6}) + (14-8)^2 \times (\frac{3}{6}) = 36 \tag{6.19}$$

<표 6.3>에서 주사위-원판의 형태별 조건부(등급 내) 분산 (7)열은 식 (4.2)의 분산 공식에 의해 다음과 같이 계산된다.

$$E[I_1 \mid A_i] \times Var(S_1 \mid B_j) + Var(I_1 \mid A_i) \times (E[S_1 \mid B_j])^2$$

참고로 주사위-원판의 형태 각각이 위험그룹을 나타낸다고 보면 이해하기 쉽다.

표 6.3 주사위-원판 예제의 조건부(등급 내) 분산

구분		빈도(frequency)		심도(severity)		
(1)	(2)	(3)	(4)	(5)	(6)	(7)
주사위-원판의 형태	주사위-원판의 확률 $P[A_iB_j]$	평균 $E[I_1 \mid A_i]$	분산 $Var[I_1 \mid A_i]$	분산 $Var[S_1 \mid B_j]$	평균제곱 $(E[S_1 \mid B_j])^2$	(3)(5)+(4)(6) 조건부(등급 내) 분산
A_1B_1	1/4	1/6	5/36	20	16	50/9
A_1B_2	1/4	1/6	5/36	36	64	134/9
A_2B_1	1/4	1/2	1/4	20	16	14
A_2B_2	1/4	1/2	1/4	36	64	34

결과적으로 조건부(등급 내) 분산들의 기댓값은 (2)열과 (7)열을 각각 곱해서 식 (6.20)과 같이 계산한다.

$$\frac{1}{4}(\frac{50}{9} + \frac{134}{9} + 14 + 34) = \frac{154}{9} \tag{6.20}$$

6.2.5 뷜만의 방법에 의한 신뢰도 추정치

[예제 6.3]의 조건부(등급 간) 평균들의 분산값과 식 (6.20)의 조건부(등급 내) 분산들의 기댓값을 각각 식 (6.3)에 대입하여 k값을 구하였다.

$$k=\frac{154/9}{14/9}=11$$

하나의 관측치($n=1$)에 대한 신뢰도는 식 (6.2)에 의해 다음과 같다.

$$Z=\frac{n}{n+k}=\frac{1}{1+11}=\frac{1}{12}$$

결론적으로 식 (6.1)에 $Z=\frac{1}{12}$과 $H=E(X_1)=2$를 대입하여 처음 시행 결과치 R이 주어질 때 뷜만의 방법에 의한 신뢰도가 반영된 추정치 $\hat{C}$을 구할 수 있다. 예를 들면, $R=14$일 경우 추정치 $\hat{C}$은 다음과 같다.

$$\hat{C}=ZR+(1-Z)H=(\frac{1}{12})(14)+(\frac{11}{12})(2)=3$$

처음 시행에서 나올 수 있는 실현치 각각에 대응하는 추정치, 즉 뷜만의 방법에 의한 신뢰도가 반영된 추정치를 구하면 <표 6.4>와 같다.

표 6.4 뷜만의 방법에 의한 신뢰도가 반영된 추정치

실현치 R	뷜만의 신뢰도가 반영된 추정치 $\hat{C}$
0	11/6
2	2
14	3

<표 6.4>의 뷜만의 방법에 의한 신뢰도가 반영된 추정치 $\hat{C}$과 실현치 R과의 관계를 다음 그림으로 나타냈다. 모든 3점 (0, 11/6), (2, 2), (14, 3)들이 일직선위에 놓여 있다는 것을 알 수 있는데 이것은 뷜만의 방법에 의한 신뢰도가 반영된 추정량은 선형추정량(linear estimator)임을 말해 주고 있다. 다시 말해, <표 6.4>를 그래프로 나타내면 다음 <그림 6.6>과 같이 3개의 점 (0, 11/6), (2, 2), (14, 3)이 일직선상에 있음을 알 수 있다.

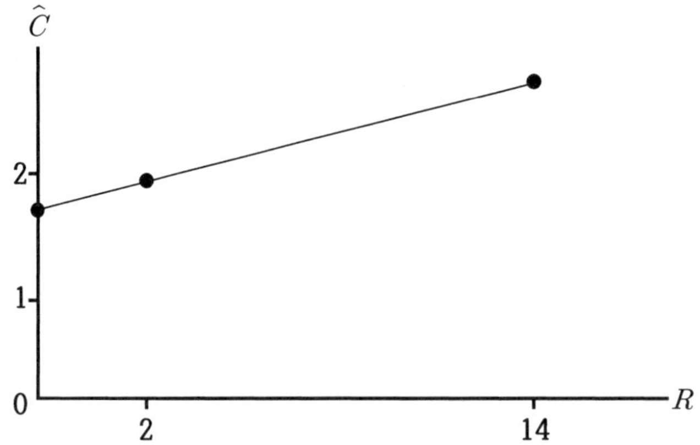

그림 6.6 뷜만의 방법에 의한 신뢰도가 반영된 추정치 $\hat{C}$과 실현치 R과의 관계

예제 6.4

개별피보험자에 대해 i차$(i=1,\ 2)$ 보험년도에 발생하는 사고건수 N_i는 모수가 Θ인 포아송 분포를 따른다고 가정하자. 또한 Θ의 사전분포는 구간 $(0,1)$에서 균등분포를 한다고 가정한다. 1차 보험년도에 단 한건의 보험사고가 발생했다고 하자. 2차 연도 동안에 예상되는 보험 사고건수를 추정하기 위해 뷜만의 방법에 의한 신뢰도가 반영된 추정치를 구하시오.

풀이

Θ의 사전분포함수가 $0<\theta<1$에 대해 $f(\Theta)=1$이고 그 외에서는 $f(\Theta)=0$이 된다. 또한 Θ의 1차 및 2차 적률은 다음과 같다.

$$E[\Theta]=\int_0^1 \theta\cdot f(\theta)d\theta=[\frac{\theta^2}{2}]_0^1=\frac{1}{2}$$

$$E[\Theta^2]=\int_0^1 \theta^2\cdot f(\theta)d\theta=[\frac{\theta^2}{3}]_0^1=\frac{1}{3}$$

사고건수(확률변수) N_i는 모수가 Θ인 포아송 분포를 따른다고 가정하였으므로 조건부 분산들의 기댓값(EPV)은 다음과 같이 계산된다.

$$E_\Theta(Var_N[N\mid\Theta])=E_\Theta[\Theta]=\frac{1}{2}$$

다음으로 조건부 평균들의 분산값(VHM)은 다음과 같다.

$$Var_{\Theta}(E_N[N \mid \Theta]) = Var_{\Theta}[\Theta] = E[\Theta^2] - [E(\Theta)]^2 = \frac{1}{3} - (\frac{1}{2})^2 = \frac{1}{12}$$

따라서 식 (6.3)에 의한 k값은 다음과 같이 계산된다.

$$k = \frac{EPV}{VHM} = \frac{1/2}{1/12} = 6$$

문제에서 관찰년도가 $n = 1$이므로 식 (6.2)에 의한 신뢰도 Z는 다음과 같다.

$$Z = \frac{n}{n+k} = \frac{1}{1+6} = \frac{1}{7}$$

결과적으로 $R = 1$이고 $H = E_N[N] = E_{\Theta}[E_N(N \mid \Theta)] = E_{\Theta}[\Theta] = \frac{1}{2} = 0.5$이므로 뷜만의 방법에 의한 신뢰도가 반영된 추정치(즉, 2차 연도에 예상되는 사고건수) $\hat{C}$은 다음과 같이 계산된다.

$$\hat{C} = ZR + (1-Z)H = (\frac{1}{7})(1) + (\frac{6}{7})(0.5) = 0.571$$

6.2.6 뷜만의 방법에 의한 신뢰도를 반영한 추정치

이상에서 살펴본 것처럼 k값을 계산하는 출발점은 위험특성치들의 개별조합(위험등급)이다. 먼저, 위험특성치들 각각의 조합에 대한 평균값과 분산값이 계산되어야 한다. 이들 평균값의 분산을 조건부 평균들(hypothetical means)의 분산값이라 한다. 또한 개별 분산들 값의 기댓값은 조건부 분산들(process variance)의 기댓값이라고 한다. 만약에 개별평균들과 분산들의 분포가 알려진다면 k값은 이들 분포들의 적률로 쉽게 계산될 수 있다. 이해를 돕기 위해 다음과 같은 예제들을 설명한다.

예제 6.5

개별위험들로 구성된 그룹(위험등급)에 대해, 각 리스크에 대한 총손해액 X의 분포는 평균이 M이고 분산이 V를 따른다고 한다. 그리고 (a) M은 평균이 $\frac{r}{a}$이고 분산이 $\frac{r}{a^2}$인 분포로부터 무작위로 추출되었고, (b) V는 평균이 $\frac{q}{b}$이고 분산이 $\frac{q}{b^2}$인 분포로부터 무작위 추출되었다는 것을 사전적으로 알고 있다고 하자. 각 위험에 대한 순보험료와 k값을 계산하시오.

풀이

각 그룹별 위험에 대한 순보험료는 총손해액 X의 평균값으로 다음과 같이 계산한다.

$$E_X[X] = E_M[E_X(X \mid M)] = E_M[M] = \frac{r}{a}$$

이것은 조건부 평균들을 M에 대해 평균한 것이다. 다음으로 조건부 평균들의 분산값은

$$Var_M(E_X[X \mid M]) = Var_M[M] = \frac{r}{a^2}$$

이다. 개별 조건부 분산들의 기댓값은

$$E_V(Var_X[X \mid V]) = E_V[V] = \frac{q}{b}$$

이다. 따라서 k값은 다음과 같이 계산한다.

$$k = \frac{EPV}{VHM} = \frac{q/b}{r/a^2} = \frac{qa^2}{br}$$

이처럼 뷜만의 방법에 의한 신뢰도를 계산하는 과정에서 개별평균 및 분산들의 분포가 알려진다면 범위모수 k값은 이들 분포들의 적률(moments)로부터 직접 계산할 수 있다.

예제 6.6

어떤 개별 피보험자의 사고발생빈도는 모수가 λ인 포아송 분포를 따르고 포아송 분포의 모수 λ는 (0.07, 0.13)의 구간에서 균등분포를 따른다고 가정한다. 또한 심도는 이산형 분포로 B_1은 40%, B_2는 60%의 분포를 보이고 다음과 같은 심도 확률이 정해진다.

심도	B_1확률	B_2확률
2	$\frac{5}{6}$	$\frac{1}{2}$
14	$\frac{1}{6}$	$\frac{1}{2}$

조합(λ, B_i)의 전제 하에 빈도와 심도는 서로 독립적인 관계에 있다고 가정한다. 뷜만의 방법에 의한 신뢰도 기법을 이용하여 3년 동안의 관측기간을 가지고 순보험료를 추정하기 위한 범위모수 k와 신뢰도 Z값을 계산하시오.

풀이

위험특성치들을 (Λ, B_i)로 표시한다. 여기서, $0.07 < \Lambda < 0.13$이고 $i = 1, 2$이다(독자는 B_1과 B_2를 [예제 2.13]의 회전판 심도분포로 생각할 것이다). <표 6.3>과 마찬가지로 <표 6.5>에서 이 예제의 데이터를 요약하고 있다. 앞의 6.2.4절의 주사위-원판 예에서 언급한 것처럼 조건부 분산들을 계산하기 위해 식 (4.2)를 사용한다.

표 6.5 조건부 분산들의 계산

위험 특성(등급)	빈도		심도		조건부 분산
	평균	분산	분산	평균제곱	
(Λ, B_1)	Λ	Λ	20	16	36Λ
(Λ, B_2)	Λ	Λ	36	64	100Λ

Λ는 다음과 같은 확률밀도함수를 갖는 균등분포를 한다.

$$f(\lambda) = \begin{cases} \frac{1}{0.06}, & 0.07 < \lambda < 0.13 \\ 0, & \text{그 밖의 경우} \end{cases}$$

따라서 확률밀도함수에 의해 Λ의 평균값과 2차 적률값을 구한다.

$$E(\Lambda) = \int_{0.07}^{0.13} \left(\frac{\lambda}{0.06}\right) d\lambda = \left(\frac{1}{12}\right)(0.13^2 - 0.07^2) = 0.10$$

$$E(\Lambda^2) = \int_{0.07}^{0.13} \left(\frac{\lambda^2}{0.06}\right) d\lambda = \left(\frac{1}{18}\right)(0.13^2 - 0.07^2) = 0.0103$$

다음으로 조건부 분산들의 기댓값(EPV)을 다음과 같이 계산한다.

$$\begin{aligned} EPV &= (0.40)E(36\Lambda) + (0.60)E(100\Lambda) \\ &= (0.40)(36)E(\Lambda) + (0.60)(100)E(\Lambda) \\ &= 74.4E(\Lambda) = (74.4)(0.10) = 7.44 \end{aligned}$$

다음으로 위험조합 (Λ, B_1)에 대한 조건부 평균값은 $4\Lambda(E[S_1 \mid B_1] = 4$이므로), $(\Lambda, B_2) = 8\Lambda$이다. 따라서 조건부 분산들의 기댓값($EPV$)은 다음과 같다.

$$EPV = (0.40)E(4\Lambda) + (0.60)E(8\Lambda) = 6.4E(\Lambda) = 6.4(0.1) = 0.64$$

(Λ, B_1)과 (Λ, B_2)에 대한 조건부 평균들의 제곱 값은 각각 $16\Lambda^2$과 $64\Lambda^2$이다. 따라서 조건부 평균들의 제곱값의 기댓값은 다음과 같다.

$$(0.40)E(16\Lambda^2) + (0.60)E(64\Lambda^2) = 44.8 \times E(\Lambda^2) = 44.8(0.0103) = 0.46144$$

따라서 조건부 평균들의 분산값(VHM)은 다음과 같다.

$$0.46144 - (0.64)^2 = 0.05184$$

범위모수 k는 다음과 같다.

$$k = \frac{7.44}{0.05184} = 143.52$$

관측기간이 3년이므로 뷜만의 방법에 의한 신뢰도 Z는 다음과 같다.

$$Z = \frac{3}{3 + 143.52} = 0.02$$

통계적 분포를 이용한 뷜만의 방법에 의한 신뢰도 추정치의 예를 들면 다음과 같다.

예제 6.7

무작위로 선택된 피보험자의 사고건수는 모수 θ를 갖는 포아송 분포를 한다. 모수 θ $(\theta > 1)$의 분포는 $\pi(\theta) = 3\theta^{-4}$이다. 모수는 시간에 따라 변하지 않는다. 과거 2년 동안 피보험자의 총사고건수는 20건이다. 이 피보험자에 대한 다음 연도에 예상되는 사고건수를 뷜만의 방법에 의한 신뢰도를 이용하여 추정하시오.

풀이

사고건수는 포아송 분포를 하므로 평균과 분산은 동일하다. 즉, $\mu(\theta)=\theta$, $v(\theta)=\theta$이다.

$$\text{전체평균 } \mu = E(\theta) = \int_1^\infty \theta \cdot \pi(\theta) d\theta = \int_1^\infty 3\theta^{-3} d\theta = 1.5$$

$$\text{조건부 분산들의 기댓값 } v = E(\theta) = 1.5$$

$$\text{조건부 평균들의 분산값 } a = Var(\theta) = E(\theta^2) - [E(\theta)]^2 =$$

$$= \int_1^\infty 3 \cdot \theta^{-2} d\theta - (1.5)^2 = 0.75$$

식 (6.3)에 의한 범위모수는 $k = \dfrac{1.5}{0.75} = 2$가 되므로 신뢰도 $Z = \dfrac{2}{2+2} = 0.5$이다.

따라서 뷜만의 방법에 의한 신뢰도가 반영된 다음 연도의 사고건수는 다음과 같이 추정된다. 여기서 $R=10$은 평균사고건수 $20/2=10$이다.

$$P_c = 0.5(10) + (1-0.5)(1.5) = 5.75$$

6.2.7 총분산의 분해

[정리 2.1]에서 다음과 같은 식을 전개시켰다.

$$Var(Y) = E_X[Var_Y(Y \mid X)] + Var_X(E_Y[Y \mid X]) \tag{6.21}$$

뷜만의 방법에 의한 신뢰도의 계산과 관련해서 식 (6.21)은 다음과 같다.

$$\text{총분산} = \text{조건부 분산들의 기댓값}(EPV) + \text{조건부 평균들의 분산값}(VHM)$$

예제 6.8

$i=1,2,\ldots,k$에 대해 확률변수 N_i는 평균이 Λ_i인 포아송 분포를 한다고 가정한다. 여기서 Λ_i는 평균이 μ이고 분산이 σ^2이다.

(1) $i=1,2,\ldots,k$에 대해 Λ_i가 주어질 때 N_i의 조건부 분산들을 계산하시오.

(2) $i=1,2,\ldots,k$에 대해 N_i의 비조건부 분산을 계산하시오.

풀이

(1) Λ_i가 주어질 때 N_i는 포아송 분포를 하기 때문에 Λ_i가 주어질 때 N_i의 조건부 분산은 Λ_i가 주어질 때 N_i의 조건부 기댓값과 같다. 즉, $i=1,2,\ldots,k$에 대해 $Var_{N_i}(N_i \mid \Lambda_i) = E_{N_i}[N_i \mid \Lambda_i] = \Lambda_i$

(2) 식 (6.21)에서 Y대신 N_i를 X 대신 Λ_i로 대체하면 다음과 같다.

$$\begin{aligned} Var(N_i) &= E_{\Lambda_i}[Var(N_i \mid \Lambda_i)] + Var_{\Lambda_i}(E_{N_i}(N_i \mid \Lambda_i]) \\ &= E_{\Lambda_i}[\Lambda_i] + Var_{\Lambda_i}(\Lambda_i) = \mu + \sigma^2 \end{aligned}$$

6.3 확률분포 모형에 의한 k값과 신뢰도

6.3.1 확률분포 모형에서 조건부 분산과 조건부 평균들의 분산

1.4절의 신뢰도의 종류에서 설명한 바와 같이 변동제한 방법에 의한 신뢰도는 위험측정단위 수가 많으면 많을수록 신뢰도가 커지는($Z \to 1.0$) 반면에 뷜만의 방법에 의한 신뢰도는 위험등급 내의 경험데이터가 동질적 위험들로 구성되고 등급 간에는 이질적인 위험들로 구성되면 될수록 신뢰도 Z는 커지게 된다.

본 절에서는 게리(Gary, 1995)의 확률분포 모형에 의한 VHM과 EPV 간의 개념과 관계를 설명한다. 참고로 <그림 6.7>에서 Risk #1과 Risk #2는 평균이 각각 500과 600을 기준으로 분포되어 있다. 먼저 분포모형 그림에서 [1]은 조건부 분산(process variance)를 나타낸다. 여기서 조건부 분산은 500과 600을 중심으로 각각 퍼져 있는 정도를 나타낸다. Risk #1과 Risk #2의 분포는 오른쪽 하단의 분포 모형과 달리 500~600 사이에 겹쳐지는 부분이 있다. 분포모형 그림에서 [2]는 조건부 평균들의 분산값(VHM)을 나타낸다. 단순하게 두 분포모형의 전체 평균값은 (500+600)/2=550이다. 따라서 <그림 6.7> 우측 하단의 분포 모형과 같이 분포모형이 서로 겹치지 않고 멀리 떨어져 있으면 있을수록 조건부 평균들의 분산값(VHM)은 커진다. 따라서 신뢰도 Z는 커진다. 반대로 <그림 6.7> 좌측 하단의 분포모형은 서로 겹쳐있어 조건부 평균들의 분산값(VHM)은 적어진다. 따라서 Z는 적어진다.

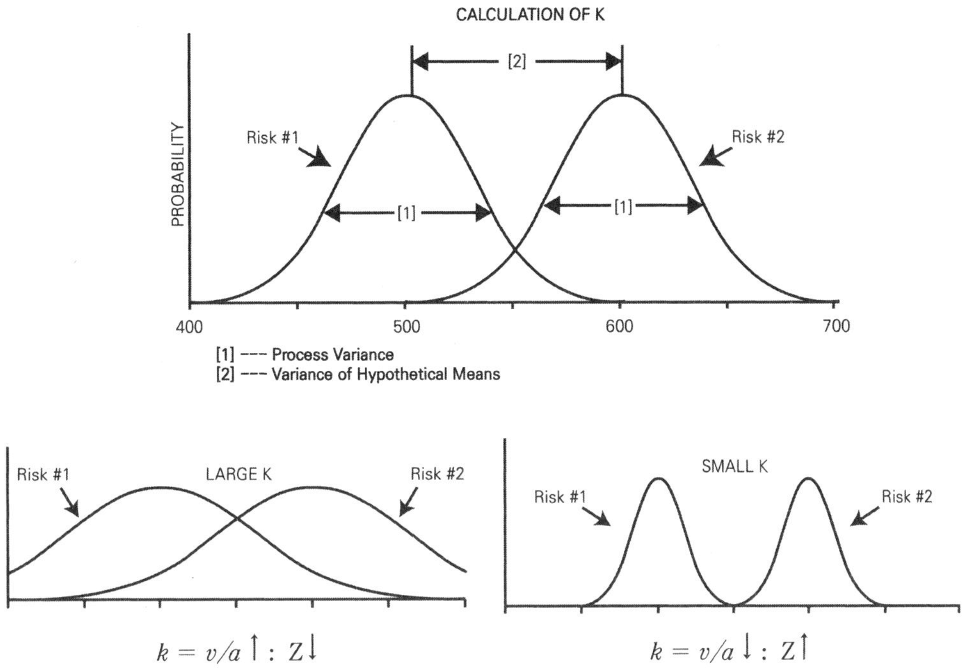

그림 6.7 확률분포 모형에 의한 VHM과 EPV의 관계

6.3.2 범위모수 k값과 신뢰도 Z와의 관계

앞에서 설명한 바와 같이 범위모수는 $k=\dfrac{EPV(v)}{VHM(a)}$로 정의되고 뷜만의 방법에 의한 신뢰도는 $Z=\dfrac{n}{n+k}$로 정의된다. <그림 6.7>에서 [2]는 조건부 평균들의 분산값을 나타내는 것으로 Risk #1과 Risk #2 간의 거리가 커지면 커질수록 VHM은 커진다. 즉, Risk #1의 위험들과 Risk #2의 위험들이 상호 이질적일수록(집단 간의 평균값의 차이가 크면 클수록) VHM은 커진다. <그림 6.7>의 하단의 오른쪽 분포모형은 겹쳐지는 부분이 없고 각 분포의 위험들도 평균치를 중심으로 좁게 분포되어 있다. 따라서 $Z=\dfrac{n}{n+\dfrac{EPV}{VHM}}$에서 VHM이 커지므로($\dfrac{EPV}{VHM}\rightarrow 0$) 신뢰도 Z는 커진다. 이처럼 $EPV\rightarrow 0$이고 $VHM\rightarrow\infty$이면 $Z=1(k\rightarrow 0)$에 가까워진다. 반대로 $EPV\rightarrow\infty$이고 $VHM\rightarrow 0$이면 $Z=0(k\rightarrow\infty)$에 가까워진다.

6.4 뷜만의 방법에 의한 신뢰도 모델의 응용

6.1~6.2절의 예시에서 보는 바와 같이 뷜만의 방법에 의한 신뢰도를 계산하기 위해서는 확률분포 모형을 완전하게 알지 않으면 안된다. 이번 절에서는 다른 관점에서 접근하고자 한다. 실제적인 상황에서 많은 분석가들은 그와 같은 확률분포를 알지 못하는 경우가 많다. 분석가들은 사전평균과 또 다른 모수값들을 주관적으로 판단하기보다는 경험데이터를 이용해서 모수를 추정하는 것이 오히려 합리적이라고 생각한다. 따라서 이 분석가들은 경험데이터를 사용해서 관심이 있는 모수들을 추정한다.

일반적인 방법을 설명하기 전에 다음과 같은 정의를 소개한다.

[정의 6.1] $n \geq 2$에 대해서 n개 실수$(x_1, x_2, ..., x_n)$에 대해서 확률변수 $X_1, X_2, ..., X_n$는 상호 독립이라고 말한다.

$$P[(X_1 \leq x_1) \cap (X_2 \leq x_2) \cap ... \cap (X_n \leq x_n)]$$
$$= P[X_1 \leq x_1] \times P[X_2 \leq x_2] \times ... \times P[X_n \leq x_n]$$

[정의 6.2] $n \geq 2$에 대해서 n개 실수$(x_1, x_2, ..., x_n)$ $X_1, X_2, ..., X_n$은 모수 Θ가 주어질 때 조건부 독립이라고 말한다.

$$P[(X_1 \leq x_1) \cap (X_2 \leq x_2) \cap ... \cap (X_n \leq x_n) \mid \Theta]$$
$$= P[X_1 \leq x_1 \mid \Theta] \times P[X_2 \leq x_2 \mid \Theta] \times ... \times P[X_n \leq x_n \mid \Theta]$$

6.4.1 경험적 베이지안 방법[13)]

이번 절에서는 확률밀도함수와 사전분포함수를 고려치 않는 비모수적 추정방법을 설명한다. 좀 더 자세한 내용에 대해서는 9.2절을 참조한다.

r개 그룹(위험등급)의 보험계약자 그룹에 대한 n년간 경험데이터가 주어진다고 할 때(즉, $n \geq 2$이고 $r \geq 2$) X_{ij}는 i번째 보험계약자 그룹의 j보험년도 동안의 총손해액이라 하자. 여기서 $i = 1, 2, ..., r$이고 $j = 1, 2, ..., n+1$.

---

13) 경험적 베이지안 방법에 대해서는 제9장~제12장에서 자세하게 설명한다.

문제는 n보험년도 동안 확률변수의 실현치 $X_{i,1}=x_{i,1}$, $X_{i,2}=x_{i,2}$, $\cdots$, $X_{i,n}=x_{i,n}$이 주어질 때 다음과 같은 i보험계약자 그룹의 $n+1$년도 조건부 평균 $E[X_{i,n+1} \mid X_{i,1}=x_{i,1},\ X_{i,2}=x_{i,2},\dots,X_{i,n}=x_{i,n}]$을 추정하는 것이다.

$X_i=(X_{i,1},X_{i,2},\dots,X_{i,n})$를 i번째 보험계약자 그룹에 대한 총손해액을 나타내는 확률벡터라고 하자. 우리는 다음과 같은 가정들을 세울 수 있다.

(1) 확률벡터 $X_1, X_2, \dots, X_r$는 상호독립이라 가정한다. 다른 말로 말하면 어떤 보험계약자 그룹의 경험이 다른 보험계약자 그룹의 경험에 영향을 미치지 않는다는 것이다.

(2) $i=1,2,\dots,r$에 대해 X_i들의 분포는 (미지의) 위험모수 θ_i에 의존한다. 즉, i등급에는 모수가 θ_i인 동질적인 위험들로 구성되어 있다. 여기서 θ_i는 확률변수 Θ_i의 실현치이다.

(3) 확률변수 $\Theta_1, \Theta_2, \dots, \Theta_r$은 상호 독립적이고 동일한 분포를 한다.

(4) i와 Θ_i가 주어질 때 확률변수 $X_{i,1},X_{i,2},\dots,X_{i,n}$는 상호 조건부 독립이다.

(5) 보험연도별 보험계약자 그룹의 각각은 동일한 위험단위수를 갖는다.

위와 같은 가정하에서 다음과 같이 모수를 정의한다. $i=1,2,\dots,r$과 $j=1,2,\dots,n$에 대해

$$\mu(\Theta_i)=E[X_{ij} \mid \Theta_i] \text{이고 } \nu(\Theta_i)=Var[X_{ij} \mid \Theta_i]$$

이라 정의한다. 그리고 $\mu=E[\mu(\Theta_i)]$를 전체 평균을 나타내고 $\nu=E[\nu(\Theta_i)]$는 조건부 분산들의 기댓값을 나타내고 $a=Var[\mu(\Theta_i)]$는 조건부 평균들의 분산값을 나타낸다. 여기서 μ, ν, a에 대한 추정량을 다음과 같이 계산한다.

$$\hat{\mu}=\bar{x}_{..}=\frac{1}{r}\sum_{i=1}^{r}\bar{x}_{i.}=\frac{1}{rn}\sum_{i=1}^{r}\sum_{j=1}^{n}x_{ij},\ \text{여기서, } \bar{x}_{i.}=\frac{1}{n}\sum_{j=1}^{n}x_{ij} \tag{6.22}$$

$$\hat{\nu}=\frac{1}{r}\sum_{i=1}^{r}\hat{\nu}_i=\frac{1}{r(n-1)}\sum_{i=1}^{r}\sum_{j=1}^{n}(x_{ij}-\bar{x}_{i.})^2,\ \text{여기서, } \hat{\nu}_i=\frac{1}{n-1}\sum_{j=1}^{n}(x_{ij}-\bar{x}_{i.})^2 \tag{6.23}$$

$$\hat{a}=\frac{1}{r-1}\sum_{i=1}^{r}(\bar{x}_{i.}-\bar{x}_{..})^2-\frac{\hat{\nu}}{n}$$

$$= \frac{1}{r-1}\sum_{i=1}^{r}(\bar{x}_{i.} - \bar{x}_{..})^2 - \frac{1}{rn(n-1)}\sum_{i=1}^{r}\sum_{j=1}^{n}(x_{ij} - \bar{x}_{i.})^2 \tag{6.24}$$

위 식에서 $\hat{\mu}$, $\hat{\nu}$, $\hat{a}$는 각각 μ, ν, a의 불편추정량이다. 이때 k와 Z의 추정량은 $\hat{k}=\frac{\hat{\nu}}{\hat{a}}$이고 신뢰도 $\hat{Z}=\frac{n}{n+\hat{k}}$이다. 이때 주의할 점은 $\hat{k}$과 $\hat{Z}$은 불편추정량이 아니라는 것이다. 더욱이 이 값들은 이들 모수의 유일한 추정량이 아니라는 것이다. 결과적으로 뷜만의 방법에 의한 신뢰도가 반영된

$$E[X_{i,n+1} \mid X_{i,1} = x_{i,1}, X_{i,2} = x_{i,2}, \ldots, X_{i,n} = x_{i,n}]$$

의 추정치는 다음과 같다. $i = 1, 2, \ldots, r$에 대해서

$$\hat{C}_i = \hat{Z}\bar{x}_{i.} + (1-\hat{Z})\hat{\mu} \tag{6.25}$$

식 (6.24)에서 보는 것처럼 좌항이 우항보다 작을 경우 $\hat{a}$은 음수가 될 수 있다. 참고로 연습문제 6에서 $\hat{a}$이 음수가 되는 경우가 나온다.

예제 6.9

어떤 보험회사에서 두 개 그룹의 근재보험을 판매하고 있다. 처음 3년동안의 총손해액이 다음 표에 요약되어 있다. 뷜만의 방법에 의한 신뢰도를 사용해서 두 개 그룹 각각에 대해 4차 연도 총손해액을 추정하시오. 총손해액에 대한 어떤 확률분포도 가정하지 않는다. 인플레이션은 고려치 않고 그룹별 연도별 6개 조합에 대한 위험단위수는 동일하다.

(금액단위: 백만원)

그룹	보험년도		
	1	2	3
1	5	8	11
2	11	13	12

풀이

위 표에서 두 개 그룹과 3개년도 이기 때문에 $r = 2$이고 $n = 3$이다. 관측된 손해액 벡터는 각각

$$\boldsymbol{x}_1 = (x_{11,}x_{12,}x_{13}) = (5,8,11) \text{이고 } \boldsymbol{x}_2 = (x_{21,}x_{22,}x_{23}) = (11,13,12)$$

이다.

$$\overline{x}_{1.} = \frac{1}{n}\sum_{j=1}^{n} x_{1j} = \frac{5+8+11}{3} = 8 \quad \overline{x}_{2.} = \frac{1}{n}\sum_{j=1}^{n} x_{2j} = \frac{11+13+12}{3} = 12$$

전체 (사전)평균 $\hat{\mu}$의 추정치는 다음과 같다.

$$\hat{\mu} = \overline{x}_{..} = \frac{1}{r}\sum_{i=1}^{r} = \frac{8+12}{2} = 10$$

다음으로 그룹별 조건부 분산들의 기댓값(EPV)를 계산하면 다음과 같다.

$$\widehat{\nu_1} = \frac{1}{n-1}\sum_{j=1}^{n}(x_{1j} - \overline{x}_{1.})^2 = \frac{1}{2}[(5-8)^2 + (8-8)^2 + (11-8)^2] = 9$$

$$\widehat{\nu_2} = \frac{1}{n-1}\sum_{j=1}^{n}(x_{2j} - \overline{x}_{2.})^2 = \frac{1}{2}[(11-12)^2 + (13-12)^2 + (12-12)^2] = 1$$

따라서 조건부 분산들의 기댓값 추정치는 다음과 같다.

$$\hat{\nu} = \frac{1}{r}\sum_{i=1}^{r}\hat{\nu}_i = \frac{1}{2}(9+1) = 5$$

다음으로 조건부 평균들의 분산값은 다음과 같다.

$$\hat{a} = \frac{1}{r-1}\sum_{i=1}^{r}(\overline{x}_{i.} - \overline{x}_{..})^2 - \frac{\hat{\nu}}{n} = \frac{1}{1}[(8-10)^2 + (12-10)^2] - \frac{5}{3} = \frac{19}{3}$$

따라서 범위모수 k값은 다음과 같다.

$$\hat{k} = \frac{\hat{\nu}}{\hat{a}} = \frac{5}{19/3} = 0.78947$$

각 그룹에 대한 신뢰도는 다음과 같다.

$$\hat{Z} = \frac{n}{n+\hat{k}} = \frac{3}{3+0.78947} = 0.79167$$

결과적으로 두 그룹에 대한 4차 보험년도의 총손해액 추정치는 각각 다음과 같다.

$$\widehat{Z}\overline{x}_{1.} + (1 - \widehat{Z})\hat{\mu} = (0.79167)(8) + (0.20833)(10) = 8.41666$$

$$\widehat{Z}\overline{x}_{2.} + (1 - \widehat{Z})\hat{\mu} = (0.79167)(12) + (0.20833)(10) = 11.58334$$

6.1~6.2절과 같이 뷜만의 방법에 의한 신뢰도를 계산하는 과정에는 해당 위험의 통계적 분포함수만 알 수 있다면 이들 분포들의 적률계산을 통해 계산할 수 있다. 반면에 6.4절의 뷜만의 경험적 베이지안 방법에 의한 신뢰도를 계산하는 과정에서는 사전정보(분포)를 전혀 고려치 않고 있다. 이상에서 설명한 내용들을 기초로 다음 절에서는 통계적인 분포를 이용하여 뷜만의 방법에 의한 신뢰도를 계산하는 준모수적 방법을 설명한다.

6.4.2 특별한 방법(준모수적 방법)

6.4.1절에의 경험적 베이지안 방법에서는 $n \geq 2$이고 $r \geq 2$를 충족시켜 줄 때 사용하는 모수 $\hat{a}$과 $\hat{\nu}$을 추정할 수 있었다.

이번 절에서는 일부 위험에 확률밀도함수에 대한 모수적 형태를 가정할 때 추정하는 방법을 알아본다. 좀더 자세한 내용은 9.3절을 참조한다. 어떠한 경우라도 3개의 모수 μ, ν, a 간의 함수적 관계식을 통해 3개의 모수를 추정하게 된다. 예를 들면, 사고건수 N이 평균 $\mu(\Theta)$를 갖는 포아송 분포를 한다면 전체 평균 μ는 조건부 분산들의 기댓값과 동일해 진다. 이 결과는 다음과 같이 설명된다.

$$\mu = E[\mu(\Theta)] = E_{\Theta}[E(N \mid \Theta)] = E_{\Theta}[Var(N \mid \Theta)] = E_{\Theta}[\nu(\Theta)] = \nu$$

이런 경우 2개의 모수 μ와 a만을 추정하면 된다. 왜냐하면 $\mu = \nu$이기 때문이다. 따라서 [예제 6.10]에서 보여주는 것처럼 $n = 1$이라고 하더라도 뷜만의 방법에 의한 신뢰도의 계산을 가능케 해준다. 일반적으로 $n \geq 2$이어야만 $\hat{a}$와 $\hat{\nu}$를 계산할 수 있으나 $\mu = \nu$인 경우 $n = 1$이라도 신뢰도 계산이 가능하다.

포아송 분포를 포함하는 예제를 설명하기 전에 실제적인 응용문제에서 k를 계산하는 또 다른 절차(방법)을 설명한다. 이들 표본분산들의 평균값을 구한다. 이 값이 조건부 분산들의 기댓값(EPV)의 추정치로 사용된다.

(1) 분리된 표본분산은 위험특성치의 각 결합에 의해 이용 가능한 경험데이터로부터 계산된다.

(2) 각 개별위험에 의한 경험데이터를 이용해서 총표본분산을 계산한다. 이것이 총분산의 추정치로 사용된다.

(3) [정리 2.1]에 의해 다음 식이 성립한다.

$$\text{총분산} = \text{조건부 분산들의 기댓값}(\nu) + \text{조건부 평균들의 분산값}(a)$$

즉, 조건부 평균들의 분산값(a)은 (2)에서 (1)을 빼면 계산된다.

(4) 범위모수 k는 (1)을 (3)으로 나누면 된다.

이 방법이 k를 직접 계산하는 방법일지라도 그것은 항상 최적이 아니라는 점을 기억할 필요가 있다. 사실 이러한 방법으로 계산된 조건부 평균들의 추정 분산값은 음수가 될 수 있다. 더욱이 위 (3)단계에서 구한 조건부 평균들의 분산값(a)의 추정량은 불편추정량이 아니다. 이 계산 절차에서 여러 가지 방법들이 실제 응용되고 있다.

다음의 예제는 포아송 분포에서 $\mu=\nu$라는 것뿐만 아니라 k를 계산하는 특별한 절차들이 적용되고 있다.

예제 6.10

관측기간 1년 동안 300명의 개별 피보험자로부터 발생한 사고건수는 다음과 같이 분포되어 있다. 즉, $n=1$이다.

사고건수	0	1	2	3	4	5	계
피보험자수	123	97	49	21	8	2	300

각 손해에 대한 심도는 1이다. 각 피보험자에 대한 사고건수는 포아송 분포를 따른다. 그러나 각 분포의 평균은 개별피보험자별로 다르다면 이때 범위모수 k를 추정하시오.

풀이

먼저, 예상평균손해액을 다음과 같이 추정한다.

$$\frac{(1)(97)+(2)(49)+(3)(21)+(4)(8)+(5)(2)}{300}=1.0$$

이것은 300명의 개별 위험평균들의 (추정) 기댓값이다. 포아송 분포하에서 개별위험분산들은 동일하다. 따라서 다음과 같은 식이 성립한다.

조건부 분산들의 추정 기댓값$(\hat{\nu})$= 개별위험분산들의 추정 기댓값
= 개별 평균들의 추정 기댓값
= 1.0

손해액의 제곱에 대한 (추정) 기댓값은 다음과 같다.

$$\frac{(1)^2(97)+(2)^2(49)+(3)^2(21)+(4)^2(8)+(5)^2(2)}{300}=2.2$$

따라서 손해액의 총분산은 $2.2-(1.0)^2=1.2$이 된다. 식 (6.21)에 의해 조건부 평균들의 분산값$(\hat{a})$은 다음과 계산된다. 총분산-조건부 분산들의 기댓값$(\hat{\nu})=1.2-1.0=0.2$가 되므로 k값은 다음과 같다.

$$k=\frac{1.0}{0.2}=5$$

6.5 신뢰도 Z를 계산하는 두 가지 동일한 방법

예제 6.11

4개의 항아리에 0과 1이 표시된 공이 다음과 같은 비율로 포함되어 있다.

항아리	표시된 공의 비율(%)	
	0	1
A	70	30
B	70	30
C	30	70
D	20	80

하나의 항아리가 임으로 선택(확률 $\frac{1}{4}$)되었고 그 항아리에서 4개의 공을 복원으로 추출하였다. 그 값은 총 2이다. 같은 항아리에서 4개의 공을 추가로 뽑았다.

뷜만의 방법에 의한 신뢰도 공식을 사용해서 두 번째로 뽑은 4개의 공의 기댓값을 계

산하시오.

풀이

이항분포를 이용해서 우리는 조건부 분산들의 기댓값($\hat{v}$)을 다음과 같이 계산한다.

$$\frac{1}{4}[(4)(0.7)(0.3)+(4)(0.7)(0.3)+(4)(0.3)(0.7)+(4)(0.2)(0.8)]=0.79$$

조건부 평균들의 기댓값은 다음과 같이 계산한다.

$$\frac{1}{4}[(4)(0.3)+(4)(0.3)+(4)(0.7)+(4)(0.8)]=2.10$$

조건부 평균들의 제곱에 대한 기댓값은 다음과 같이 계산한다.

$$\frac{1}{4}[[(4)(0.3)]^2+[(4)(0.3)]^2+[(4)(0.7)]^2+[(4)(0.8)]^2]=5.24$$

따라서 조건부 평균들의 분산값($\hat{a}$)은 다음과 같다.

$$5.24-(2.10)^2=0.83$$

결과적으로 $k=\dfrac{0.79}{0.83}=0.95$이므로 $Z=\dfrac{n}{n+k}=\dfrac{1}{1+0.95}=0.51$이다. 결론적으로 뷜만의 방법에 의한 신뢰도가 반영된 추정치는 다음과 같다.

$$\hat{C}=ZR(1-Z)H=(0.51)(2)+(1-0.51)(2.10)=2.049$$

다음 예제는 [예제 6.11]을 약간 변형한 것이다.

예제 6.12

[예제 6.11]과 같이 4개의 항아리가 있다. 하나의 항아리가 무작위로 선택되었고 그 항아리에서 복원으로 4개의 공을 선택하였다. 공에 표시된 총값은 2이다. 이번에는 선택된 항아리에서 1개의 공을 추가로 뽑았다. 뷜만의 방법에 의한 신뢰도 공식을 이용해서 추가로 뽑은 공의 기댓값을 구하면 얼마인가?

풀이

이항분포를 이용해서 조건부 분산들의 기댓값은 다음과 같다.

$$\frac{1}{4}[(0.7)(0.3)+(0.7)(0.3)+(0.3)(0.7)+(0.2)(0.8)]=0.1975$$

조건부 평균들의 기댓값은 다음과 같다.

$$\frac{1}{4}[(0.3)+(0.3)+(0.7)+(0.8)]=0.525$$

조건부 평균들의 자승의 기댓값은 다음과 같다.

$$\frac{1}{4}[(0.3)^2+(0.3)^2+(0.7)^2+(0.8)^2]=0.3275$$

따라서 조건부 평균들의 분산값은 다음과 같다.

$$0.3275-(0.525)^2=0.051875$$

범위모수는 다음과 같다.

$$k=\frac{0.1975}{0.051875}=3.8072$$

신뢰도 Z는 다음과 같이 계산된다.

$$Z=\frac{n}{n+k}=\frac{4}{4+3.8072}=0.51$$

개별관측기간 동안 오직 한 개의 공이 선택되기 때문에 $n=4$이라는 점에 주목해볼 필요가 있다. 4개의 공은 4 관측기간에 해당한다. 결과적으로 뷜만의 방법에 의한 신뢰도가 반영된 추정치는 다음과 같다.

$$C=ZR(1-Z)H=(0.51)(0.5)+(1-0.51)(0.525)=0.51225$$

[예제 6.11]과 [예제 6.12]에서 신뢰도 Z는 동일하다. [예제 6.11]의 뷜만의 방법에 의한 추정치는 정확하게 [예제 6.12]의 추정치의 4배이다. 왜냐하면 4배의 공들

이 뽑혔기 때문이다. 이것은 다음과 같은 정리로 설명된다.

정리 6.1

(1) 1개의 관측기간에 확률분포함수 $F(x \mid \Theta)$를 각각 갖는 n개의 독립시행들 $X_1, X_2, \cdots, X_n$이 있다고 가정하고 (2) n개의 관측기간 각각에서 단 한 번의 시행 X_i, $i = 1,2,\ldots,n$이 있다면, 여기서 X_i들은 독립적이고 동일하게 분포된 확률분포함수 $F(x \mid \Theta)$를 따른다. 여기서, Θ는 모수에 대한 확률벡터이다. 이때 (1)의 경우의 신뢰도와 (2)의 경우의 신뢰도는 동일하다.

증명

(1)의 경우 신뢰도는 다음과 같다.

$$\frac{1}{1+\dfrac{E_\Theta[Var(X_1+X_2+\ldots+X_n)]}{Var_\Theta[E(X_1+X_2+\ldots+X_n)]}} = \frac{1}{1+\dfrac{E_\Theta[n\cdot Var(X_1 \mid \Theta)]}{Var_\Theta[n\cdot E(X_1 \mid \Theta)]}}$$

$$= \frac{1}{1+\dfrac{n\cdot E_\Theta[Var(X_1 \mid \Theta)]}{n^2 Var_\Theta[E(X_1 \mid \Theta)]}}$$

$$= \frac{n}{n+\dfrac{E_\Theta[Var(X_1 \mid \Theta)]}{Var_\Theta[E(X_1 \mid \Theta)]}}$$

위 식은 (2)의 경우의 신뢰도이다. ■

여기서 설명한 예제들에서는 모수값(예를 들면, 1을 얻을 확률)이 시간에 따라 변하지 않는다고 가정하였다. 어떤 응용에서는 이것은 현실적인 가정이 되지 못하고 다른 형태의 모델들이 유용한 결과를 얻기 위해 요구된다. 이 같은 경우에 사용될 수 있는 하나의 모델이 칼만 필터 모델이다.

앞에서도 언급한 것처럼 베이지안 패러다임하에서 어떤 모수들은 확률분포를 갖는다고 가정하였다. 합리적인 결과를 얻기 위해 이들 분포의 몇몇은 시간에 따라 변해야 하는 것이 필요하다. 칼만 필터 모델의 베이지안 형태는 이 같은 경우에 사용될 수 있다. 이러한 형태의 모델링은 클러그만[1992]과 마인홀드와 싱퍼왈라[1983]이 제시하였다.

6.6 뷜만의 방법에 의한 신뢰도 산출 모델

가장 단순한 형태의 신뢰도 모델인 뷜만의 방법에 의한 신뢰도는 다음과 같이 정의된다. 각 보험계약자의 과거 손해액 $X_1, X_2, \ldots, X_n$은 평균과 분산이 존재하고 Θ에 종속되는 $i.i.d$이다. 즉, $\mu(\theta)=E(X_j|\Theta=\theta)$, $v(\theta)=Var(X_j|\Theta=\theta)$이다.

6.2절에서 언급한 바와 같이 $\mu(\theta)$는 조건부 평균(hypothetical mean)이라 하고 $v(\theta)$는 조건부 분산(process variance)이라 정의한다. 이를 통계적인 분포를 이용한 식으로 나타내면 다음과 같다. 여기서 영문 hypothetical과 process를 조건부로 해석하는 것은 위 $\mu(\theta)$와 $v(\theta)$를 계산하기 위해서는 $\Theta=\theta$를 조건으로 하는 X_j의 평균과 분산을 각각 계산해야 하기 때문이다. 따라서 이 책에서 "조건부"라고 표현한 것이다. 참고로 일부 책자[14] 또는 논문 등에서는 조건부 평균을 등급(처리) 간, 조건부 분산을 등급(처리) 내라고도 표현하고 있다(좀 더 자세한 내용은 "2.8 일원배치분산분석(One Way ANOVA)" 참조).

$$\mu=E[\mu(\theta)] \tag{6.26}$$

$$v=E[v(\theta)] \tag{6.27}$$

$$a=Var[\mu(\theta)] \tag{6.28}$$

식 (6.26)에서 μ값은 조건부 평균들의 기댓값(전체 평균값)이고 식 (6.27)에서 v는 조건부 분산들의 기댓값(EPV)이다. 또한 식 (6.28)에서 a는 조건부 평균들의 분산값(VHM)이다. 만약 우리가 θ에 대한 정보를 가지고 있지 않다면(그리고 $\mu(\theta)$에 관한 사전 정보가 없다면) μ가 추정치로 사용될 수 있다는 데 주목할 필요가 있다. 일반적으로 X_j들에 대한 비조건부 평균과 분산 그리고 공분산을 다음과 같이 계산한다.

먼저, 비조건부 평균은 다음과 같이 구한다.

$$E(X_j)=E[E(X_j|\Theta)]=\mu \tag{6.29}$$

다음으로 비조건부 분산은 다음과 같이 구한다.

---

14) Introduction to CREDIBILITY THEORY(Thomas N. Herzog) 84쪽의 k 계산 공식에서는 hypothetical과 process를 모두 조건부(conditional)로 표기하고 있다.

$$\begin{aligned} Var(X_j) &= E[Var(X_j|\Theta)] + Var[E(X_j|\Theta)] \\ &= E[\upsilon(\Theta)] + Var[\mu(\Theta)] \\ &= \upsilon + a \end{aligned} \tag{6.30}$$

식 (6.30)은 [정리 2.1]에서 자세하게 설명(증명)하고 있다.

마지막으로 $i \neq j$에 대하여 두 변수간의 공분산은 다음과 같이 구한다.

$$\begin{aligned} Cov(X_i, X_j) &= E(X_i, X_j) - E(X_i)E(X_j) \\ &= E[E(X_i, X_j|\Theta)] - \mu^2 \\ &= E[E(X_i|\Theta)E(X_j|\Theta)] - E[\mu(\Theta)]^2 \\ &\quad (\because \theta\text{가 주어질 때 } X_i\text{와 } X_j\text{는 독립이기 때문}) \\ &= E([\mu(\Theta)]^2) - (E[\mu(\Theta)])^2 \\ &= Var[\mu(\Theta)] \\ &= a \end{aligned} \tag{6.31}$$

이때 신뢰도가 반영된 추정치는 다음과 같다.

$$\hat{C} = Z\overline{X} + (1-Z)\mu \tag{6.32}$$

여기서, 신뢰도는

$$Z = \frac{n}{n+k} \tag{6.33}$$

가 된다. 또한 분모의 범위모수 k는 다음 식 (6.34)와 같다.

$$k = \frac{\upsilon}{a} = \frac{E[Var(X_j|\Theta)]}{Var[E(X_j|\Theta)]} \tag{6.34}$$

식 (6.34)에 의한 k값을 갖는 식 (6.33)의 신뢰도 Z를 뷜만의 방법에 의한 신뢰도라고 한다. 여기서 문제는 식 (6.34)의 k값을 어떻게 구할 수 있는지가 관심사이다.

식 (6.32)는 많은 특징을 가지고 있다. 먼저, 뷜만의 방법에 의한 신뢰도가 반영된 추정식 (6.32)는 표본평균 $\overline{X}$와 전체 평균보험료 μ의 가중평균이다. Z는 n이 증가하면 증가할수록 1.0에 근접한다. 이 경우 μ보다는 최근 경험치에 근거한 표본평균 $\overline{X}$에 더 많은 신뢰도가 부여된다.

또한 모집단이 위험모수 Θ를 갖는 매우 동질적인 위험집단이라면 상대적으로 조건부 평균 $\mu(\Theta)=E(X_j|\Theta)$는 Θ를 중심으로 크게 변하지 않는다(즉, 그들은 어떤 하나의 값에 근접해 있다)(<그림 6.7> 왼쪽 하단 참조). 따라서 적은 변이를 가진다. 이처럼 조건부 평균들의 분산값 a는 상대적으로 조건부 분산들의 기댓값 v보다 적다. 따라서 k값이 커짐에 따라 Z는 0에 근접하게 된다. 이들 관찰들은 직관적으로 일치한다. 왜냐하면 동질적인 모집단에서 전체평균 μ는 어떤 특별한 보험계약자에 대한 다음 연도의 사고율을 예측하는 데 더 도움이 된다는 것을 말해 주기 때문이다. 반대로, 이질적인 모집단에서는 조건부 평균들 $E(X_j|\Theta)$이 더 큰 변수가 된다. 즉, 조건부 평균들의 분산값 a가 크고 v가 적다면 Z는 1에 근접하게 된다. 다시 말해, 이질적인 모집단에서 최근 관측치에 더 많은 신뢰도가 부여된다.

이 같은 경우 다른 보험계약자들의 경험치는 어떤 특별한 보험계약자의 경험치보다 장래를 예측하는 데 유용한 값이 되지 못한다. 예를 들어 설명해 보자.

예제 6.13

두 유형의 운전자가 있다고 가정한다. 모집단 전체의 75%가 우량운전자(Good Driver)이고 이들 우량운전자 중에서 1년에 사고가 없을 확률이 0.7이다. 한 번의 사고가 발생할 확률은 0.2, 두 번의 사고가 발생할 확률은 0.1이다. 모집단 전체의 25%가 불량운전자(Bad Driver)이고 불량운전자 중에서 1년에 사고가 없을 확률이 0.5, 한 번의 사고가 발생할 확률이 0.3, 두 번의 사고가 발생할 확률이 0.2이다. 이들 관계를 표로 나타내면 다음 <표 6.6>과 같다. 참고로 어떤 보험계약자(운전자)가 보험계약을 체결할 때 그 보험계약자가 우량운전자인지 불량운전자인지 모른다고 가정한다. 따라서 위험모수 Θ는 두 값 중의 하나가 된다. 우량운전자에 대해서 $\Theta=G$, 불량운전자에 대해서 $\Theta=B$로 놓는다. 사고건수 x와 위험모수 Θ와의 확률 모델이 다음 <표 6.6>과 같다.

표 6.6 **사고발생확률**

x	$\Pr(X=x\|\Theta=G)$	$\Pr(X=x\|\Theta=B)$	θ	$\Pr(\Theta=\theta)$
0	0.7	0.5	G	0.75
1	0.2	0.3	B	0.25
2	0.1	0.2		

어떤 보험계약자에 대해 $x_1 = 0$이고 $x_2 = 1$일 때 x_3의 조건부 평균값 $E(X_3|0,1)$에 대한 뷜만의 방법에 의한 신뢰도가 반영된 추정치를 결정하시오.

풀이

$\mu(G) = E(X_j|G) = (0)(0.7) + 1(0.2) + 2(0.1) = 0.4$

$\mu(B) = E(X_j|B) = (0)(0.5) + 1(0.3) + 2(0.2) = 0.7$

$\pi(G) = 0.75,\ \pi(B) = 0.25$

이다. 따라서 $\mu = \sum_\theta \mu(\theta)\pi(\theta) = 0.4(0.75) + 0.7(0.25) = 0.475$이고 조건부 평균들의 분산값은 다음과 같다.

$$a = \sum_\theta \mu(\theta)^2\pi(\theta) - \mu^2 = 0.16(0.75) + 0.49(0.25) - 0.475^2 = 0.016875$$

또한 우량운전자와 불량운전자에 대한 조건부 분산은 각각 다음과 같다.

$$v(G) = Var(X_j|G) = (0)^2(0.7) + (1)^2(0.2) - (0.4)^2 = 0.44$$
$$v(B) = Var(X_j|B) = (0)^2(0.5) + (1)^2(0.3) + (2)^2(0.2) - (0.7)^2 = 0.61$$

따라서 조건부 분산들의 기댓값은 다음과 같다.

$$v = \sum_\theta v(\theta)\pi(\theta) = 0.44(0.75) + 0.61(0.25) = 0.4825$$

그러므로 식 (6.34)의 k값은 다음과 같다.

$$k = \frac{v}{a} = \frac{0.4825}{0.016875} = 28.5926$$

결과적으로 뷜만의 방법에 의한 신뢰도 Z는 다음과 같다.

$$Z = \frac{2}{2 + 28.5926} = 0.0654$$

따라서 뷜만의 방법에 의한 신뢰도 Z가 반영된 3번째 예측값(x_3)은 $0.0654(0.5) + (1 - 0.0654)(0.475) = 0.4766$이다. 여기서 $R = 0.5$는 $(0 \times 0.7 + 1 \times 0.2) + (0 \times 0.5 + 1 \times 0.3)$으로 계산된다.

예제 6.14

단 하나의 위험에 대해 연간 사고건수는 모수가 A인 포아송 분포를 따른다고 가정한다. 또한 A는 $0 < a < \infty$에 대해 밀도함수가 $g(a) = a \cdot e^{-a}$인 사전 감마분포를 한다고 가정한다. 단 하나의 관측치가 주어질 때 뷜만의 방법에 의한 신뢰도를 결정하시오.

풀이

먼저 A의 1, 2차 적률을 구하면 다음과 같다.

$$E[A] = \int_0^\infty a \cdot g(a) da = \int_0^\infty a \cdot ae^{-a} da$$

$$= \int_0^\infty a^2 \cdot e^{-a} da = \Gamma(3) = 2! = 2$$

$$E[A^2] = \int_0^\infty a^2 \cdot g(a) da = \int_0^\infty a^2 \cdot ae^{-a} da$$

$$= \int_0^\infty a^3 \cdot e^{-a} da = \Gamma(4) = 3! = 6$$

연간 사고건수 N은 포아송 분포를 따르기 때문에 조건부 분산의 기댓값은 다음과 같다.

$$E_A[Var_N(N|A)] = E_A[A] = 2$$

다음으로 조건부 평균들의 분산값은 다음과 같다.

$$Var_A(E_N[N|A]) = Var(A) = E[A^2] - (E[A])^2$$

$$= 6 - (2)^2 = 6 - 4 = 2$$

따라서 범위모수 k는 다음과 같다.

$$k = \frac{EPV}{VHM} = \frac{2}{2} = 1$$

문제에서 $n = 1$이므로 식 (6.2)에 의한 뷜만의 방법에 의한 신뢰도 Z는 다음과 같다.

$$Z = \frac{n}{n+k} = \frac{1}{1+1} = \frac{1}{2}$$

예제 6.15

개별보험계약자에 대한 연간 사고건수 N는 모수가 A인 포아송 분포를 따른다. 또한 A의 사전분포는 구간 (1, 3)에서 균등분포를 한다. 개별피보험자는 1차 연도에 1건의 사고가 발생했다. 2차 연도에 예상되는 사고건수를 뷜만의 방법에 의한 신뢰도를 이용하여 추정하시오.

풀이

먼저 A의 1차, 2차 적률을 다음과 같이 계산한다.

$$E[A] = \int_1^3 (a)\cdot(0.5)da = [(\frac{a^2}{2})(0.5)]_{-1}^{3} = \frac{9-1}{4} = 2$$

$$E[A^2] = \int_1^3 (a^2)\cdot(0.5)da = [(\frac{a^3}{2})(0.5)]_{-1}^{3} = \frac{27-1}{6} = \frac{13}{3}$$

사고건수 N은 포아송 분포를 하므로 조건부 분산의 기댓값은 다음과 같다.

$$E_A[Var_N(N|A)] = E_A[A] = 2$$

다음으로 조건부 평균들의 분산값은 다음과 같다.

$$Var_A(E_N[N|A]) = Var(A) = E[A^2] - (E[A])^2 = \frac{1}{3}$$

따라서 범위모수 k는 다음과 같다.

$$k = \frac{EPV}{VHM} = \frac{2}{(1/3)} = 6$$

문제에서 $n=1$이므로 식 (6.2)에 의해 뷜만의 방법에 의한 신뢰도 Z는 다음과 같다.

$$Z = \frac{n}{n+k} = \frac{1}{1+6} = \frac{1}{7}$$

결과적으로 $R=1$이고 $H=E[N]=E_A[E(N|A)]=E_A[A]=2$이므로 2차 연도에 예상되는 사고건수 추정치는 다음과 같다.

$$\hat{C} = ZR + (1-Z)H = (\frac{1}{7})(1) + (\frac{6}{7})(2) = \frac{13}{7}$$

6.7 실무적 응용 예시

앞에서 언급한 것처럼 우리나라 손해보험의 기본요율은 대부분 등급요율(예, 화재보험, 상해보험 등)체계로 운용되고 있다. 여기서 위험등급이란 동질적 위험들로 구성된 집단을 말한다. 6.2절에서 설명한 Philbrick(1981)의 사격실험에서 표적지 W, X, Y, Z를 하나의 위험등급으로 간주하면 이해가 쉽다.

예제 6.16

다음과 같이 두개의 확률변수 X와 Θ의 분포를 가정할 때, 식 (6.3)으로 정의되는 범위모수 k값을 구하시오. 여기서 확률변수 Θ를 위험등급(class), X를 보험연도(year)로 가정하면 이해하기가 쉽다. <표 6.7>은 3개의 위험등급과 3개년의 경험데이터로 구성되어 있다.

표 6.7 확률변수 X와 Θ의 분포

Θ \ X	X_1	X_2	X_3
Θ_1	1	2	3
Θ_2	4	5	6
Θ_3	7	8	9
$E(\Theta \mid X)$	4	5	6
$Var(\Theta \mid X)$	6	6	6

풀이

위와 같은 연도별 손해액분포에서 확률변수 Θ의 분포를 구해보자. 일반적으로 구하는 것이 Θ가 취하는 모든 값 1, 2, 3, ⋯, 7, 8, 9의 9개의 값의 비조건부 평균과 비조건부 분산을 다음과 같이 구한다.

$$E(\Theta) = \frac{(1+2+......+9)}{9} = 5$$

$$Var(\Theta) = \frac{(1-5)^2+(2-5)^2 ...+(8-5)^2+(9-5)^2}{9} = \frac{20}{3}$$

그러나 앞에서 본 바와 같이,

$$Var(\Theta) = E_X[Var_\Theta(\Theta \mid X)] + Var_X(E_\Theta[\Theta \mid X])$$

와 같이 구해도 동일해 진다([정리 2.1] 참조). 위 <표 6.7>에서 보는 바와 같이 $E(\Theta \mid X)$는 X 값이 주어질 때 Θ의 평균값을 나타내므로 $E(\Theta \mid X)$은 4, 5, 6으로 계산된다. 예를 들면, $X = X_1$일 때의 $E(\Theta \mid X_1)$의 값은 $\frac{(1+4+7)}{3} = 4$가 됨을 알 수 있다. 마찬가지로 $Var(\Theta \mid X)$의 경우에도 동일하다. $Var(\Theta \mid X)$은 각각 6, 6, 6으로 동일하게 나타난다. 예를 들면, $X = X_2$일 때의 $Var(\Theta \mid X_2) = \frac{(2-5)^2 + (5-5)^2 + (8-5)^2}{3} = 6$이 된다. 따라서

$$E_X[Var_\Theta(\Theta \mid X)] \text{와 } Var_X(E_\Theta[\Theta \mid X])$$

은 다음과 같이 계산된다.

$$E_X[Var_\Theta(\Theta \mid X)] = \frac{(6+6+6)}{3} = 6$$

$$Var_X(E_\Theta[\Theta \mid X]) = \frac{(4-5)^2 + (5-5)^2 + (6-5)^2}{3} = \frac{2}{3}$$

비조건부 분산 $Var(\Theta) = 6 + \frac{2}{3} = \frac{20}{3}$이 됨으로써 위에서 9개의 확률변수로 계산한 분산값과 일치함을 알 수 있다. 확률변수 Θ의 분산은 조건부 분산들의 기댓값 ($E_X[Var_\Theta(\Theta \mid X)]$)과 조건부 평균들의 분산값($Var_X(E_\Theta[\Theta \mid X])$)의 합으로 이루어짐을 알 수 있다. 즉,

$$Var(\Theta) = E_X[Var_\Theta(\Theta \mid X)] + Var_X[E_\Theta(\Theta \mid X)]$$

가 성립한다([정리 2.1] 참조). 그러므로 뷜만의 방법에 의한 신뢰도의 k값은 다음과 같이 된다.

$$k = \frac{EPV}{VHM} = \frac{6}{2/3} = 9$$

이처럼 뷜만의 방법에 의한 신뢰도는 사전확률이 포함되지 않고 있음을 알 수 있다. 참고로 [예제 6.16]에서 <표 6.7>의 확률변수 X와 Θ의 분포가 다음 <표 6.8>과 같이 등급 내 완전 동질적인 위험들(즉, 각 등급 내 연노별 손해액이 동일하다)로 구성된다고 가정할 경우 범위모수 k를 구해보면 흥미 있는 결과가 나온다(즉, 등급 내에서 매년 동일한 크기의 손해액이 발생하고 있다고 가정한다).

표 6.8 확률변수 X와 Θ의 분포

X \ Θ	X_1	X_2	X_3
Θ_1	2	2	2
Θ_2	5	5	5
Θ_3	8	8	8
$E(\Theta \mid X)$	5	5	5
$Var(\Theta \mid X)$	6	6	6

풀이

[예제 6.16]과 같이 계산하면 $E(\Theta)=5$, $Var(\Theta)=6$이 된다. 또한 $Var(\Theta)=E_X[Var_\Theta(\Theta \mid X)]+Var_X[E_\Theta(\Theta \mid X)]$에서 $E(\Theta \mid X)$=15, $Var(\Theta \mid X)$=18이므로 조건부 분산들의 기댓값 $E_X[Var_\Theta(\Theta \mid X)]=\frac{18}{3}=6$이고 조건부 평균들의 분산값은 $Var_X[E_\Theta(\Theta \mid X)]=\frac{[(5-5)^2+(5-5)^2+(5-5)^2]}{3}=0$이므로 $k=\frac{6}{0}=0$이 된다. 따라서 각 집단(등급 Θ)이 완전히 동질적인 위험으로 구성된다면 신뢰도 $Z=\frac{3}{3+0}=1$이 됨을 알 수 있다. 이것은 <그림 3.1>의 결과와 같은 의미를 갖는다.

예제 6.17

다음과 같이 3개의 위험등급이 있다. 전체 위험 중에 A형 위험등급의 사전확률(비율)이 60%, B형 위험등급의 사전확률(비율)이 25%, C형 위험등급의 사전확률(비율)이 15%라고 가정한다. 또한 각 위험등급에서 1년 중 1건의 사고가 발생하거나 사고가 발생하지 않는다고 가정한다.

위험등급	사고발생확률	사전확률(비율)
A	20%	60%
B	30%	25%
C	40%	15%

위와 같은 조건하에서 조건부 분산들의 기댓값과 조건부 평균들의 분산값, 범위모수 k을 계산하시오.

풀이

1) 조건부 분산들의 기댓값은 다음과 같다.

위험등급	사전확률(비율)	조건부 분산($p \cdot q$)
A	0.60	0.2×(1-0.2)=0.16
B	0.25	0.3×(1-0.3)=0.21
C	0.15	0.4×(1-0.4)=0.24
평균		0.1845

위 표에서 조건부 분산들의 기댓값 1.845는 사전확률(비율)×조건부 분산의 값들을 합한 값이다. 즉,

$$EPV = 0.60 \times 0.16 + 0.25 \times 0.21 + 0.15 \times 0.24 = 0.1845$$

2) 조건부 평균들의 분산값의 계산은 다음과 같다.

위험등급	사전확률(비율)	평균(1차 적률)	평균의 제곱(2차 적률)
A	0.60	0.2	0.04
B	0.25	0.3	0.09
C	0.15	0.4	0.16
평균		0.2550	0.0705

따라서 조건부 평균들의 분산값은 다음과 같다.

$$VHM = 0.0705 - (0.2550)^2 = 0.0055$$

3) 범위모수 $k = \dfrac{0.1845}{0.0055} = 33.545$이다.

예제 6.18[15)]

어떤 항아리 안에 두 개의 주사위 B_1과 B_2만 있다. 각 주사위가 선택될 확률은 동일하다. B_1 주사위는 6개의 동일한 크기의 면으로 되어 있으며 그중 5개의 면은 "2"로, 나머지 한 개의 면은 "14"로 표시되어 있다. B_2 주사위 또한 동일한 크기의 6개면으로 되어 있는데 그중 3개의 면이 "2", 다른 3개의 면이 "14"로 표시되어 있다. S_i를 i번째(i =1, 2, …) 던진 주사위의 결괏값을 나타내는 확률변수라고 할 때, 한 개의 주사위가 선택

15) 이 예제는 6.2.4절의 내용을 구체화시키고 있다.

되어 단 한차례 던져졌고 그 주사위가 B_1일 때의 조건부 기댓값 $E(S_1|B_1)$과 B_2일 때의 조건부 기댓값 $E(S_1|B_2)$을 구하시오.

풀이

$$E(S_1|B_1) = 2 \times \Pr(S_1 = 2|B_1) + 14 \times \Pr(S_1 = 14|B_1)$$
$$= 2(\frac{5}{6}) + 14(\frac{1}{6}) = 4$$
$$E(S_1|B_2) = 2 \times \Pr(S_1 = 2|B_2) + 14 \times \Pr(S_1 = 14|B_2)$$
$$= 2(\frac{3}{6}) + 14(\frac{3}{6}) = 8$$

예제 6.19

[예제 6.18]을 이용하여 $P(B_1|S_1 = 2)$의 값을 구하시오.

풀이

$\Pr(B_1|S_1 = 2)$의 뜻은 주사위가 단 한 차례 던져졌고 그 결괏값이 2였을 때, 선택된 주사위가 B_1일 확률(즉, $\Pr(B_1|S_1 = 2)$)을 구하라는 뜻이다.

$$\Pr(B_1|S_1 = 2) = \frac{\Pr(B_1) \times \Pr(S_1 = 2|B_1)}{\Pr(S_1 = 2)}$$

$$\Pr(S_1 = 2|B_1) = \frac{5}{6},\ \Pr(B_1) = \frac{1}{2}$$

$$\Pr(S_1 = 2) = \Pr(S_1 = 2|B_1) \times \Pr(B_1) + \Pr(S_1 = 2|B_2) \times \Pr(B_2)$$
$$= (\frac{5}{6})(\frac{1}{2}) + (\frac{3}{6})(\frac{1}{2}) = \frac{2}{3}$$

따라서 $\Pr(B_1|S_1 = 2) = \dfrac{[(\frac{1}{2})(\frac{5}{6})]}{(\frac{2}{3})} = \dfrac{5}{8}$ (또는 62.5%)가 된다.

예제 6.20

[예제 6.19]를 이용하여 확률변수 S_1의 기댓값 $E(S_1)$을 구하시오.

풀이

$$E(S_1) = \sum_{i=1}^{2} \Pr(B_i) E(S_1 | B_i) = (\frac{1}{2})(4) + (\frac{1}{2})(8) = 6$$

예제 6.21

두 개의 6면체 주사위 A_1과 A_2는 사고건수(frequency)를 결정하기 위해 사용된다. 두 개의 주사위 각 면에는 0 또는 1의 숫자가 표시되어 있다. 0인 경우는 사고가 발생치 않은 것이고 1인 경우는 사고가 발생한 것을 나타낸다. 각 주사위에 대한 사고발생 확률은 다음과 같다.

주사위	사고발생 확률
A_1	2/6
A_2	3/6

또한 심도(severity)를 계산하기 위한 두 개의 원판 B_1과 B_2가 있다. 각 원판은 20과 50이 표시된 두 개의 영역으로 나누어지고 있고 각 사고금액이 발생할 확률은 다음과 같다.

원판	사고금액	
	20	50
B_1	0.60	0.40
B_2	0.20	0.80

한 개의 관측치는 무작위로 선택된 주사위 A_1과 A_2와 무작위로 선택된 원판으로 구성된다. 선택된 주사위를 던져서 1건의 사고가 발생했다면 선택된 원판을 돌린다고 할 때 다음을 계산하시오.

1) 빈도에 대한 조건부 분산들의 기댓값(EPV)을 계산하시오.
2) 빈도에 대한 조건부 평균들의 분산값(VHM)을 계산하시오.
3) 심도에 대한 조건부 분산들의 기댓값(EPV)을 계산하시오.
4) 심도에 대한 조건부 평균들의 분산값(VHM)을 계산하시오.
5) 순보험료에 대한 조건부 분산들의 기댓값(EPV)을 계산하시오.

6) 순보험료에 대한 조건부 평균들의 분산값(VHM)을 계산하시오.

풀이

1) 빈도에 대한 조건부 분산들의 기댓값을 계산하면 다음과 같다. 베르누이에 대한 조건부 분산은 $pq = p(1-p)$이다. 예를 들면, 주사위 A_1에 대한 조건부 분산 $= \frac{2}{6}(1-\frac{2}{6}) = \frac{2}{9} = 0.2222$

주사위 유형	베르누이 모수	사전확률	조건부 분산
A_1	$\frac{2}{6}$	0.50	$\frac{2}{6}(1-\frac{2}{6}) = 0.2222$
A_2	$\frac{3}{6}$	0.50	$\frac{3}{6}(1-\frac{3}{6}) = 0.2500$
평균			0.2361

위 표의 조건부 분산들의 기댓값(0.2361)은 다음과 같이 계산되었다.

$$EPV = 0.50 \times 0.2222 + 0.50 \times 0.2500 = 0.2361$$

2) 빈도에 대한 조건부 평균들의 분산값을 계산하면 다음과 같다.

주사위 유형	사전확률	평균	평균의 제곱
A_1	0.50	0.3333	0.11111
A_2	0.50	0.5000	0.25000
평균		0.4167	0.18056

따라서 조건부 평균들의 분산값은 다음과 같다.

$$VHM = 0.18056 - (0.41667)^2 = 0.00695$$

3) 심도에 대한 조건부 분산들의 기댓값을 계산하면 다음과 같다.
원판 B_1에 대한 1차 적률은 $(20)(0.6)+(50)(0.4) = 32$이고 2차 적률은 $(20)^2(0.6)+(50)^2(0.4) = 1,240$이다. 따라서 조건부 분산은 $1,240-(32)^2 = 216$이다. 원판 B_2에 대한 1차 적률은 $(20)(0.2)+(50)(0.8) = 44$이고 2차 적률은 $(20)^2(0.2)+(50)^2(0.8) = 2,080$이다. 따라서 조건부 분산은 $2,080-(44)^2 = 144$이다. 따라서 조건부 분산들의 기댓값은 다음과 같다.

$$EPV = (\frac{1}{2})(216) + (\frac{1}{2})(144) = 180$$

원판 유형	사전확률	평균	2차적률	조건부 분산
B_1	0.50	32	1,240	216
B_2	0.50	44	2,080	144
평균				180

4) 심도에 대한 조건부 평균들의 분산값을 계산하면 다음과 같다.

주사위 유형	사전확률	평균	평균의 제곱
B_1	0.50	32	1,024
B_2	0.50	44	1,936
평균		38	1,480

따라서 조건부 평균들의 분산값은 다음과 같다.

$$VHM = 1,480 - (38)^2 = 36$$

※ 참고: 원판들은 주사위와 독립적으로 선택이 되었기 때문에 유형별 빈도와 심도는 위험유형별로 독립이라는 점에 주목해 볼 필요가 있다. 따라서 우리는 여기서 빈도와 사전 질문을 무시할 수 있다. 예를 들면 낮은 빈도가 높은 심도와 연관되었을 때 쉽게 계산할 수 없다는 점이다.

5) 순보험료에 대한 조건부 분산들의 기댓값을 계산하면 다음과 같다.

주사위와 원판의 각 조(pair)에 대한 순보험료의 분산은 다음과 같은 공식을 사용하였다.

$$\text{순보험료의 분산} = \mu_f \sigma_s^2 + \mu_s^2 \sigma_f^2$$

주사위와 원판	사전확률	평균빈도 μ_f	빈도의 분산 σ_f^2	평균심도 σ_f	심도의 분산 σ_s^2	순보험료의 조건부 분산
A_1, B_1	0.250	0.333	0.222	32	216	299.6
A_1, B_2	0.250	0.333	0.222	44	144	478.2
A_2, B_1	0.250	0.500	0.250	32	216	364.0
A_2, B_2	0.250	0.500	0.250	44	144	556.0
평균						424.4

띠리서 순보험료에 대한 조건부 분산들의 기댓값은 EPV=0.250×299.6+0.250×478.2+0.250×364.0+0.250×556.0=424.4이다.

6) 순보험료에 대한 조건부 평균들의 분산값을 계산하면 다음과 같다.

주사위와 원판	사전확률	평균빈도	빈도의 분산	평균심도	평균 순보험료	평균순보험료의 제곱
A_1, B_1	0.250	0.333	0.222	32	10.667	113.778
A_1, B_2	0.250	0.333	0.222	44	14.667	215.111
A_2, B_1	0.250	0.500	0.250	32	16.000	256.000
A_2, B_2	0.250	0.500	0.250	44	22.000	484.000
평균					15.833	267.222

따라서 순보험료에 대한 조건부 평균들의 분산값은 다음과 같다.

$$VHM = 267.222 - (15.833)^2 = 16.53$$

예제 6.22

어떤 보험계약자 그룹의 사고건수 분포가 다음 표와 같이 관찰되었다. 개별계약자의 사고건수는 모수가 θ인 포아송 분포를 따른다고 가정한다. 그러나 각 분포의 평균은 개인에 따라 다를 수 있다.

사고건수	0	1	2	3	4	5	5초과
비율	60.0%	24.0%	9.8%	3.9%	1.6%	0.7%	0%

이때 조건부 분산들의 기댓값과 조건부 평균들의 분산값을 구하시오.

풀이

총분산값을 구하기 위해 다음과 같은 표를 작성한다.

사고건수(1)	비율(사전적 확률) (2)	$(1)\times(2)$	$(1)^2\times(2)$
0	0.600	0.000	0.000
1	0.240	0.240	0.240
2	0.098	0.196	0.392
3	0.039	0.117	0.351
4	0.016	0.064	0.256
5	0.007	0.035	0.175
합계	1.000	0.652	1.414

따라서 총분산값 $= 1.414 - (0.652)^2 = 0.989$가 된다. 포아송 분포의 평균과 분산은 동일하므로 $E[X \mid \theta] = Var[X \mid \theta] = \theta$이다. 따라서 조건부 분산들의 기댓값은

$$E_\theta[Var(X \mid \theta)] = E_\theta[\theta] = 0.652$$

이다.

다음으로 조건부 평균들의 분산값(VHM)은

$$\text{VHM} = \text{총분산} - \text{EPV} = 0.989 - 0.652 = 0.337$$

이다. 따라서 범위모수 k는 다음과 같다.

$$k = \frac{0.652}{0.337} = 1.93$$

예제 6.23

어떤 보험종목의 위험등급이 다음 표와 같이 3개의 형태로 구성되었다고 할 때 다음 정보를 참고하여 문제를 풀어라.

○ 빈도와 심도는 상호 독립적이다.

○ 빈도는 $\lambda = 0.01$인 포아송 분포를 따르고 심도는 지수분포를 따른다.

○ 계약자는 동일한 빈도와 심도 과정을 가진다.

○ 지수분포의 적률은 $E[X^n] = \dfrac{(n!)}{\lambda^n}$이다.

위험등급	비중	빈도 평균	심도 평균
1	40%	6	100
2	35%	7	125
3	25%	9	200

(1) 빈도의 EPV

(2) 빈도의 VHM

(3) 심도의 EPV

(4) 심도의 VHM

(5) 순보험료의 EPV

(6) 순보험료의 VHM

풀이

(1) 빈도의 $EPV = (40\%)(6) + (35\%)(7) + (25\%)(9) = 7.10$

(2) $(빈도평균)^2$의 가중평균 $= (40\%)(6)^2 + (35\%)(6)^2(25\%)(9)^2 = 5.186$

위험등급	비중	빈도평균	(빈도평균)^2
1	40%	6	36
2	35%	7	49
3	25%	9	81

빈도의 $VHM = 5.18 - (7.1)^2 = 1.39$

(3) 지수분포적률 $= E[X^n] = \dfrac{(n!)}{\lambda^n}$, 평균$=\dfrac{1}{\lambda}$, 분산$=\dfrac{1}{\lambda^2}$

위험등급	비중 (1)	빈도평균 (2)	(1)×(2)	지수 λ값	조건부 분산
1	40%	6	2.40	0.010	10,000
2	35%	7	2.45	0.008	15,625
3	25%	9	2.25	0.005	40,000

위험등급1: 조건부분산 $= \dfrac{1}{\lambda^2} = \dfrac{1}{(0.01)^2} = 10,000(\dfrac{1}{\lambda} = 100)$

위험등급 2: 조건부 분산 $= \dfrac{1}{\lambda^2} = \dfrac{1}{(0.008)^2} = 15,625(\dfrac{1}{\lambda} = 125)$

위험등급 3: 조건부 분산 $= \dfrac{1}{\lambda^2} = \dfrac{1}{(0.005)^2} = 40,000(\dfrac{1}{\lambda} = 200)$

심도의 $EPV = \dfrac{[(2.4)(10,000) + (2.45)(15,625) + (2.25)(40,000)]}{(2.40 + 2.45 + 2.25)} = 21,448$

(4) 심도의 가중평균 $= \dfrac{[(2.4)(100) + (2.45)(125) + (2.25)(200)]}{(2.40) + 2.45 + 2.25} = 140.32$

심도의 $VHM = 21,448 - (140.32)^2 = 1,758$

(5) 위험등급 1: 조건부 분산 $= (6)(10,000) + (100)^2(6) = 120,000$

위험등급 2: 조건부 분산 $= (7)(15,625) + (125)^2(7) = 218,750$

위험등급 3: 조건부 분산 $= (9)(40,000) + (200)^2(9) = 720,000$

순보험료의 EPV

$= (40\%)(120,000) + (35\%)(218,750) + (25\%)(720,000) = 304,562$

위험등급	비중	μ_f	σ_f^2	μ_s	σ_s^2	조건부 분산
1	40%	6	6	100	10,000	120,000
2	35%	7	7	125	15,625	218,750
3	25%	9	9	200	40,000	720,000

(6) 빈도와 심도는 상호 독립이므로 평균순보험료=평균빈도×평균심도

위험등급	비중	μ_f	μ_s	평균순보험료	(평균순보험료)^2
1	40%	6	100	600	360,000
2	35%	7	125	875	765,625
3	25%	9	200	1,800	3,240,000

평균순보험료의 가중평균 = (40%)(600) + (35%)(875) + (25%)(1,800) = 996.25

(평균순보험료)^{2}의 가중평균 = (40%)(360,000) + (35%)(765,625) + (25%)(3,240,000)
= 1,221,969

순보험료의 $VHM = 1,221,969 - (996.25)^2 = 229,445$

6.8 다면체 주사위를 이용한 조건부 평균들의 분산값과 조건부 분산들의 기댓값 계산(예시)

아래 다면체 주사위 예에서는 3가지(4면체, 6면체, 8면체) 주사위를 대상으로 하는데 이때 3가지 주사위 각각을 하나의 위험등급으로 생각하면 이해하기 쉽다.

<가정> 4면체 주사위(숫자 1, 2, 3, 4)가 60개, 6면체 주사위(숫자 1, 2, 3, 4, 5, 6)가 30개, 8면체 주사위(1, 2, ⋯, 8)가 10개로 총 100개의 다면체 주사위가 있다.

6.8.1 다면체 주사위를 1회 던지는 경우의 EPV와 VHM

6.8.1.1 조건부 분산들의 기댓값(*EPV*)

예제 6.24

다면체 주사위를 1개 선택해서 던진 다음 그 결과를 확인한 후 동일한 주사위를 다시

던질 때 결과치를 추정하고자 한다.

풀이

다음과 같은 다면체 주사위로부터 평균값과 분산을 계산할 수 있다.

(1) 4면체의 주사위

<표 6.9>와 같이 4면체인 주사위의 경우 평균은 2.5이고 분산은 $7.5-(2.5)^2=1.25$이다. 즉, 4면체 주사위를 선택했을 때의 조건부 분산은 $Var[X|4\text{면}]=\frac{15}{12}=1.25$이다.

표 6.9 4면체 주사위의 경우

주사위 면(1)	사전확률(2)	평균값(3)=(1)×(2)	(4)=$(1)^2$×(2)
1	0.25	0.25	0.25
2	0.25	0.50	1.00
3	0.25	0.75	2.25
4	0.25	1.00	4.00
합계	1.00	2.50	7.50

(2) 6면체의 주사위

6면체인 경우 <표 6.10>와 같이 평균은 3.5이고 분산은 다음과 같다.

$$15.167-(3.5)^2=2.916$$

즉, 6면체 주사위를 선택했을 때의 조건부 분산은 $Var[X|6\text{면}]=\frac{35}{12}=2.916$이다.

표 6.10 6면체 주사위의 경우

주사위 면(1)	사전확률(2)	평균값(3)	(4)=$(1)^2$×(2)
1	0.1667	0.167	0.167
2	0.1667	0.333	0.667
3	0.1667	0.500	1.500
4	0.1667	0.667	2.667
5	0.1667	0.833	4.167
6	0.1667	1.000	6.000
합계	1.0000	3.500	15.167

(3) 8면체 주사위

8면체인 경우 <표 6.11>과 같이 평균은 4.5이고 분산은 $25.500-(4.500)^2=5.25$임을 알

수 있다. 즉, 8면체 주사위를 선택했을 때 조건부 분산은 $Var[X|8\text{면}] = \frac{63}{12} = 5.25$이다.

표 6.11 8면체 주사위의 경우

주사위 면(1)	사전확률(2)	평균값(3)	(4)=(1)^2×(2)
1	0.125	0.125	0.125
2	0.125	0.250	0.500
3	0.125	0.375	1.125
4	0.125	0.500	2.000
5	0.125	0.625	3.125
6	0.125	0.750	4.500
7	0.125	0.875	6.125
8	0.125	1.000	8.000
합계	1.0000	4.500	25.500

(4) 조건부 분산들의 기댓값(EPV)

조건부 분산들의 기댓값은 각 유형의 위험이 나타날 확률을 가중치로 해서 각 유형의 조건부 분산값들을 더함으로써 계산된다. 이 경우 조건부 분산들의 기댓값은

$$60\% \times 1.25 + 30\% \times 2.916 + 10\% \times 5.25 = 2.150$$

이다. 이를 문자로 표시하면 다음과 같다.

$$P(4\text{면체})Var(X|4\text{면체}) + P(6\text{면체})Var(X|6\text{면체}) + P(8\text{면체})Var(X|8\text{면체})$$

이는 위험과정에서 단일 관측치, 즉 주사위를 한번 던질 때 조건부 분산들의 기댓값임을 주목해 볼 필요가 있다.

참고로 위의 주사위의 경우처럼 어떤 상태가 확실하게 이산적으로 나타나며 또한 그 상태 확률의 합이 1.0이 되는 것과 같이 이산분포에서는 조건부 분산들의 기댓값은 유형별 분산(예, 8면체의 경우 $Var[X|8\text{면체}] = 5.25$)에 해당 유형이 선택될 확률(예, 8면체의 경우 $P(8\text{면체})$)을 적용하지만 감마-포아송 분포와 같은 연속형 분포인 경우는 적분을 취해서 조건부 분산들의 기댓값을 구해야 한다.

6.8.1.2 조건부 평균들의 분산값(*VHM*)

6.8.1.1절에서 다면주사위가 4면체인 경우 조건부 평균 2.5, 6면체인 경우 조건부 평균 3.5, 8면체인 경우 조건부 평균 4.5를 각각 계산하였다. 다음은 조건부 평균들과 이들의 2차 적률값을 계산하여 조건부 평균들의 분산값을 계산한다.

표 6.12 조건부 평균들의 분산값(VHM)의 계산

주사위 유형	유형별 주사위가 선택될 사전확률	주사위 유형별 조건부 평균값 (1)	주사위 유형별 조건부 평균값의 2차 적률 $(1)^2$
4면체	0.6	2.50	$(2.5)^2=6.25$
6면체	0.3	3.50	$(3.5)^2=12.25$
8면체	0.1	4.50	$(4.5)^2=20.25$
계	1.0	$0.6\times2.50+0.3\times3.50+0.1\times4.50=3.00$	$0.6\times6.25+0.3\times12.25+0.1\times20.25=9.45$

조건부 평균들의 분산값은 주사위 유형별 조건부 평균값의 2차 적률값에서 주사위 유형별 조건부 평균값의 제곱을 차감한 값이다. 즉, $9.45-(3)^2=0.45$이다. 이 값은 한 번의 시도 즉, 한 개의 주사위를 무작위로 골라서 단 한 번만 던진 경우의 분산값이다.

6.8.1.3 총분산값 계산

이 실험을 반복적으로 실험한다면 관측결과의 총분산값을 계산할 수 있다. 주사위의 경우에서 반복적으로 주사위를 던져서 나오는 결과의 총분산값을 계산할 수 있는데 그러기 위해서는 가능한 결괏값에 대한 확률만을 계산할 필요가 있게 된다.

<표 6.13>에서처럼 100개의 주사위 중에서 임의로 선택한 한 개의 주사위가 4면체 주사위이고 그 주사위를 던졌을 때 주사위 면이 1일 가능성은 $60\%\times\frac{1}{4}=0.150$이다. 동일하게 2, 3, 4가 나올 확률도 0.150이다. 6면체 주사위가 선택되어 주사위 면이 1이 나올 가능성은 $30\%\times\frac{1}{6}=0.05$이 되며 다른 값(2, 3, 4, 5, 6)이 나올 확률 역시 0.05가 된다. 8면체 주사위가 선택되어 주사위 면이 1이 나올 가능성은 $10\%\times\frac{1}{8}=$

0.0125이 되며 다른 값(2, 3, 4, 5, 6, 7, 8)이 나올 확률 역시 0.0125가 된다. 결과적으로 임의로 선택한 주사위로부터 1이 나올 확률은 0.15 + 0.05 + 0.0125 = 0.2125가 된다.

임의로 선택한 주사위로부터 기대할 수 있는 평균값은 주사위 값이 나올 사전확률(<표 6.13>에서 (5))에 주사위 면의 값을 곱해서 더한 값이 3.000이다. 또한 같은 방법으로 구한 2차 적률값은 11.6이므로 총 분산은 $11.6-(3.0)^2=2.6$이 된다.

표 6.13 총분산값 계산

주사위를 던져 나오는 숫자(1)	4면체 주사위가 나올 확률 (2)	6면체 주사위가 나올 확률 (3)	8면체 주사위가 나올 확률 (4)	(2)+(3)+(4) 사전확률 (5)	(1)×(5) 평균값 (6)	$(1)^2\times(5)$ (7)
1	0.15	0.05	0.0125	0.2125	0.2125	0.2125
2	0.15	0.05	0.0125	0.2125	0.4250	0.8500
3	0.15	0.05	0.0125	0.2125	0.6375	1.9125
4	0.15	0.05	0.0125	0.2125	0.8500	3.4000
5	-	0.05	0.0125	0.0625	0.3125	1.5625
6	-	0.05	0.0125	0.0625	0.3750	2.2500
7	-	-	0.0125	0.0125	0.0875	0.6125
8	-	-	0.0125	0.0125	0.1000	0.8000
합계	0.6	0.3	0.1	1.0000	3.0000	11.6

총분산값은 조건부 분산들의 기댓값과 조건부 평균들의 분산값의 합이다. 위에서 계산한 조건부 분산들의 기댓값과 조건부 평균들의 분산값을 이용하면 총분산 = 2.15 + 0.45 = 2.60으로 동일한 것을 알 수 있다. 따라서 다음식이 성립된다.

$$총분산 = 조건부\ 분산들의\ 기댓값(EPV)+조건부\ 평균들의\ 분산값(VHM)$$

조건부 분산들의 기댓값과 조건부 평균들의 분산값을 계산하는 방식은 서로 상이하다. 조건부 분산들의 기댓값(EPV)은 먼저 각 위험대상의 조건부 분산들을 각각 계산한 후 모든 위험대상의 분산에 가중치를 감안한 평균값을 구한다. 이를 문자로 표시하면 $EPV=E_\theta[Var(X|\theta)]$이다. 조건부 평균들의 분산값($VHM$)은 각 위험대상의 평균들을 먼저 계산하고 난 후 모든 위험대상 평균들의 분산값을 구하는 방식이다. 이를 문자로 표시하면 $VHM=Var_\theta[E(X|\theta)]$가 된다. 여기서, θ는 다면체 주사위 유형별 모수를 말한다.

6.8.2 다면체 주사위를 2회 이상 던지는 경우의 EPV와 VHM

6.8.1절에서는 다면체 주사위를 한번 던질 경우의 분산을 계산하였다. 한 사람이 한 개 이상의 주사위를 던질 경우의 분산을 계산할 수 있다. 서로 다른 분산값을 초래하는 상이한 경우가 있을 수 있는데, 이는 서로 다른 신뢰도값을 나타낸다.

예제 6.25

계리사 회의에 참여하는 각 계리사들은 다면체 주사위 2개를 던졌다. 한 주사위는 4면체이고 다른 주사위는 6면체이다. 각 계리사들은 두 개의 주사위를 던진 후 그 면의 수의 합을 기록한다. 계리사들에 의해 기록된 결과치의 기대분산값(expected variance)은?

풀이

기대분산값은 4면체 주사위와 6면체 주사위 기대분산값의 합이다. [예제 6.24]의 결과에 의해 분산 = (15/12) + (35/12) = 50/12 = 4.167

[예제 6.25]에서 각 계리사가 주사위를 무작위로 선택할 때 그 주사위의 형태를 알고 있는지를 구분해야 한다. 후자의 경우 아래의 [예제 6.26]에서 보여준 대로 추가적인 무작위적 변화를 초래하게 된다.

예제 6.26

계리사 회의에 참석하고 있는 각각의 계리사가 독립적으로 두 개의 다면체 주사위를 선택한다. 각 계리사는 두 개의 다면체 주사위를 각각 독립적으로 선택하는데, 4면체 주사위를 선택할 가능성은 60%, 6면체 주사위를 선택할 가능성은 30%, 8면체 주사위를 선택할 가능성은 10%이다. 각 계리사는 두 개의 주사위를 던져서 그 면의 수의 합을 기록한다. 계리사들에 의해 기록된 결과치의 기대분산값은?

풀이

총분산값은 EPV와 VHM의 합으로 표시된다. 각 계리사가 던지는 주사위를 A, B라고 하자. A에 대한 모수(각 면의 숫자)를 θ라고 하고 B에 대한 모수를 ψ라고 하자. 두 주사위가 독립적으로 선정됨으로써 주사위 A는 θ에만 의존하고 주사위 B는 ψ에만 의존하게 된다. 따라서 EPV는 다음과 같다.

$$\begin{aligned} EPV &= E_{\theta,\psi}[Var[A+B|\theta,\psi]] \\ &= E_{\theta,\psi}[Var[A|\theta,\psi]] + E_{\theta,\psi}[Var[B|\theta,\psi]] \ (\because \text{독립적}) \\ &= E_{\theta}[Var[A|\theta]] + E_{\psi}[Var[B|\psi]] \\ &= 2.15 + 2.15 = 4.30 \\ VHM &= Var_{\theta,\psi}[E[A+B|\theta,\psi]] \\ &= Var_{\theta,\psi}[E[A|\theta,\psi] + E[B|\theta,\psi]] \\ &= Var_{\theta}[E[A|\theta]] + Var_{\psi}[E[B|\psi]] = (2)(0.45) = 0.90 \end{aligned}$$

여기서 $E[A|\theta]$와 $E[B|\psi]$가 서로 독립적이라는 사실을 이용하여 분산을 단순히 합함으로써 계산할 수 있다. 총 분산 = $EPV + VHM$ = 4.3 + 0.9 = 5.2가 된다.

[예제 6.26]는 [예제 6.27]과 같이 주어진 계리사가 선택하는 두 주사위 유형이 항상 동일한 경우에만 미묘한 차이를 보이고 있다.

예제 6.27

계리사 회의에 참석하는 각각의 계리사는 동일한 유형의 주사위 두 개를 선택한다. 계리사가 선택하는 다면체 주사위가 4면일 확률은 60%, 6면일 확률이 30%, 8면일 확률이 10%이다. 각 계리사는 주사위를 던져 그 면의 숫자의 합을 기록한다. 계리사들에 의해 기록된 결과치들의 기대분산값은?

풀이

총분산은 EPV와 VHM의 합으로 표시된다. 각 계리사가 던지는 두 주사위를 A와 B라고 하자. 주사위의 모수(각 면의 숫자)는 두 주사위가 동일하게 θ라고 하자. 그러면 EPV와 VHM은 다음과 같이 계산된다.

$$EPV = E_{\theta}[Var(A+B|\theta)] = E_{\theta}[Var(A|\theta)] + E_{\theta}[Var(B|\theta)] = 2.15 + 2.15 = 4.30$$

$$VHM = Var_{\theta}[E(A+B|\theta)] = Var_{\theta}[2E(A|\theta)] = (2)^2 Var[E(A|\theta)] = (4)(0.45) = 1.80$$

여기서, $E[A|\theta]$와 $E[B|\theta]$는 주사위 형태가 동일하다는 사실을 이용하였다. 그러므로 총분산= $EPV + VHM = 4.3 + 1.8 = 6.1$이 됨을 알 수 있다. 이는

$$\text{총 분산} = (N)(\text{1회 관측에 대한 } EPV) + (N^2)$$
$$(\text{1회 관측에 대한 } VHM) = (2)(2.15) + (22)(0.45) = 6.1$$

로도 계산할 수 있다.

[예제 6.27]은 수리적으로 볼 때 각각의 계리사가 선택한 단일 주사위를 두 번 던져 그 합을 기록하는 것과 동일함을 주목해 볼 필요가 있다. 계리사가 각각의 주사위 유형이 서로 독립적인 두 개의 주사위를 선정하는 [예제 6.26]와 비교하기 바란다.

[예제 6.27]에서 총 분산 = (2)(단일 주사위 투척의 EPV) + (2^2)(단일 주사위 투척의 VHM)이다. VHM은 관측수의 자승인 N^2에 비례해서 증가한 반면 EPV는 N만큼 증가하였다.

$$\text{총 분산} = N(\text{1회 관측에 대한 } EPV) + (N^2)(\text{1회 관측에 대한 } VHM)$$

이는 뷜만의 방법에 의한 신뢰도 공식 $Z = \dfrac{N}{N+k}$에 내포되어 있는 가정이다. 뷜만의 방법에 의한 신뢰도 모수 k는 단일 주사위를 던질 때 VHM에 대한 EPV의 비율로 표시된다. 이 공식은 관측 수 N에 따라서 자동적으로 신뢰도를 조정한다.

$$\text{총 분산} = EPV + VHM$$

일반적으로 아래의 등식이 성립함을 보일 수 있다.

$$Var[X] = E_\theta[Var(X|\theta)] + Var_\theta[E(X|\theta)]$$

첫째, EPV를 재구성할 수 있다.

$$E_\theta[Var[X|\theta]] = E_\theta[E[X^2|\theta] - (E[X|\theta])^2] = E_\theta(E[X^2|\theta]) - E_\theta(E[X|\theta])^2$$
$$= E[X^2] - E_\theta(E[X|\theta])^2$$

둘째, VHM를 재구성할 수 있다.

$$Var_\theta[E[X|\theta]] = E_\theta[E[X|\theta]^2] - E_\theta[E[X|\theta]]^2 = E_\theta[E[X|\theta]^2] - E[X]^2$$

두 값을 합치게 되면

$$\begin{aligned} EPV + VHM &= E_\theta[Var[Xvert\theta]] + Var_\theta[E[Xvert\theta]] \\ &= E[X^2] - E_\theta[E[X|\theta]^2] + E_\theta[E[X|\theta]^2] - (E[X])^2 \\ &= E[X^2] - (E[X])^2 = Var[X] \end{aligned}$$

따라서 위 식은 X의 총분산이 된다.

단일 주사위를 던지는 경우 총분산값(EPV+VHM)은 2.15 + 0.45 = (11.6−9.45) + (9.45−9) = 11.6−9 = 2.6이 된다. 총분산 2.6을 두 항목으로 분리하기 위해 조건부 평균들의 자승의 기댓값 9.45를 더하고 빼면 된다.

6.8.3 뷜만의 방법에 의한 신뢰도를 반영한 예측값의 계산

6.8.1절의 다면체 주사위 예에서 뷜만의 방법에 의한 신뢰도를 설명하면 다음과 같다. 무작위로 한 개의 주사위를 선택하고 선택된 주사위를 던진 후 그 면의 숫자를 기록해 둔다. 그리고 선택된 주사위를 다시 한 번 던질 때 나올 수 있는 결과를 예측하고자 한다. 여기서 전체 평균값은 무작위로 한 개의 주사위를 선택하고 던진 결과의 주사위 유형별 조건부 평균값인 3.0(<표 6.12> 참조)이 된다. 우리는 무작위로 선택한 주사위의 결괏값에 대한 정보를 가지고 있으므로 뷜만의 방법에 의한 신뢰도를 이용하여 다음 주사위 결과에 대한 더 좋은 예측을 할 수 있게 된다. 경험 데이터의 양이 부족하거나 다른 이유로 경험 데이터의 결과를 충분히 신뢰하지 못할 때 더 좋은 예측값을 구하기 위해 전체 평균값에 신뢰도의 보수(complement) $(1-Z)$를 적용하게 된다. 뷜만의 방법에 의한 신뢰도(Z)를 적용한 예측값 = $Z \times$ 관측값 + $(1-Z)$ (전체 평균값)이다.

뷜만의 방법에 의한 신뢰도의 범위모수 k는 조건부 분산들의 기댓값(EPV)을 조건부 평균들의 분산값(VHM)으로 나눈 값으로 EPV와 VHM은 단일 관측을 통해 계산되어진다. 위에서 설명한 주사위 예의 경우, $k = \frac{EPV}{VHM} = \frac{2.15}{0.45} = 4.778$이 된다.

따라서 뷜만의 방법에 의한 신뢰도 $Z = \frac{n}{n+k}$이고 범위모수는

$$k=\frac{\text{조건부 분산들의 기대값}(EPV)}{\text{조건부 평균들의 분산값}(VHM)}$$

이 된다.

신뢰도 공식으로부터 처음 결과를 관측했을 경우 $n=1$이고 이에 따라 신뢰도 $Z=\frac{1}{1+4.778}=0.173$로 만일 처음 주사위를 던진 결과가 주사위 면이 2였다면 다음 회의 예측값은 (0.173)(2) + (1−0.173)(3) = 2.827이 된다. 그러므로 뷜만의 방법에 의한 신뢰도를 적용한 예측값은 관측횟수(n)의 일차함수로 나타난다. $n=1$인 경우,

$$Z=\frac{n}{n+k}=\frac{1}{1+k}=\frac{VHM}{VHM+EPV}=\frac{VHM}{\text{총분산}}$$

으로 표현됨을 알 수 있다. 이는 $Z=\frac{VHM}{\text{총분산}}=\frac{0.45}{2.60}=0.173$로 위의 계산과 동일함을 알 수 있다. 만일 무작위로 선택된 주사위를 반복해서 던지게 된다면 선택된 주사위의 유형을 알 수 있기 때문에 예측값의 신뢰도는 더 높아질 수 있다. 또한 관측횟수가 많으면 많을수록 신뢰도는 커진다. 첫 회 관측시의 주사위 값에 따른 뷜만 신뢰도를 적용한 예측값은 다음 <표 6.14>과 같다.

표 6.14 **첫 회 관측 후 뷜만의 방법에 의한 예측값**

첫 회 관측 시 주사위 값	첫 회 관측 후 뷜만 신뢰도에 의한 예측값
1	0.173(1)+(1-0.173)(3)=2.654
2	0.173(2)+(1-0.173)(3)=2.827
3	0.173(3)+(1-0.173)(3)=3.000
4	0.173(4)+(1-0.173)(3)=3.173
5	0.173(5)+(1-0.173)(3)=3.346
6	0.173(6)+(1-0.173)(3)=3.519

예를 들어, 5회 관측을 했다면 즉, 5번 주사위를 던져 그 결괏값을 기록했다면 뷜만의 방법에 의한 신뢰도는 $Z=\frac{5}{5+4.778}=51.1\%$가 되므로 1회 관측 시보다 신뢰도가 높아지게 된다. 뷜만의 방법에 의한 신뢰도의 공식에서 보듯이 n이 커지면 커질수

록 Z값은 1.0에 근접하게 된다. 즉, 신뢰도는 100%에 근접하게 된다. 그러나 뷜만의 방법에 의한 신뢰도의 공식에서 보듯이 신뢰도는 결코 100%에 도달하지는 못한다.

결론적으로 $n=1$인 경우 뷜만의 방법에 의한 신뢰도는 다음과 같이 표현된다.

$$Z=\frac{VHM}{\text{총분산}}=\frac{1}{1+k}=\frac{VHM}{VHM+EPV}$$

만일 빈도 또는 순보험료를 예측하기 위해 뷜만의 방법에 의한 신뢰도를 이용한다고 할 때, 위험측정단위 n은 계약건수, 보험금액 등을 추천하고, 심도를 예측하기 위한 위험측정단위 n은 사고건수를 추천한다.

6.9 뷜만의 방법에 의한 신뢰도를 반영한 사고발생 빈도와 심도 및 순보험료 계산(예시)

6.9.1 가정

보험회사는 보험계약자 또는 피보험자의 사고발생율(빈도)과 보험금 등을 분석하여 불량위험(Poor risk) 또는 우량위험(Good risk)으로 집단을 분리한 후 마켓팅, 언더라이팅, 보상 등을 관리한다. 그러므로 과거 무사고자의 미래 무사고 가능성이라든지 과거 사고경험자의 미래 사고발생 가능성 등을 분리하여 분석할 필요가 있다. 또한 사고율(빈도)뿐만 아니라 각 집단의 심도와 순보험료 등을 예측하여 손해율 관리를 사전에 할 수 있는 언더라이팅 전략을 갖추어야 한다.

다음은 사고발생빈도, 심도, 순보험료를 추정할 때 뷜만의 방법에 의한 신뢰도가 어떻게 계산되고 실제로 어떻게 적용되는지 예제를 통해 각 계산 과정을 살펴보도록 하겠다. 먼저, 피보험자 유형(Ⅰ,Ⅱ,Ⅲ) 각각은 동질성향을 지닌 사람들(즉, 동질위험집단)로 구성(위험등급)되었다고 가정한다. 즉, 어떤 유형에 속한 모든 피보험자들은 동일한 빈도와 동일한 심도를 갖는다고 가정한다. 예를 들면, Ⅰ유형에 속한 모든 피보험자들은 동일한 빈도와 동일한 심도분포를 가진다고 가정한다. 그리고 개별 피보험자에 대한 빈도와 심도는 상호 독립(independent)이라고 가정한다.

표 6.15 피보험자 유형별 빈도 및 심도분포

피보험자 유형(위험등급)	유형별 비율(사전확률)	베르누이 (연간) 빈도 분포	감마 심도분포
I	50%	$p=40\%$	$\alpha=4,\ \lambda=0.01$
II	30%	$p=70\%$	$\alpha=3,\ \lambda=0.01$
III	20%	$p=80\%$	$\alpha=2,\ \lambda=0.01$

빈도(frequency)는 베르누이 분포를 따르며, 베르누이 분포의 정의에 의해 p는 정확하게 1건의 사고가 발생할 확률을 의미하고 $(1-p)$는 사고가 발생치 않는, 즉 무사고일 확률을 뜻한다. 참고로 베르누이 분포의 평균값은 p이고 분산값은 $pq=p(1-p)$가 된다. 심도(severity)는 감마분포를 따르고 감마분포의 정의에 의해 평균은 $\frac{\alpha}{\lambda}$이고 분산은 $\frac{\alpha}{\lambda^2}$이 된다.

앞에서 설명한 조건부 분산들의 기댓값(EPV)과 조건부 평균들의 분산값(VHM)의 계산 방법을 이용하여 뷜만의 방법에 의한 신뢰도의 범위모수 k를 구하고자 한다. 일반적으로 가장 단순한 빈도와 그 다음 심도 그리고 가장 복잡한 순보험료 순으로 설명한다.

여기서 우리는 전체에서 한명의 보험계약자를 무작위로 선택하고 그 선택된 보험계약자가 과거 4년 동안 3건의 보험사고가 발생해 총 450만원의 보험금을 지급받았다고 가정한다. 무작위로 선택된 보험계약자의 유형은 모르는 것을 전제로 이 보험계약자의 연간 사고발생빈도와 심도 및 순보험료를 예측하기 위해 뷜만의 방법에 의한 신뢰도를 어떻게 계산하고 적용하는지에 대해 설명한다.

6.9.2 사고발생빈도(frequency)

6.9.2.1 조건부 분산들의 기댓값(EPV)

사고발생빈도를 추정하기 위해 뷜만의 방법에 의한 신뢰도의 범위모수 k값을 구하여 보자. 조건부 분산들의 기댓값(EPV)과 조건부 평균들의 분산값(VHM)을 계산하여야 한다. 먼저, 조건부 분산들의 기댓값(EPV)을 계산하기 위해 베르누이 분포의 정의를 이용하여 각 보험계약자의 유형별 분산값을 계산한다. 한명의 피보험자를 선택하기 때문에 $n=1$이다.

Ⅰ 유형 빈도의 분산값: pq=0.4(1-0.4)=0.24

Ⅱ 유형 빈도의 분산값: pq=0.7(1-0.7)=0.21

Ⅲ 유형 빈도의 분산값: pq=0.8(1-0.8)=0.16

따라서 조건부 분산들의 기댓값은 유형별 조건부 분산들의 가중평균이다. 여기서 가중치로 사전확률은 적용하였다. 즉, 사고발생빈도에 대한 조건부 분산들의 기댓값(EPV)은 다음과 같다.

$$EPV=(50\%)(0.24)+(30\%)(0.21)+(20\%)(0.16)=0.215$$

즉, EPV를 계산하기 위해 먼저 분산들을 구하고 다음으로 기댓값을 계산하였다. 이와 반대로 조건부 평균들의 분산값(VHM)은 먼저 평균값을 구하고 다음으로 분산값을 계산한다.

6.9.2.2 조건부 평균들의 분산값(VHM)

다음은 조건부 평균들의 분산값(VHM)을 계산하기 위해 각 피보험자 유형별 평균값을 구한 뒤 분산값을 계산한다. 베르누이 분포의 정의에 의해 평균값은 p이므로 Ⅰ유형의 평균값은 0.4, Ⅱ유형의 평균값은 0.7, Ⅲ유형의 평균값은 0.8이 된다.

조건부 평균 빈도들의 분산값은 일반적인 분산값 계산방법으로 계산한다. 먼저 각 유형별 평균들에 유형별 비율을 적용한 1차 적률 가중평균값과 2차 적률 가중평균값을 구한다.

$$\text{1차 적률 가중평균값: } (50\%)(0.4) + (30\%)(0.7) + (20\%)(0.8) = 0.57$$

$$\text{2차 적률 가중평균값: } (50\%)(0.4)^2 + (30\%)(0.7)^2 + 20\%(0.8)^2 = 0.355$$

따라서 조건부 평균들의 분산값(VHM)은 $0.355-(0.57)^2 = 0.0301$이 된다.

6.9.2.3 사고발생빈도의 계산

뷜만의 방법에 의한 신뢰도의 $k=\dfrac{0.215}{0.0301}=7.14$이다. 무작위로 선택된 보험계약자의 과거 4년 동안의 사고발생빈도를 토대로 미래의 사고발생빈도를 예측하기 때문에 $n=4$가 된다. 이에 따라 $Z=\frac{4}{(4+7.14)}=35.9\%$가 된다. 무작위로 선택된 보험계약자의 경험사고발생빈도는 과거 4년 동안 3건의 사고가 있었으므로 $\frac{3}{4}=0.75$이며, 보험회사 전체 보험계약자의 빈도 평균은 0.5(0.4) + 0.3(0.7) + 0.2(0.8) = 0.57이므로 이 보험계약자의 미래 사고발생빈도 예측 값은 0.359(0.75) + (1−0.359)(0.57) = 0.635로 예측된다. 이를 해석한다면 모든 보험계약자의 연간 사고발생 가능성은 57%이며 그 중 무작위로 선택된 보험계약자의 과거 4년 동안 3건의 사고기록이 있을 때 이 보험계약자가 다음 해에 사고가 발생할 가능성(빈도)은 뷜만의 방법에 의한 신뢰도를 적용할 때 63.5%로 예측할 수 있다는 것이다.

6.9.3 심도(severity)

6.9.3.1 조건부 분산들의 기댓값(*EPV*)

심도에 대한 조건부 분산들의 기댓값(EPV)의 계산은 빈도의 경우(6.9.2절)와 유사하지만 하나의 중요한 차이가 있다. 각 유형으로부터 1건의 사고가 발생할 가능성을 적용해서 유형별 조건부 심도의 분산들에 가중치를 부여해야 한다.[16] 어떤 주어진 유형의 개별로부터 1건의 사고가 발생할 가능성은 해당 유형에 속하는 피보험자의 사전확률과 해당 유형의 평균빈도의 곱에 비례한다. 유형 Ⅰ에 대한 감마 심도의 조건부 분산은 $\frac{\alpha}{\lambda^2}=\frac{4}{(0.01)^2}=40{,}000$이다. 동일한 방법에 의해 유형 Ⅱ에 대한 심도에 대한 조건부 분산은 $\frac{\alpha}{\lambda^2}=\frac{3}{(0.01)^2}=30{,}000$, 유형 Ⅲ에 대한 심도에 대한 조건부 분산은 $\frac{\alpha}{\lambda^2}=\frac{2}{(0.01)^2}=20{,}000$이다.

그리고 유형별 평균빈도는 0.4, 0.7, 0.8이다. 각 유형의 사전확률은 50%, 30%, 20%이다. 심도에 대한 EPV를 계산하기 위해 적용하는 가중치는 각각(0.4)(50%) = 0.20, (0.7)(30%) = 0.21, (0.8)(20%) = 0.16이므로 가중치의 합은 0.2 + 0.21 + 0.16 = 0.57이다. 따라서 각 등급으로부터 1건의 사고가 발생할 확률은 각각 0.351, 0.368,

16) 각 사고는 1개의 심도 관측치가 있다. 심도의 분모는 사고건수인 반면에 빈도와 순보험료의 분모는 위험노출단위(exposures)이다.

0.281이다. 예를 들면, 1등급의 경우 $\frac{0.2}{0.57}=0.351$이다. 심도에 대한 조건부 분산들의 기댓값은 이들 가중치를 적용하면 유형별 조건부 분산들의 가중평균값이다.[17] 심도에 대한 조건부 분산들의 기댓값(EPV)[18]은 다음과 같다.

$$EPV=\frac{[(0.2)(40,000)+(0.21)(30,000)+(0.16)(20,000)]}{0.20+0.21+0.16}=30,702$$

이 계산 과정을 표로 나타내면 다음과 같다.

표 6.16 심도에 대한 조건부 분산들의 기댓값

등급	사전 확률	평균 빈도	가중치= 사전확률×평균빈도	이 등급으로부터 1건의 사고가 발생할 확률	감마 모수		k조건부 분산
					α	λ	
I	50%	0.4	0.20	0.351	4	0.01	40,000
II	30%	0.7	0.21	0.368	3	0.01	30,000
III	20%	0.8	0.16	0.281	2	0.01	20,000
평균			0.57	1.000			30,702

6.9.3.2 조건부 평균들의 분산값(VHM)

적률 값을 계산하기 위해 각 유형으로부터 1건의 사고가 발생할 확률을 각 유형별로 사용하지 않으면 안 된다.[19] 유형 Ⅰ에 대한 감마심도의 평균값은 $\frac{\alpha}{\lambda}=\frac{4}{0.01}=400$이다. 같은 방법으로 유형 Ⅱ에 대한 감마심도의 평균값은 $\frac{\alpha}{\lambda}=\frac{3}{0.01}=300$, 유형 Ⅲ에 대한 감마심도의 평균값은 $\frac{\alpha}{\lambda}=\frac{2}{0.01}=200$이다.

평균빈도는 0.4, 0.7, 0.8이다. 각 유형별 사전가능성은 각각 50%, 30%, 20%이다. 따라서 심도에 대한 적률을 계산하기 위해 적용하는 가중치는 $(0.4)(50\%)=0.2$, $(0.7)(30\%)=0.21$, $(0.8)(20\%)=0.16$이다.

17) 이산확률인 경우에 합으로 계산하지만 연속이 경우에는 적분 값으로 계산한다.
18) 이 결과는 가중치로 사전확률을 사용해서 계산한 결과와 다르다는 것을 알 수 있다. 후자의 부정확한 방법은 (50%)(40,000)+(30%)(30,000)+ (20%)(20,000)=33,000≠30,702
19) 각 사고는 1건의 심도 관찰치가 있다. 심도의 분모는 사고건수이고 빈도와 순보험료의 분모는 위험노출도(exposures)이다.

조건부 평균심도들의 분산값은 일반적인 분산계산 방법과 같다. 먼저 1차 적률을 다음과 같이 계산한다.

$$\frac{[(0.2)(400)+(0.21)(300)+(0.16)(200)]}{0.2+0.21+0.16}=307.02$$

다음으로 2차 적률은 다음과 같다.

$$\frac{[(0.2)(400^2)+(0.21)(300^2)+(0.16)(200^2)]}{0.2+0.21+0.16}=100,526$$

따라서 심도에 대한 $VHM=100,526-(307.02)^2=6,265$이다. 이 계산 과정을 <표 6.17>에 나타내었다.[20)]

표 6.17 심도에 대한 조건부 평균들의 분산값

등급	사전 확률	평균 빈도	가중치= 사전확률×평균빈도	감마 모수		평균심도 $\frac{\alpha}{\lambda}$	평균심도 제곱 $\left(\frac{\alpha}{\lambda}\right)^2$
				α	λ		
I	50%	0.4	0.20	4	0.01	400	160,000
II	30%	0.7	0.21	3	0.01	300	90,000
III	20%	0.8	0.16	2	0.01	200	40,000
평균			0.57			307.02	100,526

6.9.3.3 심도의 계산

심도에 대한 범위모수 $k=\frac{EPV}{VHM}=\frac{30,702}{6,265}=4.90$이 된다. 선택된 보험계약자는 과거 4년 동안 3건의 사고경력이 있었으므로 $n=3$이며, 이에 따라 $Z=\frac{3}{(3+4.90)}=38.0\%$가 된다. 문제에서 무작위로 선택된 보험계약자가 과거 4년 동안 3건의 사고로 인해 총 보험금 450만 원이 지급되었으므로 과거 경험의 심도(건당 평균보험금)는 $\frac{450}{3}=150$만 원이며, 보험회사 전체 보험계약자의 평균심도 즉, 사고건당 평균보험금은 1차 적

20) 가중치를 계산한 후에 가중치의 합으로 각 열을 나누어서 다른 열들의 가중치를 표준화 할 수 있다. 위 표에서 적률의 각각을 계산할 때 가중치의 합으로 나누어야 한다는 것을 기억해야만 한다.

률 가중평균값인 307.02만 원이 된다. 이 보험계약자의 미래 심도 예측 값 즉, 미래 사고건당 예상보험금은 0.380(150) + (1−0.380)(307) = 247.3만 원으로 평가된다. 이를 달리 표현하면 모든 보험계약자의 연간 사고 당 평균보험금은 307만 원이고 그중 무작위로 선택된 보험계약자가 과거 4년 동안 3건의 사고로 총 450만 원의 보험금이 지급되었을 때 이 보험계약자가 다음 해 사고를 일으킬 경우 뷜만의 방법에 의한 신뢰도를 적용한 사고당 약 247.3만 원의 보험금을 예측할 수 있다.

6.9.4 순보험료(pure premium)

6.9.4.1 조건부 분산들의 기댓값(*EPV*)

순보험료에 대한 조건부 분산들의 기댓값(*EPV*)를 계산하는 것은 빈도의 경우와 유사하다. 그러나 순보험료들의 조건부 분산들을 계산하는 것은 좀 더 복잡하다.

유형Ⅰ에서 베르누이 빈도의 평균값은 $p=0.4$이고 베르누이 빈도의 분산값은 $pq=(0.4)(1-0.4)=0.24$이다. 유형 Ⅰ에 대한 감마심도의 평균값은 $\frac{\alpha}{\lambda}=\frac{4}{0.01}=400$이고 감마심도의 분산값은 $\frac{\alpha}{\lambda^2}=\frac{4}{(0.01)^2}=40,000$이다. 따라서 빈도와 심도는 독립이라고 가정했기 때문에 순보험료의 조건부 분산값은 다음과 같다.

$$(\text{평균 빈도})(\text{심도 분산})+(\text{평균 심도})^2(\text{빈도 분산})$$
$$=(0.4)(40,000)+(400)^2(0.24)=54,400$$

동일한 방법에 의해 유형 Ⅱ에 대한 순보험료의 조건부 분산값은 다음과 같다.

$$=(0.7)(30,000)+(300)^2(0.21)=39,900$$

동일한 방법에 의해 유형 Ⅲ에 대한 순보험료의 조건부 분산값은 다음과 같다.

$$=(0.8)(20,000)+(200)^2(0.16)=22,400$$

조건부 분산들의 기댓값은 유형별 조건부 분신들의 가중평균값이다. 이 때 가중치로 사전확률을 사용한다. 순보험료의 *EPV*는 다음과 같이 계산한다.

$$(50\%)(54,000)+(30\%)(39,900)+(20\%)(22,400)=43,650$$

이 계산 과정을 표로 나타내면 다음과 같다.

표 6.18 순보험료에 대한 조건부 분산들의 기댓값

등급	사전확률	평균빈도	빈도의 분산	평균심도	심도의 분산	조건부 분산
I	50%	0.4	0.24	400	40,000	54,400
II	30%	0.7	0.21	300	30,000	39,900
III	20%	0.8	0.16	200	20,000	22,400
평균						43,650

6.9.4.2 조건부 평균들의 분산값(*VHM*)

순보험료의 *VHM*을 계산하는 과정은 빈도의 경우와 비슷하다. 먼저 각 유형별 평균순보험료를 계산해야 한다.

유형 I에 대한 베르누이 빈도의 평균값은 $p = 0.4$이고 감마심도의 평균값은 $\frac{\alpha}{\lambda} = \frac{0.4}{0.01} = 400$이다. 빈도와 심도는 독립이기 때문에 평균순보험료 = (평균빈도)(평균심도) = $(0.4)(400) = 160$이다. 같은 방법으로 유형 II와 III에서 평균순보험료= (0.7)(300), (0.8)(200) = 160이다.[21)]

평균순보험료의 1차와 2차의 적률을 계산하면 다음과 같다.

표 6.19 순보험료에 대한 조건부 평균들의 분산값

등급	사전확률	평균빈도	평균심도	평균순보험료	평균순보험료의 제곱
I	50%	0.4	400	160	25,600
II	30%	0.7	300	210	44,100
III	20%	0.8	200	160	25,600
평균				175	31,150

따라서 조건부 평균순보험료의 분산값$= 31,150 - (175)^2 = 525$이다.

21) 이 예제에서 유형 III의 평균순보험료 유형 I의 순보험료가 동일한 것으로 나타났다. 비록 두 유형은 서로 다른 평균빈도와 평균심도가 다름에도 불구하고 동일한 것으로 나타났다. 이 예에서처럼 평균순보험료는 높은 빈도와 낮은 심도가 결합될 때 유사하게 나타나는 경향이 있다.

6.9.4.3 순보험료의 계산

위의 결과들을 종합하면 순보험료에 대한 뷜만의 방법에 의한 신뢰도의 k값은 $\frac{43,650}{525}=83.1$이 된다. 선택된 보험계약자는 4년 동안의 경험을 가지고 있으므로 $n=4$이며 이에 따라 $Z=\frac{4}{(4+83.1)}=4.6\%$가 된다. 무작위로 선택된 보험계약자의 연평균 순보험료는 $\frac{450}{4}=112.5$만 원이며, 보험회사 전체 보험계약자의 순보험료 평균은 175만 원이다. 그러므로 이 보험계약자의 미래 순보험료는 뷜만의 방법에 의한 신뢰도를 적용하여 172만 원이 됨을 예측해 볼 수 있다. 즉, 미래 순보험료 예측값 = (0.046)(112.5) + (1−0.046)(175) = 172만 원이다.

이를 달리 표현하면 모든 보험계약자의 연간 순보험료는 153만 원이었고 그 중 무작위로 선택된 보험계약자가 과거 4년 동안 3건의 사고기록과 함께 450만 원의 보험금을 지급했을 때, 이 보험계약자에게 다음 해에 예상되는 평균순보험료는 뷜만 방법에 의한 신뢰도 기법을 적용하면 약 172만 원이라 예측할 수 있다. 여기서 주목해야 할 점은 순보험료의 예측 값 172만 원은 사고발생 빈도의 예측값 0.635에 사고발생 심도의 예측값 247.3을 곱한 것과 같지 않다는 것이다. 즉, $0.635\times247.3=157$만 원 $\neq172$만 원이다.

따라서 뷜만의 방법에 의한 신뢰도는 등급 내의 위험측정단위수들이 동질적으로 구성되었느냐의 여부에 따라 신뢰도의 크기가 결정됨을 알 수 있다. 또한 베이지안 방법에 의한 신뢰도에서는 사전분포는 물론 사후분포를 알아야 신뢰도가 계산될 수 있는 반면에 뷜만의 방법에 의한 신뢰도는 그렇지 않아 쉽게 접근이 가능하다.

그렇지만 뷜만의 방법에 의한 신뢰도를 계산하기 위해서는 확률밀도함수 등을 이용하여 조건부 평균들의 분산값과 조건부 분산들의 기댓값을 계산해야 되기 때문에 복잡하다. 이 같은 어려움을 해결할 수 있는 방법이 경험적 베이지안 신뢰도이다(9장~12장 참조).

6.10 뷜만의 방법에 의한 신뢰도 산출 모델 알고리즘

뷜만의 방법에 의한 신뢰도가 반영된 추정치 $\hat{C}$의 계산은 다음과 같이 6단계로 이루어진다.

표 6.20 뷜만의 방법에 의한 신뢰도 산출 모델의 알고리즘

단계별	알고리즘
1단계	관측년도 n을 결정한다.
2단계	조건부 평균들의 분산값(VHM)을 계산한다.
3단계	조건부 분산들의 기댓값(EPV)을 계산한다.
4단계	범위모수 $k=\frac{EPV}{VHM}$를 계산한다.
5단계	신뢰도 $Z=\frac{n}{n+k}$를 계산한다.
6단계	추정치 $\hat{C}=ZR+(1-Z)H$를 계산한다.

6.11 사례분석(준모수적 방법)

6.11.1 가정

개별보험계약자에 대한 i차 연도 동안의 사고건수 N_i는 포아송 분포를 따른다. 전체 모집단의 연간 예상 사고발생빈도는 구간 (0, 1)에서 균등분포를 한다고 알려졌다. 이때 개인별 사고발생빈도는 시간과 관계없는 상수이다. 3개년도 동안 발생된 총사고건수는 $N_1+N_2+N_3=3$이다. 뷜만의 방법에 의한 신뢰도를 이용하여 4차 연도에 예상되는 연간사고발생건수를 추정하시오.

6.11.2 단계별 산출

<1단계> 관측년도 n을 결정한다.

3개년 동안에 발생된 총사고건수이므로 $n=3$

<2단계> 조건부 평균들의 분산값(VHM)을 계산한다.

포아송 분포의 (평균)모수를 A라고 할 때 A의 1차, 2차 적률을 다음과 같이 계산한다.

$$E[A] = \int_0^1 (a)da = [(\frac{a^2}{2})]_0^1 = \frac{1-0}{2} = \frac{1}{2}$$

$$E[A^2] = \int_0^1 (a^2)da = [(\frac{a^2}{3})]_0^1 = \frac{1-0}{3} = \frac{1}{3}$$

사고건수 $N = N_i$은 포아송 분포를 하므로 조건부 분산의 기댓값은 다음과 같다.

$$E_A[Var_N(N|A)] = E_A[A] = \frac{1}{2}$$

<3단계> 조건부 분산들의 기댓값(EPV)을 계산한다.

다음으로 조건부 평균들의 분산값은 다음과 같다.

$$Var_A(E_N[N|A]) = Var(A) = E[A^2] - (E[A])^2 = \frac{1}{3} - (\frac{1}{2})^2 = \frac{1}{12}$$

<4단계> $k = \frac{EPV}{VHM}$를 계산한다.

따라서 범위모수 k는 다음과 같다.

$$k = \frac{EPV}{VHM} = \frac{1/2}{1/12} = 6$$

<5단계> 신뢰도 $Z = \frac{n}{n+k}$를 계산한다.

$n=3$이므로 식 (6.2)에 의해 뷜만의 방법에 의한 신뢰도 Z는 다음과 같다.

$$Z = \frac{n}{n+k} = \frac{3}{3+6} = \frac{1}{3}$$

<6단계> 4차 연도 예상되는 사고발생건수 추정치 $\hat{C}=ZR+(1-Z)H$를 계산한다.

따라서 추정치 $\hat{C}$에서 $H=E[A]=\frac{1}{2}$이고 $R=\frac{N_1+N_2+N_3}{3}=\frac{3}{3}=1$이므로 4차 연도에 예상되는 사고발생건수 추정치는 다음과 같다.

$$\hat{C}=ZR+(1-Z)H=(\frac{1}{3})(1)+(\frac{2}{3})(\frac{1}{2})=\frac{2}{3}$$

연습문제

1. 다음과 같은 가정을 전제로 한다. (i) 단 하나의 관측치에 의한 뷜만의 방법에 의한 신뢰도가 $\frac{1}{3}$이고 (ii) 예상손해액은 일정하다. 이때 4개의 관측 경험치가 가능하다면, 뷜만의 방법에 의한 신뢰도를 계산하시오.

2. 두 개의 항아리에 0, 1, 2가 표시된 볼이 다음과 같은 비율로 담겨 있다.

항아리	항아리에 담겨진 볼의 비율		
	0	1	2
A	20%	40%	40%
B	70%	20%	10%

하나의 항아리를 무작위로 선택할 확률은 $\frac{1}{2}$이다. 그 항아리로부터 두 개의 볼을 복원 추출하였다. 두 개의 볼에 새겨진 마크의 합이 2이다. 선택된 항아리로부터 비복원으로 두 개의 볼을 더 복원추출하였다. $n=1$로 하는 뷜만의 방법에 의한 신뢰도를 사용해서 다음을 결정하시오.

(a) 조건부 평균들의 분산값(VHM)

(b) 조건부 분산들의 기댓값(EPV)

(c) k값

(d) 신뢰도 Z

(e) 두 개의 볼에 새겨진 총마크의 기댓값

3. 자동차보험 피보험자의 집단은 동일한 크기의 두 개의 집단으로 구분된다. 처음 집단의 피보험자는 매년 20% 사고 경험을 갖고 다른 집단의 피보험자의 사고경험은 40%이다. 매년 1건 이상의 사고를 경험하는 피보험자는 없다고 가정한다. 모든 가입자는 다음과 같은 심도분포를 한다고 가정한다.

확률	손해액의 크기
0.8	$100
0.1	$200
0.1	$400

각 집단 내의 운전자들은 상호 독립적이라고 가정할 때 다음을 구하시오.

(a) 조건부 평균들의 분산값(VHM)

(b) 조건부 분산들의 기댓값(EPV)

(c) k값

(d) 개별피보험자들의 신뢰도 Z

4. 보험기간 1년 동안에 접수되는 사고건수 R은 모수가 $n=3$이고 θ인 이항분포를 한다고 가정한다. 여기서 θ의 확률밀도함수는 다음과 같다.

$$g(\theta) = \begin{cases} 6(\theta-\theta^2) & 0<\theta<1 \\ 0 & \text{그 밖의 경우} \end{cases}$$

그 보험기간동안 단 한건의 사고가 접수되었을 때 뷜만의 방법에 의한 신뢰도를 계산하시오.

5. 다음과 같은 조건을 갖는다고 가정한다. (i) $X_1, X_2, \ldots, X_n$은 평균이 M이고 분산이 V인 확률변수로 상호 독립적이고 동일한 분포를 따른다고 한다. (ii) M은 평균이 2이고 분산이 4이고, (iii) V는 평균이 8이고 분산이 32이라 가정한다. 처음 3개의 확률변수 X_1, X_2, X_3의 실현값을 관측한 후에 관측값을 뷜만의 방법에 의한 신뢰도를 이용하여 결정하시오.

6. ABC 보험회사는 2개 그룹의 근로자재해보상책임보험을 인수하였다. 가입 후 3개년 동안의 보험금 지급실적은 다음 표와 같다.

총 보험금(단위: 억 원)			
그룹별(K=2)	가입연도(T=3)		
	1차 연도	2차 연도	3차 연도
1	5	8	11
2	11	13	12

뷜만의 방법에 의한 신뢰도 산출 모델의 알고리즘을 이용하여 4차 연도에 예상되는 총 보험금을 그룹별로 추정하시오. 총 보험금에 대한 어떤 분포도 가정하지 않는다. 다만, 그룹별 · 연도별 가입자 수는 동일하다고 가정하고 인플레이션은 고려치 않는다.

7. 매년 확률변수 X의 총손해액 분포가 $f(x \mid \theta) = \theta^2 x e^{-\theta x}$, $x > 0$에 대해, 이고 Θ의 사전밀도 함수 $\pi(\theta) = \frac{1}{2}\theta^2 e^{-\theta}$, $\theta > 0$에 대해, 이다.

1. 조건부 분산(process variance)을 구하시오.
2. $i \neq j$에 대한 공분산 $Cov[X_i, X_j]$를 구하시오.
3. n년 간의 경험데이터가 가능할 때 신뢰도 Z를 구하시오.

7장

뷜만-스트라웁의 방법에 의한 신뢰도

7.1 개요

뷜만-스트라웁의 방법에 의한 신뢰도는 앞 장에서 살펴본 뷜만의 방법에 의한 신뢰도를 일반화시킨 것이다. 뷜만의 방법에 의한 신뢰도는 과거 일정기간에 발생한 서로 다른 위험단위 수 또는 서로 다른 손해액 분포를 허용하고 있지 않은 반면에 뷜만-스트라웁의 방법에 의한 신뢰도에서는 서로 다른 위험단위 수 또는 서로 다른 손해액 분포를 허용하고 있다. 예를 들면 단체 보험에서 뷜만의 방법에 의한 신뢰도는 2년 또는 그 이상의 기간 동안 단체의 피보험자 수를 조정할 수 없다. 하지만, 뷜만-스트라웁의 방법에 의한 신뢰도는 피보험자 수를 조정할 수 있다. 이 장에서는 보험계약자 그룹별로 손해액을 추정하는 내용을 중심으로 전개한다.

7.2 기초적인 확률분포가 알려진 하나의 보험계약자에 대한 모델

7.2.1 기본 가정

확률변수 X_i $(i=1,2,\cdots,n+1)$는 i번째 보험기간 동안 관찰된 보험계약자의의 총 손해액을 나타낸다고 가정하자. 여기서, n년 동안의 관측치 $X_1=x_1$, $X_2=x_2$, $\cdots$, $X_n=x_n$이 주어졌을 때 $n+1$년 동안 예상되는 총손해액(확률변수) X_{n+1}의 기댓값을 추정하고자 한다. 이 추정값은

$$E[X_{n+1}|X_1=x_{1,}X_2=X_{2,}\ ...,X_n=x_n]$$

으로 표시된다.

뷜만-스트라웁의 방법에 의한 신뢰도를 계산하기 위해 다음과 같은 가정을 둔다.

(1) 확률변수 X_j의 분포 $(j=1,\ 2,\ \cdots,\ n+1)$는 모수 Θ에 의존한다.

(2) 모수 Θ가 주어질 때 $X_1,\ X_2,\ \cdots,\ X_{n+1}$은 조건부적으로 독립이고 동일한 분포(iid)를 따른다.

이와 같은 가정들은 확률변수 $X_1,\ X_2,\ \cdots,\ X_{n+1}$이 동일하게 분포되었다는 것을 의

미한다. 우리는 제6장 뷜만의 방법에 의한 신뢰도와 같이 위험모수를 다음과 같이 정의한다. $j=1,2,...,n+1$에 대해,

$$\mu(\Theta)=E[X_j|\Theta]$$

이고

$$v(\Theta)=m_j Var(X_j|\Theta)$$

이라고 한다. 여기서 m_j는 j번째 관찰기간의 총위험단위 수를 나타내는 상수이다. 마찬가지로 $\mu(\Theta)$와 $v(\Theta)$는 j번째 관찰기간에 종속되지 않는다고 가정한다. 또한 총위험단위 수를 다음과 같이 표시한다.

$$m=\sum_{j=1}^{n} m_j$$

(참고로 제6장의 뷜만의 방법에 의한 신뢰도에서는 모든 가중치 m_j가 동일하다고 간주하였다). 뷜만의 방법에 의한 신뢰도와 뷜만-스트라웁의 방법에 의한 신뢰도의 또 다른 차이점은, 뷜만-스트라웁의 방법에 의한 신뢰도에서의 확률변수 X_j가 뷜만의 방법에 의한 신뢰도에서의 총손해액이 아니라 위험단위당 평균손해액을 나타낸다는 점이다.

뷜만-스트라웁의 방법에 의한 신뢰도 모델하에서 목적은

$$E[\mu(\theta)|X_1=x_{1,}X_2=x_2,...,X_n=x_n]$$

을 추정하는 것이다. 즉,

$$X_1=x_{1,}\ X_2=x_{2,}\ \ ...,X_n=x_n$$

이 주어질 때 조건부 기댓값 $\mu(\Theta)$를 추정하는 것이다. 따라서,

$$E[X_{n+1}|X_1=x_{1,}X_2=x_2,...,X_n=x_n]$$

의 점추정치를 구하는 것과 같다. 이는 $X_1 = x_1, X_2 = x_2, \ldots, X_n = x_n$이 주어질 때 조건부 기댓값 X_{n+1}의 점추정치를 구한다는 뜻이다. 왜냐하면 $E[X_{n+1}|\Theta] = \mu(\Theta)$이기 때문이다. 뷜만의 방법에 의한 신뢰도 모델처럼 조건부 기댓값 $\mu(\Theta)$의 선형추정량으로 다음과 같은 형태를 선택한다.

$$a_0 + a_1X_1 + a_2X_2 + \cdots + a_nX_n$$

선택된 선형추정량들은 한 개씩의 계수(coefficient)들을 포함하고 있다. 즉, $a_0, a_1, \cdots, a_n$는 식 (7.1)을 최소화시킨다.

$$E[(\mu(\theta) - a_0 - a_1X_1 - a_2X_2 - \cdots - a_nX_n)^2] \tag{7.1}$$

계수 $a_0, a_1, \cdots, a_n$는 식 (7.1)을 $n+1$번 미분하면 구할 수 있다. 처음 a_0에 관해서 미분을 하고 그 다음 a_1에 관해서 차례로 미분을 한 후 0으로 놓으면 된다. $n+1$개의 미지수를 갖는 $n+1$개의 방정식을 $a_0, a_1, \cdots, a_n$에 대해 푼다. 그 결과는 다음과 같다. $j = 1, 2, \cdots, n$에 대하여,

$$a_0 = (1 - Z)E[\mu(\Theta)]$$

여기서,

$$Z = \frac{\sum m_j}{\sum m_j + \frac{E[v(\Theta)]}{Var[(\mu(\Theta)]}} = \frac{m}{m + v/a}$$

이고

$$a_j = \frac{m_j}{\sum m_j + \frac{E[v(\Theta)]}{Var[\mu(\Theta)]}}$$

이다.

조건부 기댓값 $\mu(\Theta)$의 점추정량은 다음과 같다.

$$Z\overline{X} + (1 - Z)E[\mu(\Theta)] \tag{7.2}$$

식 (7.2)는 식 (1.1)과 동일하다. 즉, $R=\overline{X}$이고 $H=E[\mu(\Theta)]$이다. 여기서 $\overline{X}=\dfrac{\sum m_j X_j}{\sum m_j}$이고 Z는 위에서 정의한 값이다. 식 (7.2)의 추정량은 확률변수 $X_1, X_2 \cdots, X_n$의 선형함수이다. 왜냐하면 $\overline{X}$는 $X_1, X_2 \cdots, X_n$의 선형함수이기 때문이다.

7.2.2 뷜만-스트라웁의 방법에 의한 신뢰도 예제

다음 [예제 7.1]과 [예제 7.2]는 7.2.1절에서 설명한 뷜만-스트라웁의 방법에 의한 신뢰도를 적용한다. 두 예제에서는 단 한 명의 보험계약자에 대한 결과를 얻기 위해 필요한 모든 확률분포를 안다고 가정한다. 7.3절에서 언급한 것처럼 그와 같은 분포들을 적용할 수 없을 때(즉, 확률분포를 모를 때) 요구한 결과를 얻기 위해서는 최소한 2명 이상의 보험계약자에 대한 경험데이터가 필요하다.

예제 7.1

4개의 항아리를 다루고 있는 [예제 6.11]을 응용해 보자. 첫 번째 관찰기간에 한 번에 4개의 공을 뽑았을 때, 그중 2개의 공에 1이 표시되어 있다. 만약에 두 번째 관찰기간에 한 번에 5개의 공을 뽑는다면, 뷜만-스트라웁의 방법에 의한 신뢰도를 이용해서 두 번째 관찰기간에 뽑힌 5개의 공 중에서 1이 표시된 공의 수를 추정하시오.

풀이

C_1과 C_2를 첫 번째와 두 번째 관찰기간에 각각 뽑힌 1이 표시된 공의 총수(total number of balls)라고 표시한다. X_1과 X_2은 첫 번째와 두 번째 관찰기간에 1이 표시된 공의 평균(average number of balls)이라고 한다. $i=1,2,\cdots,9$에 대하여 Y_i는 항아리로부터 i번째 뽑은 결과치라고 하자.

$$X_1=\frac{C_1}{4}=\frac{Y_1+Y_2+Y_3+Y_4}{4}$$

$$X_2=\frac{C_2}{5}=\frac{Y_5+Y_6+Y_7+Y_8+Y_9}{5}$$

이 예에서 우리는 $n=1$인 관찰기간을 가졌다. 처음 관찰기간의 위험단위 수는 $m_1=4$이고 두 번째 관찰기간의 위험단위 수는 $m_2=5$이다. 우리가 추정하고자 하는 결과치들

은 과거 기간의 총위험단위 수(단 1번), 즉 $m = m_1 = 4$이다. $C_1 = 2$로 주어졌기 때문에 $X_1 = \frac{C_1}{m_1} = \frac{2}{4} = \frac{1}{2}$이다. 우리는 뷜만-스트라웁의 방법에 의한 신뢰도를 반영한 추정치 $E[C_2|C_1 = 2]$를 찾는 것이다. 동일하게

$$E[m_2 X_2|X_1 = \frac{1}{2}] = m_2 E[X_2|X_1 = \frac{1}{2}]$$

가 된다. [예제 6.12]로부터 조건부 평균들의 기댓값 μ는 0.525이므로 $j = 1,2$이고 $i = 1,2,\ldots,9$에 대해

$$0.525 = \mu = E_\theta[\mu(\Theta)] = E_\theta[E(X_j|\Theta)] = E_\theta[E(Y_j|\Theta)]$$

이다. 여기서, 모수 Θ는 뽑혀진 항아리를 나타낸다. 또한 [예제 6.12]로부터 조건부 평균들의 분산값은 $0.051875 = Var[\mu(\Theta)] = Var_\theta[E(Y_i|\Theta)]$이다. 그리고 조건부 분산들의 기댓값은 $0.1975 = E[v(\Theta)] = E_\theta[Var(Y_i|\Theta)]$이다. 그러므로 [예제 6.12]처럼 $k = 3.8072$이고 $Z = 0.51$이다. 따라서 $E[X_2|X_1 = \frac{1}{2}]$의 뷜만-스트라웁의 방법에 의한 신뢰도가 반영된 추정치는 다음과 같다.

$$ZR + (1 - Z)\mu = (0.51)(0.50) + (0.49)(0.525) = 0.51225$$

여기서, $R = X_1 = 0.50$이다. 그러므로 $E[C_2|C_1 = 2] = m_2 E[X_2|X_1 = \frac{1}{2}]$의 뷜만-스트라웁의 방법에 의한 신뢰도가 반영된 추정치는 $E[X_2|X_1 = \frac{1}{2}]$에 m_2를 곱한 값이다. 즉, (5)(0.51225) = 2.56125이다.

다음 [예제 7.2]는 앞 [예제 7.1]을 좀 더 확장시킨 것으로 뷜만-스트라웁의 방법에 의한 신뢰도를 좀 더 쉽게 이해할 수 있다.

예제 7.2

$X_2 = \frac{3}{5}$이라고 관찰된 것을 제외하고 [예제 7.1]의 조건들과 동일하다. 3번째 관측기간에 6개의 공을 선택하였다면 뷜만-스트라웁 모형하에서 1이 표시된 공의 최적 추정치는 얼마인가?

풀이

처음 2번의 관찰기간의 위험측정단위 수는 $m_1 = 4$이고 $m_2 = 5$이다. 3번째 관찰기간 동안 $m_3 = 6$일 때 1이 표시된 공의 수를 추정하고자 한다. 과거 기간 동안 총위험측정단위 수는 $m = m_1 + m_2 = 4 + 5 = 9$이다. 결과적으로 $X_1 = \frac{1}{2}$이고 $X_2 = \frac{3}{5}$을 얻었기 때문에

$$R = \frac{m_1 X_1 + m_2 X_2}{m} = \frac{4(\frac{1}{2}) + 5(\frac{3}{5})}{9} = \frac{5}{9}$$

이고

$$Z = \frac{m}{m+k} = \frac{9}{9 + 3.8072} = 0.7027$$

이다. 여기서 $k = 3.8072$는 [예제 6.12]에 근거한다. 세 번째 관측기간에 뽑힌 6개의 공 중에서 1이 표시된 공의 수 C_3에 대한 뷜만-스트라웁의 방법에 의한 신뢰도가 반영된 $E[X_3 | X_1 = \frac{1}{2}, X_2 = \frac{3}{5}]$의 추정치$(\hat{C})$는 다음과 같다.

$$\hat{C} = ZR + (1-Z)\mu = (0.7027)(\frac{5}{9}) + (1 - 0.7027)(0.525) = 0.5465$$

그러므로 세 번째 관찰기간에 뽑힌 6개의 공 중에서 1이 표시된 공의 추정치 C_3에 대한 뷜만-스트라웁의 방법에 의한 신뢰도가 반영된 추정치는 다음과 같다.

$$E[C_3 | C_1 = 2, C_2 = 3] = m_3 E[X_3 | X_1 = \frac{1}{2}, X_2 = \frac{3}{5}] = (6)(0.5465) – 3.279$$

7.3 둘 또는 그 이상의 보험계약자 그룹에 대한 모델

7.3.1 기본 가정

이번 절에서는 7.2절과 달리 기초적인 확률분포를 사용하지 않고 뷜만-스트라웁의 방법에 의한 신뢰도를 추정하는 방법(경험적 베이지안 방법)을 설명한다. 이번 절에서의 모델은 7.2절에서 설명한 한명의 보험계약자에 대한 모델과 그룹별로 동일한 위험단위 수($j=1,2,...,n,n+1$)를 갖는 모델을 보다 일반화시킨 것이다. 이 같은 모델을 좀 더 쉽게 설명하기 위해 보험과 관련된 용어로 설명한다.

$r(r \geq 2)$개 보험계약자 그룹들 중 i번째 보험계약자 그룹은 n_i년도의 경험데이터를 갖는다고 하자. $i=1,2,...,r$이고 $j=1,2,...,n_{i+1}$에 대해 m_{ij}는 i번째 보험계약자 그룹의 j번째 보험기간 동안 위험측정단위수(number of exposure unit)라고 하자. X_{ij}는 i번째 보험계약자 그룹의 j번째 보험기간의 위험단위당 평균손해액을 나타내는 확률변수라고 하자.

즉, $\boldsymbol{X_i}=(X_{i1},X_{i2},...X_{i,n_i})$는 i번째 보험계약자($i=1,2,...,r$)에 대한 평균손해액을 나타내는 확률벡터라고 하자. 다음과 같은 가정들을 설정한다.

(1) 확률벡터 $\boldsymbol{X}_1,\boldsymbol{X_2},...,\boldsymbol{X_r}$은 상호 독립이라 가정한다. 즉, 한 보험계약자 그룹의 경험은 다른 보험계약자 그룹의 경험에 영향을 미치지 않는다.

(2) 확률변수 $\boldsymbol{X_i}$ $(i=1,2,...,r)$의 분포는 (미지의) 위험모수 θ_i에 종속된다. 여기서, θ_i는 확률변수 Θ_i의 실현치이다.

(3) 확률변수 $\Theta_{1,}\Theta_2$ $...,\Theta_r$은 상호 독립이고 동일한 분포(iid)를 한다.

(4) i와 Θ_i가 주어질 때 $X_{i1},X_{i2},...X_{in_i}$는 상호 조건부 독립이다.

위 가정들은 6.4.1절의 모델의 가정들과 유사하다. 그러나 6.4.1절의 뷜만의 모델을 다음과 같이 놓음으로써 일반화시킬 수 있다.

$i=1,2,...,r$이고 $j=1,2,...,n_i$에 대해

$$\mu(\Theta_i)=E[X_{ij}|\Theta_i]$$

이고

$$v(\Theta_i) = m_{ij}\, Var(X_{ij}|\Theta_i)$$

이다. 7.2.1절처럼 $\mu(\Theta_i)$이나 $v(\Theta_i)$도 관측기간 j에 종속되지 않는다(즉, j와 무관하다). 처음 n_i기간 동안 i번째 보험계약자 그룹에 속하는 총위험측정단위 수는

$$m_{i.} = \sum_{j=1}^{n_i} m_{ij}$$

이다. 그리고 전체 위험측정단위 수는

$$m = \sum_{i=1}^{r} m_{i.}$$

이다.

6.4.1절의 모델에서 가정 (5)는 모든 i와 j에 대해 $m_{ij}=1$인 반면에 여기서는 $m_{ij}>1$이므로 이번 절은 6.4.1절의 가정보다 덜 제한적이다. 조건부 평균(μ)의 추정량은 다음과 같다.

$$\hat{\mu} = \overline{X}_{..} = \frac{1}{m}\sum_{i=1}^{r} m_{i.}\overline{X}_{i.} = \frac{1}{m}\sum_{i=1}^{r}\sum_{j=1}^{n_i} m_{ij}X_{ij} \tag{7.3}$$

여기서, $\overline{X}_{i.} = \dfrac{1}{m_{i.}}\displaystyle\sum_{j=1}^{n_i} m_{ij}X_{ij}$이다. 다음으로 조건부 분산들의 기댓값($v$)의 추정량은 다음과 같다.

$$\hat{v} = \frac{\displaystyle\sum_{i=1}^{r}\sum_{j=1}^{n_i} m_{ij}(X_{ij}-\overline{X}_{i.})^2}{\displaystyle\sum_{i=1}^{r}(n_i-1)} \tag{7.4}$$

또한 조건부 평균들의 분산값(a)의 추정량은 다음과 같다.

$$\hat{a} = \frac{[\sum_{i=1}^{r} m_{i.}(\overline{X_{i.}} - \overline{X_{..}})^2 - \hat{v}(r-1)]}{m - \frac{1}{m}\sum_{i=1}^{r} m_{i.}^2} \tag{7.5}$$

다만, 식 (7.5)의 $\hat{v}$은 식 (7.4)의 값이다.

$\hat{\mu}$과 $\hat{v}$과 $\hat{a}$은 각각 μ와 v와 a의 불편추정량이다. 여기서, $\hat{a}$은 음수가 될 수 있다는 것을 기억할 필요가 있다. 즉, 식 (7.5)에서 분자의 우변이 좌변보다 클 경우 $\hat{a}$은 음수가 된다. $\hat{a}$이 음수인 경우 해결할 수 있는 방법이 제12장에서 전개된다.

k의 추정량 $\hat{k} = \frac{\hat{v}}{\hat{a}}$이다. i번째 보험계약자 그룹의 신뢰도 추정량 Z_i는 다음과 같다.

$$\hat{Z}_i = \frac{m_{i.}}{m_{i.} + \hat{k}}$$

뷜만-스트라웁의 방법에 의한 신뢰도가 반영된 i번째 보험계약자 그룹의 위험측정단위당 평균손해액($i = 1, 2, ..., r$)은 다음과 같다.

$$\widehat{X_{i.}} = \hat{Z}_i \overline{X_{i.}} + (1 - \hat{Z}_i)\hat{\mu} \tag{7.6}$$

따라서 뷜만-스트라웁의 방법에 의한 신뢰도가 반영된 i번째 보험계약자 그룹에 대한 총손해액($i = 1, 2, ..., r$)은 다음과 같다.

$$\hat{C}_i = m_{i, n_{i+1}} \widehat{X_{i.}}$$

예제 7.4

아래 <표 7.1>은 두 개의 보험계약자 그룹 각각에 대한 3개년간 경험데이터이다. 4차연도에 예상되는 총손해액을 계산하시오(단, 인플레이션은 고려치 않는다).

표 7.1 그룹별 총손해액과 보험계약자 (금액단위: 백만 원)

보험계약자 그룹	구분	보험기간			
		1	2	3	4
1	총손해액	8,000	11,000	15,000	-
	보험계약자 수	40	50	70	75
2	총손해액	20,000	24,000	19,000	-
	보험계약자 수	100	120	115	95

풀이

위 표에서 보는 바와 같이 두 개의 보험계약자 그룹이 있다. 즉, $r=2$이다. 먼저 두 개의 보험계약자 그룹 각각에 대해 각 연도별 1인당 평균손해액을 계산한다. 각 보험계약자 그룹에서 3개년의 경험데이터가 있으므로 $n_1=3$이고 $n_2=3$이다.

먼저 보험계약자 그룹 1에 대해서 위험측정단위 수는 $m_{11}=40$, $m_{12}=50$, $m_{13}=70$, $m_{14}=75$이므로 $m_{1.}=\sum_{j=1}^{3} m_{1j}=40+50+70=160$이다. 그리고 보험계약자 1인당 평균손해액은 $x_{11}=\frac{8000}{40}=200$, $x_{12}=\frac{11,000}{50}=220$, $x_{13}=\frac{15,000}{70}=214.29$이다. 따라서 보험계약자 그룹 1의 1인당 평균손해액은 다음과 같다.

$$\bar{x}_{1.}=\frac{1}{m_{1.}}\sum_{j=1}^{3} m_{1j}x_{1j}=\frac{8,000+11,000+15,000}{160}=212.50$$

동일한 방법으로 보험계약자 그룹 2에 대해 $n_2=3$년 경험 데이터이고 위험측정단위 수가 $m_{21}=100$, $m_{22}=120$, $m_{23}=115$, $m_{24}=95$이므로 $m_{2.}=\sum_{j=1}^{3} m_{2j}=100+120+115=335$이고 1인당 평균손해액은 각각 $x_{21}=\frac{20,000}{100}=200$, $x_{22}=\frac{24,000}{120}=200$, $x_{23}=\frac{19,000}{115}=165.22$이다. 따라서

$$\bar{x}_{2.}=\frac{1}{m_{2.}}\sum_{j=1}^{3} m_{2j}x_{2j}=\frac{20,000+24,000+19,000}{335}=188.06$$

이다. 따라서 총 위험측정단위 수(보험계약자 수)는

$$m=m_{1.}+m_{2.}=160+335=495$$

이다. 식 (7.3)에 의한 전체(사전) 평균추정치는

$$\hat{\mu}=\overline{x_{..}}=\frac{1}{m}\sum_{i=1}^{2}m_{i.}\overline{x}_{i.}=\frac{1}{495}[(160)(212.50)+(335)(188.06)]=195.96$$

이다. 식 (7.4)에 의한 조건부 분산들의 기댓값 $\hat{v}$은 다음과 같다.

$$\hat{v}=\frac{\sum_{i=1}^{2}\sum_{j=1}^{3}m_{ij}(x_{ij}-\overline{x}_{i.})^2}{\sum_{i=1}^{2}[(3-1)+(3-1)]}$$

$$=\frac{\begin{array}{c}(40)(200-212.5)^2+(50)(220-212.5)^2+(70)(214.29-212.5)^2+\\(100)(200-188.06)^2+(120)(200-188.06)^2+(115)(165.22-188.06)^2\end{array}}{2+2}$$

$$=25,160.58$$

식 (7.5)에 의한 조건부 평균들의 분산값($\hat{a}$)은 다음과 같다.

$$\hat{a}=\frac{[\sum_{i=1}^{r}m_{i.}(\overline{x}_{i.}-\overline{x}_{..})^2-\hat{v}(r-1)]}{m-\frac{1}{m}\sum_{i=1}^{2}m_{i.}^2}$$

$$=\frac{[(160)(212.5-195.96)^2+(335)(188.06-195.96)^2-(25,160.58)(1)]}{495-\frac{1}{495}[(160)^2+(335)^2]}$$

$$=182.48$$

따라서 범위모수 k의 추정치는 $\hat{k}=\frac{\hat{v}}{\hat{a}}=\frac{25,160.58}{182.48}=137.88$이다.

두 보험계약자 그룹에 대한 신뢰도 계수는 각각 다음과 같다.

$$\widehat{Z_1}=\frac{m_{1.}}{m_{1.}+\hat{k}}=\frac{160}{160+137.88}=0.537$$

$$\widehat{Z_2}=\frac{m_{2.}}{m_{2.}+\hat{k}}=\frac{335}{335+137.88}=0.708$$

다음으로 식 (7.6)에 의한 두 개의 보험계약자 그룹에 대해 위험측정단위당 뷜만-스트라웁의 방법에 의한 신뢰도가 반영된 평균손해액의 추정치는 다음과 같다.

$$\hat{\bar{x}}_{1.} = \hat{Z}_1\bar{x}_{1.} + (1-\hat{Z}_1)\hat{\mu} = (0.537)(212.50) + (1-0.537)(195.96) = 204.84$$

$$\hat{\bar{x}}_{2.} = \hat{Z}_2\bar{x}_{2.} + (1-\hat{Z}_2)\hat{\mu} = (0.708)(188.06) + (1-0.708)(195.96) = 190.37$$

따라서 4차 연도 두 개의 보험계약자 그룹에 대한 뷜만-스트라웁의 방법에 의한 신뢰도가 반영된 총손해액의 추정치는 다음과 같다.

$$\hat{c_1} = m_{14} \cdot \widehat{x_{1.}} = (75)(204.84) = 15,363.00$$

$$\hat{c_2} = m_{24} \cdot \widehat{x_{2.}} = (95)(190.37) = 18,085.15$$

7.3.3 뷜만-스트라웁의 방법에 의한 신뢰도 산출 알고리즘

단계	알고리즘
1	보험계약자 수를 결정한다. $r \geq 2$
2	r명의 보험계약자(r개 위험등급) 각각에 대한 연도별 관측수 n_i를 결정한다.
3	각 관측기간에서 각 보험계약자에 대한 위험측정단위 m_{ij}를 결정한다.
4	각 관측기간에서 각 보험계약자에 대한 평균손해액 x_{ij}를 계산한다.
5	각 보험계약자에 대한 모든 관측기간의 평균손해액 $\bar{x}_{i.}$를 계산한다.
6	전체 추정 평균 $\hat{\mu}$를 계산한다.
7	조건부 분산들의 기댓값 $\hat{v}$을 계산한다.
8	조건부 평균들의 분산값 $\hat{a}$을 계산한다.
9	$\hat{k} = \dfrac{\hat{v}}{\hat{a}}$을 계산한다.
10	각 보험계약자 그룹에 대한 신뢰도 Z_i를 계산한다.
11	뷜만-스트라웁의 추정치 $\hat{\bar{x}}_{i.}$를 계산한다. 즉, 각 보험계약자 그룹에 대한 위험단위당 평균손해액을 계산한다.
12	뷜만-스트라웁의 추정치 $\hat{c}_i$를 계산한다. 즉, 각 보험계약자 그룹에 대한 총손해액을 계산한다.

7.3.4 조건부 평균들의 분산값(a)의 추정치가 음수일 경우

아래 식 (7.5)`의 조건부 평균들의 분산값($\hat{v}$) 공식에서 보는 바와 같이 분자의 우변이 좌변보다 크다면 조건부 평균들의 분산값($\hat{a}$)은 음수가 될 수 있다.

$$\hat{a}=\frac{[\sum_{i=1}^{r}m_{i.}(\overline{X}_{i.}-\overline{X}_{..})^2-\hat{v}(r-1)]}{m-\frac{1}{m}\sum_{i=1}^{r}m_{i.}^2} \tag{7.5`}$$

이런 경우 실무에서는 조건부 평균들의 분산값($\hat{a}$)을 0으로 적용하는 것이 일반적이다. 이를 해결할 수 있는 신뢰도 모델은 제12장에 소개되었다.

7.4 준모수적 추정(Semiparametric Estimation)

7.3절의 모델을 실제로 응용할 때 기본적인 가정들은 추정과정에서 단순화시킬 수 있다. 예를 들면, 만약에 우리가 사고건수에 관심이 있다면 보험계약자 그룹 i에 대한 j년도 동안의 사고건수에 대한 확률변수 $m_{ij}X_{ij}$는 $\Theta_i=\theta_i$로 주어졌을 때 평균이 $m_{ij}\Theta_{ij}$인 포아송 분포를 따른다고 가정할 수 있다. 즉,

$$E[m_{ij}X_{ij}|\Theta_i]=Var(m_{ij}X_{ij}|\Theta_i)=m_{ij}\Theta_i$$

이다. 따라서 $\mu(\Theta_i)=v(\Theta_i)=\Theta_i$가 되므로 $\mu=v$가 된다. 그러므로 μ와 v를 각각 추정하기 위해 추정량 식 (7.3)과 (7.4)를 적용하기 보다는 우리는 μ와 v의 추정량으로 $\overline{X}_{..}$를 사용할 수 있다. 이런 점을 [예제 7.5]를 통해 살펴본다. 참고로 [예제 7.5]는 [예제 6.10]과 동일하나 신뢰도를 통해 첫 번째 관측기간의 사고건수와 두 번째 관측기간의 예측 사고건수와의 관계를 비교설명하고 있다.

예제 7.5

1년 동안 300명의 피보험자로부터 발생한 사고건수의 분포는 다음과 같다고 가정한다.

사고건수	0	1	2	3	4	5	계
피보험자 수	123	97	49	21	8	2	300

각 피보험자에 대한 사고건수는 (조건부) 포아송 분포를 따른다고 가정한다. 그러나 각 분포의 평균은 개별피보험자별로 다르다. 따라서 각각의 피보험자에 대해 다음연도 동안 예상되는 사고건수에 대한 신뢰도 추정치를 계산하시오.

풀이

우리는 (i) $r=300$ (ii) 각 피보험자에 대한 $n_i = 1$년$(i=1,2,\ldots,300)$ 동안의 경험데이터에 대해서 (iii) 1년 동안 각 피보험자의 위험단위수 $m_{ij}=1$인 것을 알 수 있다.

피보험자 i에 대해 $X_{i1}|\Theta_i=\theta_i$는 평균이 θ_i인 포아송 분포를 따른다고 가정한다. 결과적으로 $\mu(\Theta_i)=v(\Theta_i)=\Theta_i$이고 $\mu=v$임을 알 수 있다.

표본평균은

$$\bar{x}_{.1} = \frac{(0)(123)+(1)(97)+(2)(49)+(3)(21)+(4)(8)+(5)(2)}{300} = 1.0$$

이다. 다음으로 표본분산을 계산하기 위해 [정리 2.1]을 적용하면

$$\begin{aligned} Var(X_{i1}) &= Var(E[X_{i1}|\Theta_i]) + E(Var[X_{i1}|\Theta_i]) \\ &= Var[\mu(\Theta_i)] + E[v(\Theta_i)] = a + v = a + \mu \end{aligned}$$

이다. 이상으로 X_{i1}의 분산은 $a+\mu$의 불편추정량이 됨을 보였다. 따라서 모수 a의 추정량으로 차이(표본분산-표본평균)를 사용할 수 있다. 이 예에서 표본분산은 다음과 같다.

$$\begin{aligned} &\frac{\sum_{i=1}^{300}(x_{i1}-\bar{x}_{.1})^2}{300} \\ &= \frac{123(0-1)^2+97(1-1)^2+49(2-1)^2+21(3-1)^2+8(4-1)^2+2(5-1)^2}{300} \\ &= 1.2 \end{aligned}$$

그러므로 조건부 평균들의 분산값 a의 추정치는 $1.2-1.0=0.2$이고 k와 Z의 추정치는 각각 $\frac{1.0}{0.2}=5$, $\frac{1}{1+5}=0.17$이다. 따라서 피보험자의 사고건수(모델의 구조에 따라)는 다음과 같다.

$$Zx_{i1} + (1-Z)\overline{x}_{i.} = 0.17x_{i1} + 0.83(1.00)$$

여기서, x_{i1}는 첫 관측기간에 피보험자의 경험에 따른 0, 1, 2, 3, 4, 5의 값이다. 이 결과는 <표 7.3>에 요약되어 있다.

표 7.3 첫 번째 관측기간의 사고건수와 두 번째 관측기간의 예측 사고건수

첫 번째 관측기간 동안의 사고건수 x_{i1}	두 번째 기간 동안의 예측 사고건수 $0.17x_{i1}+0.83(1.00)$
0	0.83
1	1.00
2	1.17
3	1.34
4	1.51
5	1.68

[예제 7.5]에서 $v=\mu$가 됨을 주목해 볼 필요가 있다. 그러므로 필요한 추정을 위해 1년간의 경험데이터가 요구된다(원래는 $n_i \geq 2$). 또한 우리는 $\overline{X}_{.1}$의 분산추정량의 편기된 형식을 적용하였다. 그뿐만 아니라 6.4.2절에서도 사용되었다. 추정량의 불편 형태는 분모가 300보다는 299이다. 그 결과는 1.2가 되는데 소숫점 1자리에서 차이가 난다.

예제 7.6

보험사고가 접수된 여러 가지 단체건강보험증권의 개별 가입자 수에 관심이 있다고 가정하자. 그룹 간 사고발생확률은 차이가 나지만 각 그룹 내의 개별가입자 사이의 사고발생확률은 상수라고 가정한다. 이 확률이 한 보험기간으로부터 다음연도까지 상수라고 가정한다. $m_{ij}X_{ij}$는 j년도 기간에 사고가 접수된 i번째 그룹의 m_{ij} 피보험자 수를 나타내는 확률변수라고 표시한다. 신뢰도 모델의 3개 모수의 추정을 단순화하기 위해 μ, v, a의 관계를 확인하기 원한다.

풀이

우리는 Θ_i를 i번째 피보험자 그룹의 구성원들 중에서 보험기간 동안 적어도 1번의 사고가 날 가능성을 표시하는 확률변수라고 가정한다. 합리적인 추가 가정은 $m_{ij}X_{ij}$는 모수

m_{ij}와 Θ_{ij}인 이항분포를 한다는 것이다. 그때 다음과 같은 식을 얻는다.

$$E[m_{ij}X_{ij}|\Theta_i] = m_{ij}\Theta_i$$

이고

$$Var[m_{ij}X_{ij}|\Theta_i] = m_{ij}\Theta_i(1-\Theta_i)$$

이다. 결국 $\mu(\Theta_i)=\Theta_i$이고 $v(\Theta_i)=\Theta_i(1-\Theta_i)$이다. 그러므로

$$\mu = E[\Theta_i]$$

이고

$$v = \mu - E[\Theta_i^2]$$

이다. 또한

$$a = Var(\Theta_i) = E[\Theta_i^2] - \mu^2 = \mu - v - \mu^2$$

이다. 따라서 위 식에서 μ와 v를 추정한다면 $a=\mu-v-\mu^2$ 식을 사용해서 a의 추정치를 계산할 수 있다.

예제 7.7

j년도에 유효한 m_j개 증권으로부터 N_j의 사고건수가 발생했다고 하자. $j=1,2,\ldots,n$ 각 개별 증권은 모수가 Θ인 포아송 분포를 따르고 모수 Θ는 모수가 α와 β인 감마분포를 따른다고 가정한다. $n+1$년도에 m_{n+1}개의 보험증권이 있다고 가정할 때 뷜만-스트라웁의 방법에 의한 신뢰도 Z가 반영된 $n+1$년도의 사고건수를 추정하시오.

풀이

이 모델의 조건을 만족시키기 위하여 사고율 $X_j = \dfrac{N_j}{m_j}$라 한다. 포아송 분포는 평균이 $m_j\Theta$, $E(X_j|\Theta)=\Theta=\mu(\Theta)$, $Var(X_j|\Theta)=\dfrac{\Theta}{m_j}=\dfrac{v(\Theta)}{m_j}$이므로 $\mu - E(\Theta) = \alpha\beta$, $a = Var(\Theta) = \alpha\beta^2$, $v = E(\Theta) = \alpha\beta$이고, 범위모수 $k=\dfrac{v}{a}=\dfrac{\alpha\beta}{\alpha\beta^2}=\dfrac{1}{\beta}$가 되므로 신뢰

도 $Z=\dfrac{m}{m+1/\beta}=\dfrac{m\beta}{m\beta+1}$이다. 그러므로 보험계약자 1명에 대한 사고건수 추정치는

$$P_c=\frac{m\beta}{m\beta+1}\overline{X}+\frac{1}{m\beta+1}\alpha\beta$$

가 된다. 여기서, $\overline{X}=\dfrac{\sum_{j=1}^{n} m_j X_j}{m}$이다. 따라서 $n+1$년도의 총사고건수 추정치는 $m_{n+1}P_c$가 된다.

7.5 사례분석(예시)

3개 보험계약자 그룹에 대한 3개년간의 경험데이터가 다음과 같이 주어졌다.

보험계약자 그룹	구분	보험기간			
		1	2	3	4
1	총손해액	8,000	11,000	15,000	-
	그룹 크기	40	50	70	75
2	총손해액	20,000	24,000	19,000	-
	그룹 크기	100	120	115	95
3	총손해액	10,000	15,000	13,500	-
	그룹 크기	50	60	60	60

(1) 4차 연도 보험계약자 1인당 뷜만-스트라웁의 경험적 베이지안 신뢰도가 반영된 보험료를 보험계약자 그룹별로 계산하시오.

풀이

$r=3$개 보험계약자 그룹이 있고 각 보험계약자 그룹별 3개년 $n_1=n_2=n_3=3$이 있다. $m_{11}=40$, $m_{12}=50$, $m_{13}=70$이므로 $m_{1.}=\sum_{j=1}^{2} m_{1j}=40+50+70=160$이다. 동일한 방법에 의해 $m_{2.}=335$, $m_{3.}=170$이다. 1인당 평균손해액은

$$X_{11}=\frac{8,000}{40}=200,\quad X_{12}=\frac{11,000}{50}=220,\ X_{13}=\frac{15,000}{70}=214.29$$

이다. 따라서

$$\overline{X_{1.}}=\frac{\sum_{j=1}^{3}m_{1j}X_{1j}}{m_{1.}}=\frac{8,000+11,000+15,000}{40+50+70}=212.50$$

이다. 동일한 방법에 의해 $\overline{X_{21}}=\frac{20,000}{100}=200,\ \overline{X_{22}}=\frac{24,000}{120}=200,\ \overline{X_{23}}=\frac{19,000}{115}=165.22$이므로 $\overline{X_{2.}}=\frac{20,000+24,000+19,000}{100+120+115}=188.06$이다. 똑같이 동일한 방법에 의해 $\overline{X_{31}}=\frac{10,000}{50}=200,\ \overline{X_{32}}=\frac{15,000}{60}=250,\ \overline{X_{33}}=\frac{13,500}{60}=225$이므로 $\overline{X_{3.}}=\frac{10,000+15,000+13,500}{50+60+60}=226.47$이다. 따라서 전체 위험단위 수는 $m=m_{1.}+m_{2.}+m_{3.}=665$이고 전체 평균추정치는 다음과 같다.

$$\begin{aligned}\hat{\mu}=\overline{X}..&=\frac{m_1\overline{X_1}+m_2\overline{X_2}+m_3\overline{X_3}}{m}\\&=\frac{(160)(212.50)+(335)(188.06)+(170)(226.47)}{160+335+170}=203.76\end{aligned}$$

다음으로 조건부 분산들의 기댓값(EPV) 다음과 같다.

$$\begin{aligned}\hat{v}&=\frac{1}{\sum_{i=1}^{3}(m_{i.}-1)}\sum_{i=1}^{3}\sum_{j=1}^{3}m_{ij}(X_{ij}-\overline{X_{i.}})^2\\&=\frac{1}{(3-1)+(3-1)+(3-1)}\times\end{aligned}$$

$$\begin{aligned}&\left[\left\{(40)(200-212.50)^2+(50)(220-212.50)^2+(70)(214.29-212.50)^2\right\}\right.\\&+\left\{(100)(200-188.06)^2+(120)(200-188.06)^2+(115)(165.22-188.06)^2\right\}\\&\left.+\left\{(50)(200-226.47)^2+(60)(250-226.47)^2+(60)(225-226.47)^2\right\}\right]=28,171\end{aligned}$$

조건부 평균들의 분산값(VHM)은 다음과 같다.

$$\hat{a} = \frac{[\sum_{i=1}^{3} m_{i.}(\overline{x}_{i.} - \overline{x}_{..})^2 - \hat{v}(r-1)]}{m - \frac{1}{m}\sum_{i=1}^{3} m_{i.}^2} = \frac{1}{665 - \frac{1}{665}[160^2 + 335^2 + 170^2]} \times$$

$$[(160)(212.50 - 203.76)^2 + (335)(188.06 - 203.76)^2 + (170)(226.47 - 203.76)^2 - 28,171(3-1)]$$

즉, 범위모수 k의 추정치 $\hat{k} = \frac{\hat{v}}{\hat{a}} = \frac{28,171}{304.45} = 92.53$이다. 따라서 3개 보험계약자 그룹 각각에 대한 신뢰도 계수는 다음과 같다.

$$\widehat{Z}_1 = \frac{m_{1.}}{m_{1.} + \hat{k}} = \frac{160}{160 + 92.53} = 0.634$$

$$\widehat{Z}_2 = \frac{m_{2.}}{m_{2.} + \hat{k}} = \frac{335}{335 + 92.53} = 0.784$$

$$\widehat{Z}_3 = \frac{m_{3.}}{m_{3.} + \hat{k}} = \frac{170}{170 + 92.53} = 0.648$$

따라서 4차 연도 보험계약자 그룹 1의 위험단위당 뷜만-스트라웁의 경험적 베이지안 신뢰도가 반영된 보험료는 다음과 같다.

$$\hat{x}_{1.} = \widehat{Z}_1 \overline{X}_{1.} + (1 - \widehat{Z}_1)\hat{\mu} = (0.634)(212.50) + (1 - 0.634)(203.76) = 209.30$$

$$\hat{x}_{2.} = \widehat{Z}_2 \overline{X}_{2.} + (1 - \widehat{Z}_2)\hat{\mu} = (0.784)(188.06) + (1 - 0.784)(203.76) = 191.45$$

$$\hat{x}_{3.} = \widehat{Z}_3 \overline{X}_{3.} + (1 - \widehat{Z}_3)\hat{\mu} = (0.648)(226.47) + (1 - 0.648)(203.76) = 218.48$$

따라서

$$\hat{c}_1 = m_{14} \times \hat{x}_{1.} = 75 \times 209.30 = 15,697.5$$

$$\hat{c}_2 = m_{24} \times \hat{x}_{2.} = 95 \times 191.45 = 18,187.75$$

$$\hat{c}_3 = m_{34} \times \hat{x}_{3.} = 60 \times 218.48 = 13,108.8$$

이다.

(2) 보험계약자 그룹 1에 대한 4차 연도 위험단위당 뷜만-스트라웁의 경험적 베이지안 신뢰도가 반영된 보험료를 계산하시오.

풀이

위 문제 (1)로부터 $\widehat{Z}_1 = 0.634$, $\widehat{Z}_2 = 0.784$, $\widehat{Z}_3 = 0.648$이므로 신뢰도가 가중된 μ의 추정치는

$$\frac{\sum_{i=1}^{r} \widehat{Z}_i \overline{X_{i.}}}{\sum_{i=1}^{r} \widehat{Z}_i} = \frac{\widehat{Z}_1 \overline{X_{1.}} + \widehat{Z}_2 \overline{X_{2.}} + \widehat{Z}_3 \overline{X_{3.}}}{\widehat{Z}_1 + \widehat{Z}_2 + \widehat{Z}_3}$$

$$= \frac{(0.634)(212.50) + (0.784)(188.06) + (0.648)(226.47)}{0.634 + 0.784 + 0.648} = 207.61$$

이다. 이 μ의 추정치를 사용해서 위험단위당 그룹 1에 대한 뷜만-스트라웁의 경험적 베이지안 신뢰도가 반영된 보험료는 다음과 같다.

$$\widehat{Z}_1 \overline{X}_{1.} + (1 - \widehat{Z}_1)\hat{\mu} = (0.634)(212.50) + (1 - 0.634)(207.61) = 210.71$$

연습문제

1. 뷜만 모델과 비교하였을 때, 뷜만-스트라웁 모델의 주요 장점을 나타낸 것은 어느 것인가?

Ⅰ. 뷜만-스트라웁의 모델은 과거 보험연도별로 서로 다른 위험단위수를 가능케 해준다.

Ⅱ. 뷜만-스트라웁 모델은 좀 더 광범위한 통계적인 손실함수를 허용한다.

Ⅲ. 뷜만-스트라웁 모델은 수학적으로 덜 복잡하다. 그래서 요구되는 계산의 어려움이 없다.

2. 7.2절의 뷜만-스트라웁 모델에 대해 어느 문장이 사실인가?

Ⅰ. 이 모델은 보험기간의 서로 다른 위험단위수를 사용할 수 있게 함으로써 6.4.1절을 일반화시킨다.

Ⅱ. 이 모델은 6.4.11의 모델보다 더 제한적이다. 왜냐하면 이 모델은 확률분포의 수가 알려지는 것이 필요하기 때문이다.

3. 7.2절의 뷜만-스트라웁 모델의 기호에 기초해서 다음과 같은 식이 어떻게 연관되어 있는지?

(a) μ (b) $E_{\Theta}[\mu(\Theta)]$ (c) $E_{\Theta}[\mu(\Theta)|X_1]$ (d) $E[X_2]$ (e) $E[X_2|X_1]$

4. [예제 6.12]는 4개의 항아리를 다루고 있다. 만약에 첫 관찰기간에 4개의 공을 꺼냈는데 그중에서 정확하게 3개의 공에 1이 표시되어 있었다고 가정하자. 만약에 두 번째 관측기간에 7개의 공을 꺼낸다면 1이 표시된 볼의 수를 뷜만-스트라웁 모델을 이용해서 최적으로 추정하면 얼마인가?

5. $X_2 = \frac{2}{7}$가 관찰되었다는 것을 제외하고 연습문제 4와 같은 조건이라 하자. 만약 3번째 관찰기간에 7개의 공을 꺼낼 때 3번째 꺼낸 공 중에서 1이 표시된 공의 수의 뷜만-스트라웁 모델하에서 최적의 추정치는 무엇인가?

6. 3개년 동안의 경험데이터가 다음 표와 같을 때 보험계약자 그룹 1과 2에 대한 4차 연도 동안 예상되는 총보험금을 계산하시오. 인플레이션은 고려치 않는다. 예제 7.4와 다른 점은 보험계약자 그룹 1의 1차 연도 데이터가 존재하지 않는다.

(금액 단위: 백만원)

보험계약자 그룹	구분	보험기간			
		1	2	3	4
1	총보험금	-	11,000	15,000	-
	그룹 크기	-	50	70	75
2	총보험금	20,000	24,000	19,000	-
	그룹 크기	100	120	115	95

7. 다음 중 7.3절의 뷜만-스트라웁 모델에 대해 사실인 것은?

Ⅰ. 이 모델은 연도별 또는 보험계약자별로 서로 다른 위험단위수를 허용함으로써 6.4.1의 모델을 일반화시킨 것이다.

Ⅱ. 이 모델은 관련된 모든 확률분포가 알려졌다는 요구를 생략함으로써 7.2절의 모델을 일반화시킨 것이다.

8. 1년 동안 관측된 200명의 피보험자에 대한 사고건수가 다음과 같이 분포되었다.

사고건수	0	1	2	3	계
피보험자수	125	40	20	15	200

각 피보험자의 사고건수는 (조건부) 포아송 분포를 한다. 그러나 각 분포의 평균은 피보험자별로 다르다. 각 피보험자에 대해 다음 관측기간 동안의 사고건수에 대한 신뢰도 추정치를 구하시오.

9. [예제 7.6]에 표시된 기호와 방법을 사용해서 $\mu = 0.30$이고 $v = 0.10$이 주어질 때 a의 추정값을 계산하시오.

10. 많은 보험계약자를 대상으로 한 사고발생빈도가 다음과 같다고 하자.

사고건수	사고발생빈도(%)
0	61.9
1	28.4
2	7.8
3	1.6
4	0.3
5	0
계	1.0

무작위로 선택된 보험계약자에 대해 모수 Θ가 주어질 때 기간당 사고건수의 조건부 분포가 모수 Θ인 포아송 분포를 따른다고 가정한다. 관찰기간 동안에 c개의 사고경험이 주어질 때 그 경험자가 다음 기간의 예상 사고건수를 추정하고자 한다. 준모수적 방법을 이용하여 추정하시오.

11. 두 가지 형태의 보험계약자(A형태, B형태)가 있다고 가정한다. 전체보험계약자의 2/3는 A형태이고 나머지 1/3은 B형태이다. 각 형태에 대한 사고건수와 심도에 대한 정보는 다음 표와 같다.

형태	사고건수		심도	
	평균	분산	평균	분산
A	0.2	0.2	200	4,000
B	0.7	0.3	100	1,500

어떤 보험계약자는 지난 4년 동안에 총손해액이 500이 발생하였다. 이 보험계약자에 대한 다음 연도에 예상되는 신뢰도가 반영된 보험료와 신뢰도를 결정하시오.

8장

베이지안의 방법에 의한 신뢰도

8.1 위험 그룹(등급)

일반적으로 보험요율 또는 손해율 등은 종목별 또는 담보위험별 동질위험집단(homogeneous risk group)에서 발생한 경험데이터를 이용해서 산출한다. 예를 들면, 화재보험 주택물건에서 4개의 위험등급으로 위험을 구분하고 있고 기본요율은 등급별로 산출 · 적용한다. 이때 위험등급은 동질위험집단을 전제로 한다.

이처럼 보험요율 또는 손해율 등을 산정하기 위해서는 하나의 위험그룹을 동질위험집단으로 구분하는 것이 필요하다. 물론, 하나의 동질위험집단을 최소 위험단위(예, 보험계약자 또는 피보험자 등)로 설정할 수 있다. 예를 들면, 시 · 군 · 구 내에서의 지역, 요율산정 그룹 내의 등급, 등급 내의 개별위험 등과 같은 것이다. 이런 경우에 개별보험계약자 또는 개별피보험자와 같은 최소위험단위들에 대한 손해과정(예, 빈도, 심도, 순보험료, 손해율 등)에서 어떤 모수들을 추정하는 것이 관심사이다.

이번 장에서는 위험그룹(동질위험집단)별 손해율 추정을 중심으로 베이지안의 방법에 의한 신뢰도를 설명한다.

8.2 베이지안의 방법에 의한 신뢰도

이번 절에서는 실무적 관점에서 위험그룹(동질위험집단)으로 분류되는 등급(Class)의 손해율(Loss Ratio) 추정 문제에 초점을 맞추었다. 물론 손해액, 보험료 등의 추정에도 동일하게 적용할 수 있다. 다른 상황들은 유사하기 때문에 약간의 수정이 가해진다면 가능하다. 그리고 베이지안 방법에 의한 신뢰도 이론은 아래의 가정들을 만족시킨다면 적용할 수 있다. 즉, 어떤 위험그룹이 k개의 등급으로 구성된다고 가정하자. 7장에서는 r개의 등급으로 표시하였다. 각 등급(예, 각 등급에 대한 T연도 데이터)에는 T개 연도의 관측치가 있다고 가정하자. 다음과 같은 기호를 사용한다. $i=1,2,\cdots,k$이고 $t=1,2,\cdots,T$에 대해서 <표 8.1>과 같다. 여기서, P_{it}는 i등급의 t 연도 보험료를 나타내고 X_{it}는 i등급의 t 연도 손해율을 나타낸다.

표 8.1 손해율 확률변수 X_{it}, 보험료 P_{it}, 모수 θ_i의 분포도

등급 \ 연도	1	2	…	t	…	T	모수
1	X_{11}, P_{11}	X_{12}, P_{12}	…	X_{1t}, P_{1t}	…	X_{1T}, P_{1T}	θ_1
2	X_{21}, P_{11}	X_{22}, P_{22}	…	X_{2t}, P_{2t}	…	X_{2T}, P_{2T}	θ_2
…	…	…	…	…	…	…	…
i	X_{i1}, P_{i1}	X_{i2}, P_{i2}	…	X_{it}, P_{it}	…	X_{iT}, P_{iT}	θ_i
…	…	…	…	…	…	…	…
k	X_{k1}, P_{k1}	X_{kt}, P_{kt}	…	X_{kt}, P_{kt}	…	X_{kT}, P_{kT}	θ_k

i등급의 t 연도 손해율을 나타내는 확률변수 X_{it}의 분포는 보험료 P_{it}뿐만 아니라 모수 θ_{it}에 의존한다고 가정한다. 여기서 P_{it}는 상수로 간주하지만 모수 θ_{it}는 확률변수이고 θ_{it}의 분포는 t 연도의 등급 i에 관한 사전지식(정보) 또는 부차적인 관련 정보를 반영하는 베이지안 가정에 기초를 둔다. 또한 모든 등급에 대해 θ_{it}의 값이 동일하다는 것을 요구하지 않는다. 그러나 단체의 구성원들이 어느 정도는 동질적(homogeneous)이라는 가정을 반영하기 위해 모수들은 같은 방법으로 분포되었다고 가정한다. 이 모수들의 일반적인 누적분포함수(cdf)를 U(그러므로 pdf는 dU가 된다)로 표시한다. 이것을 "구조함수"로 다룬다. 등급별로 요율을 산정한다는 개념보다는 요율이 각 보험계약자(피보험자)별로 산출된다고 가정한다.

다음으로 모수 θ와 보험료 P로 표시되는 확률밀도함수(pdf)의 족(family)을 가정해 보자. 즉, 확률밀도함수의 족 $f_{\theta,P}(x)$이 존재한다고 가정한다. 여기서 θ는 어떤 고정된 모수집합에 따라 변하고 P는 모든 양숫값에 따라 변한다. 여기에서는 앞에서와 같이 $f_{\theta,P}(x)$ 대신에 $f(x|\theta,P)$라고 쓴다. 확률변수 X_{it}의 확률밀도함수는 θ_{it}와 P_{it}에 의해 결정되는 이들 족 중 하나이다. 그때 다음과 같이 표현한다.

$$E(X_{it}|\theta_{it},P_{it})=\int xf(x|\theta_{it},P_{it})dx$$

$$Var(X_{it}|\theta_{it},P_{it})=\int[x-E(X_{it}|\theta_{it},P_{it})]^2 f(x|\theta_{it},P_{it})dx$$

2.7절에서 유도된 결과(형태)에 따라서 이 값들을 다음과 같이 표시한다.

$$E(X_{it}|\theta_{it},P_{it})=u(\theta_{it})\ (P_{it}\text{와는 독립이다.})$$

$$Var(X_{it}|\theta_{it}, P_{it}) = \frac{v^2(\theta_{it})}{P_{it}}$$

위에서 설명한 내용 중 중요한 점은 조건부 평균 $E(X_{it}|\theta_{it}, P_{it})$은 보험료 크기와 무관하지만 조건부 분산 $Var(X_{it}|\theta_{it}, P_{it})$은 보험료 크기에 반비례한다는 점이다. 우리는 P_{it}를 상수로 간주했기 때문에 편의상 P_{it}를 생략하고 다음과 같이 쓴다.

$$f(x|\theta_{it}),\ E(X_{it}|\theta_{it}),\ Var(X_{it}|\theta_{it})$$

위에서 설명한 것처럼 다음과 같은 가정들을 설정한다.

(1) $i=1,2,\cdots,k$개 등급과 $t=1,2,\cdots,T$년일 때 X_{it}(i등급의 t연도 손해율)의 분포는 보험료 크기 P_{it}뿐만 아니라 모수 θ_{it}에 종속된다. 손해율 X_{it}의 조건부 평균값은 보험료 규모 P_{it}와 무관하다(이것을 $u(\theta_{it})$라고 표시한다). 반면에 손해율 X_{it}의 조건부 분산값은 보험료 크기 P_{it}에 반비례한다(이것을 $\frac{v^2(\theta_{it})}{P_{it}}$라고 표시한다).

(2) 등급 i는 시간 t와 관계 없이 동질적(homogeneity)이다. 따라서 주어진 어떤 등급 i에 대한 θ_{it}값은 t와 무관하다. 즉, 모든 $t=1,2,\cdots,T$에 대해서 $\theta_{it}=\theta_i$이다. 이것은 각 연도에서 $i=1,2,\cdots,k$에 대해 어떤 주어진 등급은 모수가 θ_i인 동일한 분포를 갖는 것을 말해준다(보험료의 크기로 인한 차이는 제외하고). 이 가정은 손해액과 보험료가 검증결과에 따라 매년 현재의 수준으로 조정(수정손해액과 수정보험료)되고 요율수준 역시 현재의 수준으로 매년 조정(수정손해액과 수정보험료)된다면 유효하다. 즉, 각 등급은 동질위험집단으로 간주할 수 있다. 다시 말해, 하나의 등급 내에서는 t와 관계없이 모수는 동일하게 될 것이다.

(3) $i=1, 2, \cdots, k$와 $t=1, 2, \cdots, T$일 때 $\theta_1, \theta_2, \cdots, \theta_k$의 값들이 주어지면 X_{it}는 독립확률변수이다.

(4) θ_{it}는 독립이고 동일하게 분포된(iid) 확률변수이다. 보통 분포함수는 U(확률밀도함수는 dU)로 표시되고 구조함수로 나타난다. θ의 확률표본 $\theta_1, \theta_2, \ldots, \theta_k$에 대해 지수 θ에 대해 U를 누적분포함수라고 하는 데 주목해 볼 필요가 있다.

2.7절에서 이들 표시와 가정들과 관련해서 많은 것들을 다루었다. 먼저, 비조건부 확률변수 X_{it}를 고려해 보자. 2.7절에서 비조건부 평균과 분산을 다음과 같이 계산하였다.

$$E(X_{it}) = E_{\theta_i}[E(X_{it}|\theta_i] = E_{\theta_i}[u(\theta_i)] \ (\because \ X_{it}\text{는 종속이지만 } X_{it}|\theta_{it}\text{는 독립})$$

$$Var(X_{it}) = Var_{\theta_i}[E(X_{it}|\theta_i)] + E_{\theta_i}[Var(X_{it}|\theta_i)]$$

$$= Var_{\theta_i}[u(\theta_i)] + E_{\theta_i}[\frac{v^2(\theta_i)}{P_{it}}] = Var_{\theta_i}[u(\theta_i)] + \frac{E_{\theta_i}[v^2(\theta_i)]}{P_{it}}$$

$(\because P_{it}$는 상수이기 때문)

앞의 가정으로부터 $\theta_i = \theta_j$라면 $u(\theta_i) = u(\theta_j)$이고 $v^2(\theta_i) = v^2(\theta_j)$이다. 이것은 θ_i와 θ_j가 동일한 분포를 따른 다는 것으로 위 두 표현에 포함되는 것은 지수 i와 독립이라는 것을 말해준다. 즉, 다음과 같다.

$$E_{\theta_i}[u(\theta_i)] = E_{\theta_j}[u(\theta_j)], \ Var_{\theta_i}[u(\theta_i)] = Var_{\theta_j}[u(\theta_j)], \ E_{\theta_i}[v^2(\theta_i)] = E_{\theta_j}[v^2(\theta_j)]$$

위에서 설명한 바와 같이 이들 값들을 M, τ^2, Σ^2으로 나타낸다. 즉,

$$M = E_\theta[u(\theta)], \ \tau^2 = Var_\theta[u(\theta)], \ \Sigma^2 = E_\theta[v^2(\theta)]$$

이다. 위 식에서 보는 바와 같이 이들 값들은 i와 독립적이라는 의미에서 첨자 i를 생략하였다. 비조건부 평균과 분산은 각각 $E(X_{it}) = M$이고 $Var(X_{it}) = \tau^2 + \frac{\Sigma^2}{P_{it}}$이다.

i등급에는 T개년을 포함하고 있기 때문에 다음과 같이 정의한다. $P_{i.}=$ i등급에 대한 T연도 총보험료를 나타내고 $\overline{X_i}=$ i등급에 대한 T연도 평균손해율을 나타낸다. 즉,

$$P_{i.} = \sum_{t=1}^{T} P_{it}, \ \overline{X_i} = \sum_{t=1}^{T} (\frac{P_{it}}{P_{i.}}) X_{it}$$

가 된다. 이들 정의로부터 다음과 같이 쉽게 표시할 수 있다.

$$E(\overline{X_i}|\theta_i)=\sum_{t=1}^{T}(\frac{P_{it}}{P_{i.}})E(X_{it}|\theta_i)=\sum_{t=1}^{T}(\frac{P_{it}}{P_{i.}})u(\theta_i)=u(\theta_i)$$

또한 θ_i값이 주어질 때 X_{it}가 독립이기 때문에 다음 식이 성립한다.

$$\begin{aligned}Var(\overline{X_i}|\theta_i)&=\sum_{t=1}^{T}(\frac{P_{it}}{P_{i.}})^2 Var(X_{it}|\theta_i)=(\frac{1}{P_{i.}})^2\sum_{t=1}^{T}(P_{it})^2[\frac{v^2(\theta_i)}{P_{it}}]\\&=(\frac{1}{P_{i.}})^2\sum_{t=1}^{T}(P_{it})[v^2(\theta_i)]=\frac{v^2(\theta_i)}{P_{i.}}(\because\sum_{t=1}^{T}P_{it}=P_{i.})\end{aligned}$$

$\overline{X_i}$에 대한 비조건부 적률들을 다음과 같이 계산할 수 있다.

$$\begin{aligned}E(\overline{X_i})&=E_{\theta_i}[E(\overline{X_i}|\theta_i)]=E_{\theta_i}[u(\theta_i)]=M\\Var(\overline{X_i})&=Var_{\theta_i}[E(\overline{X_i}|\theta_i)]+E_{\theta_i}[Var(\overline{X_i}|\theta_i)]\\&=Var_{\theta_i}[u(\theta_i)]+E_{\theta_i}[\frac{v^2(\theta_i)}{P_{i.}}]=\tau^2+\frac{\Sigma^2}{P_{i.}}\end{aligned}\tag{8.1}$$

여기서, $\overline{X_i}$가 독립이 아니라는 점에 주목해 볼 필요가 있다. 위에서 $\overline{X_i}$의 비조건부 분산을 계산하였다. 식 (8.1)에서 비조건부 분산은 조건부 평균들의 분산값과 조건부 분산들의 기댓값의 합이라는 것에 근거한다. $\overline{X_i}$의 분산을 계산할 때 다음과 같은 경우가 발생한다.

$$Var(\overline{X_i})=\sum_{t=1}^{T}(\frac{P_{it}}{P_{i.}})^2 Var(X_{it})\tag{8.2}$$

그러나 분산의 합으로 나타내기 위해서는 합이 독립적이라는 것을 알아야 한다. 반면에 가정 (3)은 θ_i의 값이 주어질 때 X_{it}가 독립이지만 비조건부적으로 X_{it} 그 자체는 독립이 아니라 종속이 된다. 왜냐하면 X_{it}는 θ_i의 분포에 종속이기 때문이다. 이처럼 $\overline{X_i}$의 분산을 계산하기 위해서는 두 번째 접근방법 식 (8.2)은 성립이 되지 않는다.

또한 X_{it}와 X_{js}간의 정확한 비조건부 관계를 유도해 보는 것도 흥미롭다. 만약, $i \neq j$라면 X_{it}와 X_{js}는 서로 독립이다. 따라서

$$E(X_{it}X_{js}) = E(X_{it})E(X_{js}) = M^2$$

이 성립한다. 만약 $i = j$이고 $t \neq s$라면

$$\begin{aligned} E(X_{it}X_{is}) &= E_{\theta_i}[E(X_{it}X_{is}|\theta_i)] \\ &= E_{\theta_i}[E(X_{it}|\theta_i)E(X_{is}|\theta_i)] \\ &= E_{\theta_i}[u^2(\theta_i)] \\ &= E[u(\theta)]^2 + Var[u(\theta)] \ \ (\because E_{\theta_i}[E(X_{it}|\theta_i)] = E_{\theta_i}[u(\theta_i)]) \\ &= M^2 + \tau^2 \end{aligned}$$

이고, 만약 $i = j$이고 $t = s$라면

$$\begin{aligned} E(X_{it}X_{it}) = E(X_{it}^2) &= [E(X_{it})]^2 + Var(X_{it}) \\ &= M^2 + \tau^2 + \frac{\Sigma^2}{P_{it}} \end{aligned}$$

이다. 각 등급의 평균손해율을 추정하는 데 앞 절의 결과들을 적용해 보자. 즉, $E(X_{it}|\theta_i) = E(\overline{X_i}|\theta_i) = u(\theta_i)$를 추정한다. 여기서 고려해야 할 중요한 점들은 이미 앞에서 계산해 놓았다는 것이다.

[명제] 이번 절에서는 앞에서 적용한 가정들과 기호들을 그대로 사용한다. 추정량 $\hat{u_i}$을 다음과 같이 정의한다.

$$\hat{u_i} = Z_i\overline{X_i} + (1 - Z_i)M$$

여기서, $M = E_\theta[u(\theta)]$, $Z_i = \dfrac{\tau^2}{\tau^2 + \Sigma^2}$, $\tau^2 = Var_\theta[u(\theta)]$, $\Sigma^2 = E_\theta[v^2(\theta)]$이다.

분포의 형태에 따라 항상 성립하지는 않지만 여러 가지 가정하에서 일반적으로

$\hat{u}_i$을 $u(\theta_i)$의 베이지안 추정량이라고 한다. 덧붙여 우리는 모든 경우에 $\hat{u}_i$은 $u(\theta_i)$의 최적선형불편추정량이라는 것을 알고 있다.

위 [명제]에서 언급하고 있는 추정량 $\hat{u}_i$은 오직 i번째 등급의 관측치에만 의존하고 있고 포함된 분포의 적률에만 의존한다는 것이다. 이처럼 위와 같은 형태의 추정량들은 동질이 아닌 추정량들을 포함한다. 이 명제는 포함된 데이터에만 의존하지 않고 상수항 $(1-Z_i)M$도 동시에 고려한다. 위에서 언급한 (3)의 가정에서 구성한 집합구조는 사실 부적정한 것이라는 점에 주목해 볼 필요가 있다. 위 결과에 대해 이 등급을 별도의 등급 또는 집합의 수로 다루어야 하는지는 중요한 것이 아니다.

그럼에도 불구하고 우리가 구성한 집합구조는 경험적 베이지안 신뢰도에서 중요한 역할을 한다. 여기서 M과 τ^2 그리고 Σ^2의 값들은 그룹(즉, 총평균, 조건부(등급 간) 평균들의 분산값, 조건부(등급 내) 분산들의 기댓값 등)의 특성치들로 설명되며 그룹별 경험데이터로부터 추정될 수 있다. 또한 집합구조는 아래에서 다룰 또 다른 전개에서 중요한 역할을 한다.

뷜만-스트라웁은 "동질"선형추정량으로 제한하고 있지만 모든 등급의 경험데이터를 포함하는 것을 허용하고 있다. 뷜만-스트라웁은 다음과 같은 형태의 추정량을 고려한다.

$$u_i = \sum_i \sum_t a_{it} X_{it}$$

최소자승오차불편추정량을 나타내는 계수 a_{it}에 대해 풀면 그 결과는 앞에서 설명한 것과 거의 비슷하다. 다만, 유일한 차이점은 $(1-Z_i)M$보다는 $(1-Z_i)\overline{X}$를 추정량에 포함하고 있다는 것이다. 여기서, $\overline{X}$는 $\overline{X_i}$의 가중평균값이다. 뷜만-스트라웁이 채택하고 있는 가중치는 "보험료 가중치"가 아니라 "일반화된 가중치"를 고려하고 있다. 이 가중치들은 다음과 같이 정의된다. 즉, $\overline{X_i}(i=1,2,\dots, k)$의 분산에 반비례하도록 가중치 π_i가 부여된다.

$$\pi_i = \frac{1}{\tau^2 + \dfrac{\Sigma^2}{P_{i.}}} \text{이고 } \pi = \sum_{i=1}^{k} \pi_i$$

이때 $\overline{X}$는 다음과 같이 정의된다.

$$\overline{X} = \sum_{i=1}^{k} \left(\frac{\pi_i}{\pi}\right) \overline{X_i}$$

여기서 가중치 $\pi_i = \dfrac{1}{Var(\overline{X_i})}$을 관찰해 볼 필요가 있다. 일반적으로 Y_i가 동일한 평균 M을 갖는 독립확률변수일 때 $\overline{Y} = \sum_{i=1}^{k} c_i Y_i$가 M의 최소분산불편추정량(m.v.u.e.)이 되기 위해서는 가중치 c_i가 다음과 같아야 한다.

$$c_i = \left[\frac{\dfrac{1}{Var(Y_i)}}{\displaystyle\sum_{i=1} \frac{1}{Var(Y_i)}}\right]$$

뷜만-스트라웁의 추정량에서 신뢰도 보수값인 $\overline{X}$는 M의 최소분산선형불편추정량이 된다는 것을 보였다. $\overline{X}$는 "비동질적"형태로 신뢰도 보수에 부여되는 값이다. π_i값과 Z_i값과 관련해서 여러 가지 흥미로운 관계가 성립한다. 예를 들면,

$$Z_i = \frac{\tau^2}{\tau^2 + \dfrac{\Sigma^2}{P_{i.}}} = \tau^2 \pi_i$$

$$Z = \sum_{i=1} Z_i = \sum_i \tau^2 \pi_i = \tau^2 \sum_i \pi_i = \tau^2 \pi$$

만약 $\tau^2 \neq 0$이라면,

$$\frac{\pi_i}{\pi} = \frac{Z_i}{Z}$$

또한 만약 $\tau^2 \neq 0$라면 $\overline{X}$는 $\overline{X_i}$에 신뢰도가 가중 평균된 값으로 볼 수 있다. 또한 신뢰도 Z_i를 여러 가지 대수적인 형태로 표시할 수 있다. 식 (6.2)에서와 같이 i등

급의 신뢰도를 다음과 같이 쓸 수 있다.

$$Z_i = \frac{P_{i.}}{(P_{i.} + K)}$$

여기서, $K = \frac{\Sigma^2}{\tau^2}$이다.

위 식을 이용해서 Z_i를 포함하는 또 다른 수식들을 다음과 같이 도출할 수 있다.

(1) $1 - Z_i = \frac{K}{(P_{i.} + K)}$

(2) $P_{i.}(1 - Z_i) = \frac{P_{i.}K}{(P_{i.} + K)} = KZ_i$ 또는 $P_{i.} - P_{i.}Z_i = KZ_i$ 또는

$P_{i.}Z_i = P_{i.} - KZ_i$

이 등식들은 신뢰도의 보수가 가중된 그룹 손해율에 부여될 때 쉽게 사용될 수 있을 것이다. 등급별 손해율의 추정치들은 "그룹 경험치의 일반적인 척도"와 관련해 볼 때 "불균형"이 될 것이다. 좀 더 자세하게 설명하면 다음과 같다.

$$\hat{u}_i = Z_i\overline{X}_i + (1 - Z_i)\overline{X}$$

여기서, $Z_i = \frac{P_{i.}}{P_{i.} + K}$이고 $\overline{X} = \sum_i (\frac{Z_i}{Z})\overline{X}_i$, $Z = \sum_i Z_i$이다. $\tilde{X}$를 그룹 경험치의 일반적인 척도로 표시해 보자. 즉, $\tilde{X} = \sum_i (\frac{P_{i.}}{P})\overline{X}_i$이고 $P = \sum_i P_i$이라면 $\sum_i (\frac{P_{i.}}{P})\hat{u}_i = \tilde{X}$가 된다. 이를 증명하면 다음과 같다.

$$\begin{aligned}\sum_i (\frac{P_{i.}}{P})\hat{u}_i &= \sum_i (\frac{P_{i.}}{P})(Z_i\overline{X}_i + (1 - Z_i)\overline{X}) \\ &= \frac{1}{P}[\sum_i P_{i.}Z_i\overline{X}_i + \sum_i P_{i.}(1 - Z_i)\overline{X}] \\ &= \frac{1}{P}[\sum_i (P_{i.} - KZ_i)\overline{X}_i + \sum_i KZ_i\overline{X}]\end{aligned}$$

$$= \frac{1}{P}[\sum_i (P_{i.}\overline{X_i} - \sum_i KZ_i\overline{X_i} + \sum_i KZ_i\overline{X}]$$

$$= \sum_i (\frac{P_{i.}}{P})\overline{X_i} - \frac{(KZ)}{P})\sum_i (\frac{Z_i}{Z})\overline{X_i} + \frac{K}{P}\sum_i Z_i\overline{X}$$

$$= \sum_i (\frac{P_{i.}}{P})\overline{X_i} = \tilde{X}$$

8.3 베이지안 추정량을 이용한 신뢰도

[요약 정리] X를 모수 θ에 종속하는 분포의 확률변수라고 하자. 즉, $f(x|\theta)$를 θ가 주어질 때 X의 조건부 확률밀도함수라고 하자. 만약 θ가 확률밀도함수 $h(\theta)$를 갖는 확률변수라고 가정할 때 대부분의 경우 $f(x|\theta)$와 $h(\theta)$의 조건하에서 X의 평균의 베이지안 추정량(최소자승오차손실을 갖는 경우)은 다음과 같은 형태로 나타난다.

$$\tilde{u}(x) = ZX + (1 - Z)M$$

여기서,

$$M = E(X) = E_\theta[E(X|\theta)] = E_\theta[u(\theta)],\ Z = \frac{\tau^2}{\tau^2 + \delta^2},$$

$$\tau^2 = Var_\theta[E(X|\theta)] = Var_\theta[u(\theta)],\ \delta^2 = E_\theta[Var(X|\theta)] = E_\theta[v^2(\theta)]$$

위와 같은 결과는 베이지안 통계학의 기초가 되고 있다. 많은 경우에 베이지안 추정량(최소자승 오차에 관한 최적 추정량)은 총평균 M과 관측치의 가중평균으로 쉽게 계산될 수 있다. 더욱이 가중치는 분포에 포함되어 있는 어떤 적률의 항으로 쉽게 계산될 수 있다. 더 많은 연구자들이 보다 일반화시키려고 노력하고 있지만 쉽게 풀리지 않는다는 것이다. 결과적으로 많은 사람들이 여러 가지 다른 접근방법에 주목하고 있다. 그들은 어떻게 하면 적은 추정량들 중에서 최적의 추정량을 계산 할 수 있느냐에 초점이 맞춰지고 있다. 특히, "최적선형불편(best linear unbiased)"를 계산하는 데 초점이 맞춰지고 있다.

우리가 관심을 갖는 특별한 문제와 기호를 되새겨보면 다음과 같다.

- $u(\theta)$의 최적선형불편추정량(blue)은 다음과 같은 법칙을 갖는 추정량 u이다.

  (1) u는 X의 선형함수이다. 즉, $u=aX+b$와 같은 실수 a, b가 존재한다.
  (2) $E(u)=E[u(\theta)]$
  (3) $E[(u-u(\theta))^2]$가 최소화

어떻게 이 같은 추정량을 계산하는지 알아보기 전에 흥미로운 사실 두 가지를 알아보자.

첫 번째가 조건 (2) 이다. 이 조건은 불편추정량이라고 말할 때 문제이다. 이 조건은 베이지안 추정량의 정의에서 나타나지 않는다는 것이다. 즉, 정의에 의해 베이지안 추정량은 모든 가능한 추정량들 중에서 최적이지 불편추정량은 아니라는 것이다. 그러나 이미 살펴본 바와 같이 베이지안 추정량 $\tilde{u}(x)$(즉, 관측값 x가 주어졌다는 조건하에서 θ의 조건부 분포)은 θ의 사후분포에 관해서 $u(\theta)$의 기댓값이기 때문에 사실은 $u(\theta)$의 불편추정량이다.

두 번째는 여러 가지 추정량들 중에서 $u(\theta)$로부터 제곱오차를 최소화하는 것이다. 특히, 평균 $u(\theta)$의 최적선형불편추정량(*blue*)은 베이지안 추정량 $\tilde{u}(x)$의 최적선형불편추정량(*blue*)와 같다.

이것이 사실이라는 것을 확인하기 위하여 어떤 추정량 $d(x)$에 대해 다음 식이 성립한다는 점에 주목할 필요가 있다.

$$E[(d(x)-u(\theta))^2]=E[(d(x)-\tilde{u}(x))^2]+E[(\tilde{u}(x)-u(\theta))^2]$$

위 식의 오른쪽의 두 번째 항은 $d(x)$와 무관하기 때문에 왼쪽을 최소화하는 $d(x)$의 선택은 오른쪽의 첫 번째 항을 최소화하는 $d(x)$의 선택과 같아진다. 위 식이 유효하다는 것을 증명할 필요가 있다. 이것을 보기 위해 다음과 같이 쓴다.

$$E[(d(x)-u(\theta))^2]=E[(d(x)-\tilde{u}(x)+\tilde{u}(x)-u(\theta))^2]$$
$$=E[(d(x)-\tilde{u}(x))^2]+2E[(d(x)-\widetilde{u}(x))(\widetilde{u}(x)-u(\theta))]+E[(\tilde{u}(x)-u(\theta))^2]$$

위식에서 중간 항은 0이다. 이를 증명하면 다음과 같다.

$$\begin{aligned} E[(d(x)-\tilde{u}(x))(\tilde{u}(x)-u(\theta))] &= E_X[E[(d(x)-\tilde{u}(x))(\tilde{u}(x)-u(\theta))|x] \\ &= E_X[(d(x)-\tilde{u}(x))E[(\tilde{u}(x)-u(\theta))|x] \\ &= 0 \end{aligned}$$

위 식에서 x가 주어질 때 $(d(x)-\tilde{u}(x))$는 상수가 되기 때문이다.

이 두 가지 흥미로운 사실을 잠시 접어두고 본론으로 들어가 보자. 즉, $u(\theta)$의 *blue*를 계산한다. 여기서 주된 문제는 좀 더 일반적인 결과로부터 $u(\theta)$의 *blue*를 계산하는 것이다.

일반적인 이론을 소개하기 전에 몇 가지 기호를 소개한다. 결합확률밀도함수 $f(r,s)$를 갖는 두 개의 확률변수 R과 S에 대해 R과 S의 공분산(covariance)을 다음과 같이 정의한다.

$$Cov(R,S) = E[(R-E(R))(S-E(S))]$$

중요한 점은 다음과 같다.

$$Cov(R,S) = E(RS) - E(R)E(S)$$

우리는 [정리 8.1]과 같은 일반적인 정리를 설정한다.

정리 8.1

R과 S가 결합확률밀도함수 $f(r,s)$를 갖는 두 개의 확률변수라고 하자. 실수 a와 b에 대하여 추정량 $\widehat{S} = aR+b$는 다음과 같은 원칙을 갖는다.

(1) $E(\widehat{S}) = E(S)$

(2) $E[(\hat{S}-S)^2]$은 최소가 되는 것은 다음과 같을 때이다.

$$a = \frac{Cov(R,S)}{Var(R)} \text{이고 } b = E(S) - \frac{Cov(R,S)}{Var(R)}E(R)$$

증명

$$E[(\hat{S}-S)^2] = E[(\hat{S}-E(S)+E(S)-S)^2]$$

$$= E[(\hat{S} - E(S))^2] - 2E[(\hat{S} - E(S))(S - E(S))] + E[(S - E(S))^2]$$

가정에서 $E(\hat{S}) = E(S)$이므로

$$\begin{aligned} E[(\hat{S} - S)^2] &= Var(\hat{S}) - 2E[(\hat{S} - E(\hat{S}))(S - E(S))] + Var(S) \\ &= Var(\hat{S}) - 2Cov(\hat{S}, S) + Var(S) \end{aligned}$$

이다. 또한 앞에서 $\hat{S} = aR + b$이므로

$$Var(\hat{S}) = Var(aR + b) = a^2 Var(R)$$

이다. 또한

$$\begin{aligned} Cov(\hat{S}, S) &= E(\hat{S}S) - E(\hat{S})E(S) \\ &= E[(aR + b)S] - E[aR + b]E(S) \\ &= aE(RS) + bE(S) - aE(R)E(S) - bE(S) \\ &= a[E(RS) - E(R)E(S)] = aCOV(R, S) \end{aligned}$$

이다. 따라서

$$E[(\hat{S} - S)^2] = a^2 Var(R) - 2aCov(R, S) + Var(S)$$

위 식을 최소화하기 위하여 a에 대해 미분을 한 후 0으로 놓으면 다음과 같은 식이 구해진다.

$$2a\,Var(R) - 2\,Cov(R, S) = 0$$

따라서

$$a = \frac{Cov(R, S)}{Var(R)}$$

b를 계산하기 위하여 $E(\hat{S}) = E(S)$라는 가정을 적용하면 다음과 같다.

$$E(\hat{S}) = aE(R) + b = E(S)$$

따라서 $b = E(S) - aE(R) = E(S) - \dfrac{Cov(R, S)}{Var(R)} E(R)$가 된다.

위 정리의 해석에 유의할 필요가 있다. 두 개의 확률변수 R과 S가 주어질 때 위 [정리 8.1]는 S의 최적불편추정량을 만들어 내는 R의 선형함수의 계수를 어떻

게 계산하는지를 보여주고 있다. 이것은 $u(\theta)$의 최적선형불편추정량을 계산하는 하나의 형태가 된다. 결과적으로 다음과 같은 정리의 증명이 특별한 문제에 위 결과를 응용하는 것이다.

정리 8.2

X는 조건부 확률밀도함수(pdf) $f(x|\theta)$를 갖는 확률변수라고 가정한다. 또한 θ는 확률밀도함수(pdf) $h(\theta)$를 갖는 확률변수라고 가정한다(즉, θ는 그 자체가 확률변수이다). $u(\theta)$와 $v^2(\theta)$를 확률변수 X의 조건부 평균과 조건부 분산이라 하자. M과 τ^2과 δ^2은 다음과 같이 정의한다.

$$M = E(X) = E_\theta[E(X|\theta)] = E[u(\theta)],\ \tau^2 = Var_\theta[E(X|\theta)] = Var_\theta[u(\theta)],$$
$$\delta^2 = E_\theta[Var(X|\theta)] = E_\theta[v^2(\theta)]$$

이때 $u(\theta)$의 최적선형불편추정량($blue$) $\hat{u}$은 다음과 같다.

$$\hat{u} = ZX + (1-Z)M$$

여기서, $Z = \dfrac{\tau^2}{\tau^2+\delta^2}$ 이다.

증명

$\hat{u}$을 찾기 위하여 $\hat{u} = aX+b$가 다음과 같은 두 가지 법칙을 만족시키는 실수 a와 b를 찾아야만 한다.

(1) $E(\hat{u}) = E(u)$

(2) $E[(\hat{u}-u)^2]$이 최소

[정리 8.1]에 의해서 그 해가 다음과 같다는 것을 알고 있다.

$$a = \frac{Cov(X,u)}{Var(X)}$$
$$b = E(u) - \frac{Cov(X,u)}{Var(X)}E(X)$$

앞에서 살펴본 바와 같이 $E(X)=E(u)=M$이고 $Var(X)=\tau^2+\delta^2$이라는 것을 알고 있다. 이제는 $Cov(X,u)$만 계산하면 된다. 이를 다시 쓰면 다음과 같다.

$$\begin{aligned} Cov(X,u) &= E(Xu)-E(X)E(u) \\ &= E_\theta[E(Xu|\theta)]-M^2 \\ &= E_\theta[uE(X|\theta)]-M^2 \\ &\quad (\because u\text{는 } \theta\text{의 함수 } u(\theta)\text{이므로 } \theta\text{값이 주어지면 } u\text{는 상수가 된다.}) \\ &= E_\theta[u^2]-M^2=E_\theta[u^2]-[E(u)]^2 \\ &= Var_\theta[u]=\tau^2 \end{aligned}$$

따라서 $\hat{u}=aX+b$가 된다(여기서 $a=\dfrac{\tau^2}{\tau^2+\delta^2}$, $b=M-aM=(1-a)M$).

[보조정리 2.2]와 [정리 8.2]는 이 절에서 중요한 결과이다. [보조정리 2.2]는 많은 경우에 베이지안 추정량은 간결한 형태로 만들어질 수 있다는 것을 말해준다. [정리 8.2]는 모든 경우에 $\hat{u}$이 $u(\theta)$의 *blue*가 된다는 것을 말해주고 있다. 다만, $u(\theta)$를 추정하기 위하여 하나 이상의 확률변수 X에 기초한다는 점이 다르다. 다음과 같은 정리가 이를 말해주고 있다.

정리 8.3

[정리 8.2]에서와 같은 기호와 단계를 거쳐보자. $X_1,X_2,\cdots,X_n$를 확률변수 X의 독립된 관측치라고 하자. C_i는 어떤 가중치 집합이라 하자. $i=1,2,\cdots,n$이다. 여기서, C_i를 $\sum_{i=1}^{n}C_i=1$이 되는 양수라고 하자. $i=1,2,\cdots,n$이다. $\overline{X}=\sum_{i=1}^{n}C_iX_i$라고 하자. 확률변수 $\overline{X}$에 기초한 $u(\theta)$의 *blue*는 다음과 같다.

$$\hat{u}=Z\overline{X}+(1-Z)M$$

여기서, $Z=\dfrac{\tau^2}{\tau^2+\Delta^2}$이고 이때 $\Delta^2=E_\theta[Var(\overline{X}|\theta)]$이다.

증명

$\hat{u}=a\overline{X}+b$가 $u(\theta)$의 불편추정량이 되도록 a와 b를 결정해야 한다. 그렇게 함으로써 자승오차를 최소화할 수 있다. 따라서 [정리 8.1]를 이용하면 $a=\dfrac{Cov(\overline{X},u)}{Var(\overline{X})}$이고 $b=E(u)-aE(\overline{X})$이다.

다음으로 $E(\overline{X})$와 $Var(\overline{X})$와 $Cov(\overline{X},u)$를 계산하지 않으면 안된다. 먼저, $\overline{X}$의 조건부 평균과 분산을 계산하면 다음과 같다.

평균은 $E(\overline{X}|\theta)=E(\sum_{i=1}^{n}C_iX_i|\theta)=\sum_{i=1}^{n}C_iE(X_i|\theta)=\sum_{i=1}^{n}C_iu(\theta)=u(\theta)$이다.

$(\because \sum_{i=1}^{n}C_i=1)$

분산 $Var(\overline{X}|\theta)$에 대해서도 다음과 같이 계산한다.

$$Var(\overline{X}|\theta)=\sum_{i=1}^{n}C_i^2\,Var(X_i|\theta)=\sum_{i=1}^{n}C_i^2v^2(\theta)$$

이를 확장하면 비조건부 평균과 분산은 다음과 같다.

$$\begin{aligned}E(\overline{X})&=E_\theta[E(\overline{X}|\theta)]=E_\theta[u(\theta)]=M\\ Var(\overline{X})&=Var_\theta[E(\overline{X}|\theta)]+E_\theta[Var(\overline{X}|\theta)]\\ &=Var_\theta[u(\theta)]+E_\theta[Var(\overline{X}|\theta)]\\ &=\tau^2+\Delta^2\end{aligned}$$

계속해서 $Cov(\overline{X},u)$를 계산하기 위하여 다음과 같이 다시 쓴다.

$$\begin{aligned}Cov(\overline{X},u)&=E(\overline{X}u)-E(\overline{X})E(u)\\ &=\sum_{i=1}^{n}C_iE(X_iu)-M^2\\ &=\sum_{i=1}^{n}C_iE(u^2)-M^2\end{aligned}$$

$$(\because \ E_\theta[E(X_i u)|\theta] = E_\theta[uE(X_i|\theta)] = E[u^2])$$

$$= E(u^2) - M^2 \ (\because \sum_{i=1}^{n} C_i = 1)$$

$$= Var(u) + [E(u)]^2 - M^2 \ (\because E(u) = M)$$

$$= \tau^2$$

따라서 $\hat{u} = a\overline{X} + b$가 성립한다. 여기서, $a = \dfrac{\tau^2}{\tau^2 + \Delta^2}$이고 $b = (1-a)M$이다.

[정리 8.2]에서 얻은 결과와 [정리 8.3]에서 얻은 결과의 차이점이 δ^2과 Δ^2라는 사실에 주목해 볼 필요가 있다. [정리 8.3]에서 가중치 C_i는 임의적이라는 사실 때문에 δ^2과 Δ^2의 관계가 일치하지는 않는다는 것이다.

$$\Delta^2 = E_\theta[Var(\overline{X}|\theta)] = E_\theta[\sum_{i=1}^{n} c_i^2 v^2(\theta)] = (\sum_{i=1}^{n} c_i^2) E_\theta[v^2(\theta)] = (\sum_{i=1}^{n} c_i^2)\delta^2$$

예를 들면, $c_i = \dfrac{1}{n}$라고 하면 우리는 $\Delta^2 = \dfrac{\delta^2}{n}$임이 됨을 알 수 있다.

[정리 8.3]에서 관측치 $X_1, X_2, \cdots, X_n$들은 X와 같은 동일한 분포로부터 추출되었다는 것을 가정하고 있다. 위의 증명에서 모든 관측치들이 동일한 평균을 가지고 있다는 것은 중요하다. 그러나 분산에 대해서는 몇 가지 유연한 조건을 가지고 있다. 예를 들면, 모든 관측치 X_i들은 동일한 조건부 평균 $u(\theta)$을 가지고 있다고 가정하지만 분산은 관측치 X_i에 적용되는 양의 크기에 따라 다르다. 이를 수학적으로 표현하면 다음과 같다.

$$E(X_i|\theta) = u(\theta), \quad Var(X_i|\theta) = \frac{K}{P_i} v^2(\theta)$$

여기서 K는 하나의 상수이고 P_i는 어떤 양의 측도가 된다. 즉, P_i를 보험료로만 볼 것이 아니라 손해액 등 여러 가지로 생각해 볼 수 있다. 예를 들면, 손해액을 가중치로 하면 손해액의 크기에 반비례해서 신뢰도가 부여된다.

이 경우에 위 결과와 증명은 완전하게 일치한다. 다만, 주의해야 할 점은 Δ^2은 $E_\theta[Var(\overline{X}|\theta)]$을 나타내고 이것은 $(\sum_{i=1}^{n} c_i^2)\delta^2$으로 단순화된다는 점이다. Δ^2은 다음과 같이 표현된다.

$$E_\theta[Var(\overline{X}|\theta)] = E_\theta[c_i^2 Var(X_i|\theta)] = E_\theta[c_i^2 \frac{K}{P_i} v^2(\theta)] = [\sum_{i=1}^{n} c_i^2 \frac{K}{P_i}] E_\theta[v^2(\theta)]$$

$$= [\sum_{i=1}^{n} c_i^2 \frac{K}{P_i}]\delta^2$$

여기서 한 가지 중요한 점은 만약 X를 정의하는 가중치를 합리적으로 선택한다면 결과는 매우 간결하게 단순화시킬 수 있다는 점이다. 특히, c_i^2을 P_i로 선택한다면 그 표현은 매우 단순화된다. 즉, $\Delta^2 = K\delta^2$이 된다. 위에서 설명한 [정리 8.3]의 개념이 순수 베이지안 방법에 의한 신뢰도는 물론 경험적 방법에 의한 신뢰도를 설명하는 데 중요한 이론적 근거가 된다.

이상에서 살펴본 바와 같이 손실함수가 제곱오차일 때 모수 θ에 대한 베이지안 추정량은 θ의 사후분포 $g(\theta|x)$의 평균 $E[\theta|x]$이라는 관점에서 실제 데이터를 이용하여 찾는 방법을 설명하였다. 따라서 θ에 대한 베이지안 추정량을 구하기 위해서는 사후분포를 구하는 것이 무엇보다 중요하다. 다음 절에서는 사후분포를 쉽게 찾을 수 있는 공액사전분포에 대해 설명한다.

8.4 공액분포

[정리 2.7]에서 손실함수가 제곱오차일 때 모수 θ에 대한 베이지안 추정량은 θ의 사후분포 $g(\theta|x)$의 평균 $E[\theta|x]$이라고 설명하였다. 그렇지만 2.7절에서 살펴본 바와 같이 사후분포를 찾는다는 것은 쉬운 일이 아니다. 따라서 본 절에서는 사후분포를 쉽게 찾을 수 있는 방법으로 공액사전분포 또는 공액분포를 설명한다.

공액분포(conjugate distribution)22)란 사전분포와 사후분포가 같은 형태의 분포를

22) 공액분포를 켤레분포라고도 한다.

말한다. 공액사전분포가 베이지안의 분포를 이용해서 어떻게 설명되는가를 구체적인 예를 들어 보자.

H는 어떤 가설이라고 하고 B는 어떤 사건이라고 가정하자. 이때 H에 대한 (사전)믿음의 정도를 $P[H]$로 나타낸다고 하자. $P[H]$를 H에 대한 사전확률이라고 부른다. 조건부 확률의 정의에 따라서 $P[B \mid H]$는 가설 H가 주어질 때 사건 B에 대한 조건부 확률을 나타낸다. 그러나 $P[B \mid H]$를 H의 함수로 생각할 때 $P[B \mid H]$는 B에 대한 H의 우도(likelihood of H on B)라 부르며 이는 베이지안 분석의 기초가 된다. 마지막으로 $P[H \mid B]$는 H의 사후확률이라고 부른다. 이런 점에서 베이지안 정리를 다시 한번 생각해 보면 다음과 같다.

$$P[H \mid B] = \frac{P[B \mid H] \cdot P[H]}{P[B]} \tag{8.3}$$

단, 위 식 (8.3)은 사건 B의 확률 $P[B] > 0$이라는 가정하에서 성립한다. 만약 $P[B]$는 H와 무관하므로 상수로 간주하면 식 (8.3)은 다음과 같은 H의 함수로 해석할 수 있다.

H의 사후확률 $P[H \mid B]$은 (a) H의 사전확률 $P[H]$와 (b) B에 대한 H의 우도 $P[B \mid H]$를 곱한 것에 비례한다. 2.7절에서 여러 가지 사전확률과 사후확률을 설명하였다. 여기에서는 일반적으로 잘 알려진 정의 하나를 소개한다.

[정의 8.1] 위에서 설명한 바와 같이 사전분포와 사후분포가 동일한 확률분포족을 따른다면 사전확률분포(즉, 사전분포)는 어떤 주어진 우도(즉, 최근 관측치들의 조건분포)에 대한 공액사전분포(a conjugate prior distribution for a given likelihood)라고 말한다(예를 들면, 255쪽의 [정리 8.4]에서 공액사전분포는 $\beta(a, b)$이고 사후분포는 $\beta(a+r, b+n-r)$이 된다는 것을 보였다). 그러나 사전분포와 사후분포가 동일한 확률분포족을 따르더라도 모수는 당연히 다르다.

공액사전분포를 사용하는 장점은 1기간(예, 1년)에 적용된 사후분포는 다음 기간에 사전분포로 사용될 수 있다는 점이다. 새로운 함수형태가 필요 없기 때문에 복잡한 계산을 많이 줄일 수 있다. 다음 예제들을 가지고 공액사전분포의 개념을 좀 더 자세하게 설명해 보자.

8.4.1 베르누이 분포의 예제

n개의 독립 베르누이 시행 N_1, N_2, $\cdots$, N_n가 있다고 가정한다. 이때 N_i 각각에 대한 성공확률은 Θ이다. $\Theta=\theta$가 주어질 때 n개의 확률변수들은 조건부 독립이라 가정한다. 이 같은 가정하에서 θ를 어떻게 합리적으로 추정할 것인가? 이를 위해 첫 번째로 $a>0$와 $b>0$에 대하여 식 (8.4)를 가정한다.

$$g(\theta)=\begin{cases}\dfrac{\Gamma(a+b)}{\Gamma(a)\cdot\Gamma(b)}\theta^{a-1}(1-\theta)^{b-1} & 0\le\theta\le1\\ 0 & \text{그 외}\end{cases} \tag{8.4}$$

즉, 성공확률 Θ에 대한 사전밀도함수는 모수가 a와 b인 베타분포 $\beta(a,b)$를 갖는다고 가정한다. 이것을 베타분포 $\beta(a,b)$라 표시하고 또 다른 분포로 $B(n,\Theta)$는 모수 n과 Θ를 갖는 이항분포를 나타낸다. 여기서, n은 독립 베르누이 시행횟수이고 Θ는 개별시행 각각에 대한 성공확률을 나타낸다. 이항분포 $B(n,\Theta)$이 주어질 때 n번 독립 베르누이 시행에서 r번 성공할 확률은 식 (8.5)과 같다. 여기서, $r=0,1,2,\cdots,n$이다.

$$\binom{n}{r}\Theta^{r}(1-\Theta)^{n-r} \tag{8.5}$$

정리 8.4

만약, (a) n개의 조건부 독립 베르누이 확률변수를 N_1, N_2, $\cdots$, N_n로 표시하고 그 각각의 성공할 확률은 Θ이고 (b) $\Theta=\theta$가 주어졌을 때 N_i의 조건부 밀도함수는 다음과 같다.

$$f(n_i \mid \theta)=\begin{cases}\theta & n_i=1\\ 1-\theta & n_i=0\end{cases}$$

그리고 (c) Θ의 사전분포는 식 (8.4)와 같이 베타분포 $\beta(a,b)$라고 할 때 Θ의 사후분포는 $\beta(a+r,b+n-r)$이다. 여기서, $r=\sum_{i=1}^{n}n_i$는 n개 조건부 독립 베르누이 시행에서 관찰된 성공횟수이다.

증명

식 (8.4)로부터 Θ의 사전분포는 식 (8.6)과 같다.

$$\frac{\Gamma(a+b)}{\Gamma(a)\cdot\Gamma(b)}\theta^{a-1}(1-\theta)^{b-1} \qquad 0 \le \theta \le 1 \tag{8.6}$$

조건부 독립이라는 가정에 의해, 결합우도함수 $f(n_1, n_2, \cdots, n_n \mid \theta)$는 n개의 우도의 곱 $\Pi f(n_i \mid \theta)$로 나타낼 수 있다. 우도들의 곱은 다음 식 (8.7)에 비례한다.

$$\theta^r(1-\theta)^{n-r} \tag{8.7}$$

따라서 사후밀도함수는 (8.6)와 (8.7)의 곱으로 나타나기 때문에 사후밀도함수는 식 (8.8)에 비례한다.

$$\theta^{a+r-1}(1-\theta)^{b+n-r-1} \tag{8.8}$$

식 (8.8)은 전형적인 베타분포 $\beta(a+r,\ b+n-r)$의 형태를 갖는다.

8.4.2 포아송 분포의 예제

m개의 확률변수 $N_1,\ N_2,\ \cdots,\ N_m$는 모수가 Θ인 포아송 분포를 따른다고 하자. 또한 확률변수 $N_1,\ N_2,\ \cdots,\ N_m$는 모수 $\Theta=\theta$가 주어질 때 조건부 독립이라 가정한다. $\Theta=\theta$가 주어질 때 포아송 조건부 확률 밀도함수는 다음과 같다.

$$f(n \mid \theta) = \begin{cases} \dfrac{e^{-\theta}\theta^n}{n!} & n=0,1,\cdots \\ 0 & \text{그 외} \end{cases} \tag{8.9}$$

또한 $\alpha>0$이고 $\beta>0$일 때 Θ에 대한 사전밀도함수는 다음 식 (8.10)과 같이 모수가 α와 β인 감마분포 $G(\alpha,\beta)$를 따른다고 가정한다.

$$g(\theta \mid \alpha,\beta) = \begin{cases} \dfrac{e^{-\beta\theta}\beta^\alpha\theta^{\alpha-1}}{\Gamma(\alpha)} & \theta \ge 0 \\ 0 & \text{그 외} \end{cases} \tag{8.10}$$

정리 8.5

만약 (a) 모수가 Θ인 포아송 분포를 하는 m개의 조건부 독립 확률변수 N_1, N_2, ..., N_m을 갖는다고 가정하고 (b) $\Theta=\theta$가 주어질 때 N_i의 포아송 확률 밀도 함수는 $f(n_i \mid \theta)$이고 (c) 모수 θ의 사전분포는 감마분포 $G(\alpha,\beta)$를 따른다고 할 때, Θ의 사후분포는 $G(\alpha+m\bar{n},\beta+m)$가 된다. 여기서 n_i는 확률변수 N_i의 실현치이고 $m\bar{n}=\sum_{i=1}^{m}n_i$이다.

증명

식 (8.10)으로부터 모수 Θ의 사전분포는 $\frac{e^{-\beta\theta}\beta^{\alpha}\theta^{\alpha-1}}{\Gamma(\alpha)}$, $\theta \geq 0$이고 그렇지 않으면 0이다. 조건부 독립이라는 가정에 의해 결합우도함수 $f(n_1,n_2,\ldots,n_m \mid \theta)$는 m개의 우도의 곱 $\Pi f(n_i \mid \theta)$로 나타낼 수 있다. 식 (8.9)로부터 우도들의 곱은 식 (8.11)과 같다.

$$\begin{aligned}(e^{-\theta}\theta^{n_1})(e^{-\theta}\theta^{n_2})\ldots(e^{-\theta}\theta^{n_m}) &= e^{-m\theta}\cdot\theta^{\sum_{i=1}^{m}n_i} \\ &= e^{-m\theta}\theta^{m\bar{n}} \end{aligned} \tag{8.11}$$

그러므로 사후밀도함수는 (8.10)과 (8.11)의 곱의 형태로 나타나고 사후밀도함수는 $e^{-(\beta+m)\theta}\theta^{\alpha+m\bar{n}-1}$에 비례한다.

요율산정을 위해 적용한 1년 동안의 사후분포는 다음 연도의 사전분포가 된다. 공액사전분포를 이용함으로써 동일한 형태의 분포를 비교적 쉽게 사용할 수 있어 결과적으로 노력과 비용을 줄이게 된다.

8.4.3 정규분포의 예제

평균이 θ이고 분산이 σ_1^2(기지)인 정규분포로부터 n개의 확률변수 $X_1, X_2, \ldots, X_n$을 뽑는다고 가정한다. Θ가 주어질 때 n개의 확률변수 $X_1, X_2, \cdots, X_n$는 조건부 독립이라 가정한다. 따라서 $\Theta=\theta$가 주어질 때 X_i 각각에 대한 조건부 확률밀도함수는 식 (8.12)와 같다.

$$f(x \mid \theta) = \frac{1}{\sigma_1 \sqrt{2\pi}} \exp[-(x-\theta)^2/2\sigma_1^2] \tag{8.12}$$

그리고 모수 Θ의 확률밀도함수는 식 (8.13)과 같이 평균이 μ이고 분산이 σ_2^2인 정규분포를 따른다.

$$g(\theta) = \frac{1}{\sigma_2 \cdot \sqrt{2\pi}} \exp[-(\theta-\mu)^2/2\sigma_2^2] \tag{8.13}$$

즉, 함수 f와 함수 g는 정규확률밀도함수이다. 위와 같은 결과를 통해 다음과 같은 중요한 결과를 도출한다.

정리 8.6

만약 (a) n개의 조건부 독립인 정규확률변수 X_1, X_2, ..., X_n는 평균이 Θ(상수)이고 분산이 σ_1^2(기지)인 분포를 따르며, (b) $\Theta=\theta$가 주어질 때, X_i의 조건부 밀도함수는 $f(x_i \mid \theta)$이고 (c) 모수 Θ의 사전밀도함수는 평균이 μ이고 분산이 σ_2^2인 정규확률밀도함수 $g(\theta)$라 할 때, Θ의 사후확률밀도함수는 평균이 $\tilde{\mu}$이고 분산이 $\tilde{\sigma}^2$인 정규밀도함수이다.

$$\tilde{\mu} = \frac{\mu\sigma_1^2 + \sigma_2^2 n\bar{x}}{\sigma_1^2 + n\sigma_2^2} \tag{8.14}$$

$$\tilde{\sigma}^2 = \frac{\sigma_1^2\sigma_2^2}{\sigma_1^2 + n\sigma_2^2} \tag{8.15}$$

여기서, $\bar{x} = \frac{1}{n}\sum_{i=1}^{n} x_i$는 n개 확률변수 X_1, X_2, ..., X_n의 평균이다.

증명

Θ의 사후밀도함수는 Θ의 사전밀도함수와 Θ가 주어졌을 때 $X_1=x_1, X_2=x_2, \cdots, X_n=x_n$의 결합우도함수 $\Pi f(x_i \mid \theta)$와의 곱에 비례한다. 즉, 식 (8.16)과 같다.

$$e^{[-(\theta-\mu)^2/2\sigma_2^2]} \cdot f(x_1, x_2, \cdots, x_n \mid \theta) \tag{8.16}$$

X_i가 조건부 독립이라는 가정에 의해 식 (8.16)은 다음과 같이 쓸 수 있다.

$$e^{[-(\theta-\mu)^2/2\sigma_2^2]} \cdot [\Pi f(x_i \mid \theta)]$$
$$= e^{[-(\theta-\mu)^2/2\sigma_2^2]} \cdot \Pi e^{[-(x_i-\theta)^2/2\sigma_1^2]} \tag{8.17}$$

식 (8.17)에서 θ를 포함하지 않는 항을 지우면 식 (8.17)의 오른쪽 항은 다음 식 (8.18)에 비례함을 알 수 있다.

$$e^{[(\theta n\bar{x}/\sigma_1^2)-(n\theta^2/2\sigma_1^2)-(\theta^2/2\sigma_2^2)+(\theta\mu/\sigma_2^2)]} \tag{8.18}$$

식 (8.18)의 대괄호 안을 제곱 형태로 만들기 위해 θ를 포함하지 않는 항들을 제거하면 식 (8.18)이 다음 식에 비례함을 알 수 있다.

$$e^{\{-\frac{\sigma_1^2+n\sigma_2^2}{2\sigma_1^2\sigma_2^2}[\theta-\frac{\mu\sigma_1^2+\sigma_2^2 n\bar{x}}{\sigma_1^2+n\sigma_2^2}]^2\}}$$

따라서 Θ의 사후밀도함수는 식 (8.18)에 비례한다. 이처럼 $X_1=x_1$, $X_2=x_2$, $\cdots$, $X_n=x_n$이 주어졌을 때, Θ의 사후밀도함수는 식 (8.14)와 (8.15)처럼 평균이 $\tilde{\mu}$이고 분산이 $\tilde{\sigma}^2$을 가지는 정규분포를 따른다.

8.5 신뢰도와 공액분포

8.5.1 공액분포족

위에서 설명한 바와 같이 베이즈 방법의 핵심이 되는 사후분포를 구하는 과정은 매우 복잡한 계산과정을 거치게 되므로, 이러한 문제점을 극복하기 위한 방법으로 공액분포족이라는 개념을 이용하게 된다. X의 확률밀도함수가 $f(x|\theta)$일 때, θ의 사전분포 $\pi(\theta)$와 θ의 사후분포 $g(\theta|x)$가 동일한 분포족에 속하는 경우가 발생하게 된다. 이때 그 분포족을 공액분포족(family of conjugate distributions)이라 부른다. 여기서 공액분포족은 확률표본 X의 분포형태, 즉 우도비에 따라 결정된다.

일반적으로 사전지식의 형태는 개인마다 차이가 있고 다양하다. 따라서 이런 사전지식을 공액분포족에 반영하기 위해서는 공액분포족에 속하는 분포들이 다양한 형태를 가지는 것이 바람직하다. 그러나 개인의 사전지식을 반영할 수 있는 사전분포가 공액분포족에 속하는 분포형태 중에 존재하지 않을 때 우리는 공액분포족의 이점을 이용할 수 없게 된다. 예를 들어, 확률변수 X가 이항분포일 때 이에 대응하는 공액분포족은 베타분포족(family of beta distributions)인데 그 이유는 다음과 같다.

X의 확률밀도함수, 즉 우도는 다음과 같다.

$$f(x|\theta) = {}_nC_x\theta^x(1-\theta)^{n-x},\ x = 0, 1, 2, \ldots, n$$

θ의 사전분포 $\pi(\theta)$가 모수가 α와 β인 베타분포를 따른다고 가정하면 θ의 사전분포의 확률밀도함수는 다음과 같다.

$$\pi(\theta) = \frac{\Gamma(\alpha+\beta)}{\Gamma(\alpha)\Gamma(\beta)}\theta^{\alpha-1}(1-\theta)^{\beta-1},\ 0 < \theta < 1$$

확률변수 X와 θ의 결합밀도함수는 $g(x, \theta) = \pi(\theta)f(x|\theta)$이므로 X의 주변밀도함수는 다음과 같다. $x = 0, 1, 2, \ldots, n$에 대하여

$$\begin{aligned} h(x) &= \int_0^1 \pi(\theta)f(x|\theta)d\theta \\ &= {}_nC_x\frac{\Gamma(\alpha+\beta)}{\Gamma(\alpha)\Gamma(\beta)}\int_0^1 \theta^{x+\alpha-1}(1-\theta)^{n-x+\beta-1}d\theta \\ &= {}_nC_x\frac{\Gamma(\alpha+\beta)\Gamma(\alpha+x)\Gamma(n+\beta-x}{\Gamma(\alpha)\Gamma(\beta)\Gamma(n+\alpha+\beta)} \end{aligned}$$

따라서 θ의 사후확률밀도함수는 다음과 같다.

$$\begin{aligned} g(\theta|x) &= \frac{g(x, \theta)}{h(x)} \\ &= \frac{\Gamma(n+\alpha+\beta)}{\Gamma(\alpha+x)\Gamma(n+\beta-x)}\theta^{x+\alpha-1}(1-\theta)^{n-x+\beta-1},\ 0 < \theta < 1 \end{aligned}$$

즉, θ의 사후분포는 모수가 $\alpha + x$와 $\beta + n - x$인 베타분포를 따르며 이는 사전분포와 동일한 분포형태이다. 즉, 이항분포를 따르는 확률변수 X에 대한 베타분포는 공액분포족이다.

여기서, θ의 사후분포의 평균값 $E[\theta|x]=\frac{\alpha+x}{\alpha+\beta+n}$는 [정리 2.8]에 의해 θ의 베이지안 추정량이다. 이 경우 베이지안 추정량 $E[\theta|x]$는 사전분포의 평균 $\frac{\alpha}{\alpha+\beta}$와 확률표본 X를 이용한 θ의 최우추정량 $\frac{x}{n}$의 가중평균값으로 다음과 같이 표현될 수 있다.

$$
\begin{aligned}
E[\theta|x] &= (\frac{n}{\alpha+\beta+n})\frac{x}{n}+(\frac{\alpha+\beta}{\alpha+\beta+n})\frac{\alpha}{\alpha+\beta} \\
&= (\frac{n}{\alpha+\beta+n})\frac{x}{n}+(1-\frac{n}{\alpha+\beta+n})\frac{\alpha}{\alpha+\beta}
\end{aligned}
$$

또한 [정리 8.6]을 살펴보면, 확률표본 X가 평균이 μ인 정규분포를 따를 때 μ의 사전분포로 정규분포를 가정하면 사후분포 $g(\mu|x)$도 역시 정규분포에 따른다는 것을 보여주고 있다. 따라서 이 경우에 정규분포를 따르는 확률표본 X의 공액분포족은 정규분포인 것을 알 수 있다.

확률표본 $(X_1, X_2, \ldots, X_n)$에 대하여 일반적으로 알려진 공액분포족의 예시는 아래 <표 8.2>와 같다(아래 표에 주어진 확률밀도함수에서 상수항은 생략하였다).

표 8.2 **공액분포족**

우도	사전분포	사후분포
$\theta^{\sum x_i}(1-\theta)^{n-\sum x_i}$ (이항분포 또는 음이항분포)	$\theta^{\alpha-1}(1-\theta)^{\beta-1}$ (베타분포)	$\theta^{\alpha+\sum x_i-1}(1-\theta)^{\beta+n-1-\sum x_i}$ (베타분포)
$e^{[-\frac{n}{2\sigma^2}(\theta-\bar{x})^2]}$ (정규분포)	$N(\nu,\tau^2)$ (정규분포)	$N(\frac{\bar{x}n\tau^2+\nu\sigma^2}{n\tau^2+\sigma^2},\frac{\sigma^2\tau^2}{n\tau^2+\sigma^2})$ (정규분포)
$e^{-n\theta}\theta^{\sum x_i}$ (포아송 분포)	$\theta^{\gamma-1}e^{-\lambda\theta}$ (감마분포)	$\theta^{\gamma+\sum x_i-1}e^{-\theta(\lambda+n)}$ (감마분포)
$\theta^n e^{-\theta\sum x_i}$ (지수분포)	$\theta^{\gamma-1}e^{-\lambda\theta}$ (감마분포	$\theta^{\alpha+n-1}e^{-\theta(\lambda+\sum x_i)}$ (감마분포)

<표 8.2>와 같은 공액분포족을 기초로 Buhlmann의 방법에 의한 신뢰도가 어떻게 산정되는지 주요 분포를 통해 알아보자.

Mayerson(1964)는 공액분포와 우도가 베타-이항분포, 감마-포아송 분포, 정규-정규 분포(분산이 기지인 경우)의 형태를 가질 때 Buhlmann의 방법에 의한 신뢰도가 반영된 추정치와 베이지안의 방법에 의한 추정치가 동일하다는 것을 보였다. 베타-이항분포와 감마-포아송 분포에 대한 결과는 Bailey(1950)에 의해 증명되었다. 이 같은 결과는 감마-지수분포와 기하-베타분포에 대해서도 성립한다. 8.4절에서 설명한 베르누이 분포, 포아송 분포, 정규분포를 가지고 베이지안 신뢰도에 관해 설명한다.

다음 정리는 모수 Θ에 대한 사후분포의 평균은, $i=1, 2, \cdots, n$에 대해, 다음과 같이 나타낸다고 하자.

$$E[X_i \mid \Theta] = \mu(\Theta) \tag{8.19}$$

이것이 성립한다는 조건하에서 X_{n+1}의 예측분포(prediction distribution)의 평균과 동일하다는 것을 보인다.

정리 8.7

$X_1, X_2, \ldots, X_n$는 (a) 식 (8.19)을 만족시키는 평균 Θ를 갖는 확률변수라고 하자. (b) Θ가 주어질 때 X_i들은 조건부 독립이라 하자. 이때 $n=1, 2, \cdots$에 대해 식 (8.20)이 성립한다.

$$\begin{aligned} &E[X_{n+1} \mid X_1 = x_1, X_2 = x_2, \cdots, X_n = x_n] \\ &\quad = E_\Theta[\mu(\Theta) \mid X_1 = x_1, X_2 = x_2, \cdots, X_n = x_n] \end{aligned} \tag{8.20}$$

증명

$$\begin{aligned} E[X_{n+1} \mid X_1 = x_1, X_2 = x_2, \cdots, X_n = x_n] &= E_\Theta[E(X_{n+1} \mid X_1 = x_1, X_2 = x_2, \cdots, X_n = x_n, \Theta)] \\ &= E_\Theta[E(X_{n+1} \mid \Theta) \mid X_1 = x_1, X_2 = x_2, \cdots, X_n = x_n] \\ &= E_\Theta[\mu(\Theta) \mid X_1 = x_1, X_2 = x_2, \cdots, X_n = x_n] \end{aligned}$$

여기서, 두 번째 등식은 조건부 독립이라는 가정이 적용되었고 세 번째 등식은 식 (8.19)를 적용하였다.

■

보조정리 8.1

[정리 8.7]의 조건하에서 $\mu(\Theta)=\Theta$라면 다음과 같은 식이 성립한다.

$$E[X_{n+1} \mid X_1=x_1, X_2=x_2, \cdots, X_n=x_n] = E_\Theta[\Theta \mid X_1=x_1, X_2=x_2, \cdots, X_n=x_n]$$

증명

[정리 8.7]의 증명에서 $\mu(\Theta)$대신 Θ를 대체시키면 성립한다.

8.5.2 베르누이 분포의 예제

단 한 번의 베르누이 시행결과를 나타내는 지시확률변수(indicator random variable)를 I라고 하자. 지시확률변수 I는 성공할 확률 Θ(실패할 확률 $1-\Theta$)를 가졌다고 가정하고 모수 Θ는 베타분포 $\beta(a,b)$를 따른다고 가정하자. 베타분포 $\beta(a,b)$의 평균과 분산은 각각 $\frac{a}{a+b}$, $\frac{ab}{(a+b+1)(a+b)^2}$이다. 이때 k값은 다음과 같다.

$$k=\frac{E_\Theta[Var_I(I \mid \Theta)]}{Var_\Theta(E_I[I \mid \Theta])}=\frac{E_\Theta[\Theta(1-\Theta)]}{Var_\Theta(\Theta)}=\frac{E_\Theta[\Theta]-E_\Theta[\Theta^2]}{Var_\Theta(\Theta)}$$

$$=\frac{E_\Theta[\Theta]-[Var_\Theta(\Theta)+[E_\Theta(\Theta)]^2]}{Var_\Theta(\Theta)}$$

$$=\frac{\frac{a}{a+b}-\{\frac{ab}{(a+b+1)(a+b)^2}+(\frac{a}{a+b})^2\}}{\frac{ab}{(a+b+1)(a+b)^2}}$$

$$=\frac{1-\{\frac{b+(a+b+1)(a)}{(a+b+1)(a+b)}\}}{\frac{b}{(a+b+1)(a+b)}}$$

$$=\frac{\frac{(a+b+1)(a+b)-b-(a+b+1)(a)}{(a+b+1)(a+b)\}}}{\frac{b}{(a+b+1)(a+b)}}$$

$$=\frac{(a+b+1)(b)-b}{b}=(a+b+1)-1=a+b \tag{8.21}$$

k=a+b이므로 신뢰도 Z는 식 (8.22)와 같이 된다.

$$Z=\frac{n}{n+k}=\frac{n}{n+(a+b)} \tag{8.22}$$

8.4.1절의 베르누이의 분포 예제에서 Θ의 사후분포는 $\beta(a+r, b+n-r)$이다. 그리고 Θ의 사후분포의 평균은 $\frac{a+r}{a+b+n}$이다. 이 평균을 다음과 같이 다시 쓸 수 있다.

$$\begin{aligned} &\frac{a}{a+b+n}+\frac{r}{a+b+n} \\ &\quad=\frac{a}{a+b+n}\left(\frac{a+b}{a+b}\right)+\frac{r}{a+b+n}\left(\frac{n}{n}\right) \\ &\quad=\left(\frac{a+b}{a+b+n}\right)\left(\frac{a}{a+b}\right)+\frac{n}{a+b+n}\left(\frac{r}{n}\right) \end{aligned} \tag{8.23}$$

$Z=\frac{n}{a+b+n}$이고 $(1-Z)=\frac{a+b}{a+b+n}$이므로 식 (8.23)의 오른쪽 항을 다음과 같이 다시 쓸 수 있다.

$$(1-Z)\left(\frac{a}{a+b}\right)+Z\left(\frac{r}{n}\right) \tag{8.24}$$

식 (8.24)를 다음과 같이 나타낼 수 있다.

$$(1-Z)(\text{사전분포의 평균})+Z(\text{관찰데이터의 평균}) \tag{8.25}$$

왜냐하면 (a) 사전 베타분포의 평균은 $\frac{a}{a+b}$이고 (b) n번 시행에서 관찰된 성공비율은 관찰데이터의 평균으로 $\frac{r}{n}$이기 때문에 식 (8.25)로 해석된다. 따라서 식 (8.24)가 성립한다.

이처럼 (a) 데이터가 이항분포(n번 독립 베르누이 시행결과)를 한다고 가정하고

(b) 사전분포로 베타분포를 선택한다면 사후분포의 평균은 뷜만의 방법에 의한 신뢰도가 반영된 추정치와 동일하다. 더욱이 사후분포의 평균은 다음 관측치(즉, 베르누이 시행)의 예측분포의 평균과 동일하다. 손실함수가 제곱형태일 때, 다음 관측치에 대한 예측분포의 평균은 순보험료의 빈도가 포함된 베이지안의 추정치이다.

예제 8.1

확률변수 H의 사전분포는 $P[H=0.25]=0.8$이고 $P[H=0.50]=0.2$이다. 단 한 번의 실행결과 D_1은 $P[D_1=d_1 \mid H=h]=h^{d_1}(1-h)^{(1-d_1)}$에 따라 분포한다($d_1=0,1$에 대해서).

(a) 만약 $D_1=1$이라면 H의 사후분포를 구하시오.

풀이

[정리 2.4]의 총확률 정리에 의해

$$\begin{aligned} P[D_1] &= P[D_1=1 \mid H=0.25]\cdot P(H=0.25) \\ &\quad + P[D_1=1 \mid H=0.50]\cdot P[H=0.50] \\ &= [(0.25)^1(1-0.25)^0]\times 0.80+[(0.50)^1(1-0.50)^0]\times 0.20 \\ &= 0.30 \end{aligned}$$

다음으로 베이지안 정리에 의해 $D_1=1$일 경우 H의 사후분포는 다음과 같다.

$$\begin{aligned} P[H=0.25 \mid D_1=1] &= \frac{P[D_1=1 \mid H=0.25]\cdot P[H=0.25]}{P[D_1=1]} \\ &= \frac{[0.25)^1(1-0.25)^0]\times 0.80}{0.30}=\frac{0.20}{0.30}=\frac{2}{3} \\ P[H=0.50 \mid D_1=1] &= \frac{P[D_1=1 \mid H=0.50]\cdot P[H=0.50]}{P[D_1=1]} \\ &= \frac{[0.50)^1(1-0.50)^0]\times 0.20}{0.30}=\frac{0.10}{0.30}=\frac{1}{3} \end{aligned}$$

참고로 $P[H=0.50 \mid D_1=1]+P[H=0.25 \mid D_1=1]=1.0$이기 때문에

$$P[H=0.50 \mid D_1=1]=1-P[H=0.25 \mid D_1=1]=1-(\frac{2}{3})=\frac{1}{3}$$

이다.

(b) 만약 첫 번째 실행결과 $D_1=1$이라면 두 번째 실행결과 D_2의 예측분포를 구하시오.

풀이

$h_1=0.25$이고 $h_2=0.50$에 대해서

$$\begin{aligned}P[D_2 \mid D_1=1] &= \sum_{i=1}^{2} P[D_2=1 \mid H=h_i]\times P[H=h_i \mid D_1=1] \\ &= P[D_2=1 \mid H=0.25]\times P[H=0.25 \mid D_1=1] \\ &\quad + P[D_2=1 \mid H=0.50]\times P[H=0.50 \mid D_1=1] \\ &= [(0.25)^1(1-0.25)^0]\cdot(\frac{2}{3})+[(0.50)^1(1-0.50)^0]\cdot(\frac{1}{3}) \\ &= 0.25(\frac{2}{3})+(0.50)(\frac{1}{3})=\frac{1}{3}\end{aligned}$$

참고로 $P[D_2=0 \mid D_1=1]=1-P[D_2=1 \mid D_1=1]=1-\frac{1}{3}=\frac{2}{3}$

예제 8.2

N_i는 i번째 보험기간의 사고건수를 나타내는 확률변수라고 하자. N_i는 모수가 Θ인 포아송 분포를 따르고 모수 Θ의 확률밀도함수는 $g(\theta)=e^{-\theta},\ \theta>0$이다.

(a) 비조건부 확률 $P[N_1=2]$를 계산하시오(힌트: 적분값은 감마밀도함수를 취한다).

풀이

$$\begin{aligned}P[N_1=2] &= \int_{-\infty}^{\infty} P[N_1=2 \mid \theta]\cdot g(\theta)d\theta \\ &= \int_0^{\infty} \frac{(e^{-\theta}\theta^2)}{2}(e^{-\theta})d\theta \\ &= \frac{1}{2}\int_0^{\infty} e^{-2\theta}\theta^2 d\theta=(\frac{1}{2})(2^{-3})\Gamma(3)=\frac{1}{8}\end{aligned}$$

(b) (a)의 결과를 이용해서 예측분포 $P[N_2 = d \mid N_1 = 2]$, $d = 0,1,2 \ldots$,를 계산하시오.

풀이

Θ의 사후밀도함수 $g(\theta \mid N_1 = 2)$를 구하면 다음과 같다. 또한 Θ의 사전밀도함수와 N_1이 주어질 때 $\Theta = \theta$의 우도함수의 곱에 비례한다.

$$(e^{-\theta})\frac{(e^{-\theta}\theta^2)}{2} = \frac{e^{-2\theta}\theta^2}{2}$$

즉, Θ의 사후분포함수는 감마분포 $G(3,2)$이다. 그러므로 $d = 0, 1, 2, \cdots$에 대해

$$\begin{aligned} P[N_2 = d \mid N_1 = 2] &= \int_0^\infty P[N_2 = d \mid \theta] \cdot g(\theta \mid N_1 = 2)d\theta \\ &= \int_0^\infty \frac{(e^{-\theta}\theta^d)}{d\,!}(4e^{-2\theta}\theta^2)d\theta \\ &= \frac{4}{d\,!}\int_0^\infty e^{-3\theta}\theta^{d+2}d\theta = (\frac{4}{d\,!})3^{-(d+3)}(d+2)\,! \\ &= 4(d+1)(d+2)\cdot 3^{-(d+3)} \end{aligned}$$

(c) 위 (a)와 (b)에서 정의된 N_1, N_2, Θ 중에서 어느 것이 관찰 가능한 것인가?

풀이

N_1과 N_2값은 관찰가능하다. 그러나 Θ값은 모수이기 때문에 관찰이 불가능하다.

8.5.3 포아송 분포의 예제

N은 평균이 Θ인 포아송 분포를 따르는 확률변수라고 하자. 포아송 분포의 모수 Θ는 감마분포 $G(\alpha, \beta)$를 따른다(이 감마분포는 식 (8.10)과 같다). 감마분포의 평균과 분산은 각각 α/β, α/β^2이다. 이런 경우 $k = \beta$ 이므로 m개 독립시행(또는 관찰기간)에 대해서 신뢰도는 다음과 같다.

$$Z = \frac{m}{m+k} = \frac{m}{m+\beta} \tag{8.26}$$

8.4.2절의 포아송 분포의 예제에서 Θ의 사후분포는 $G(\alpha + m\bar{n}, \beta + m)$이고 Θ에

대한 사후분포의 평균은 $\dfrac{\alpha+m\overline{n}}{m+\beta}$이다. 이것을 다음과 같이 쓸 수 있다.

$$\frac{\alpha}{m+\beta}+\frac{m\overline{n}}{m+\beta}=\frac{\beta}{m+\beta}\left(\frac{\alpha}{\beta}\right)+\frac{m}{m+\beta}(\overline{n})$$

$Z=\dfrac{m}{m+\beta}$이고 $1-Z=\dfrac{\beta}{m+\beta}$이므로 우리는 사후평균을 식 (8.27)과 같이 쓸 수 있다.

$$(1-Z)\left(\frac{\alpha}{\beta}\right)+Z(\overline{n}) \tag{8.27}$$

식 (8.27)을 풀어서 쓰면 사전분포인 감마분포의 평균이 α/β이므로 추정치는 식 (8.28)과 같이 된다.

$$(1-Z)(\text{사전분포의 평균})+Z(\text{관찰데이터의 평균}) \tag{8.28}$$

요약하면, 만약 (a) 관찰데이터가 모수 Θ인 포아송 분포를 따르고 (b) Θ의 사전분포로 감마분포를 채택한다면, 사후분포의 평균은 Buhlmann의 신뢰도가 반영된 추정치와 동일하다. 사후분포의 평균은 다음 관측치(즉, 포아송 시행)의 (음이항)예측분포의 평균과 동일하다. 이 법칙은 마지막 두 예제에 대해서도 유효하지만 그들은 특별한 경우이다. 사후분포의 평균과 예측분포의 평균이 일치하지 않는 경우가 많이 있다. 다음 관측치에 대한 예측분포의 평균은 손실함수가 제곱형태일 때 순보험료의 빈도 요인(frequency component)의 베이지안 추정치이다.

8.5.4 정규분포의 예제

8.4.3절에서 확률변수 X는 평균이 Θ이고 분산이 σ_1^2인 정규분포를 따르고 모수 평균 Θ는 $N(\mu,\sigma_2^2)$를 따른다고 하자. 이에 대한 밀도함수는 식 (8.12)와 (8.13)에 있다. 이들 가정하에서 k값은 다음과 같다.

$$k=\frac{E_\Theta[Var_X(X\mid\Theta)]}{Var_\Theta(E_X[X\mid\Theta])}=\frac{E_\Theta[\sigma_1^2]}{Var_\Theta(\Theta)}=\frac{\sigma_1^2}{\sigma_2^2} \tag{8.29}$$

이때 조건부 독립시행(또는 관측기간)에 대해 식 (8.30)이 성립한다.

$$Z = \frac{n}{n+k} = \frac{n}{n+(\sigma_1^2/\sigma_2^2)} \tag{8.30}$$

Θ에 대한 사후분포의 평균을 다시 쓰면 다음과 같다.

$$\begin{aligned} E[\Theta \mid X_1 = x_1,\ X_2 = x_2,\ \cdots,\ X_n = x_n] &= \frac{\mu\sigma_1^2 + \sigma_2^2 n\bar{x}}{\sigma_1^2 + n\sigma_2^2} \\ &= \frac{\sigma_1^2}{\sigma_1^2 + n\sigma_2^2}\cdot\mu + \frac{n\sigma_2^2}{\sigma_1^2 + n\sigma_2^2}\bar{x} \\ &= \frac{n\sigma_2^2}{\sigma_1^2 + n\sigma_2^2}\bar{x} + (1 - \frac{n\sigma_2^2}{\sigma_1^2 + n\sigma_2^2})\mu \\ &= ZR + (1-Z)H \end{aligned} \tag{8.31}$$

식 (8.31)에서 $H = \mu$이고 $R = \bar{x}$이고, 신뢰도 Z는 식 (8.30)과 같다.

$$Z = \frac{n\sigma_2^2}{\sigma_1^2 + n\sigma_2^2} = \frac{n}{n+(\sigma_1^2/\sigma_2^2)}$$

식 (8.31)을 풀어서 다시 쓰면 다음과 같이 사전분포의 평균 μ와 관찰데이터의 평균 $\bar{x}$의 가중평균으로 나타난다.

$$(1-Z)(\text{사전분포의 평균}) + Z(\text{관찰데이터의 평균}) \tag{8.32}$$

요약하면, 만약 (a) 관찰데이터가 평균이 Θ이고 분산이 σ_1^2인 정규분포를 따르고 (b) Θ의 사전분포로 평균이 μ이고 분산이 σ_2^2이라고 할 때 사후분포의 평균은 뷜만의 방법에 의한 신뢰도가 반영된 추정치와 동일하다. 다시, [정리 8.7]의 조건을 만족시키기 때문에 사후분포의 평균은 다음 관측치(즉, 정규시행)의 예측분포의 평균과 동일하다. 또한, Θ에 대한 사후분포의 평균은 손실함수가 제곱형태일 때 Θ의 베이지안 추정치이다.

추정치 $(1-Z)\mu + Z\bar{x}$는 확률변수 $X_1, X_2, \cdots, X_n$의 실현치 $x_1, x_2, \cdots, x_n$의 선

형함수이다. 왜냐하면 $\bar{x}$가 x_1, x_2, $\cdots$, x_n의 선형함수이기 때문이다. 결론적으로 X_i의 실현치 대신에 확률변수를 대체시키면 우리는 Θ의 추정치로 $(1-Z)\mu+Z\bar{X}$를 얻는다. 여기서, $\bar{X}=\dfrac{\sum_{i=1}^{n} X_i}{n}$이다.

예제 8.3

X_1, $X_2 \cdots$, X_n을 어떤 보험기간에 n개의 유효한 근재보험 증권에 대한 순이익(또는 순손실)을 나타내는 확률변수라고 하자. 다음과 같은 가정들이 주어질 때 다음 문제를 푸시오.

<가정>

(i) $X_{1,}X_2 \ldots, X_n$은 평균이 Θ이고 분산이 1을 갖는 동일하게 분포된 정규확률변수이다.

(ii) Θ가 주어질 때 $X_{1,}X_2 \ldots, X_n$은 조건부 독립이다.

(iii) Θ의 사전분포는 평균이 6이고 분산이 5인 정규밀도함수이다.

(a) Θ의 사후정규분포의 평균을 계산하시오.

풀이

위와 같은 가정하에서 $n=4$, $X_1=-3$, $X_2=0$, $X_3=7$, $X_4=4$의 값들이 주어질 때 [정리 8.6]의 기호에 따르면 $\mu=6$, $\sigma_1^2=2$, $\sigma_2^2=5$, $\bar{x}=\frac{1}{4}\sum_{i=1}^{4} x_i=\frac{-3+0+7+4}{4}=2$ 이다.

식 (8.14)를 이용해서

$$\tilde{\mu}=\frac{\mu\sigma_1^2+\sigma_2^2 n\bar{x}}{\sigma_1^2+n\sigma_2^2}=\frac{(6)(1)+(5)(8)}{1+(4)(5)}=\frac{46}{21}$$

(b) Θ의 사후정규분포의 분산을 계산하시오.

풀이

식 (8.15)를 이용해서

$$\tilde{\sigma}^2=\frac{\sigma_1^2\sigma_2^2}{\sigma_1^2+n\sigma_2^2}=\frac{(1)(5)}{1+(4)(5)}=\frac{5}{21}$$

(c) X_5의 예측분포를 구하시오.

풀이

예측분포는 Θ의 사후평균 $\frac{46}{21}$과 분산 $\sigma^2 = \frac{5}{21}$과 같은 정규분포이다.

8.6 신뢰도와 지수족

8.6.1 지수족

이번 절에서는 지수분포족을 정의하고 몇 가지 예를 들어 본다. 또한 증명없이 중요한 결과를 기술하기로 한다.

[정의 8.2] 확률밀도함수의 족 $\{f(x \mid \Theta);\ \Theta \in \Omega\}$를 생각해 보자. 여기서, Ω는 구간집합 $\Omega = \{\Theta : c < \Theta < d\}$이고, c와 d는 기지의 상수이다.

(a) 확률밀도함수 형태(연속형)

아래와 같은 연속형태의 확률밀도함수를 지수족이라고 부른다.

$$f(x \mid \theta) = \begin{cases} \exp[p(\Theta)\cdot A(x) + B(x) + q(\Theta)] & a < x < b \\ \text{그 외} & 0 \end{cases}$$

(b) 확률밀도함수 형태(이산형)

아래와 같은 이산형태의 확률밀도함수를 지수족이라고 부른다.

$$f(x \mid \theta) = \begin{cases} \exp[p(\Theta)\cdot A(x) + B(x) + q(\Theta)] & x = x_1, x_2, \cdots \\ \text{그 외} & 0 \end{cases}$$

[정의 8.3] 위 식에서 $A(x) = x$인 형태의 지수족(exponential family)을 선형지수족(linear exponential family)이라고 말한다.

[정의 8.3]에 대한 예시를 위해 확률변수 X를 식 (8.33)으로 주어진 형태의 이항밀도함수라고 하자. $x=0,\ 1,\ 2,\ \ldots,\ n$에 대해 식 (8.33)의 오른쪽을 다음과 같이 다시 쓸 수 있다.

$$\binom{n}{x}\left(\frac{\Theta}{1-\Theta}\right)^{x}(1-\Theta)^{n} \tag{8.33}$$

식 (8.33)에서는 r대신에 x로 대체하였다. $y=(\frac{\Theta}{1-\Theta})^{x}$로 놓고 양변을 자연대수를 취하면 다음식이 성립한다.

$$\ln y = x\cdot\ln(\frac{\Theta}{1-\Theta})$$

또는 $y=\exp(\ln y)=\exp\left\{x\cdot\ln(\frac{\Theta}{1-\Theta})\right\}$, 즉 식 (8.33)을 다시 쓰면 다음과 같다.

$$\binom{n}{x}\cdot\exp\ \{x\cdot\ln(\frac{\Theta}{1-\Theta})\}\ \cdot(1-\Theta)^{n}$$

위 식에서 $\binom{n}{x}$와 $(1-\Theta)^{n}$은 각각 $\exp[B(x)]$와 $\exp[q(\Theta)]$로 쓸 수 있다. 그리고 $A(x)=x$와 $p(\Theta)=\ln(\frac{\Theta}{1-\Theta})$로 놓을 수 있기 때문에 이항밀도함수는 이산형의 선형지수족의 예가 된다. 이처럼 포아송 분포, 지수분포, 정규분포(분산은 기지)는 대표적인 선형지수족의 예가 된다.

8.6.2 뷜만의 방법에 의한 추정량과 베이지안의 방법에 의한 추정량이 동일하게 되는 조건

Ericson(1970)과 Jewell(1974)는 뷜만의 방법에 의한 추정량이 베이지안의 방법에 의한 추정량과 동일하게 되는 사전-우도족이 8.4절에서 다룬 4개의 사전-우도족 이상으로 확대시킬 수 있다는 것을 보였다. 특히, Ericson(1970)은 뷜만의 추정량과 베이지안의 추정량의 관계를 다음과 같은 [정리 8.8]로 설명하였다.

정리 8.8

만약 (a) 공액분포가 사전분포로 사용되고 (b) 우도함수가 선형지수족이라면 손실함수가 제곱형태일 때, 순보험료에 대한 뷜만의 방법에 의한 추정량과 베이지안의 방법에 의한 추정량은 동일하다.

8.6.3 뷜만의 방법에 의한 추정치와 베이지안의 방법에 의한 추정치를 구하는 또 다른 방법

Gerber(1995)는 8.5절에서 제시한 공액사전분포와 우도에 대해 뷜만 방법의 추정량과 베이지안 방법에 의한 추정치를 얻기 위한 또 다른 방법을 제안하였다. Greber가 제시한 방법의 장점은 이항밀도함수에 대해 8.6.1에서 설명한 것과 같은 모수들의 재설정을 피할 수 있다는 것이다.

8.7 베이지안 패러다임의 주요 결과 요약

8.7.1 모수

사전분포와 사후분포는 하나 또는 그 이상의 모수를 갖고 있다. 좀 더 자세하게 말하면, 하나 또는 그 이상의 요인들로 구성된 모수 Θ의 벡터를 고려해 볼 수 있다.

Θ의 사후분포는 베이지안 정리를 이용해서 구할 수 있다. Θ의 사전분포와 관측치에 의한 Θ의 우도를 적용해서 얻을 수 있다. Θ의 사후분포는 하나 또는 그 이상의 관측기간의 결과가 주어질 때 사전분포의 개량형이다.

8.7.2 확률변수

확률변수 X_1의 값이 주어질 때 확률변수 X_2의 조건분포는 X_1의 값이 주어질 때 X_2의 예측분포라고도 부른다. 이것은 모수에 대한 사후분포와 유사하다.

예측분포는 우도와 사후분포의 곱을 합하거나 적분해서 얻는다. 예를 들면, 예측분포는 $X_1 = k$가 주어질 때, A와 B의 사후확률과 A와 B가 주어질 때 $X_1 = k$의 조건확률(즉, 우도)을 곱해서 구한다.

X_i를 i번째 관찰기간($i=1,\ 2,\ \cdots$) 동안에 발생한 총손해액을 나타내는 확률변수라 하자. $X_1=x_1,\ X_2=x_2,\ \ldots,\ X_n=x_n$이 주어질 때 X_{n+1}의 예측분포는 위험관리와 의사결정을 하는 데 적절한 분포이다. 그와 같은 분포는 *n* 관찰기간 동안의 경험과 그 모델의 모수를 추정하는 데 내재해 있는 불확실성이 결합되어 나타난다.

8.7.3 순보험료의 추정치(기대값)

어떤 관측을 하기 전의 초기 순보험료의 추정치는 $E[X_1]$이다. 첫 번째 관측을 마친 후 수정된 순보험료는 조건부 기댓값 $E[X_2 \mid X_1]$이다. 이것은 확률변수 X_1의 실현치가 주어질 때 확률변수 X_2의 예측분포의 평균값이다. 더욱이 수정된 순보험료의 추정치는 $(n+1)^{th}$관측기간에 대한 $E[X_{n+1} \mid X_1,\ X_2,\ \ldots,\ X_n]$이다.

8.7.4 뷜만의 방법과 베이지안의 방법에 의한 추정치 비교

다음 예제에서 뷜만의 방법에 의한 모델 대신에 베이지안의 패러다임을 사용해서 [예제 6.4]의 추정치를 다시 계산해 보자. 여기서 다시 한번 강조하고자 하는 점은 관심이 있는 모수의 사전분포가 공액사전분포가 아니라면 베이지안의 방법에 의한 추정치는 뷜만의 방법에 의한 추정치와 다를 수 있다는 것이다.

예제 8.4

i번째 보험기간에($i=1,2$) 개별피보험자에게 발생하는 사고건수는 모수 Θ인 포아송분포를 따른다. Θ의 사전분포는 구간 (0, 1)에서 균등분포를 취한다. 개별 피보험자가 첫 번째 보험기간에 정확하게 1건의 사고를 경험하였다. 두 번째 보험기간에 예상되는 사고건수를 추정하기 위해 베이지안의 패러다임을 사용해 보자.

풀이

위에서 제시하고 있는 가정들하에서 정확하게 $E[N_2 \mid N_1=1]$을 찾는 것이다. [보조정리 8.1]에 의해 $N_1=1$이 주어질 때 Θ의 사후분포의 평균 $E[\Theta \mid N_1=1]$을 계산하는 것이다. Θ의 사전밀도함수는 다음과 같다.

$$f(\theta) = \begin{cases} 1 & 0 < \theta < 1 \\ \text{그 외} & 0 \end{cases}$$

$N_1 = 1$이 주어질 때 Θ의 우도는 $e^{-\theta}\theta^1$이다. $0 < \theta < 1$에 대해 $N_1 = 1$이 주어질 때 Θ의 사후밀도함수는 사전분포의 밀도함수와 우도함수의 곱에 비례한다. 따라서 다음과 같은 식이 성립한다.

$$f(\theta) \cdot e^{-\theta}\theta^1 = (1)(e^{-\theta}\theta^1) = \theta \cdot e^{-\theta}$$

$0 < \theta < 1$에 대해 Θ의 사후밀도함수는 다음과 같다.

$$f(\theta \mid N_1 = 1) = \frac{\theta \cdot e^{-\theta}}{P[N_1 = 1]} = \frac{\theta \cdot e^{-\theta}}{\int_0^1 \theta \cdot e^{-\theta} d\theta} = \frac{\theta \cdot e^{-\theta}}{1 - 2e^{-1}}$$

여기서, 분모는 부분적분으로 계산하였다. 결과적으로 Θ의 사후분포의 평균은

$$\int_0^1 \theta \cdot f(\theta \mid N_1 = 1) d\theta = \int_0^1 \theta \cdot \frac{\theta \cdot e^{-\theta}}{1 - 2e^{-1}} d\theta = \int_0^1 \frac{\theta^2 \cdot e^{-\theta}}{1 - 2e^{-1}}$$
$$= \frac{2 - 5e^{-1}}{1 - 2e^{-1}} = 0.608$$

이처럼 2차 연도에 예상되는 베이지안의 방법에 의한 사고건수의 추정치($N_1 = 1$이 주어질 때)는 0.608로 계산되었다. 이것은 [예제 6.4]에서 계산한 뷜만의 방법에 의한 신뢰도 추정치 0.571과 다르다는 것을 알 수 있다.

이와 같이 순수 베이지안 방법에 의한 신뢰도를 산출하기 위해서는 사전분포를 개인적인 판단에 따라 결정해야 하고 설사 사전분포를 결정했다고 하더라도 사후분포를 이론적으로 찾기가 매우 어렵다. 따라서 이 같은 어려움을 극복하기 위하여 뷜만의 경험적 베이지안 신뢰도를 이용하고 있다. 좀 더 자세한 내용은 제9장~제12장에서 설명하고 있다.

연습문제

1. 확률변수 H의 사전분포가 다음과 같다.

$$P[H=0.25]=0.8,\ P[H=0.50]=0.2$$

단 한 번의 실험결과 D_1은 다음과 같은 분포를 따른다. $d_1=0,\ 1$에 대해서

$$P[D_1=d_1 \mid H=h]=h^{d_1}(1-h)^{(1-d_1)}$$

이다.

(a) 만약 $D_1=1$이라면 H의 사후분포는 어떻게 나타나는지?

(b) 만약 $D_1=1$이라면 다음 실험 D_2에 대한 예측분포는?

2. 확률변수 X 심도분포는 $f(x \mid \theta)=\theta^2 xe^{-\theta x}$, $x>0$이다. 또한 Θ의 확률밀도함수는 $x>0$에 대하여 $\pi(\theta)=\theta e^{-\theta x}$이라면 다음을 구하시오.

(1) 조건부 평균(hypothetical means)을 계산하시오

(2) 순보험료를 계산하시오

(3) 확률변수 X의 주변확률밀도함수를 구하시오

(4) $X=x$가 주어질 때 Θ의 조건부 확률밀도함수를 구하시오,

(5) 확률표본 $x_1, x_2, \cdots, x_n$에 대해 X와 Θ의 결합확률밀도함수를 구하시오.

(6) 확률벡터 X의 주변확률밀도함수를 구하시오.

(7) $X=[x_1, x_2, \cdots, x_n]'$이 주어질 때 Θ의 조건부 확률밀도함수를 구하시오.

(8) 단일표본 값 $X_1=x_1$이 주어질 때 X_2의 예측분포의 확률밀도함수를 구하시오.

(9) 베이지안 보험료 $E[X_2 \mid X_1=x_1]$을 구하시오.

(10) 확률표본 $x_1, x_2, \cdots, x_n$이 주어질 때 X_{n+1}의 예측분포의 확률밀도함수를 구하시오.

(11) 베이지안 보험료 $E[X_{n+1} \mid X=[x_1, x_2, \cdots, x_n]]$를 구하시오.

3. 주사위-회전판 모델을 고려해 보자. 첫 번째 주사위는 표시된 면이 1개이고 표시가 되지 않은 면은 5개이다. 두 번째 주사위는 표시된 면이 4개이고 표시가 안된 면이 2개이다. 또한 3개의 회전판이 있다. 각 회전판은 5개의 동일한 구간으로 나누어 있고 각 구간에는 3 또는 8이 표시되어 있다. 첫 번째 회전판에는 3이 표시된 면이 한 개이고 8이 표시된 면이 4개이다. 두 번째 회전판에는 3이 표시된 면이 2개이고 8이 표시된 면이 3개이다. 세 번째 회전판에는 3이 표시된 면이 4개이고 8이 표시된 면이 1개이다. 하나의 주사위와 하나의 원판이 무작위로 선택되었다. 만약 주사위를 던져서 표시되지 않은 면이 나타났다면 사고가 발생하지 않은 것으로 한다. 표시가 된 면이 나왔다면 사고가 발생한 것이다. 그때 손해액을 결정하기 위해 회전판을 한번 돌린다.

(1) 6개의 주사위-회전판의 각각에 대한 $\pi(\theta)$를 결정하시오.

(2) 주사위-회전판의 각각에 대한 손해액에 대한 조건부 분포 $f_{X|\Theta}(x \mid \theta)$를 결정하시오.

(3) 각 θ에 대한 조건부 평균들 $\mu(\theta)$와 조건부 분산들 $v(\theta)$를 결정하시오.

(4) 처음 시행에서 $X_1 = 3$인 주변확률을 결정하시오.

(5) 베이지안 정리를 이용해서 Θ의 사후분포 $\pi_{\Theta \mid X_1}(\theta \mid 3)$를 결정하시오.

(6) 처음 손해액이 $X_1 = 3$이 나왔을 때 두 번째 손해액 X_2의 조건부 분포를 다음 식을 이용해서 결정하시오.

식: $f_{X_{n+1} \mid x}(x_{n+1} \mid x) = \int f_{X_{n+1} \mid \theta}(x_{n+1} \mid \theta)\pi_{\Theta \mid X}(\theta \mid x)d\theta$

(7) 다음 식을 이용해서 베이지안 보험료 $E(X_2 \mid X_1 = 3)$를 구하시오.

식: $E(X_{n+1} \mid X = x) = \int \mu_{n+1}(\theta)\pi_{\Theta \mid X}(\theta \mid x)d\theta$

(8) $x_2 = 0,3,8$에 대해 $X_2 = x_2$와 $X_1 = 3$의 결합확률밀도함수를 결정하시오.

(9) 다음 식을 이용하여 조건부 분포 $f_{X_2 \mid X_1}(x_2 \mid 3)$을 구하고 (6)번 문제의 풀이와 비교하시오.

식: $f_{X_{n+1} \mid x}(x_{n+1} \mid x) = \dfrac{1}{f_X(x)} \int [\Pi f_{X_j \mid \Theta}(x_j \mid \theta)]\pi(\theta)d\theta$

(10) 다음 식을 이용해서 베이지안 보험료를 결정하고 (7)번 문제 풀이와 비교하시오.

식: $E(X_{n+1} \mid X = x) = \int x_{n+1} f_{X_{n+1} \mid x}(x_{n+1} \mid x)dx_{n+1}$

(11) 구조 모수 μ, v, a를 결정하시오.

(12) 뷜만의 방법에 의한 신뢰도와 뷜만의 방법에 의한 보험료를 계산하시오. 베이지안 보험료 $E(X_2 \mid X_1 = 3)$를 계산하시오.

9장

경험적 베이지안 신뢰도의 모수 추정

9.1 개요

제8장에서는 통계적인 분포에 의한 베이지안 방법으로 신뢰도를 설명하였다. 그러나 베이지안 방법에 의한 신뢰도를 실무에 적용하기 위해서는 여러 가지 어려운 점들이 많다. 즉, 베이지안 방법을 사용하여 신뢰도를 적용하기 위해서는 확률밀도함수 $f_{X_j|\Theta}(x_j|\theta)$와 사전분포함수 $\pi(\theta)$를 알고 있다는 것을 전제로 한다. 따라서 베이지안 방법에 의한 신뢰도는 방법론적으로 볼 때 유용하기는 하지만 제8장에서 보는 바와 같이 보험종목별 또는 담보위험별 포트폴리오의 위험도를 분포함수 또는 확률분포 형태로 정확하게 나타낸다는 것이 현실적으로 어렵다. 더욱이 우리가 필요로 하는 실제적인 모델에는 이론적인 모델과 실무적 모델과의 차이를 일치시켜 줄 수 있다고 확신되는 모수를 포함하고 있다. 이 같은 예 중의 하나가 다음과 같은 포아송-감마 모델이다. 여기서, 감마분포의 모수 α와 β를 결정할 필요가 있다.

예제 9.1

자동차보험의 요율등급을 고려해 보자. 위험모수 θ는 평균 사고건수이다. 사고건수의 변동성을 나타내기 위해 θ값이 요율등급에 따라 차이가 있다고 가정한다. 예를 들면, 우량운전자(best driver)는 θ값이 적을 것이고 불량운전자(bad driver)들은 θ값이 클 것이다. 일반적으로 위험모수가 θ인 보험계약자 그룹의 사고건수 X는 평균이 θ인 포아송 분포를 따른다고 하는 것이 합리적이다. 더 나아가서 확률변수 Θ는 모수가 α와 β인 감마분포를 따른다고 가정한다. 이 요율등급에 대한 평균 사고건수가 0.15라고 가정하면 $E(\Theta)=0.15$이다. 그리고 전체 보험계약자에 대한 95%의 평균 사고건수가 0.10과 0.20 사이에 있다고 할 때, 모수 α와 β를 결정하시오.

풀이

감마분포를 정규분포에 근사시킨다. 평균의 2σ 내에 포함될 확률이 95%라는 것이 알려졌으므로 감마분포에 정규분포 근사를 시키면 Θ의 표준편차는 0.025이다.[23] 즉,

$$E(\Theta)=\alpha\beta=0.15 \text{이고} \quad Var(\Theta)=\alpha\beta^2=(0.025)^2$$

23) $\dfrac{\overline{X}-E(\Theta)}{\sqrt{Var(\Theta)}}=-1.96$에서 $\dfrac{0.10-0.15}{\sqrt{Var(\Theta)}}=-1.96$을 풀면 Θ의 표준편차는 0.025로 계산된다.

가 된다. 이 식을 α와 β에 대해 풀면 $\alpha=36$이고 $\beta=\frac{1}{240}=0.004167$이 된다. 마찬가지로 뷜만 또는 뷜만-스트라웁의 방법에 의한 신뢰도 모수 μ, v, a를 구하기 위해서는 보험종목별 또는 담보위험별 포트폴리오의 위험도를 위험함수 형태로 알아야 한다.

이처럼 베이지안 방법에 의한 신뢰도를 계산하기 위해서는 이들 모수에 어떤 수치값이 부여되지 않으면 안 된다. 일반적으로 미지의 모수들은 구조밀도함수[24) $\pi(\theta)$와 관련되어 있다. 따라서 우리는 이들을 구조적 모수들(structural parameters)이라고 한다. 다시 말해 구조적 모수라고 함은 Θ의 분포와 관련된 평균과 분산과 같은 미지수(unknown quantities)라고 볼 수 있다. 우리가 사용하는 용어들은 앞 장에서 언급한 베이지안 체계를 따른다. 엄격히 말해, 베이지안 구조에서의 구조적 모수들은 모두 알고 있다고 가정하므로 추정할 필요가 없다. 예를 들면, 구조적 밀도함수에 대한 사전정보로 포아송-감마 모델에서 $\alpha=36$, $\beta=\frac{1}{240}$을 선택함으로써 계량화가 가능하다. 그렇지만 이들 베이지안 방법은 때론 현실적으로 불가능할 때가 있다(예를 들면, 새로 판매되는 보험종목처럼 사전정보가 전혀 없거나 매우 적을 때). 이때 우리는 구조적(사전적) 모수들을 추정하기 위하여 직접 경험데이터를 이용할 필요가 있다. 이 같은 접근방법을 경험적 베이즈(베이지안) 추정(empirical Bayes estimation)방법이라 한다.

다시 말해, 확률밀도함수 $f_{X_j|\Theta}(x_j|\theta)$와 사전분포함수 $\pi(\theta)$를 확정하기 어려운 경우 적용할 수 있는 방법(예를 들면, 처음 두 적률을 알 필요가 있는 경우 뷜만 또는 뷜만-스트라웁의 방법에 의한 신뢰도 모델)을 비모수적인 방법이라고 한다. 만약 $f_{X_j|\Theta}(x_j|\theta)$를 모수적인 형태(포아송, 정규분포 등)로 가정할 수 있지만 사전분포함수 $\pi(\theta)$는 모를 수 있다. 이때 우리는 비모수적(nonparametric) 추정방법으로 문제를 해결해 나간다. 이 같은 방법은 9.2절에서 자세하게 다룰 것이다. 기술적으로 더 어려운 것은 8장에서 설명한 것처럼 $f_{X_j|\Theta}(x_j|\theta)$와 $\pi(\theta)$ 모두 모수적인 형태로 가정하는 경우이며, 전 모수적(fully parametric) 추정방법이라고 부른다. 이런 추정방법은 현실적으로 더 어렵다.

---

24) 구조밀도함수는 일반적인 사전분포함수 $\pi(\theta)$를 나타낸다고 보면 된다. 즉, 사전분포함수는 구조밀도함수 중의 하나가 된다.

모수 모델을 선택할 수 있는지 또는 아닌지의 결정은 그때의 상황과 분석을 통해 이용자의 판단과 지식에 따라 결정하게 된다. 예를 들면, 사고건수에 기초한 분석은 $f_{X_j|\Theta}(x_j|\theta)$는 포아송 분포를 따른다는 가정을 둘 수 있는 반면에 $\pi(\theta)$에 대한 모수적 모델의 선택은 비합리적일 수 있다.

어떤 모수적인 가정은 모수적인 추정방법을 이용할 수 있다. 예를 들면, 포아송 분포의 경우에 평균과 분산은 동일하기 때문에 똑같은 추정치가 둘 다 사용될 수 있다. 그렇지만 비모수적인 추정량들은 선택된 모수적 모델의 추정량보다 더 이상 효율적이지 못하다. 이것은 선택된 모델이 적합하다는 전제하에, 모수모델을 어떻게 선택하느냐의 결정과 연관되어 있다.

결론적으로 비모수적인 모델들은 여러 가지 이점을 갖고 있다는 것이다. 즉, 모수적인 가정에 대한 무거운 짐을 제거할 수 있다(때로는 좀 더 강한 가정이 보다 합리적이다).

이번 절에서 경험데이터는 다음과 같은 구조형태를 가진다고 가정한다. $r \geq 1$인 보험계약자들(예를 들면, r개의 위험등급(그룹) 등) 각각에 대해 위험단위당 관측 손해액이 $\boldsymbol{X_i} = (X_{i1}, X_{i2}, \cdots X_{in_i})^T$, $i = 1, 2, \cdots, r$가 있다고 가정한다. 확률벡터 $\{\boldsymbol{X_i}, i = 1, 2, \cdots, r\}$는 통계적으로 서로 독립(즉, 서로 다른 보험계약자 그룹의 경험데이터는 독립적)이라 가정한다. i번째 보험계약자 그룹의 (미지의)위험모수는 θ_i이다[25](단, $i = 1, 2, \cdots, r$). 그리고 $\theta_1, \theta_2, \cdots, \theta_r$는 구조적 함수 $\pi(\theta)$를 갖는 $i.i.d$ 확률변수 Θ_i의 실현 값이다. 어떤 고정된 보험계약자 그룹 i에 대하여 (조건부)확률변수 $X_{ij}|\Theta_i$는 확률분포함수(pf) $f_{X_{ij}|\Theta_i}(x_{ij}|\theta_i)$, $j = 1,2,...,n_i$를 갖는 독립이라 가정한다. 즉, 모수 θ_i가 주어질 때 확률변수 $X_{ij}|\Theta_i$는 독립이다.

보통 두 개 그룹(등급)의 경우에서 이 같은 형태의 데이터를 만들어 낸다. 첫째, 등급요율을 산정 또는 경험요율을 산정하는 경우이다. i는 위험등급 또는 위험그룹을 나타내고 j는 위험단위수(개별인원수)를 나타낸다. 둘째, i는 위험등급 또는 위험그룹을 나타내지만 j는 연도를 나타내고 관측값은 해당연도의 평균손해액이다. 일반적으로 r을 보험계약자 그룹(또는 위험등급 등)으로 나타낸다. 또한 보험계약자 그룹 i에는 위험단위 벡터 $\boldsymbol{m_i} = (m_{i1}, m_{i2}, ..., m_{in_i})^T$가 있다. 물론 여기서,

---

25) 즉, i번째 그룹은 모수가 θ_i인 동질적인 위험들로 구성되어 있다.

$i=1,2,...,r$ 이다. 만약 이것이 적절치 않다면 모든 i와 j에 대해 $m_{ij}=1$로 설정한다. 편의상 보험계약자 그룹(등급) i의 위험단위(예, 사고건수)를 다음과 같이 표시한다.

$$\boldsymbol{m_i}=\sum_{j=1}^{n_i} m_{ij}\ ,\ i=1,2,...,r$$

위 식은 보험계약자 그룹(위험등급) i에 대한 총 위험단위수(예, 사고건수)이다. 그리고

$$\overline{X_i}=\frac{1}{m_i}\sum_{j=1}^{n_i} m_{ij}X_{ij},\ i=1,2,...,r$$

은 보험계약자 그룹(위험등급) i의 평균손해액을 나타낸다. 더 나아가 총 위험단위수는 다음과 같다.

$$m=\sum_{i=1}^{r} m_i=\sum_{i=1}^{r}\sum_{j=1}^{n_i} m_{ij}$$

따라서 전체 평균손해액은 다음과 같다.

$$\overline{X}=\frac{1}{m}\sum_{i=1}^{r} m_i\overline{X_i}=\frac{1}{m}\sum_{i=1}^{r}\sum_{j=1}^{n_i} m_{ij}X_{ij} \tag{9.1}$$

당연히 추정모수들은 $f_{X_{ij}|\Theta_i}(x_{ij}|\theta_i)$와 $\pi(\theta)$를 따른다고 가정한다. 뷜만-스트라웁의 방법에 의한 신뢰도 공식에서 추가적인 조건이 필요하다. 즉, 조건부(hypothetical) 평균(j와는 무관하다)은 다음과 같다. 8.2 절에서와 같은 동일한 모수형태이다.

$$E(X_{ij}|\Theta_i=\theta_i)=\mu(\theta_i)$$

그리고 조건부(process) 분산은 다음과 같다.

$$Var(X_{ij}|\Theta_i=\theta_i)=\frac{\upsilon(\theta_i)}{m_{ij}}$$

구조적 모수들은 다음과 같다.

$$\mu = E[\mu(\Theta_i)],\ v = E[v(\Theta_i)],\ a = Var[\mu(\Theta_i)]$$

이 같은 접근 방법은 경험데이터로부터 μ와 v와 a(미지일 때)를 추정하기 위한 것이다. 보험계약자 그룹(등급) i에 대한 신뢰도가 반영된 다음 연도의 순보험료(위험단위당)는 다음과 같다.

$$Z_i\overline{X_i} + (1 - Z_i)\mu,\ i = 1, 2, \ldots, r \tag{9.2}$$

여기서, $Z_i = \dfrac{m_i}{m_i + k}$, $k = \dfrac{v}{a}$이다.

만약 μ, v, a의 추정량을 $\hat{\mu}, \hat{v}, \hat{a}$으로 각각 나타낸다면, 식 (9.2)의 신뢰도가 반영된 순보험료(손해액)는 다음과 같다.

$$\hat{Z}_i\overline{X_i} + (1 - \hat{Z}_i)\hat{\mu}$$

비록, $\hat{v}$과 $\hat{a}$이 v와 a의 불편추정량이라 하더라도 $\hat{k}$과 $\hat{Z}_i$은 k와 Z의 불편추정량이라고 할 수 없다는 점에 주목할 필요가 있다. 결론적으로 보험계약자 그룹 i에 대한 신뢰도가 반영된 순보험료는 식 (9.2)에 m_{i,n_i+1}을 곱해서 구한다.

9.2 비모수(非母數)적 추정방법

확률밀도함수 $f_{X_{ij}|\Theta_i}(x_{ij}|\theta_i)$와 사전분포함수 $\pi(\theta)$를 전혀 고려치 않는 경우의 추정방법이 비모수적 추정(nonparametric estimation)방법이다.

9.2.1 뷜만의 방법에 의한 신뢰도 모델

이번 절에서는 μ와 v와 a의 불편추정량을 다룬다. 이것을 설명하기 위해 먼저 뷜만의 방법에 의한 신뢰도 형태의 예를 들어본다.

예제 9.2

모든 i에 대해 $n_i = n > 1$이고 모든 i와 j에 대해 $m_{ij} = 1$이라고 가정한다. 즉, 보험계약자 그룹 i에 대한 손해액 벡터는 다음과 같다.

$$\boldsymbol{X_i} = (X_{i1}, X_{i2}, \ldots, X_{in})^T,\ i = 1, 2, \ldots, r$$

더욱이 $\Theta_i = \theta_i$에 대한 조건하에서 평균 $\mu(\theta_i) = E(X_{ij}|\Theta_i = \theta_i)$과 분산 $v(\theta_i) = Var(X_{ij}|\Theta_i = \theta_i)$를 갖는다. 그리고 $X_{i1}, X_{i2}, \cdots, X_{in}$는 (조건부)독립이다. 다시 말해, 서로 다른 보험계약자의 과거 경험데이터는 독립이다(즉, 어떤 한 보험계약자 그룹의 경험데이터는 다른 보험계약자 그룹의 경험데이터에 영향을 미치지 못한다). 즉, $i \neq s$라면 X_{ij}와 X_{st}는 독립이다. 이 경우

$$\overline{X_i} = \frac{\sum_{j=1}^{n} X_{ij}}{n},\quad \overline{X} = \frac{\sum_{i=1}^{r} \overline{X_i}}{r} = \frac{\sum_{i=1}^{r}\sum_{j=1}^{n} X_{ij}}{rn}$$

이다. 이를 기초로 뷜만의 방법에 의한 신뢰도의 불편추정량을 구하면 다음과 같다. μ의 불편추정량은 $\hat{\mu} = \overline{X}$이다. 왜냐하면,

$$E(\hat{\mu}) = \frac{\sum_{i=1}^{r}\sum_{j=1}^{n} E(X_{ij})}{rn} = \frac{\sum_{i=1}^{r}\sum_{j=1}^{n} E[E(X_{ij}|\Theta_i)]}{rn} = \frac{\sum_{i=1}^{r}\sum_{j=1}^{n} E[\mu(\Theta_i)]}{rn}$$
$$= \frac{\sum_{i=1}^{r}\sum_{j=1}^{n} \mu}{rn} = \mu$$

이기 때문이다. 다음으로 v와 a의 추정을 위해서 다음과 같은 결과를 이용한다.

먼저, 확률변수 Y_j의 분산 σ^2의 불편추정량을 구해 보자. $Y_1, Y_2, \cdots, Y_n$은 평균이 $\mu = E(Y_j)$이고 분산이 $\sigma^2 = Var(Y_j)$인 독립(id는 필요조건이 아님)확률변수 $\overline{Y} = \frac{\sum_{j=1}^{k} Y_j}{k}$라고 할 때

$$E(\overline{Y})=\frac{\sum_{j=1}^{k}E(Y_j)}{k}=\mu,\quad Var(\overline{Y})=\frac{\sum_{j=1}^{k}Var(Y_j)}{k^2}=\frac{\sigma^2}{k}$$

가 된다.

다음으로 통계량 $\sum_{j=1}^{k}(Y_j-\overline{Y})^2$을 고려해 보자. 이 식은 다음과 같이 다시 쓸 수 있다.

$$\begin{aligned}\sum_{j=1}^{k}(Y_j-\overline{Y})^2&=\sum_{j=1}^{k}[(Y_j-\mu)+(\mu-\overline{Y})]^2\\&=\sum_{j=1}^{k}[(Y_j-\mu)^2+2(Y_j-\mu)(\mu-\overline{Y})+(\mu-\overline{Y})]^2\\&=\sum_{j=1}^{k}(Y_j-\mu)^2+2(\mu-\overline{Y})\sum_{j=1}^{k}(Y_j-\mu)+\sum_{j=1}^{k}(\overline{Y}-\mu)^2\\&=\sum_{j=1}^{k}(Y_j-\mu)^2+2(\mu-\overline{Y})(k\overline{Y}-k\mu)+k(\overline{Y}-\mu)^2\\&=\sum_{j=1}^{k}(Y_j-\mu)^2-2k(\overline{Y}-\mu)(\overline{Y}-\mu)+k(\overline{Y}-\mu)^2\\&=\sum_{j=1}^{k}(Y_j-\mu)^2-2k(\overline{Y}-\mu)^2+k(\overline{Y}-\mu)^2\end{aligned}$$

위 식은 다음과 같은 식으로 정리된다.

$$\sum_{j=1}^{k}(Y_j-\overline{Y})^2=\sum_{j=1}^{k}(Y_j-\mu)^2-k(\overline{Y}-\mu)^2 \tag{9.3}$$

식 (9.3)의 양변에 기댓값을 취하면 다음과 같다.

$$\begin{aligned}E[\sum_{j=1}^{k}(Y_j-\overline{Y})^2]&=\sum_{j=1}^{k}E[(Y_j-\mu)^2]-kE[(\overline{Y}-\mu)^2]\\&=\sum_{j=1}^{k}Var(Y_j)-k\,Var(\overline{Y})\\&=k\sigma^2-k(\frac{\sigma^2}{k})=(k-1)\sigma^2\end{aligned}$$

그러므로 다음 식 (9.4)가 성립한다.

$$E\left[\frac{\sum_{j=1}^{k}(Y_j-\overline{Y})^2}{k-1}\right]=\sigma^2 \tag{9.4}$$

따라서 $\frac{\sum_{j=1}^{k}(Y_j-\overline{Y})^2}{k-1}$은 Y_j의 분산(σ^2)에 대한 불편추정량이 된다.

다음으로 조건부 분산들의 기댓값 v를 추정하기 위하여 다음과 같은 식을 고려해 보자. 보험계약자 그룹 i의 분산값은 다음 식 (9.5)와 같다.

$$\hat{v}_i=\frac{1}{n-1}\sum_{j=1}^{n}(X_{ij}-\overline{X}_i)^2 \tag{9.5}$$

$\Theta_i=\theta_i$라는 조건하에서 고정된 i에 대하여 확률변수 $X_{i1}, X_{i2}, \ldots, X_{in}$은 서로 독립이다. 따라서 $\hat{v}_i$은 $Var(X_{ij}|\Theta_i=\theta_i)=v(\theta_i)$의 불편추정량이 된다. 비조건부적으로 볼 때 $E(\hat{v}_i)=E[Var(X_{ij}|\Theta_i)]=E[v(\Theta_i)]=v$가 되므로 $\hat{v}_i$은 v의 불편추정량이 된다. 따라서 조건부 분산들의 기댓값 v의 불편추정량은

$$\hat{v}=\frac{1}{r}\sum_{i=1}^{r}\hat{v}_i=\frac{1}{r(n-1)}\sum_{i=1}^{r}\sum_{j=1}^{n}(X_{ij}-\overline{X}_i)^2 \tag{9.6}$$

이다. 마지막으로 모수 a(조건부 평균들의 분산값)의 추정치를 구해보자.

$$E(\overline{X}_i|\Theta_i=\theta_i)=\frac{\sum_{j=1}^{n}E(X_{ij}|\Theta_i=\theta_i)}{n}=\frac{\sum_{j=1}^{n}\mu(\theta_i)}{n}=\mu(\theta_i)$$

가 성립한다. 또한 $E(\overline{X}_i)=E[E(\overline{X}_i|\Theta_i)]=E[\mu(\Theta_i)]=\mu$이고

$$\begin{aligned}Var(\overline{X}_i)&=Var[E(\overline{X}_i|\Theta_i)]+E[Var(\overline{X}_i|\Theta_i)]\\&=Var[\mu(\Theta_i)]+E\left[\frac{v(\Theta_i)}{n}\right]=a+\frac{v}{n}\end{aligned}$$

이 된다. 그러므로 보험계약자 그룹별 평균값 $\overline{X}_1, \overline{X}_2, \cdots, \overline{X}_r$는 전체 평균 μ와 분산 $a+\frac{v}{n}$를 갖고 서로 독립이다. 이에 대한 전체 표본평균은 $\overline{X}=\frac{\sum_{i=1}^{r}\overline{X}_i}{r}$이다. 결과적으로

$a+\frac{v}{n}$의 불편추정량은 $\frac{\sum_{i=1}^{r}(\overline{X}_i-\overline{X})^2}{r-1}$이다. 즉,

$$E\left[\frac{\sum_{i=1}^{r}(\overline{X}_i-\overline{X})^2}{r-1}\right]=a+\frac{v}{n}$$

이다. 식 (9.6)에서 v의 불편추정량을 구했기 때문에 조건부 평균들의 분산값 a의 불편추정량은 다음과 같다.

$$\hat{a}=\frac{\sum_{i=1}^{r}(\overline{X}_i-\overline{X})^2}{r-1}-\frac{\hat{v}}{n}=\frac{\sum_{i=1}^{r}(\overline{X}_i-\overline{X})^2}{r-1}-\frac{\sum_{i=1}^{r}\sum_{j=1}^{n}(X_{ij}-\overline{X}_i)^2}{rn(n-1)} \tag{9.7}$$

이 추정량은 각 보험계약자 그룹을 처리(treatment)로 나타나는 일원배치 분산분석(One-Way ANOVA) 방법을 생각해 보면 쉽게 이해할 수 있다. v에 대한 추정량(식 (9.6) 참조)은 위험등급 내(처리 내) 평균제곱이다. 첫 번째 항 a의 추정량(식 (9.7) 참조)은 n으로 나눈 위험등급 간(처리 간) 평균제곱이다. 일원배치 분산분석(One Way ANOVA)은 모든 처리 항이 동일한 평균값을 갖는가에 대한 가설을 검증하는 방법으로 등급 간 평균제곱이 등급 내 평균제곱에 비해 상대적으로 적을 때 가설(모든 처리 항은 동일한 평균값을 갖는다)을 받아들인다. 즉, $\hat{a}$이 $\hat{v}$에 비해 상대적으로 적다. 그러나 이들 관계는 $\hat{Z}$가 영(zero)에 가까워지기 때문에 각 $\overline{X}_i$에 부여되는 신뢰도는 적다는 것을 의미한다. 이것은 보험계약자들의 등급별 위험도가 기본적으로 동일(동질적)하다는 것을 말한다. 즉, "보험계약자들의 위험은 동질적(homogeneous)이다"라고 말할 수 있다. 식 (9.7)에서 볼 때 두 항에서 우측 항이 좌측 항보다 클 때 $\hat{a}$이 음수가 될 수 있다는 점이다. 이럴 경우 $\hat{a}=\hat{Z}=0$으로 하는 것이 일반적이다. 이것은 일원배치 분산분석에서 F 통계량이 1.0보다 적다는 것을 의미한다. 결과적으로 처리(등급) 간 평균값이 동일하다는 가설을 받아들이게 된다는 점이다. 이에 대한 좀 더 자세한 내용은 2.8절을 참조한다.

예제 9.3

([예제 9.2] 계속) 수치적 예로서 보험계약자 위험등급 $r=2$이고 경험기간 $n=3$이라고

한다. 손해액이 위험등급 1에 대해서 $x_1 = (3,5,7)^T$이고 위험등급 2에 대해서 $x_2 = (6,12,9)^T$라고 하자. 각 보험계약자 등급에 대한 뷜만의 방법에 의한 신뢰도가 반영된 보험료를 추정하라. 여기서, $\overline{X_1} = \frac{1}{3}(3+5+7) = 5$, $\overline{X_2} = \frac{1}{3}(6+12+9) = 9$가 된다. 그러므로 $\overline{X} = \frac{1}{2}(5+9) = 7$이 되고, $\hat{\mu} = 7$이 된다. 다음으로

$$\widehat{v_1} = \frac{1}{2}[(3-5)^2 + (5-5)^2 + (7-5)^2] = 4$$

$$\widehat{v_2} = \frac{1}{2}[(6-9)^2 + (12-9)^2 + (9-9)^2] = 9$$

가 되므로 $\hat{v} = \frac{1}{2}(4+9) = \frac{13}{2}$이다. 따라서 $\hat{a} = \left[\frac{(5-7)^2 + (9-7)^2}{2-1}\right] - \frac{1}{3}\hat{v} = \frac{35}{6}$이다.

다음으로 $\hat{k} = \frac{\hat{v}}{\hat{a}} = \frac{13/2}{35/6} = \frac{39}{35}$가 되므로 뷜만의 방법에 의한 추정신뢰도 $\hat{Z} = \frac{3}{(3+\hat{k})} = \frac{35}{48}$이다. 따라서 뷜만의 방법에 의한 신뢰도가 반영된 등급별 보험료는 다음과 같다. 먼저 보험계약자 1그룹(등급)의 보험료는

$$\hat{Z}\overline{X_1} + (1-Z)\hat{\mu} = (\frac{35}{48})(5) + (\frac{13}{48})(7) = \frac{133}{24}$$

이다. 다음으로 보험계약자 2그룹(등급)의 보험료는

$$\hat{Z}\overline{X_2} + (1-Z)\hat{\mu} = (\frac{35}{48})(9) + (\frac{13}{48})(7) = \frac{203}{24}$$

가 된다. 이처럼 뷜만의 방법에 의한 신뢰도 모델은 매 등급별 관측 수($m_{ij} = 1$)가 동일한 경우에만 적용될 수 있다. 참고로 위 [예제 9.3]의 보험계약자들이 그룹(등급)별로 완전히 동질적인 위험들로 구성된 경우, 예를 들면, 3년 간의 손해액이 $x_1 = (5,5,5)^T$이고 $x_2 = (12,12,12)^T$일 경우 동일한 방법에 의해 각 보험계약자 그룹(등급)에 대한 뷜만의 방법에 의한 신뢰도가 반영된 보험료를 추정하면 다음과 같다.

풀이

$\overline{X_1} = \frac{1}{3}(5+5+5) = 5$, $\overline{X_2} = \frac{1}{3}(12+12+12) = 12$가 된다. 그러므로 $\overline{X} = \frac{1}{2}(5+12)$

$=8.5$이 되므로 $\hat{\mu}=8.5$이 된다. 다음으로

$$\widehat{v_1}=\frac{1}{2}[(5-5)^2+(5-5)^2+(5-5)^2]=0$$

$$\widehat{v_2}=\frac{1}{2}[(12-12)^2+(12-12)^2+(12-12)^2]=0$$

가 되므로 $\hat{v}=\frac{1}{2}(0+0)=0$이다. 즉, 조건부(등급 내) 분산이 0이 되므로 $\hat{a}=\frac{[(5-8.5)^2+(12-8.5)^2]}{2-1}-\frac{1}{3}\times 0=24.5$이다.

다음으로 $\hat{k}=\frac{\hat{v}}{\hat{a}}=\frac{0}{24.5}=0$가 되므로 뷜만의 방법에 의한 추정신뢰도는 $\hat{Z}=\frac{3}{(3+\hat{k})}=1$이다. 따라서 뷜만의 방법에 의한 신뢰도가 반영된 등급별 보험료는 다음과 같다. 먼저 보험계약자 1등급의 보험료는 다음과 같다.

$$\hat{Z}\overline{X_1}+(1-Z)\hat{\mu}=(1)(5)+(0)(8.5)=5$$

다음으로 보험계약자 2등급의 보험료는 다음과 같다.

$$\hat{Z}\overline{X_2}+(1-Z)\hat{\mu}=(1)(12)+(0)(8.5)=12$$

따라서 보험계약자 그룹이 완전 동질적인 위험집단으로 구성된다면 신뢰도가 반영된 추정 보험료는 각 보험계약자 그룹의 표본평균이 된다. 이처럼 뷜만의 방법에 의한 신뢰도 모델은 매 등급별 관측 수($m_{ij}=1$)가 동일한 경우에 적용된다.

9.2.2 뷜만-스트라웁의 방법에 의한 신뢰도 모델

9.2.1절에서 설명한 뷜만의 방법에 의한 신뢰도 모델보다 일반화된 모델이 뷜만-스트라웁의 방법으로 산출한 신뢰도 모델이다.

앞에서 $E(X_{ij})=E[E(X_{ij}|\Theta_i)]=E[\mu(\Theta_i)]=\mu$가 성립함을 확인하였다. 여기서,

$$E(\overline{X_i}|\Theta_i)=\sum_{j=1}^{n_i}\frac{m_{ij}}{m_i}E(X_{ij}|\Theta_i)=\sum_{j=1}^{n_i}\frac{m_{ij}}{m_i}\mu(\Theta_i)=\mu(\Theta_i)$$

는

$$E(\overline{X_i}) = E[E(\overline{X_i}|\Theta_i)] = E[\mu(\Theta_i)] = \mu$$

가 됨을 의미한다. 결론적으로 $E(\overline{X}) = \frac{1}{m}\sum_{i=1}^{r} m_i E(\overline{X_i}) = \frac{1}{m}\sum_{i=1}^{r} m_i \mu = \mu$가 됨을 알 수 있다. 따라서 μ의 불편추정량 $\hat{\mu}$은 다음과 같다.

$$\hat{\mu} = \overline{X} \tag{9.8}$$

다음으로 뷜만-스트라웁의 방법에 의한 신뢰도 모델에서 조건부(등급 내)분산들의 기댓값 v와 조건부(등급 간) 평균들의 분산값 a를 추정하기 위하여 식 (9.4)보다 일반적인 통계량을 이용한다. 다음 예제는 일반적인 통계량을 이용한 결과를 나타낸다.

예제 9.4

$X_1, X_2, \ldots, X_n$은 평균 $\mu = E(X_j)$와 분산 $Var(X_j) = \beta + \frac{\alpha}{m_j}$, $\alpha > 0$, $\beta > 0$을 갖는 독립확률변수라고 하자. 여기서 모든 $m_j \geq 1$이다. m_j값들은 알려진 값들이라고 가정한다. 또한 전체 위험단위(예, 사고건수) $m = \sum_{j=1}^{n} m_j$라고 하고 다음과 같은 두 가지 추정량을 이용한다.

$$\overline{X} = \frac{1}{m}\sum_{j=1}^{n} m_j X_j \text{이고 } \widehat{\mu_1} = \frac{1}{n}\sum_{j=1}^{n} X_j$$

이들 두 추정량 $\overline{X}$와 $\widehat{\mu_1}$은 μ의 불편추정량임을 보이고 그들의 MSE를 비교하시오. 아울러 제곱합의 기댓값이 α와 β를 추정하는 데 유용하다는 것을 확인하라.

풀이

먼저 추정량 $\overline{X}$를 고려해 보자.

$$E(\overline{X}) = \frac{\sum_{j=1}^{n} m_j E(X_j)}{m} = \frac{\sum_{j=1}^{n} m_j \mu}{m} = \mu (\because \text{ 가정에서 } \mu = E(X_j))$$

$$Var(\overline{X}) = \frac{\sum_{j=1}^{n} m_j^2 Var(X_j)}{m^2} = \frac{\sum_{j=1}^{n} m_j^2 (\beta + \frac{\alpha}{m_j})}{m^2} = \frac{\alpha}{m} + \frac{\beta \sum_{j=1}^{n} m_j^2}{m^2}$$

그리고 $\widehat{\mu_1}$가 μ의 불편추정량이라는 것을 쉽게 확인할 수 있다(계산 과정 생략). 또한 $\widehat{\mu_1}$의 분산값은 다음과 같다.

$$Var(\widehat{\mu_1}) = \frac{\sum_{j=1}^{n} Var(X_j)}{n^2} = \frac{\sum_{j=1}^{n} (\beta + \frac{\alpha}{m_j})}{n^2} = \frac{\beta}{n} + \frac{\alpha \sum_{j=1}^{n} \frac{1}{m_j}}{n^2}$$

이들 분산의 상대적 순위를 고려해 보자(두 추정량은 모두 불편추정량이고, 이때 MSE는 두 추정량의 분산과 동일하기 때문에 순위분산이면 충분하다). $Var(\widehat{\mu_1})$과 $Var(\overline{X})$의 순위를 부여한다는 것은 가능하지 않다. 그 차이는 다음과 같다.

$$Var(\overline{X}) - Var(\widehat{\mu_1}) = \alpha(\frac{1}{m} - \frac{\sum_{j=1}^{n} \frac{1}{m_j}}{n^2}) + \beta(\sum_{j=1}^{n} \frac{m_j^2}{m^2} - \frac{1}{n})$$

계수 β는 부(마이너스)가 아님에는 틀림이 없다. 이것을 보기 위해

$$\frac{1}{n} \sum_{j=1}^{n} m_j^2 \geq (\frac{1}{n} \sum_{j=1}^{n} m_j)^2 = \frac{m^2}{n^2}$$

왼쪽 항은 표본 2차 적률이고 오른쪽 항은 표본평균의 제곱형태이다. 양쪽에 $n\frac{1}{m^2}$을 곱한다. α의 계수가 양의 수가 아님을 보이기 위해 다음을 고려한다.

$$\frac{n}{\sum_{j=1}^{n} \frac{1}{m_j}} \leq \frac{1}{n} \sum_{j=1}^{n} m_j = \frac{m}{n}$$

(조화평균은 항상 산술평균보다 같거나 적다). 이때 양쪽에 n을 곱하고 역수를 취한다. 그러므로 적당한 α와 β값을 선택한다면 분산에서 차이는 양수 또는 음수가 될 수 있다. 제곱 합에 대해 다음을 고려해 보자.

$$\begin{aligned}\sum_{j=1}^{n} m_j (X_j - \overline{X})^2 &= \sum_{j=1}^{n} m_j (X_j - \mu + \mu - \overline{X})^2 \\ &= \sum_{j=1}^{n} m_j (X_j - \mu)^2 + 2\sum_{j=1}^{n} m_j (X_j - \mu)(\mu - \overline{X}) + \sum_{j=1}^{n} m_j (\mu - \overline{X})^2 \\ &= \sum_{j=1}^{n} m_j (X_j - \mu)^2 + 2(\mu - \overline{X}) \sum_{j=1}^{n} m_j (X_j - \mu) + m(\mu - \overline{X})^2 \\ &= \sum_{j=1}^{n} m_j (X_j - \mu)^2 + 2(\mu - \overline{X}) m(\overline{X} - \mu) + m(\mu - \overline{X})^2 \\ &= \sum_{j=1}^{n} m_j (X_j - \mu)^2 - m(\overline{X} - \mu)^2 \end{aligned} \tag{9.9}$$

양변에 기댓값을 취하면 다음과 같다.

$$\begin{aligned} E[\sum_{j=1}^{n} m_j (X_j - \overline{X})^2] &= \sum_{j=1}^{n} m_j E[(X_j - \mu)^2] - mE[(\overline{X} - \mu)^2] \\ &= \sum_{j=1}^{n} m_j Var(X_j) - m\,Var(\overline{X}) \\ &= \sum_{j=1}^{n} m_j (\beta + \frac{\alpha}{m_j}) - \beta(\frac{1}{m}\sum_{j=1}^{n} m_j^2) - \alpha \end{aligned}$$

따라서 다음과 같은 식 (9.10)이 성립한다.

$$E[\sum_{j=1}^{n} m_j (X_j - \overline{X})^2] = \beta(m - \frac{1}{m}\sum_{j=1}^{n} m_j^2) + \alpha(n-1) \tag{9.10}$$

식 (9.10)은 식 (9.4)보다 더 일반적인 불편추정량을 제공해 준다. 식 (9.10)에서 $\alpha = 0$이고 $m_j = 1$인 경우 적용된다. 이때 $j = 1, 2, \ldots, n$에 대하여, $m = n$이라는 것을 말해준다. 만약 $\beta = 0$이라면 식 (9.10)은 각 X_j의 평균이 μ이고 분산이 α인 m_j의 독립적인 관측치들의 평균일 때 α의 추정량 계산이 가능하다. 어떤 경우에도 m_j들은 기지이다. 따라서 m도 기지(known)이다.

빌만-스트라웁의 방법에 의한 신뢰도 모델에서 조건부(등급 내) 분산들의 기댓값 v의 추정문제를 다루어 보자.

$j = 1, 2, \ldots, n_i$에 대해서 $E(X_{ij}|\Theta_i) = \mu(\Theta_i)$이고 $Var(X_{ij}|\Theta_i) = \dfrac{v(\Theta_i)}{m_{ij}}$이다. 다음 식을 고려해 보자.

$$\hat{v_i} = \frac{\sum_{j=1}^{n_i} m_{ij}(X_{ij} - \overline{X_i})^2}{n_i - 1}, \quad i = 1,2,\ldots,r \tag{9.11}$$

Θ_i 조건과 $\beta = 0$이고 $\alpha = v(\Theta_i)$인 경우 식 (9.10)을 적용한다. 이때 $E(\hat{v_i}|\Theta_i) = v(\Theta_i)$라는 것은 비조건부적으로 $i = 1,2,\ldots,r$에 대해

$$E(\hat{v_i}) = E[E(\hat{v_i}|\Theta_i)] = E[v(\Theta_i)] = v$$

가 성립하므로 $\hat{v_i}$은 v에 대해 불편추정량이다. 또한 v에 대한 또 다른 추정치는 가중평균 $\hat{v} = \sum_{i=1}^{r} \omega_i \hat{v_i}$이다. 여기서, $\sum_{i=1}^{r} \omega_i = 1$이다. 만약에 가중치를 $n_i - 1$에 비례하도록 선택한다면 우리는 X_{ij}를 m_{ij}로 나눈 값을 가중치로 놓을 수 있다. 즉, $\omega_i = \frac{(n_i - 1)}{\sum_{i=1}^{r}(n_i - 1)}$로 놓을 때 v의 불편추정량은 다음과 같다.

$$\hat{v} = \frac{\sum_{i=1}^{r}\sum_{j=1}^{n_i} m_{ij}(X_{ij} - \overline{X_i})^2}{\sum_{i=1}^{r}(n_i - 1)} \tag{9.12}$$

다음으로 조건부 평균들의 분산값 a를 추정해 보자. 고정된 i에 대하여 확률변수 $X_{i1}, X_{i2}, \cdots, X_{in_i}$는 Θ_i에 조건부 독립이다. 이때 다음 식이 성립된다.

$$\begin{aligned} Var(\overline{X_i}|\Theta_i) &= \sum_{j=1}^{n_i}\left(\frac{m_{ij}}{m_i}\right)^2 Var(X_{ij}|\Theta_i) = \sum_{j=1}^{n_i}\left(\frac{m_{ij}}{m_i}\right)^2 \frac{v(\Theta_i)}{m_{ij}} \\ &= \frac{v(\Theta_i)}{m_i^2}\sum_{j=1}^{n_i} m_{ij} = \frac{v(\Theta_i)}{m_i} \qquad \left(\because \sum_{j=1}^{n_i} m_{ij} = m_i\right) \end{aligned}$$

비조건부적(Θ_i와 무관)으로 볼 때 다음식이 성립한다.

$$\begin{aligned} Var(\overline{X_i}) &= Var[E(\overline{X_i}|\Theta_i] + E[Var(\overline{X_i}|\Theta_i)] \\ &= Var[\mu(\Theta_i)] + E\left[\frac{v(\Theta_i)}{m_i}\right] = a + \frac{v}{m_i} \end{aligned} \tag{9.13}$$

이것을 요약해 보면, $\overline{X_1}$, $\overline{X_2}$, ..., $\overline{X_r}$는 평균이 μ이고 분산이 $Var(\overline{X_i}) = a + \frac{v}{m_i}$ 이고 서로 독립이다. 더욱이 $\overline{X} = \frac{\sum_{i=1}^{r} m_i \overline{X_i}}{m}$ 이다. 식 (9.10)은 $\beta = a$이고 $\alpha = v$일 때 사용된다.

$$E[\sum_{i=1}^{r} m_i (\overline{X_i} - \overline{X})^2] = a(m - \frac{\sum_{i=1}^{r} m_i^2}{m}) + v(r-1)$$

a에 대한 불편추정량은 v를 $\hat{v}$으로 대체하면 된다. 그리고 a에 대해 풀면 된다. 즉, a의 불편추정량은 다음과 같다. 여기서, $\hat{v}$는 식 (9.12)에 의해 구해진다.

$$\hat{a} = \frac{[\sum_{i=1}^{r} m_i (\overline{X_i} - \overline{X})^2 - \hat{v}(r-1)]}{(m - \sum_{i=1}^{r} \frac{m_i^2}{m})} \tag{9.14}$$

이 같은 점에서 몇 가지 추가 설명이 필요하다. 식 (9.8), 식 (9.12), 식 (9.14)는 각각 μ와 v와 a의 불편추정량이 된다. 이들 식에서는 어떤 통계적인 분포도 고려하고 있지 않기 때문에 비모수적 추정(Nonparametric estimation)방법이다. 다만, 이 식들은 유일한 (불편)추정량이 아니다. 따라서 $\hat{a} < 0$인 경우도 가능하다. 이 경우 a를 0에 가깝게 한다.[26] 이런 점에서 $\hat{Z} = 0$으로 놓는 것이 타당하다. 더욱이 [예제 9.2]의 일반적인 뷜만 추정량은 $m_{ij} = 1$이고 $n_i = n$인 경우이다. 일반적으로 $X_{ij}|\Theta_i$와 Θ_i가 정규적으로 분포되고 이들 추정량들이 통계적인 법칙을 따르는 경우에 이들 추정량들은 최우추정량이 된다.

이 공식을 사용하는 데 있어 한 가지 문제점이 있다. 과거에 i번째 보험계약자 그룹으로부터 집적된 위험단위수(예, 사고건수)가 m_i이다. 모든 보험계약자에 대한 총손해액은 $TL = \sum_{i=1}^{r} m_i \overline{X_i}$이다. 앞에서 언급한 것처럼 뷜만-스트라웁의 경험적 베이지안 신뢰도가 적용된 보험료를 부과한다면 총 보험료(Total Premium: TP)[27]는 다음과 같다. 여기서, $\hat{Z_i}\overline{X_i} + (1 - \hat{Z_i})\hat{\mu}$는 i등급의 보험계약자 1인당 순보험료이다.

26) $\hat{a} < 0$인 경우 제12장 뷜만-스트라웁의 경험적 베이지안 신뢰도(II)에서 해결방법을 자세하게 다루고 있다.
27) 여기서 보험료는 위험보험료(risk premium)를 말한다.

$$\begin{aligned} TP &= \sum_{i=1}^{r} m_i [\widehat{Z}_i \overline{X_i} + (1-\widehat{Z}_i)\widehat{\mu}] \\ &= \sum_{i=1}^{r} m_i (1-\widehat{Z}_i)(\widehat{\mu} - \overline{X_i}) + \sum_{i=1}^{r} m_i \overline{X_i} \\ &= \sum_{i=1}^{r} m_i \frac{\widehat{k}}{m_i + \widehat{k}} (\widehat{\mu} - \overline{X_i}) + \sum_{i=1}^{r} m_i \overline{X_i} \end{aligned}$$

일반적으로 총손해액 TL과 총보험료 TP는 일치하는 게 이상적(수지상등의 원칙)이다. 왜냐하면, 사전 규제는 과거 경험데이터로부터 총손해액의 기준을 만족시키기 위해 위험보험료는 증가(일반적으로 보험료 인상)하기 때문이다. 반면에 신뢰도 조정은 실제적인 문제와 이론적인 문제를 동시에 고려하는 반면에 총액은 변하지 않게 유지한다. 우리가 필요로 하는 것은 다음이다.

$$0 = \sum_{i=1}^{r} m_i \frac{\widehat{k}}{m_i + \widehat{k}} (\widehat{\mu} - \overline{X_i})$$

또는

$$\widehat{\mu} \sum_{i=1}^{r} \widehat{Z}_i = \sum_{i=1}^{r} \widehat{Z}_i \overline{X_i}$$

이다. 위 식을 $\widehat{\mu}$에 대해 풀어쓴 식 (9.15)은 같다.

$$\widehat{\mu} = \frac{\sum_{i=1}^{r} \widehat{Z}_i \overline{X_i}}{\sum_{i=1}^{r} \widehat{Z}_i} \tag{9.15}$$

즉, $\widehat{\mu}$을 계산하기 위해 식 (9.8)을 적용하는 것보다 식 (9.15)와 같이 그룹별 표본평균들의 신뢰도-가중평균을 사용하는 것이 좋다. 어떤 방법이든 간에 불편추정량($\widehat{Z}_i$들이 주어질 때)이다. 그러나 후자는 총손해액을 보존하는 이점이 있다. 식 (9.14)를 이용할 때 식 (9.1)의 $\overline{X}$값을 사용한다. 최소자승 관점에서 생각해 볼 수 있다. 결론적으로 [예제 9.4]로 부터 식 (9.13)에서 $Var(\overline{X_j})$의 형태에 주목해야 한다. 식 (9.15)에서 가중치들은 $\widehat{\mu}$에 대한 가장 작은 비조건부 분산을 제공한다.

예제 9.5

두 개 그룹의 과거 경험데이터가 다음 <표 9.1>로 주어졌을 때 4차 연도 각 그룹에 적용되는 신뢰도가 반영된 추정보험료를 계산하시오.

표 9.1 과거 경험데이터

보험계약자		1차 연도	2차 연도	3차 연도	4차 연도
1그룹	총손해액	-	10,000	13,000	
	사고건수	-	50	60	75
2그룹	총손해액	18,000	21,000	17,000	
	사고건수	100	110	105	90

풀이

먼저 각 연도별로 각 그룹의 1인당 평균손해액을 결정할 필요가 있다. 첫 번째 그룹에서 $n_1 = 2$년간의 경험데이터가 집적되었다(즉, 1차 연도의 데이터는 없다). 두 번째 그룹에서는 $n_2 = 3$년간의 경험데이터가 집적되었다. 그룹 1에 대한 과거 경험데이터를 연도별로 다음과 같이 표시한다.

$$m_{11} = 50\text{이고 } X_{11} = \frac{10,000}{50} = 200,\ m_{12} = 60\text{이고 } X_{12} = \frac{13,000}{60} = 216.67$$

$$m_1 = m_{11} + m_{12} = 50 + 60 = 110$$

이고

$$\overline{X_1} = \frac{10,000 + 13,000}{110} = 209.09$$

이다. 같은 방법으로 그룹 2에 대한 과거 경험데이터를 연도별로 다음과 같이 계산한다.

$$m_{21} = 100\text{이고 } X_{21} = \frac{18,000}{100} = 180,\ m_{22} = 110\text{이고 } X_{22} = \frac{21,000}{110} 190.91$$

$$m_{23} = 105\text{이고 } X_{23} = \frac{17,000}{105} = 161.90$$

이다. 따라서 그룹 2의 사고건수는 다음과 같다.

$$m_2 = m_{21} + m_{22} + m_{23} = 100 + 110 + 105 = 315$$

이고

$$\overline{X_2}=\frac{18{,}000+21{,}000+17{,}000}{315}=177.78$$

이다. 전체 사고건수 $m=m_1+m_2=110+315=425$이므로 전체 평균은 다음과 같다.

$$\hat{\mu}=\overline{X}=\frac{10{,}000+13{,}000+18{,}000+21{,}000+17{,}000}{425}=185.88$$

μ에 대한 또 다른 추정치 식 (9.15)는 아직 계산할 수 없다($\because$ $\widehat{Z}_i$가 계산되지 않기 때문임). 다음으로 조건부 분산들의 기댓값 v와 조건부 평균들의 분산값 a의 추정치를 계산하면 다음과 같다. 식 (9.12)에 의해 조건부 분산들의 기댓값 추정치 $\hat{v}$는 다음과 같이 구해진다.

$$\begin{aligned}\hat{v}&=\frac{\sum_{i=1}^{r}\sum_{j=1}^{n_i}m_{ij}(X_{ij}-\overline{X_i})^2}{\sum_{i=1}^{r}(n_i-1)}\\&=\frac{\begin{array}{c}50(200-209.09)^2+60(216.67-209.09)^2+100(180-177.78)^2\\+110(190.91-177.78)^2+105(161.90-177.78)^2\end{array}}{(2-1)+(3-1)}\\&=17{,}837.87\end{aligned}$$

식 (9.14)에 의해 조건부 평균들의 분산값의 추정치 $\hat{a}$은 다음과 같이 구해진다.

$$\begin{aligned}\hat{a}&=\frac{[\sum_{i=1}^{r}m_i(\overline{X_i}-\overline{X})^2-\hat{v}(r-1)]}{(m-\sum_{i=1}^{r}\frac{m_i^2}{m})}\\&=\frac{110(209.09-185.88)^2+315(177.78-185.88)^2-(17{,}837.87)(1)}{425-\frac{(110^2+315^2)}{425}}\\&=380.76\end{aligned}$$

그러므로 $\hat{k}=\frac{\hat{v}}{\hat{a}}=46.85$가 된다. 따라서 두 보험계약자 그룹의 추정신뢰도는 다음과 같다.

$$\widehat{Z}_1=\frac{110}{110+46.85}=0.70,\quad \widehat{Z}_2=\frac{315}{315+46.85}=0.87$$

보험계약자 1그룹의 위험단위당(보험계약자당) 추정 신뢰도가 반영된 보험료는

$$\widehat{Z}_1 \overline{X_1} + (1-\widehat{Z}_1)\hat{\mu} = (0.70)(209.09) + (0.30)(185.88) = 202.13$$

따라서 보험계약자 1그룹의 4차 연도의 추정신뢰도가 반영된 총보험료는 75(202.13) = 15,159.75이다.

동일한 방법에 의해 보험계약자 2그룹에서 위험단위당 추정 신뢰도가 반영된 보험료는 다음과 같다.

$$\widehat{Z}_2 \overline{X_2} + (1-\widehat{Z}_2)\hat{\mu} = (0.87)(177.78) + (0.13)(185.88) = 178.83$$

따라서 보험계약자 2그룹의 4차 연도 추정 신뢰도가 반영된 총 보험료는 90(178.83) = 16,094.70이다. 또한 식 (9.15)의 추정량은 다음과 같이 계산된다.

$$\hat{\mu} = \frac{\sum_{i=1}^{r} \widehat{Z}_i \overline{X_i}}{\sum_{i=1}^{r} \widehat{Z}_i} = \frac{0.70(209.09) + 0.87(177.78)}{0.70 + 0.87} = 191.74$$

따라서 추정신뢰도가 반영된 그룹별 위험보험료(credibility premium)는 다음과 같다.

1그룹: 0.70(209.09) + 0.30(191.74) = 203.89

2그룹: 0.87(177.78) + 0.13(191.74) = 179.59

결과적으로 추정신뢰도가 반영된 총 보험료는 다음과 같다.

110(203.89) + 315(179.59) = 78,998.75

반올림 오차를 제외하면 다음과 같이 총보험료는 실제 총손해액과 일치함을 알 수 있다.

79,000(= 10,000 + 13,000 + 18,000 + 21,000 + 17,000)

앞에서의 분석은 모수 μ, v, a가 미지이고 추정이 필요한 거라는 것을 전제로 하였다. 그러나 항상 그런 것은 아니나. 또한 $n_i > 1$이고 $r > 1$이라는 것을 전제로 하였다. 만약 $n_i = 1$이라면 보험계약자 그룹(등급) i에 단 한 개의 위험단위수가 존재하기 때문에 조건부 분산 $v(\Theta_i)$에 대한 정보를 얻는다는 것은 현실적으로 어

렵다. 그리고 조건부 평균들의 분산값 a에 대한 정보를 얻는 다는 것 역시 어렵다. 이런 상황에서 좀 더 강력한 가정이 필요하다. 하나 또는 그 이상의 모수에 대한 정보(예를 들면, 위험보험료 또는 매뉴얼 요율 μ, 이에 대해서는 다음에 논의가 됨) 또는 모수들 간의 함수적인 관계를 의미하는 모수적 가정이 필요하다.

이들 개념을 설명하기 위해 예를 들면, 매뉴얼 요율 μ는 이미 알려져 있지만 a와 v는 추정이 필요한 경우이다. 이런 경우 식 (9.12)는 μ를 알건 모르건 v를 추정하는 데 사용된다(이 경우, $\dfrac{[\sum_{j=1}^{n_i} m_{ij}(X_{ij}-\mu)^2]}{n_i}$은 v에 대해 불편추정량이어서가 아니다. 왜 그런가?). 유사하게 식 (9.14)는 a에 대한 불편추정량이다. 그러나 만약 μ를 안다면 a에 대한 또 다른 불편추정량은 다음과 같다.

$$\tilde{a} = \sum_{i=1}^{r} \frac{m_i}{m}(\overline{X}_i - \mu)^2 - \frac{r}{m}\hat{v}$$

여기서, $\hat{v}$는 식 (9.12)로 계산된다. 불편성을 증명하기 위하여

$$\begin{aligned} E(\tilde{a}) &= \sum_{i=1}^{r} \frac{m_i}{m} E[(\overline{X}_i - \mu)^2] - \frac{r}{m} E(\hat{v}) \\ &= \sum_{i=1}^{r} \frac{m_i}{m} Var(\overline{X}_i) - \frac{r}{m} v \\ &= \sum_{i=1}^{r} \frac{m_i}{m} (a + \frac{v}{m_i}) - \frac{r}{m} v = a \end{aligned}$$

만약 단 하나의 보험계약자 그룹에 대한 데이터만 있다면 이 같은 접근이 필요하다. 확실히, 식 (9.11)은 단 하나의 보험계약자 그룹 i로부터 집적된 경험데이터에 기초해서 v에 대한 추정량 계산을 가능하게 한다. 단 하나의 보험계약자 그룹 i로부터 집적된 데이터에 기초한 a의 불편추정량은 다음과 같다.

$$\tilde{a}_i = (\overline{X}_i - \mu)^2 - \frac{\hat{v}_i}{m_i} = (\overline{X}_i - \mu)^2 - \frac{\sum_{j=1}^{n_i} m_{ij}(X_{ij} - \overline{X}_i)^2}{m_i(n_i - 1)}$$

$E[(\overline{X_i}-\mu)^2]=Var(\overline{X_i})=a+\frac{v}{m_i}$이고 $E(\hat{v_i})=v$이기 때문에 $\tilde{a_i}$는 a의 불편추정량이다.

예제 9.6

단 하나의 보험계약자 그룹으로부터 <표 9.2>와 같은 사고경험데이터를 얻었다. 만약 1인당 적용되는 매뉴얼 요율이 연간 500이라고 할 때 3차 연도에 적용되는 신뢰도가 반영된 총 보험료를 계산하시오.

표 9.2 **사고경험데이터**

구분	1차 연도	2차 연도	3차 연도
총손해액	60,000	70,000	-
보험계약자	125	150	200

풀이

앞의 기호에서(이 그룹의 보험계약자 그룹을 i라고 하면)

$$m_{i1}=125,\ X_{i1}=\frac{60,000}{125}=480,\ m_{i2}=150,\ X_{i2}=\frac{70,000}{150}=466.67,$$

$m_i=m_{i1}+m_{i2}=275,\ \overline{X_i}=\frac{(60,000+70,000)}{275}=472.73$이므로 $\hat{v_i}$은 다음과 같이 계산된다.

$$\hat{v_i}=\frac{125(480-472.73)^2+150(466.67-472.73)^2}{2-1}=12,115.15$$

그리고 $\mu=500,\ \tilde{a_i}=(472.73-500)^2-[\frac{12,115.15}{275(2-1)}]=699.60$이 되고 k값은 다음과 같다.

$$k=\frac{\hat{v_i}}{\tilde{a_i}}=17.32$$

따라서 추정신뢰도는 $\frac{m_i}{m_i+\frac{\hat{v_i}}{\tilde{a_i}}}=\frac{275}{(275+17.32)}=0.94$가 되므로 추정신뢰도가 반영된 1인당 총 위험보험료는 0.94(472.73) + 0.06(500) = 474.37이 된다. 따라서 3차 연도의 신뢰

도가 반영된 총위험보험료는 200(474.37) = 94,874가 된다.

단 하나의 보험계약자 그룹으로부터 집적된 데이터를 기초로 모수 a와 v를 추정하는 것은 유익한 방법([예제 9.6]처럼)은 될 수 있겠으나 권장할 만한 방법은 못 된다. 왜냐하면 추정량 $\hat{v}_i$와 $\tilde{a}_i$의 변이가 매우 크기 때문이다. 이상에서 본 것과 같이 하나의 관측치($\overline{X}_i$)를 가지고 a를 추정할 수 있지만 이보다는 더 많은 데이터 집적을 통해 일반적인 방법을 적용하려는 노력이 필요하다.

9.3 준모수(準母數)적 추정방법

9.2절에서는 확률밀도함수 $f_{X_{ij}|\Theta_i}(x_{ij}|\theta_i)$와 사전분포함수 $\pi(\theta)$와 관련된 어떤 분포도 가정하지 않는 완전한 비모수적인 방법으로 신뢰도를 추정하였다. 일반적으로 비모수적 추정방법은 $i \geq 2$이고 $n_i > 1$인 경우 모수추정이 가능하다. 때로는 조건부 분포 $f_{X_{ij}|\Theta}(x_{ij}|\theta_i)$에 대한 모수적 형태를 가정하는 것이 합리적일 때가 있다. 이와 같은 가정이 합리적이거나 사전정보가 적정할 경우 준모수적 추정(semiparametric estimation) 방법에 의한 신뢰도 추정이 가능하다. 예를 들면, 사고건수를 다룰 때 보험계약자 그룹 i에 대한 j연도의 사고건수 $m_{ij}X_{ij}$(j연도에 보험계약자 i 그룹에서 발생하는 사고건수)는 $\Theta_i = \theta_i$로 주어질 때, 평균이 $m_{ij}\theta_{ij}$인 포아송 분포를 따른다고 가정하는 것이 합리적일 때가 있다. 참고로 포아송 분포의 평균과 분산은 동일하다. 이처럼

$$E(m_{ij}X_{ij}|\Theta_i) = Var(m_{ij}X_{ij}|\Theta_i) = m_{ij}\Theta_i$$

는 $\mu(\Theta_i) = v(\Theta_i) = \Theta_i$를 의미한다. 이 경우 $\mu = v$이다. v를 추정하기 위해 식 (9.12)를 사용하기보다는 v를 추정하기 위해 $\hat{\mu} = \overline{X}$를 사용할 수 있다.

예제 9.7

과거 1년 동안 자동차보험 계약자들의 사고건수 분포가 <표 9.3>와 같다고 가정하자. 아래 <표 9.3>에서 $n_i = 1$인 경우이다. 각 보험계약자에 대해 과거 경험데이터를 기초로 다음 연도의 사고건수에 대한 신뢰도를 추정하기 위하여, 각 보험계약자 그룹에 대한 사고건수는 (조건부)포아송 분포를 따른다고 가정한다.

표 9.3 자동차보험 사고건수

사고건수	피보험자 수
0	1,563
1	271
2	32
3	7
4	2
계	1,875

풀이

각 보험계약자에 대해 $n_i = 1$년 동안의 경험 데이터가 존재하고 각 위험단위 $m_{ij} = 1$을 가정한다. $r = 1,875$ 보험계약자를 갖는다고 가정한다. 보험계약자 i(여기서, $i = 1, 2, \cdots, 1,875$)는 $X_{i1}|\Theta_i = \theta_i$는 평균이 θ_i를 갖는 포아송 분포를 따른다고 가정한다. 따라서 $\mu(\theta_i) = v(\theta_i) = \theta_i$(즉, 조건부 평균과 조건부 분산은 동일)가 되고 $\mu = v$가 된다. [예제 9.2]처럼 전체 표본평균과 표본분산은 다음과 같다.

$$\overline{X} = \frac{1}{1,875}\left(\sum_{i=1}^{1,875} X_{i1}\right) = \frac{0(1,563) + 1(271) + 2(32) + 3(7) + 4(2)}{1,875} = 0.194$$

$$\begin{aligned} Var(X_{i1}) &= Var[E(X_{i1}|\Theta_i)] + E[Var(X_{i1}|\Theta_i)] \\ &= Var[\mu(\Theta_i)] + E[v(\Theta_i)] = a + v = a + \mu \end{aligned}$$

따라서 $a + v$의 불편추정량은 표본분산이다. 즉, 표본분산을 다음과 같이 구한다.

$$\widehat{Var}(X) = \frac{\sum_{i=1}^{n}(X_i - \overline{X})^2}{n-1}$$

$$= \frac{\sum_{i=1}^{1,875} (X_{i1} - \overline{X})^2}{1,874} = \frac{1,563(0-0.194)^2 + 271(1-0.194)^2 + 32(2-0.194)^2}{1,874}$$

$$+ \frac{7(3-0.194)^2 + 2(4-0.194)^2}{1,874} = 0.226$$

결과적으로 $\hat{a} = 0.226 - 0.194 = 0.032$이므로 $\hat{k} = \frac{0.194}{0.032} = 6.06$이고, 신뢰도 계수는 $Z = \frac{1}{(1+6.06)} = 0.14$가 된다. 그러므로 각 보험계약자 그룹의 다음 연도에 예상되는 신뢰도가 반영된 추정 사고건수는 $(0.14)X_{i1} + (0.86)(0.194)$이다. 여기서, 사고건수는 $X_{i1} = 0,1,2,3,4$이다. 예를 들면, 사고건수가 1인 보험계약자 그룹의 경우 다음 연도에 예상되는 추정 사고건수는 $(0.14)(1) + (0.86)(0.194) = 0.307$이다.

[예제 9.7]은 $v = \mu$가 동일하다는 데 주목할 필요가 있다. 그러므로 보험계약자 그룹당 1년 동안($n_i = 1$)의 경험데이터가 집적되면 사고건수 추정이 가능하다.

예제 9.8

어떤 보험그룹에서 개인이 사고(예, 단체생명보험)가 발생할 확률에 관심이 있다면 그 확률은 보험계약자에 따라 다를 것이다. $m_{ij}X_{ij}$를 j연도에 보험계약자 i그룹에서 발생하는 사고건수로 표시한다. 이 상황에 대한 신뢰도 모델을 확장하시오.

풀이

만약 보험계약자 i 그룹의 사고발생 확률이 θ_i라면 이 상황을 나타내 수 있는 합리적인 모델은 $m_{ij}X_{ij}$는 $\Theta_i = \theta_i$가 주어질 때 모수가 m_{ij}와 θ_i인 이항적으로 분포된다. 이때 $E(m_{ij}X_{ij}|\Theta_i) = m_{ij}\Theta_i$이고 $Var(m_{ij}X_{ij}|\Theta_i) = m_{ij}\Theta_i(1-\Theta_i)$이다. 그러므로 $\mu(\Theta_i) = \Theta_i$이고 $v(\Theta_i) = \Theta_i(1-\Theta_i)$이다. 따라서 다음과 같은 식이 성립한다.

$$\mu = E(\Theta_i)$$

$$v = \mu - E[(\Theta_i)^2]$$

$$a = Var(\Theta_i) = E[(\Theta_i)^2] - \mu^2 = \mu - v - \mu^2$$

이들 예에서 모수적 가정들이 주어질 때 모수 μ, v, a 사이에 함수적인 관계가 성립한다. 이것이 준모수적 신뢰도 추정방법이 된다.

9.4 사례분석(준모수적 신뢰도 추정)

9.4.1 문제

과거 1년 동안 500명의 보험계약자(피보험자) 그룹 중에서 다음 표와 같이 290건 (= 1건 × 120 + 2건 × 70 + 3건 × 10)의 보험사고가 발생하였다.

사고건수	보험계약자 수
0	300
1	120
2	70
3	10
계	500

각 보험계약자 그룹에 대해 사고건수는 포아송 분포를 따르지만 각 보험계약자 그룹의 평균은 보험계약자 그룹별로 변한다. 이 보험계약자 그룹으로부터 연간 평균 2건의 사고를 경험한다고 가정한다.

준모수적 추정방법을 이용해서 이들 보험계약자 그룹의 다음 연도에 발생하는 예상 사고건수의 추정치를 뷜만의 방법에 의한 신뢰도를 이용해서 구하시오.

9.4.2 분석

X를 개인별 사고건수라고 하자. Θ가 주어질 때 X의 조건부 분포는 모수(평균과 분산)가 Θ인 포아송 분포를 한다. 따라서

$$\mu(\Theta) = E[X \mid \Theta] = \Theta = Var[X \mid \Theta] = \Theta$$

위 표 데이터로부터 X의 평균의 추정치를 다음과 같이 구한다.

$$\overline{X}=\frac{[(0)(300)+(1)(120)+(2)(70)+(3)(10)]}{500}=0.580$$

$\mu=E[X]=E[E[X\mid\Theta]]=E[\mu(\Theta)]=E[\Theta]$이기 때문에 μ의 추정치 $\hat{\mu}=0.58$이다. a의 추정치를 계산하기 위해 일반적인 분산식

$$Var[X]=Var[E[X\mid\Theta]]+E[Var[X\mid\Theta]]=a+v$$

를 이용한다. $Var[X]$의 추정치를 찾을 수 있다면 v의 추정치를 계산할 수 있기 때문에 a의 추정치 $\hat{a}=\widehat{Var}[X]-\hat{v}$를 계산할 수 있다.

추정치 $n=500$과 $\overline{X}=0.580$을 이용하여 $Var[X]$를 계산하기 위해 불편표본분산을 사용한다. 참고로 문제에서 보험계약자 그룹의 사고건수가 포아송 분포를 따른다고 가정했으므로 분모에 (전체 사고건수−1)로 계산하여야 한다.

$$\widehat{Var}[X]=\frac{1}{n-1}\sum_{i=1}^{n}(X_i-\overline{X})^2$$

$$=\frac{1}{499}[300(0-0.580)^2+120(1-0.580)^2+70(2-0.580)^2+10(3-0.580)^2]$$

$$=0.644$$

따라서 a의 추정치 $\hat{a}=0.644-0.580=0.064$이므로 $\hat{k}=\frac{\hat{v}}{\hat{a}}=\frac{0.580}{0.064}=9.06$이다.

$n=1$이므로 신뢰도 $\hat{Z}=\frac{n}{n+k}=\frac{1}{1+9.06}=0.099$이다. 다음 연도 이 개별집단에서 발생이 예상되는 사고건수는 $\hat{Z}\overline{X}+(1-\hat{Z})\hat{\mu}=(0.099)(2)+(0.901)(0.580)=0.72$이다. 이 경우 $v=\mu$이기 때문에 보험계약자 그룹당 1년간의 경험데이터가 필요하다. 참고로 $\hat{Z}$에 곱해지는 2는 연간 2건의 사고가 발생한다고 가정하였으므로 2가 곱해진다.

여기서 주목할 부분은 Θ가 주어질 때 X의 조건부 분포가 포아송 분포(Θ가 주어질 때 X의 조건부 분포의 평균과 분산은 동일)를 따를지라도 X의 비조건부 분포는 포아송 분포를 따르지 않는다는 것이다. 즉, 평균과 분산이 동일하지 않다. 이것이 비조건부 X의 분산뿐만 아니라 비조건부 평균을 추정하는 이유이다.

연습문제

1. 어떤 보험계약자들의 포트폴리오의 과거 경험데이터가 다음 표와 같다. 4차 연도에 대한 3개의 보험계약자 그룹 각각에 대해 뷜만의 경험적 베이지안 방법에 의한 신뢰도가 반영된 보험료를 추정하시오.

보험계약자 그룹	연도		
	1	2	3
1	750	800	650
2	625	600	675
3	900	950	850

2. 어떤 보험계약자들의 포트폴리오의 과거 경험데이터가 다음 표와 같다. 4차 연도에 대한 3개의 보험계약자 그룹 각각에 대해 뷜만-스트라웁의 경험적 베이지안 방법에 의한 신뢰도가 반영된 보험료를 추정하시오.

보험계약자 그룹		1차 연도	2차 연도	3차 연도	4차 연도
1그룹	총손해액	-	20,000	25,000	
	사고건수	-	100	120	110
2그룹	총손해액	19,000	18,000	17,000	
	사고건수	90	75	70	60
3그룹	총손해액	26,000	30,000	35,000	
	사고건수	150	175	180	200

3. 어떤 자동차보험계약자에 대한 1년간 사고건수 분포가 다음 표와 같다. 보험계약자당 사고건수에 대한 포아송 분포를 가정할 때 다음 연도의 사고건수를 뷜만의 경험적 베이지안 방법에 의한 신뢰도를 이용해서 추정하시오.

사고건수	피보험자 수
0	2,500
1	250
2	30
3	5
4	2
계	2,787

4. Θ가 주어질 때 $X_1, X_2, \ldots, X_n$은 독립적으로 다음과 같은 기하분포를 따른다고 가정한다.

$$f_{X_j|\Theta}(x_j \mid \theta) = \frac{1}{1+\theta}\left(\frac{\theta}{1+\theta}\right)^{x_j},\ x_j = 0, 1, 2 \cdots$$

(1) $\mu(\theta) = \theta$이고 $v(\theta) = \theta(1+\theta)$임을 보이시오.

(2) $a = v - \mu - \mu^2$을 증명하시오.

(3) 문제 3에서 포아송 분포 대신 (조건부)기하분포를 가정할 때 다음 연도의 뷜만-스트라웁의 경험적 베이지안 방법에 의한 신뢰도를 반영한 보험료를 추정하시오.

5. 다음 등식을 증명하시오.

$$\sum_{i=1}^{r}\sum_{j=1}^{n_i} m_{ij}(X_{ij} - \overline{X})^2 = \sum_{i=1}^{r}\sum_{j=1}^{n_i} m_{ij}(X_{ij} - \overline{X}_i)^2 + \sum_{i=1}^{r} m_i(\overline{X}_i - \overline{X})^2$$

6. 어떤 보험계약자에게 적용되는 매뉴얼 보험료는 연간 600이다. 과거 사고경험은 다음 표와 같다.

(금액단위: 백만 원)

연도	1차 연도	2차 연도	3차 연도	4차 연도
총 손해액	475	550	400	
보험계약자	30	40	25	50

뷜만-스트라웁의 방법에 의한 신뢰도를 반영해서 4차 연도의 보험료를 추정하시오.

10장

뷜만의 경험적 베이지안 신뢰도

10.1 개요

뷜만의 경험적 베이지안(empirical Bayesian) 신뢰도의 가장 큰 특징은「순수 베이지안(exact Bayesian) 방법에 의한 신뢰도」와 달리 사전분포(prior distribution)를 개인의 주관적 판단이 아닌 과거의 경험데이터에서 찾는 데 있다. 또한 뷜만의 경험적 베이지안 신뢰도는 등급별 경험데이터가 동일한 경우에만 적용할 수 있다는 한계점이 있다. 등급별 경험데이터가 다른 경우는 제11장 뷜만-스트라웁의 경험적 베이지안 신뢰도 모델에서 다룬다.

10.2 뷜만의 경험적 베이지안 신뢰도[28)]

10.2.1 기본가정

$\underline{X_i}=(X_{i1}, X_{i2}, ..., X_{in})$를 i번째 보험계약자 그룹에 대한 총손해액을 나타내는 확률 벡터라고 할 때 다음과 가정들을 둔다.

(1) 확률변수(벡터) $\underline{X_1}$, $\underline{X_2}$, ..., $\underline{X_r}$는 상호독립이다. 다시 말해, 한 보험계약자의 사고경험이 다른 보험계약자의 사고경험에 영향을 미치지 않는다.

(2) 보험계약자 그룹 $i=1, 2, \cdots, r$에 대한 확률 벡터 $\underline{X_i}$의 각각의 분포는 (미지)위험모수 θ_i에 종속된다. 여기서 θ_i는 확률변수 Θ_i의 실현치이다.

(3) 확률변수 Θ_1, Θ_2, $\cdots$, Θ_r이 상호독립이고 동일한 분포(iid)를 따른다.

(4) 어떤 보험계약자 그룹 i와 Θ_i가 주어졌을 때, 확률변수 $X_{i,1}$, $X_{i,2}$, $\cdots$, $X_{i,n}$는 상호 조건부 독립이다.

(5) 보험계약자별 보험연도 각 조합은 동일한 위험단위수를 갖는다.

28) 9.2.1절의 "뷜만의 방법에 의한 신뢰도 모델"을 경험적 베이지안 관점에서 확장시킨 것이다.

10.2.2 뷜만의 경험적 베이지안 신뢰도 산출 모델

신뢰도가 적용된 추정치는 다음과 같다. 이 추정식은 식 (1.1)과 동일하다.

$$\widehat{C}_i = \widehat{Z}\overline{x_{i.}} + (1-\widehat{Z})\hat{\mu} \tag{10.1}$$

10.2.3 조건부(등급 간) 평균들의 분산값 a의 추정

$i=1, 2, \cdots, r$과 $j=1, 2, \cdots, n$에 대해서 $\mu(\Theta_i)=E[X_{ij} \mid \Theta_i]$이고 $v(\Theta_i)=Var[X_{ij} \mid \Theta_i]$라고 정의한다. 또한 전체 평균(overall hypothetical mean)을 $\mu=E[\mu(\Theta_i)]$라하고 조건부(등급 내) 분산들의 기댓값을 $v=E[v(\Theta_i)]$라고 한다. 조건부(등급 간) 평균들의 분산값을 $a=Var[\mu(\Theta_i)]$)라고 할 때 다음과 같은 식이 성립한다.

$$\hat{\mu}=\overline{x_{..}}=\frac{1}{r}\sum_{i=1}^{r}\overline{x_{i.}}=\frac{1}{rn}\sum_{i=1}^{r}\sum_{j=1}^{n}x_{ij} \tag{10.2}$$

여기서, $\overline{x_{i.}}=\frac{1}{n}\sum_{j=1}^{n}x_{ij}$ 이다. 조건부 평균들의 분산값 a는 다음과 같은 계산과정을 거쳐 구해진다. 일반적으로 비조건부 분산은

$$Var(X)=Var_{\theta_i}[E(X \mid \theta_i)]+E_{\theta_i}[Var(X \mid \theta_i)]$$

이다([정리 2.1] 참조). 위 식으로부터 다음 식이 성립한다.

$$Var_{\theta_i}[E(X \mid \theta_i)]=Var(X)-E_{\theta_i}[Var(X \mid \theta_i)]$$

따라서 다음과 같은 식이 성립한다.

$$\begin{aligned}\hat{a}&=\frac{1}{r-1}\sum_{i=1}^{r}(\overline{x_{i.}}-\overline{x_{..}})^2-\frac{\hat{v}}{n}\\&=\frac{1}{r-1}\sum_{i=1}^{r}(\overline{x_{i.}}-\overline{x_{..}})^2-\frac{1}{rn(n-1)}\sum_{i=1}^{r}\sum_{j=1}^{n}(x_{ij}-\overline{x_{i.}})^2\end{aligned} \tag{10.3}$$

10.2.4 조건부(등급 내) 분산들의 기댓값 v의 추정

조건부(등급 내) 분산들의 기댓값 v는 다음과 같이 추정한다.

$$\hat{v} = \frac{1}{r}\sum_{i=1}^{r}\hat{v_i} = \frac{1}{r(n-1)}\sum_{i=1}^{r}\sum_{j=1}^{n}(x_{ij} - \overline{x_{i.}})^2 \tag{10.4}$$

여기서, $\hat{v_i} = \frac{1}{n-1}\sum_{j=1}^{n}(x_{ij} - \overline{x_{i.}})^2$ 이다.

예제 10.1

어떤 보험회사에 두 개의 보험계약자 그룹이 있다. 3개년 동안 총손해액이 다음 표와 같다. 두 그룹은 동일한 보험계약자가 있다고 가정한다. 여기서 손해액과 보험료는 동일한 개념이다. 참고로 <예제 6.9>의 경험데이터와 동일하다.

보험계약자 그룹	보험연도		
	1	2	3
1	5	8	11
2	11	13	12

(1) 보험계약자 그룹 1에 대한 4차 연도의 손해액을 뷜만의 경험적 베이지안 신뢰도를 이용해서 구하시오.

풀이

$r=2$이고 각 그룹별 연도별 위험단위는 $n_1 = n_2 = 3$이고 각 연도별, 그룹별 위험단위 $n_{ij} = 1$이다.

$\overline{X_{1.}} = \frac{1}{n}\sum_{j=1}^{n}x_{1j} = \frac{5+8+11}{3} = 8,\ \ \overline{X_{2.}} = \frac{1}{n}\sum_{j=1}^{n}x_{2j} = \frac{11+13+12}{3} = 12$이므로

전체 평균은 다음과 같다.

$$\overline{X_{..}} = \frac{1}{r}\sum_{i=1}^{r}\overline{x_{i.}} = \frac{8+12}{2} = 10 = \hat{\mu}$$

다음으로 조건부 분산들의 기댓값의 추정치 $\hat{v}$은 다음과 같다(식 (10.4) 참조).

$$\hat{v} = \frac{1}{r(n-1)} \sum_{i=1}^{r} \sum_{j=1}^{n} (X_{ij} - \overline{X}_{i.})^2$$

$$= \frac{1}{(2)(2)}([(5-8)^2 + (8-8)^2 + (11-8)^2] + [(11-12)^2 + (13-12)^2 + (12-12)^2]) = 5.0$$

다음으로 조건부 평균들의 분산값 $\hat{a}$은 다음과 같다.

$$\hat{a} = \frac{1}{r-1} \sum_{i=1}^{r} (\overline{X_{i.}} - \overline{X_{..}})^2 - \frac{\hat{v}}{n} = \frac{1}{1}[(8-10)^2 + (12-10)^2] - \frac{5}{3} = \frac{19}{3}$$

따라서 $\hat{k} = \frac{\hat{v}}{\hat{a}} = \frac{5}{19/3} = 0.7895$이다. 그룹 1에 대한 뷜만의 경험적 베이지안 신뢰도는 다음과 같다.

$$\widehat{Z}_1 = \frac{n_1}{n_1 + \hat{k}} = \frac{3}{3 + 0.7895} = 0.7917$$

따라서 보험계약자 그룹 1에 대한 4차 연도의 손해액은 다음과 같다.

$$\widehat{Z}_1 \overline{X_1} + (1 - \widehat{Z}_1)\hat{\mu} = (0.7917)(8) + (0.2083)(10) = 8.42$$

(2) μ의 신뢰도가 가중된 평균추정치를 사용해서 4차 연도 뷜만의 경험적 베이지안 신뢰도 보험료를 구하시오.

풀이

μ의 신뢰도 가중평균 추정치는 $\frac{\sum_{i=1}^{r} \widehat{Z}_i \overline{X}_i}{\sum_{i=1}^{r} \widehat{Z}_i} = \frac{\widehat{Z}_1 \overline{X}_1 + \widehat{Z}_2 \overline{X}_2}{\widehat{Z}_1 + \widehat{Z}_2}$이 된다. 문제 (1)로부터 $\widehat{Z}_1 = 0.7917$이고 $\widehat{Z}_2 = \frac{n_2}{n_2 + \hat{k}} = \frac{3}{3 + 0.7895} = 0.7917$이다. 따라서 μ의 신뢰도가 가중된 평균추정치는 다음과 같다.

$$\frac{(0.7917)(8) + (0.7917)(12)}{0.7917 + 0.7917} = 10.0$$

이는 μ의 표본평균(10)과 같으며 결과적으로 신뢰도가 반영된 보험료는 문제 (1)과 같다. 그렇지만 μ의 신뢰도가 반영된 보험료 표본평균추정치와 반드시 같은 것은 아니다. 동일한 표본크기를 가질 때($n_1 = n_2 = ... = n_r = n$이고 $n_{ij} = 1$일 때) 두 개의 값(원래의 표본평균과 신뢰도가 반영된 μ의 추정치)은 항상 동일하게 된다.

(3) 보험계약자 그룹 2의 보험연도별 총손해액이 2, 8, 14라고 가정할 때, 4차 연도 뷜만의 경험적 베이지안 신뢰도가 반영된 손해액을 구하시오.

풀이

$$\overline{X_{1.}} = \frac{5+8+11}{3} = 8, \ \overline{X_{2.}} = \frac{2+8+14}{3} = 8, \ \overline{X_{..}} = \frac{8+8}{2} = 8 = \hat{\mu}$$

$$\hat{v} = \frac{1}{r(n-1)} \sum_{i=1}^{r} \sum_{j=1}^{n} (X_{ij} - \overline{X_{i.}})^2 = \frac{1}{(2)(2)}([(5-8)^2 + (8-8)^2 + (11-8)^2]$$

$$+ [(2-8)^2 + (8-8)^2 + (14-8)^2]) = 22.5$$

$$\hat{a} = \frac{1}{r-1} \sum_{i=1}^{r} (\overline{X_{i.}} - \overline{X_{..}})^2 - \frac{\hat{v}}{n} = \frac{1}{1}[(8-8)^2 + (8-8)^2] - \frac{22.5}{3} = -\frac{22.5}{3} < 0$$

$\hat{a} < 0$이므로 편의상 $\hat{Z}$값을 0으로 놓는다. 따라서 신뢰도가 반영된 보험료는 $\widehat{Z_1}\overline{X_1} + (1-\widehat{Z_1})\hat{\mu} = \hat{\mu} = 8$이다.

10.3 뷜만의 경험적 베이지안 신뢰도에 의한 총손해액 산출 모델의 알고리즘

r명의 보험계약자 그룹으로부터 발생되리라 예상되는 총손해액의 추정을 위하여 다음과 같은 단계를 거친다.

단계	알고리즘
1단계	보험계약자 그룹수를 결정한다. $r \geq 2$
2단계	보험기간을 결정한다. $n > 2$
3단계	각 연도 동안 피보험자에게 발생한 손해액 x_{ij}를 계상한다.
4단계	각 연도 동안 피보험자에게 발생한 평균손해액 $\overline{x_{i.}}$를 계산한다.
5단계	전체 평균추정치 $\hat{\mu}$을 계산한다.
6단계	조건부(등급 내) 분산들의 기댓값 $\hat{v}$을 계산한다.

(계속)

단계	알고리즘
7단계	조건부(등급 간) 평균값들의 분산값 $\hat{a}$을 계산한다.
8단계	$\hat{k}=\frac{\hat{v}}{\hat{a}}$을 계산한다.
9단계	신뢰도 $\hat{Z}=\frac{n}{n+\hat{k}}$
10단계	각 보험계약자 그룹의 총손해액에 대한 Buhlmann의 경험적 베이지안 신뢰도를 반영한 추정치$(i=1,2,...r)$ $\widehat{C_i}=\overline{ZX_{i.}}+(1-Z_i)\hat{\mu}$을 계산한다.

10.4 사례분석

10.4.1 경험데이터

어떤 특정 요율등급에 두 부류(1, 2)의 운전자가 있다. 다음 표는 각 운전자의 5차 연도까지 사고건수를 보여준다.

표 10.1 5차 연도까지의 사고건수

운전자 그룹	1차 연도	2차 연도	3차 연도	4차 연도	5차 연도	평균($\overline{x}_{i.}$)
1	2	0	0	1	0	0.6
2	1	1	2	0	2	1.2

뷜만의 방법에 의한 신뢰도를 이용해서 6차 연도에 예상되는 각 운전자 그룹의 사고건수를 10.3절의 알고리즘에 따라 각각 추정하시오.

10.4.2 단계별 산출

단계	알고리즘
1단계	위험등급 $r=2$
2단계	년수 $n=5$
3단계	<표 10.1> 참조
4단계	$\overline{X}_{1.}=\frac{2+0+0+1+0}{5}=0.6$ $\overline{X}_{2.}=\frac{1+1+2+0+2}{5}=1.2$ $\overline{X}=\frac{0.6+1.2}{2}=0.9$
5단계	$\hat{\mu}=\frac{0.6+1.2}{2}=0.90$
6단계	$\hat{v}=\frac{1}{r(n-1)}\sum_{i=1}^{r}\sum_{j=1}^{n}(X_{ij}-\overline{X}_{i.})^2$ $=\frac{1}{2(5-1)}\sum_{i=1}^{2}\sum_{j=1}^{5}(X_{ij}-\overline{X}_{i.})^2$ $=\frac{1}{2(5-1)}\{[(2-0.6)^2+(0-0.6)^2+(0-0.6)^2+(1-0.6)^2+(0-0.6)^2]$ $+[(1-1.2)^2+(1-1.2)^2+(2-1.2)^2+(0-1.2)^2+(2-1.2)^2]\}$ $=\frac{1}{2(4)}[(3.2)+(2.8)]=0.75$
7단계	$\hat{a}=\frac{1}{r-1}\sum_{i=1}^{r}(\overline{X}_{i.}-\overline{X}_{..})^2-\frac{\hat{v}}{n}=\frac{1}{2-1}[(0.6-0.9)^2+(1.2-0.9)^2]-\frac{0.75}{5}=0.03$
8단계	$\hat{k}=\frac{0.75}{0.03}=25$
9단계	$Z=\frac{5}{5+25}=0.17$
10단계	$\hat{c}_1=0.17\times0.16+(1-0.17)\times0.9=0.849$ $\hat{c}_2=0.17\times1.2+(1-0.17)\times0.9=0.951$

※ 결과적으로 운전자 그룹 I의 6차 연도 사고건수는 0.849이고 운전자 그룹 Ⅱ의 6차 연도 사고건수는 0.951로 추정된다.

연습문제

1. 다음과 같이 3명의 개별보험계약자에 대한 4년 동안의 손해액 데이터가 집계되었다.

보험계약자	1차 연도	2차 연도	3차 연도	4차 연도
X	2	3	3	4
Y	5	5	4	6
Z	5	5	3	3
계	12	13	10	13

위 표를 이용하여 각 보험계약자의 5차 연도 손해액을 비모수 경험적 베이지안 방법을 이용하여 추정하시오.

2. 배달용 소형 트럭을 소유하고 있는 두 명(A, B)의 피보험자가 있다. 피보험자 A는 1차 연도에 2대의 소형 트럭을 소유하고 있고 1건의 사고가 발생하였고, 2차 연도에 2대의 소형 트럭을 소유하면서 1건의 사고가 발생하였으며, 3차 연도에 1대의 소형 트럭을 소유하였고 사고는 없었다. 피보험자 B는 1차 연도에 소형 트럭을 소유하지 않았고, 2차 연도에 3대의 소형 트럭을 소유하면서 사고는 2건이 발생하였으며, 3차 연도에 2대의 소형 트럭을 소유하였고 3건의 사고가 발생하였다. 각 연도별 피보험자의 사고건수는 포아송 분포를 따른다고 가정한다. 4차 연도에 각 피보험자에 대한 사고건수를 추정하기 위해 준모수 경험적 베이지안 추정방법을 사용하시오.

3. 5년 동안 유효한 100개의 증권이 있다. 각 보험계약자는 사고건수에 대한 포아송 분포를 따른다(그러나 3개의 모수들은 변한다). 5년 동안 46개의 보험증권에는 사고가 없었다. 그리고 34개의 보험증권에서 1건의 사고가 있었으며 13개의 보험증권에서 3건의 사고가 있었다. 또한 5개의 보험증권에서 4건의 사고가 있었다. 이 기간에 3건의 사고가 발생한 증권에 대해 6차 연도의 사고건수를 추정하기 위하여 준모수적 경험적 베이지안 추정방법을 사용하시오.

4. 어떤 보험회사에서는 2개 그룹의 근재보험을 판매하고 있다. 최근 3개년간의 총손해액이 아래 표에 요약되어 있다. 뷜만의 경험적 베이지안 신뢰도를 이용하여 각 그룹 각각의 4차 연도의 총손해액을 추정하시오(총손해액에 대한 어떤 확률분포도 고려치 않고 인플레이션도 가정하지 않는다. $\hat{a} < 0$가 되므로 본래의 공식 적용이 어렵다)([예제 10.1]의 (3) 참조).

총손해액(백만 원)			
단체 보험증권	보험기간		
	1	2	3
1	5	8	11
2	2	8	14

5. 어떤 보험회사에서는 2개 그룹의 근재보험을 판매하고 있다. 최근 4개년간의 총손해액이 아래 표에 요약되어 있다. 뷜만의 경험적 베이지안 신뢰도를 이용하여 각 그룹 각각의 5차 연도의 총손해액을 추정하시오(총손해액에 대한 어떤 확률분포도 고려치 않고 인플레이션도 가정하지 않는다. $\hat{a} < 0$가 되므로 본래의 공식 적용이 어렵다).

총손해액(백만 원)				
단체 보험증권	보험기간			
	1	2	3	4
1	4	10	8	6
2	12	14	13	13

11장

뷜만-스트라웁의 경험적 베이지안 신뢰도(Ⅰ)

11.1 개요

제10장의 뷜만의 경험적 베이지안 신뢰도에서 살펴본 바와 같이 순수 베이지안(exact Bayesian) 신뢰도가 아닌 경험적 베이지안(empirical Bayesian) 신뢰도의 가장 큰 특징은 사전분포(prior distribution)를 개인의 주관적 판단이 아닌 과거의 경험데이터로부터 찾는 것에 있다.

현재, 미국, 영국, 스위스 등에서 주로 많이 사용하고 있는 경험적 베이지안 신뢰도는 뷜만-스트라웁(1972)의 경험적 베이지안 신뢰도이다. 뷜만-스트라웁(1972)의 경험적 베이지안 신뢰도는 제10장의 뷜만(1969)의 경험적 베이지안 신뢰도를 일반화시킨 것으로 두 경험적 베이지안 신뢰도의 큰 차이점은 각 등급별 위험측정단위의 동일성 여부에 달려있다. 제10장의 뷜만의 경험적 베이지안 신뢰도는 각 등급별 위험측정단위 수(exposure unit)가 동일한 경우($n_{ij}=1$)에만 적용될 수 있는 반면에 제11장의 뷜만-스트라웁의 경험적 베이지안 신뢰도(Ⅰ)은 각 등급별 위험측정단위 수가 서로 다른 경우($n_{ij}>1$)에도 적용될 수 있다. 여기서 말하는 위험측정단위는 개별 위험도를 측정하는 단위가 되는 것으로 보험종목별로 예를 들면 다음과 같다.

표 11.1 주요 보험종목별 주요 위험측정단위(예시)

보험종목별	주요 위험측정단위
화재보험	건물동수, 보험금액, 경과보험료, 보험금액, 사고건수
해상보험	항해횟수, 항해거리, 보험금액
자동차보험	자동차 대수, 주행거리, 보상한도액
상해보험	피보험자수, 보험금액
근로자재해보상책임보험	연 임금, 종업원 수
도난보험	보험금액

일반적으로 경험적 베이지안 신뢰도의 형태는 순수 베이지안 신뢰도와 같이 $Z=\frac{n}{n+k}$의 형태로 나타나며, 신뢰도 Z는 당연히 $0 \le Z \le 1$을 만족시킨다. 여기서 n는 경과보험료(earned premium), 보험금(손해액), 사고건수, 경험통계기간 등과 같이 보험종목에 맞는 위험측정단위를 사용한다(<표 11.1> 참조). 또한 식 (11.1)에서 보는 바와 같이 k는 조건부(등급 내) 분산들의 기댓값(Expected value of the Process Variance: EPV)과 조건부

(등급 간) 평균들의 분산값(Variance of the Hypothetical Means: VHM)의 비율로 나타낸다[29]. 여기서, 영어로 "EPV"와 "VHM"을 "등급 내 분산들의 기댓값"과 "등급 간 평균들의 분산값"으로 각각 해석하는데 그 이유는 다음 절에서 설명한다.

$$k = \frac{EPV}{VHM} \tag{11.1}$$

식 (11.1)의 분모인 조건부(등급 간) 평균들의 분산값(VHM)이 분자인 조건부(등급 내) 분산들의 기댓값(EPV)에 비해 크면 클수록 각 등급 간의 위험도는 매우 크다고 볼 수 있다. 다시 말해, 어떤 등급 내의 포트폴리오가 매우 동질적인 반면 등급 간의 포트폴리오가 매우 이질적이라면 k는 매우 적은 값이 된다. 따라서 신뢰도 $Z = \frac{n}{n+k}$의 값은 1에 가까운 값으로 수렴$(k \to 0)$함으로써 신뢰도는 매우 크게 된다.

결과적으로 어떤 등급 간 포트폴리오가 매우 이질적인 집단으로 구성되어 있다면 식 (1.1)의 경험정보(H) 또는 사전지식은 각 등급의 위험의 크기를 적절히 나타내지 못하게 되어 각 등급별 신뢰도 Z는 매우 높게 나타난다. 다시 말해, 경험정보 또는 사전지식이 없어도 최근 정보(R)만을 가지고 등급별 위험도의 특성을 잘 나타낼 수 있다. 이에 대한 좀 더 자세한 내용은 필브릭(Philbrick, 1981)의 논문을 참조한다.

반대로 조건부(등급 간) 평균들의 분산값이 작다면(식 (11.1)에서 k의 분모가 분자에 비해 적다면), 각 등급끼리의 포트폴리오는 매우 동질적인 집단으로 구성되어 있다는 것을 말해 줌으로써 등급 간 위험도 차이는 거의 없음을 알 수 있다. 이 경우 각 등급의 위험의 크기는 경험정보 또는 사전지식에 의해 결정되므로 등급별 신뢰도 Z는 매우 낮게 추정된다. 이 같은 관계를 정리하면 신뢰도 $Z = \frac{n}{n+k}$는 다음과 같은 성질을 갖고 있음을 알 수 있다. 좀 더 자세한 내용은 1.3절을 참조한다.

(1) 신뢰도 Z는 위험측정단위수인 n의 증가함수이다. 즉, k가 일정한 경우 n이 증가함에 따라 Z는 1로 수렴하게 된다.
(2) 신뢰도 Z는 k의 감소함수이다. 즉, 신뢰도 Z는 조건부(등급 내) 분산들의 기댓

29) 앞장에서 EPV의 추정 값을 $\hat{v}$, VHM의 추정 값을 $\hat{a}$로 나타냈다.

값(식 (11.1)의 분자)의 감소함수이다. 즉, 조건부(등급 내) 분산들의 기댓값이 커지면 커질수록 Z는 0으로 수렴하게 되므로(등급 내 위험들이 이질적 일수록) Z는 감소하게 된다.

(3) 신뢰도 Z는 조건부(등급 간) 평균들의 분산값(식 (11.1)의 분모)의 증가함수이다. 즉, 조건부(등급 간) 평균들의 분산값이 커지면 커질수록 신뢰도 Z는 1로 수렴한다.

결국, 식 (11.1)에서 k의 분자인 조건부(등급 내) 분산들의 기댓값이 커질수록 신뢰도 Z는 적어지고 반대로, 분모인 조건부(등급 간) 평균들의 분산값이 커질수록(즉, k 값이 0에 가까우면 가까울수록) 신뢰도는 커지게 된다. 이 같은 신뢰도의 성질은 필브릭의 논문에 잘 기술되어 있다.

식 (11.1)의 기본적인 개념들이 포함된 신뢰도가 뷜만-스트라웁(1972)이 제안한 경험적 베이지안 신뢰도이다. 이하에서는 뷜만-스트라웁(1972)이 제안한 본래의 경험적 베이지안 신뢰도를 뷜만-스트라웁의 경험적 베이지안 신뢰도(Ⅰ)이라고 표현하였고 11.3절의「조건부(등급 내) 분산들의 기댓값」에서 음수가 발생한 경우 이를 보완한 제12장의 경험적 베이지안 신뢰도를 뷜만-스트라웁의 경험적 베이지안 신뢰도(Ⅱ)라고 표기하였다.

11.2 뷜만-스트라웁의 경험적 베이지안 신뢰도(I)[30]

11.2.1 기본가정

신뢰도는 보험료와 손해액(보험금)의 추정, 손해율의 추정, 경험생명표의 작성 등 손해보험과 생명보험 등 경험데이터를 이용하는 전 분야에서 광범위하게 사용될 수 있으나, 이번 장에서는 주로 손해보험 요율산정의 기초가 되는 손해율(loss ratio)을 추정하는 문제를 가지고 뷜만-스트라웁(1972)의 경험적 베이지안 신뢰도를 설명한다. 먼저, 뷜만-스트라웁(1972)의 경험적 베이지안 신뢰도를 보다 쉽게 설명하기 위해서는 다음 <표 11.2>와 같은 등급별 포트폴리오와 몇 가지 가정들이 필요하다.

30) 9.2.2절의 "뷜만-스트라웁의 방법에 의한 신뢰도 모델"을 경험적 베이지안 관점에서 확장시킨 것이다.

<표 11.2>에서 보는 바와 같이 X_{iT}와 P_{iT}는 i 등급의 T 연도의 손해율과 보험료를 각각 나타낸다. 여기서, 가중치로 보험료를 적용하였으며 등급별 경험통계기간(T)은 모두 동일한 것으로 가정하였다. 물론, 등급별 경험통계기간이 달라도 적용이 가능하다. 이에 대해서는 제12장 뷜만-스트라웁의 경험적 베이지안 신뢰도(Ⅱ)에서 자세히 다루기로 한다.

Θ_i는 i등급의 위험모수(risk parameter)를 나타내며(즉, 각 등급별 위험들은 동질위험으로 구성되어 있다) 등급별 모집단의 특성치인 $\mu(\Theta_i)$과 $\sigma^2(\Theta_i)$는 i 번째 등급의 모평균과 모분산을 각각 나타내는 위험모수의 함수이다.

표 11.2 등급별 포트폴리오의 구성

등급 \ 연도	(관측치, 가중치)				위험모수	등급별 모집단의 특성치	
	1	2	…	T		모평균	모분산
1	(X_{11}, P_{11})	(X_{12}, P_{12})	…	(X_{1T}, P_{1T})	Θ_1	$\mu(\Theta_1)$	$\sigma^2(\Theta_1)$
2	(X_{21}, P_{21})	(X_{22}, P_{22})	…	(X_{2T}, P_{2T})	Θ_2	$\mu(\Theta_2)$	$\sigma^2(\Theta_2)$
…	…	…	…	…	…	…	…
i	(X_{i1}, P_{i1})	(X_{i2}, P_{i2})	…	(X_{iT}, P_{iT})	Θ_i	$\mu(\Theta_i)$	$\sigma^2(\Theta_i)$
…	…	…	…	…	…	…	…
K	(X_{K1}, P_{K1})	(X_{K2}, P_{K2})	…	(X_{KT}, P_{KT})	Θ_K	$\mu(\Theta_K)$	$\sigma^2(\Theta_K)$

관측치와 모수 사이에는 다음과 같은 가정이 필요하다.

<가정 1> 고정된 위험모수 Θ_i $(i=1, 2, \cdots, K)$가 주어질 때 확률변수 X_{i1}, X_{i2}, $\cdots$, X_{iT}는 서로 독립이다. 또한 i번째 등급의 모수 $\Theta_i=\theta_i$가 주어질 때, $E[X_{it} \mid \theta_i] =\mu(\theta_i)$이고 $Var(X_{it} \mid \theta_i)=\dfrac{\sigma^2(\theta_i)}{P_{it}}$인 모수 θ_i의 함수 μ와 σ^2 그리고 기지의 상수(constant)인 가중치 P_{it}가 존재한다.

<가정 2> 고정된 모수 Θ_1, Θ_2, $\cdots$, Θ_K가 주어질 때 $i \neq j$에 대하여 확률벡터 $(X_{i1}, X_{i2}, \cdots, X_{iT})$와 $(X_{j1}, X_{j2}, \cdots, X_{jT})$는 서로 독립이다. 또한 모수 Θ_1, Θ_2, $\cdots$, Θ_K는 서로 독립이고 동일한 분포를 따른다.

<가정 3> 확률변수 X_{it}의 분산은 유한하다.

위와 같은 가정하에서 다음과 같은 확률변수 X_{it}의 분포가 성립한다.

$$E(X_{it}) = E_{\theta_i}[E(X_{it} \mid \theta_i)] = E_{\theta_i}[\mu(\theta_i)] \tag{11.2}$$

$$\begin{aligned} Var(X_{it}) &= Var_{\theta_i}[E(X_{it} \mid \theta_i)] + E_{\theta_i}[Var(X_{it} \mid \theta_i)] \quad (\text{[정리 2.1] 참조}) \\ &= Var_{\theta_i}[\mu(\theta_i)] + E_{\theta_i}[\frac{\sigma^2(\theta_i)}{P_{it}}] \\ &= Var_{\theta_i}[\mu(\theta_i)] + \frac{E_{\theta_i}[\sigma^2(\theta_i)]}{P_{it}} \qquad (\because P_{it}\text{는 상수}) \end{aligned} \tag{11.3}$$

위의 가정들로부터 등급이 동일($i=j$)하다면 조건부 평균과 분산은 동일하다. 즉, 다음과 같은 식들이 성립한다.

$$E_{\theta_i}[\mu(\theta_i)] = E_{\theta_j}[\mu(\theta_j)],\ \ Var_{\theta_i}[\mu(\theta_i)] = Var_{\theta_j}[\mu(\theta_j)],\ \ E_{\theta_i}[\sigma^2(\theta_i)] = Var_{\theta_j}[\sigma^2(\theta_j)]$$

M, τ^2, Σ^2은 다음과 같이 나타낸다.

$$M = E_\theta[\mu(\theta)]\ ,\ \tau^2 = Var_\theta[\mu(\theta)]\ ,\ \Sigma^2 = E_\theta[\sigma^2(\theta)]$$

여기서, 첨자 i를 생략하였는데 그 이유는 이들 값이 i와 무관하기 때문이다. 식 (11.4)와 (11.5)에서 보는 바와 같이 M, τ^2, δ^2(또는 Σ^2)의 값은 등급과 무관하게 상수로 나타난다. 따라서 손해율 X_{it}의 평균과 분산은 다음과 같다(식 (11.2) 참조).

$$E(X_{it}) = M \tag{11.4}$$

$$\begin{aligned} Var(X_{it}) &= Var_{\theta_i}[E(X_{it} \mid \theta_i)] + E_{\theta_i}[Var(X_{it} \mid \theta_i)] \\ &= Var_{\theta_i}[\mu(\theta_i)] + E_{\theta_i}[\frac{\sigma^2(\theta_i)}{P_{it}}] = \tau^2 + \frac{\Sigma^2}{P_{it}} \end{aligned} \tag{11.5}$$

위와 동일한 방법으로 i번째 등급의 평균손해율 $\overline{X_{i.}}$의 평균과 분산은 다음과 같이 구한다. i번째 등급의 T 연도의 위험단위수와 평균손해율은 각각 다음과 같다.

$$P_{i.} = \sum_{t=1}^{T} P_{it} = i\text{번째 등급의 보험료의 합계}$$

$$\overline{X_{i.}} = \sum_{t=1}^{T} (\frac{P_{it}}{P_{i.}}) X_{it} = \text{보험료가 가중된 } i\text{번째 등급의 평균손해율}$$

따라서 모수 θ_i가 주어질 때 i번째 등급의 평균손해율 $\overline{X}_{i.}$의 평균과 분산은 다음과 같다.

$$E(\overline{X_{i.}} \mid \theta_i) = \sum_{t=1}^{T} (\frac{P_{it}}{P_{i.}}) E(X_{it} \mid \theta_i) \quad (\because \text{ <가정 1>에 의하여})$$

$$= \sum_{t=1}^{T} (\frac{P_{it}}{P_{i.}}) \mu(\theta_i) = \mu(\theta_i) \tag{11.6}$$

또한, θ_i가 주어질 때 $\overline{X}_{i.}$는 서로 독립이기 때문에 다음과 같은 식이 성립한다.

$$Var(\overline{X_{i.}} \mid \theta_i) = \sum_{t=1}^{T(i)} (\frac{P_{it}}{P_{i.}})^2 Var(X_{it} \mid \theta_i)$$

$$= (\frac{1}{P_{i.}})^2 \sum_{t=1}^{T(i)} (P_{it}) [\sigma^2(\theta_i)]$$

$$= \frac{\sigma^2(\theta_i)}{P_{i.}} \tag{11.7}$$

따라서 확률변수 $\overline{X}_{i.}$의 평균과 분산은 다음과 같이 구한다.

$$E(\overline{X}_{i.}) = E_{\theta_i}[E(\overline{X}_{i.} \mid \theta_i)] = E_{\theta_i}[\mu(\theta_i)] = M \tag{11.8}$$

$$Var(\overline{X}_{i.}) = Var_{\theta_i}[E(\overline{X}_{i.} \mid \theta_i)] + E_{\theta_i}[Var(\overline{X}_{i.} \mid \theta_i)]$$

$$= Var_{\theta_i}[\mu(\theta_i)] + E_{\theta_i}[\frac{\sigma^2(\theta_i)}{P_{i.}}] = \tau^2 + \frac{\Sigma^2}{P_{i.}} \tag{11.9}$$

위와 같은 가정들에 의해 확률변수 X_{it}와 X_{js} 사이에 다음과 같은 관계식들이 성립한다.

① 만약 $i \neq j$라면 즉, 조건부(등급 간)의 손해율 X_{it}와 X_{js}는 서로 독립이므로 $E(X_{it}X_{js}) = E(X_{it})E(X_{js}) = M^2$이다.

② $t \neq s$에 대하여 조건부(등급 내)의 손해율 X_{it}와 X_{is}는 서로 독립이 아니다. 따라서 동일한 등급 내의 두 확률변수 X_{it}와 X_{is}의 곱의 기댓값은 다음과 같다.

$$\begin{aligned} E(X_{it}X_{is}) &= E_{\theta_i}[E(X_{it}X_{is} \mid \theta_i)] = E_{\theta_i}[E(X_{it} \mid \theta_i)E(X_{is} \mid \theta_i)] \\ &= E_{\theta_i}[(\mu(\theta_i))^2] = [E(\mu(\theta_i))]^2 + Var[\mu(\theta_i)] \\ &= M^2 + \tau^2 \end{aligned}$$

③ 만약 $i = j$ 이고 $t = s$ 라면 즉, 등급 내 동일한 손해율이므로

$$E(X_{it}X_{it}) = E(X_{it}^2) = [E(X_{it})]^2 + Var(X_{it}) = M^2 + \tau^2 + \frac{\Sigma^2}{P_{it}}$$

이다. 따라서 베이지안 추정량은 [보조정리 11.1]과 같다.

보조정리 11.1

[보조정리 2.1]과 [보조정리 2.2]의 정의와 가정들이 여기서도 성립한다고 가정할 때 다음과 같은 추정량 $\hat{\mu}_i$은 $\mu(\theta_i)$의 베이지안 추정량이다. 여기서, 손실함수는 제곱오차이다.

$$\hat{\mu}_i = Z_i\overline{X}_{i.} + (1 - Z_i)M$$

여기서, $M = E_\theta[\mu(\theta)]$, $Z_i = \dfrac{\tau^2}{\tau^2 + \dfrac{\Sigma^2}{P_{i.}}}$, $\tau^2 = Var_\theta[\mu(\theta)]$, $\Sigma^2 = E_\theta[\sigma^2(\theta)]$이다. ■

그러나 [보조정리 11.1]의 추정량은 i번째 등급의 관측치 $\overline{X}_{i.}$에 의해서만 결정되므로 비동질적(in-homogeneous)인 추정량이다. 이것은 $(1 - Z_i)M$이 데이터와 무관하게 결정되기 때문이다. 따라서 뷜만-스트라움은 추정량에 모든 등급들의 데이터를 포함시킬 수 있도록 다음과 같은 형태의 추정량을 고려하였다.

$$\mu_i = \sum_{i=1}^{K}\sum_{t=1}^{T} a_{it}X_{it} \tag{11.10}$$

식 (11.10)이 M의 최소분산불편추정량이 되도록 계수(가중치) a_{it}를 푼다면 [보조정리 11.2]에 의해 M의 최소분산불편추정량은 다음과 같다.

$$\overline{X}^{(Z)} = \frac{\sum_{i=1}^{K} Z_i \overline{X}_{i.}}{\sum_{i=1}^{K} Z_i} \tag{11.11}$$

여기서, $\sum_{i=1}^{K} Z_i = Z$ 이다. 결국, $\overline{X}^{(Z)}$는 등급별 신뢰도를 $\overline{X}_{i.}$에 가중시킨 평균손해율이다.

보조정리 11.2

일반적으로 Y_i가 동일한 평균 M을 갖는 독립적인 확률변수라고 할 때 $\overline{Y} = \sum_{i=1}^{K} c_i Y_i$가 M의 최소분산불편추정량이 되기 위해서 c_i는 다음과 같아야 한다.

$$c_i = \frac{\left[\frac{1}{Var(Y_i)}\right]}{\left[\sum_{j=1}^{K} \frac{1}{Var(Y_j)}\right]} \tag{11.12}$$

이처럼 뷜만-스트라웁의 추정량에서 신뢰도의 보수$(1-Z_i)$에 곱해지는 $\overline{X}^{(Z)}$는 M의 최소분산불편추정량이 됨을 보일 수 있다. 이때 뷜만-스트라웁은 보험료를 가중치로 둔 것이 아니라 평균손해율 $\overline{X}_{i.}$의 분산에 반비례하는 일반적인 가중치 π_i를 적용하였다.

뷜만-스트라웁의 가중치 π_i를 다음과 같이 정의하였다.[31]

31) $\overline{X}_{i.}$의 분산에 반비례하도록 가중치를 부여하였다.

$$\pi_i = \frac{1}{\tau^2 + \frac{\Sigma^2}{P_{i.}}} = \frac{1}{Var(\overline{X}_{i.})} \quad , \qquad \pi = \sum_{i=1}^{K} \pi_i$$

따라서 $\overline{X}^{(Z)}$는 다음과 같이 정의된다.

$$\overline{X}^{(Z)} = \sum_{i=1}^{K} (\frac{\pi_i}{\pi}) \overline{X}_{i.}$$

가중치 π_i와 신뢰도 Z_i들 간에는 다음과 같은 관계식들이 성립한다.

$$Z_i = \frac{\tau^2}{(\tau^2 + \frac{\Sigma^2}{P_{i.}})} = \tau^2 \pi_i$$

$$Z = \sum_{i=1}^{K} Z_i = \sum_{i=1}^{K} \tau^2 \pi_i = \tau^2 \sum_{i=1}^{K} \pi_i = \tau^2 \pi$$

$\tau^2 \neq 0$라면 $\frac{\pi_i}{\pi} = \frac{Z_i}{Z}$가 성립하므로 만약 $\tau^2 \neq 0$라면 $\overline{X}^{(Z)}$는 $\overline{X}_{i.}$에 신뢰도가 가중된 평균값으로 볼 수 있다. 결국 $\overline{X}^{(Z)}$를 계산하기 위해 가중되는 값이 동일하게 된다. 따라서 뷜만-스트라웁의 경험적 베이지안 신뢰도는 다음과 같은 식으로 나타낼 수 있다.

$$Z_i = \frac{P_{i.}}{P_{i.} + \frac{\Sigma^2}{\tau^2}}$$

여기서는 가중치로 보험료를 사용하고 있지만 때에 따라서는 위험의 특성에 따라 사고건수, 손해액, 보험금액 등을 가중치로 사용할 수 있다. 특히, 우리나라와 같이 연도별 손해율의 변동 폭이 크고 담보위험별 또는 보험종목별 경험통계가 부족한 상황하에서는 보험료보다 사고건수 또는 손해액을 위험단위로 적용하는 것이 효율적일 수 있다.

또한 경험통계기간 역시 등급별로 동일하게 둔다는 것은 현실성이 다소 떨어진다. 보험시장규모가 적은 상황하에서는 최고경영자의 정책의지에 따라 상품판매를 중지

시키거나 새로운 등급의 상품을 개발하는 경우, 경험통계기간이 다를 수 있으며 위험을 보다 세분화할 경우 결측치가 발생할 수 있다는 것을 예상해 볼 수 있다.

따라서 이러한 내용을 가지고 뷜만-스트라웁의 경험적 베이지안 신뢰도(I)의 산출모델을 전개시켜 보자.

11.2.2 뷜만-스트라웁의 경험적 베이지안 신뢰도(I) 산출 모델

가. 등급별 신뢰도 산출 모델

i번째 등급의 위험모수 θ_i가 주어졌을 때 $\overline{X}_{i.}$의 평균과 분산은 각각 $\mu(\theta_i)$, $\dfrac{\sigma^2(\theta_i)}{P_{i.}}$인 임의의 분포를 따르고, $\mu(\theta_i)$의 평균과 분산은 각각 M, τ^2이라 하자. 제곱오차 손실함수 아래에서 $\mu(\theta_i)$의 베이지안 추정량은 다음 식 (11.13)과 같다.

$$\tilde{\mu}(x) = Z_i\overline{X}_{i.} + (1 - Z_i)M \tag{11.13}$$

여기서, $\overline{X}_{i.}$는 i번째 등급의 평균손해율, M은 전체평균 손해율, $P_{i.}$는 i번째 등급의 T년 간 보험료(즉, $P_{i.} = \sum_{j=1}^{T} P_{ij}$)를 나타낸다. 이럴 경우 i번째 등급의 신뢰도는 다음과 같다.

$$Z_i = \frac{\tau^2}{\tau^2 + \dfrac{\Sigma^2}{P_{i.}}} \tag{11.14}$$

여기서, $\Sigma^2 = E_{\theta_i}[\sigma^2(\theta_i)]$은 조건부(등급 내) 분산들의 기댓값을 나타내며, $\tau^2 = Var_\theta[\mu(\theta)]$은 조건부(등급 간) 평균들의 분산값을 나타낸다.[32] 식 (11.13)에서 M 대신 식 (11.11)의 $\overline{X}^{(Z)}$를 적용한 식 $\tilde{\mu}(x) = Z_i\overline{X}_{i.} + (1 - Z_i)\overline{X}^{(Z)}$이 뷜만-스트라웁(1972)이 제안한 경험적 베이지안 신뢰도이다. 여기서, $\overline{X}^{(Z)}$는 식 (11.11)에서 보는 바

---

32) 앞장에서는 조건부(등급 간) 평균들의 분산값을 a, 조건부(등급 내) 분산들의 기댓값을 ν로 나타냈다. 따라서 $\tau^2 = a$이고 $\Sigma^2 = \nu$이다.

와 같이 각 등급별 신뢰도를 가중시켜 구한 평균값을 나타낸다.

식 (11.14)에서 보는 바와 같이 등급별 신뢰도 $Z_i(i=1,2,...,K)$에는 두 개의 모수 τ^2과 Σ^2이 있음을 알 수 있다. 따라서 등급별 신뢰도 Z_i를 산출하기 위해서는 이들 두 모수를 추정해야만 한다.

나. 모수의 추정

경험데이터를 이용한 모수 추정방법은 다음과 같다.

(1) 조건부(등급 내) 분산들의 기댓값 Σ^2의 추정

조건부(등급 내) 분산들의 기댓값 Σ^2을 추정하기 위해 $\Sigma^2 = E_{\theta_i}[\sigma^2(\theta_i)]$라고 표시한다. 여기서, $\sigma^2(\theta_i)$는 모수 θ_i가 주어질 때 i번째 등급의 평균손해율 $\overline{X}_{i.}$의 분산을 나타내며, 이 분산은 i번째 등급의 보험료 $P_{i.}$의 크기에 반비례한다고 가정한다. 즉, θ_i가 주어졌을 때 평균손해율 $\overline{X}_{i.}$의 분산은 다음과 같다.

$$Var(\overline{X}_{i.} \mid \theta_i) = \frac{\sigma^2(\theta_i)}{P_{i.}} \tag{11.15}$$

일반적으로 Σ^2은 조건부(등급 내) 분산들의 기댓값을 나타내므로 $E(X_{it} - \overline{X}_{i.})^2$의 형태로 나타난다. 그러나 <가정 1>에 의해 θ_i 값이 주어져야만 X_{it}가 독립이므로 다음과 같은 [보조정리 11.3]을 이용한다.

보조정리 11.3

$Y_i(i=1,\ 2,\ \ ...,\ n)$는 동일한 평균을 갖는 독립적인 확률변수라고 가정한다. $\sum_{i=1}^{n} C_i = 1$일 때, $\overline{Y} = \sum_{i=1}^{n} C_i Y_i$가 성립하면 다음과 같은 식이 성립한다.

$$E[(Y_i - \overline{Y})^2] = (1 - 2C_i)\ Var(Y_i) + Var(\overline{Y}) \tag{11.16}$$

[보조정리 11.3]을 이용하기 위해 다음과 같이 정의한다.

$$C_i = \frac{P_{it}}{P_{i.}},\ \ Var(X_{it} \mid \theta_i) = \frac{\sigma^2(\theta_i)}{P_{it}},\ \ Var(\overline{X_{i.}} \mid \theta_i) = \frac{\sigma^2(\theta_i)}{P_{i.}}$$

θ_i가 주어졌을 때 식 (11.15)와 [보조정리 11.3]을 이용하여 $(X_{it} - \overline{X}_{i.})^2$의 기댓값을 구하면 다음과 같다.

$$\begin{aligned} E[(X_{it} - \overline{X}_{i.})^2 \mid \theta_i] &= (1-2\frac{P_{it}}{P_{i.}})\,Var(X_{it} \mid \theta_i) + Var(\overline{X}_{i.} \mid \theta_i) \\ &= (1-2\frac{P_{it}}{P_{i.}})\frac{\sigma^2(\theta_i)}{P_{it}} + \frac{\sigma^2(\theta_i)}{P_{i.}} \\ &= \frac{\sigma^2(\theta_i)}{P_{it}} - \frac{\sigma^2(\theta_i)}{P_{i.}} \end{aligned}$$

따라서 $(X_{it} - \overline{X}_{i.})^2$의 기댓값은 위의 조건부 기댓값의 계산식에 의해 다음과 같이 구해진다.

$$\begin{aligned} E[(X_{it} - \overline{X}_{i.})^2] &= E_{\theta_i}[E((X_{it} - \overline{X}_{i.})^2 \mid \theta_i)] \\ &= E_{\theta_i}[(\frac{1}{P_{it}} - \frac{1}{P_{i.}})\sigma^2(\theta_i)] \\ &= (\frac{1}{P_{it}} - \frac{1}{P_{i.}})\Sigma_i^2 = (\frac{P_{i.} - P_{it}}{P_{it}P_{i.}})\Sigma_i^2 \end{aligned}$$

위 식으로부터 다음과 같이 조건부(등급 내) 분산인 Σ_i^2의 불편추정량들을 계산할 수 있다. 첫째, Σ_i^2의 계수의 역수를 양변에 곱해 $t=1,\ 2,\ldots,T$ 까지를 합한 Σ_i^2의 불편추정량은 다음 식 (11.17)과 같다.

$$\widehat{\Sigma_i^2} = \frac{1}{T}\sum_{t=1}^{T}(\frac{P_{it}P_{i.}}{P_{i.} - P_{it}})(X_{it} - \overline{X}_{i.})^2 \tag{11.17}$$

식 (11.17)에서 Σ_i^2의 추정량은 i번째 등급의 경험데이터에 의해 결정된다. 따라서 모든 등급($i=1,\ 2,\ \ldots,\ K$)의 경험데이터를 이용하여 구한 Σ^2의 불편추정량 $\widehat{\Sigma^2}$은 다음과 같다.

$$\widehat{\Sigma^2}=\frac{1}{K}\sum_{i=1}^{K}\widehat{\Sigma_i^2}=\frac{1}{K}\sum_{i=1}^{K}\left[\frac{1}{T}\sum_{t=1}^{T}\left(\frac{P_{it}P_{i.}}{P_{i.}-P_{it}}\right)(X_{it}-\overline{X}_{i.})^2\right]$$

둘째, 오직 i번째 등급의 경험데이터만을 기초로 하는 Σ_i^2의 또 다른 불편추정량을 다음과 같이 유도할 수 있다. $V_i=\sum_{t=1}^{T}P_{it}(X_{it}-\overline{X_{i.}})^2$라 가정할 때 V_i의 기댓값은 다음과 같다. 이때 V_i는 첫 번째 불편추정량과 달리 P_{it}를 가중치로 두고 있다.

$$\begin{aligned}E(V_i)&=\sum_{t=1}^{T}P_{it}E[(X_{it}-\overline{X}_{i.})^2]=\sum_{t=1}^{T}P_{it}\left(\frac{P_{i.}-P_{it}}{P_{it}P_{i.}}\right)\Sigma_i^2\\&=\sum_{t=1}^{T}\left(\frac{P_{i.}-P_{it}}{P_{i.}}\right)\Sigma_i^2=\Sigma_i^2\left[\sum_{t=1}^{T}\left(\frac{P_{i.}-P_{it}}{P_{i.}}\right)\right]\end{aligned}$$

$$\begin{aligned}&=\Sigma_i^2\left[\frac{(P_{i.}-P_{i1})+(P_{i.}-P_{i2})+\ldots+(P_{i.}-P_{iT})}{P_{i.}}\right]\\&=\Sigma_i^2\left[\frac{(TP_{i.}-P_{i.})}{P_{i.}}\right]=\Sigma_i^2(T-1)\end{aligned}$$

따라서 i번째 등급의 경험데이터만으로 결정되는 Σ_i^2의 불편추정량은 다음과 같다.

$$\widehat{\Sigma_i^2}=\frac{1}{T-1}\sum_{t=1}^{T}P_{it}(X_{it}-\overline{X}_{i.})^2$$

모든 등급($i=1,\ 2.\ \ldots, K$)의 경험데이터를 이용한 Σ^2의 불편추정량을 $\widehat{\Sigma^2}$라고 할 때 이는 다음 식 (11.18)과 같이 나타난다.

$$\widehat{\Sigma^2}=\frac{1}{K}\sum_{i=1}^{K}\widehat{\Sigma_i^2}$$

$$= \frac{1}{K}\sum_{i=1}^{K}\left[\frac{1}{T-1}\sum_{t=1}^{T}P_{it}(X_{it}-\overline{X}_{i.})^2\right]$$

$$= \frac{1}{K}\left(\frac{1}{T-1}\right)\sum_{i=1}^{K}\sum_{t=1}^{T}P_{it}(X_{it}-\overline{X}_{i.})^2 \tag{11.18}$$

이 식 (11.18)이 뷜만-스트라웁이 제안한 조건부(등급 내) 분산들의 기댓값 Σ^2의 불편추정량이다. 그러나 어떤 경우에도 $\widehat{\Sigma_i^2}$이 Σ_i^2의 불편추정량이기 때문에 $\widehat{\Sigma_i^2}$에 어떤 가중치를 적용하여도 Σ_i^2의 불편추정량이 된다.

(2) 조건부(등급 간) 평균들의 분산값 τ^2의 추정

조건부(등급 간) 평균들의 분산값을 $\tau^2 = Var_{\theta_i}[\mu(\theta_i)]$이라 표시하면 τ^2의 추정량은 다음과 같은 형태의 식으로 나타낼 수 있다.

$$W=\sum_{i=1}^{K}\sum_{t=1}^{T}\frac{P_{it}}{P_{..}}(X_{it}-\overline{X}_{..})^2 \tag{11.19}$$

여기서, $\overline{X}_{..}=\sum_{i=1}^{K}\sum_{t=1}^{T}\frac{P_{it}}{P_{..}}X_{it}$, $P_{..}=\sum_{i=1}^{K}\sum_{t=1}^{T}P_{it}$이다.

확률변수 X_{it}와 X_{jt}는 $i=j$인 경우에 비독립적이고 $i\neq j$인 경우에만 독립적인 확률변수이다. 따라서 조건부적으로 동일한 평균을 갖지 못하기 때문에 다음과 같이 W를 대수적으로 전개시켜 [보조정리 11.3]을 적용한다.

$$W=\sum_{i=1}^{K}\sum_{t=1}^{T}\frac{P_{it}}{P_{..}}(X_{it}-\overline{X}_{..})^2=\sum_{i=1}^{K}\sum_{t=1}^{T}\frac{P_{it}}{P_{..}}(X_{it}^2-2X_{it}\overline{X}_{..}+\overline{X}_{..}^2)$$

$$=\sum_{i=1}^{K}\sum_{t=1}^{T}\frac{P_{it}}{P_{..}}X_{it}^2-2\sum_{i=1}^{K}\sum_{t=1}^{T}\frac{P_{it}}{P_{..}}X_{it}\overline{X}_{..}+\left(\sum_{i=1}^{K}\sum_{t=1}^{T}\frac{P_{it}}{P_{..}}\right)\overline{X}_{..}^2$$

$$=\sum_{i=1}^{K}\sum_{t=1}^{T}\frac{P_{it}}{P_{..}}X_{it}^2-2\overline{X}_{..}^2+\overline{X}_{..}^2\quad\left(\because\ \sum_{i=1}^{K}\sum_{t=1}^{T}\frac{P_{it}}{P_{..}}X_{it}=\overline{X}_{..}\right)$$

$$=\sum_{i=1}^{K}\sum_{t=1}^{T}\frac{P_{it}}{P_{..}}X_{it}^2-\overline{X}_{..}^2 \tag{11.20}$$

다음과 같은 관계식이 성립한다.

$$E(X_{it}^2) = Var(X_{it}) + [E(X_{it})]^2 = \tau^2 + \frac{\Sigma^2}{P_{it}} + M^2$$

이를 이용하여 W의 기댓값을 구하면 다음과 같다.

① $$E\left(\sum_{i=1}^{K}\sum_{t=1}^{T}\frac{P_{it}}{P_{..}}X_{it}^2\right) = \left(\sum_{i=1}^{K}\sum_{t=1}^{T}\frac{P_{it}}{P_{..}}\right)(\tau^2 + M^2) + \sum_{i=1}^{K}\sum_{t=1}^{T}\frac{P_{it}}{P_{..}}\frac{\Sigma^2}{P_{it}}$$
$$= \tau^2 + M^2 + KT\frac{\Sigma^2}{P_{..}}$$

② $$\overline{X}_{..} = \sum_{i=1}^{K}\sum_{t=1}^{T}\frac{P_{it}}{P_{..}}X_{it} = \sum_{i=1}^{K}\frac{P_{i.}}{P_{..}}\sum_{t=1}^{T}\frac{P_{it}}{P_{i.}}X_{it} = \sum_{i=1}^{K}\frac{P_{i.}}{P_{..}}\overline{X}_{i.}$$

또한 $\overline{X}_{i.}$는 $i = 1,\ 2,\ \cdots,\ K$에 대하여 비조건부적으로 독립이고 분산은 식 (11.9)와 같으므로 $\overline{X}_{..}$의 분산은 다음과 같이 계산된다.

$$Var(\overline{X}_{..}) = \sum_{i=1}^{K}\left(\frac{P_{i.}}{P_{..}}\right)^2 Var(\overline{X}_{i.})$$
$$= \sum_{i=1}^{K}\frac{P_{i.}^2}{P_{..}^2}\tau^2 + \sum_{i=1}^{K}\frac{P_{i.}^2}{P_{..}^2}\frac{\Sigma^2}{P_{i.}}$$
$$= \frac{\sum_{i=1}^{K}P_{i.}^2}{P_{..}^2}\tau^2 + \frac{\Sigma^2}{P_{..}}$$

또한 $E(\overline{X}_{..}^{\,2}) = Var(\overline{X}_{..}) + [E(\overline{X}_{..})]^2$이므로 다음과 같다.

$$E(\overline{X}_{..}^2) = M^2 + \frac{\sum_{i=1}^{K}P_{i.}^2}{P_{..}^2}\tau^2 + \frac{\Sigma^2}{P_{..}}$$

위 ①과 ②를 식 (11.20)에 대입하여 W의 기댓값을 구하면 다음과 같다.

$$E(W) = E(\sum_{i=1}^{K}\sum_{t=1}^{T}\frac{P_{it}}{P_{..}}X_{it}^2\ ) - E(\overline{X_{..}}^2)$$

$$= \tau^2 + M^2 + (KT)\frac{\Sigma^2}{P_{..}} - M^2 - \frac{\sum_{i=1}^{K}P_{i.}^2}{P_{..}^2}\tau^2 - \frac{\Sigma^2}{P_{..}}$$

$$= (1 - \frac{\sum_{i=1}^{K}P_{i.}^2}{P_{..}^2})\tau^2 + \ (KT-1)\frac{\Sigma^2}{P_{..}}$$

Σ^2의 불편추정량으로 식 (11.18)을 대입하면 다음과 같은 식이 성립한다.

$$E[W-(KT-1)\frac{\widehat{\Sigma^2}}{P_{..}}] = (1 - \frac{\sum_{i=1}^{K}P_{i.}^2}{P_{..}^2})\tau^2$$

따라서 τ^2의 불편추정량 $\hat{\tau}^2$은 다음과 같다.

$$\hat{\tau}^2 = \frac{1}{(1 - \frac{\sum_{i=1}^{K}P_{i.}^2}{P_{..}^2})}[W-(KT-1)\frac{\widehat{\Sigma^2}}{P_{..}}] \tag{11.21}$$

식 (11.21)이 Bühlmann-스트라웁이 제안한 조건부(등급 간) 평균들의 분산값 τ^2의 추정량이다.

11.3 뷜만-스트라웁의 경험적 베이지안 신뢰도(I) 모델의 한계

위에서 살펴본 바와 같이 전형적인 뷜만-스트라웁의 경험적 베이지안 신뢰도 모델을 적용하는 데는 다음과 같은 한계점이 있다.

11.3.1 결측치의 처리

각 등급별 신뢰도를 산출하기 위해서는 K개의 등급 각각에 대해 동일한 경험통계기간 T(총 경험데이터수 KT개)가 전제되지 않으면 안된다. 그러나 우리나라와 같이 상품판매기간이 짧거나 경영자의 상품정책의 변경이 자주 발생하는 경우에는 KT개 모두의 경험데이터를 확보하기란 쉬운 일이 아니다. 따라서 등급별로 결측치가 발생한 경우에는 뷜만-스트라웁의 경험적 베이지안 신뢰도의 적용이 어렵게 된다.

11.3.2 위험측정단위

미국, 유럽 등에서는 비교적 위험이 안정적이기 때문에 보험료를 위험측정단위로 사용하는 것은 합리적이라고 판단된다. 또한 뷜만-스트라웁의 경험적 베이지안 신뢰도 모델과 관련된 대부분의 연구자료에서도 보험료만을 가중치로 두고 있다는 사실은 이를 뒷받침해 주고 있다.

최근 들어, 보험료가 아닌 일반적인 위험단위수를 가중치로 두어야 한다는 의견(ISO, 1980)이 일부 제기되었지만 구체적인 연구는 없는 것으로 조사되었다. 따라서 위험의 특성에 따라 합리적인 위험측정단위를 가중치로 둘 수 있는 모델개발이 필요하다.

11.3.3 조건부(등급 간) 평균들의 분산값

일반적으로 분산은 양수이므로 조건부(등급 내) 평균들의 분산값 역시, 양수를 전제로 하여야 하나 식 (11.21)에서 보는 바와 같이 조건부(등급 간) 평균들의 분산값에 대한 추정량은 두 제곱합의 차이로 추정토록 되어 있어 음수가 나타날 수 있는 단점이 있다. 특히, 연도별 · 등급별 손해율의 변동 폭이 크고 경험통계량이 충분치 못한 보험 또는 위험에서는 조건부(등급 간) 평균들의 분산값 $\hat{\tau}^2$이 음수로 나타날 가능성이 크다. 물론, $\hat{\tau}^2$이 음수로 나타날 경우 ISO(1980), Herzog(1999) 등에서는 $Z_i = \max(\hat{\tau}^2, 0)$으로 두도록 되어 있으나 이 경우 편의가 발생되는 문제점이 있다. 이 같은 인위적인 추정방법은 위험의 속성을 제대로 반영치 못할 가능성이 매우 크다.

11.3.4 음수의 손해율의 처리

우리나라 대부분의 보험에서 등급별 또는 연도별 손해율의 편차가 매우 심하고 때에 따라서 회계의 오류, 지급보험금의 환급 또는 환입의 누락, 책임준비금의 과대 또는 과소추정으로 인해 손해율이 음수가 발생하는 경우가 있다. 이 같이 음수의 손해율이 발생하는 경우 손해율을 0으로 처리하는 것이 일반적이지만 뷜만-스트라웁의 경험적 베이지안 신뢰도 모델에서는 이를 처리하지 못하는 한계가 있다. 따라서 음수의 손해율을 합리적으로 처리할 수 있는 신뢰도 모델의 개발이 필요하다.

제12장에서는 위와 같은 뷜만-스트라웁의 경험적 베이지안 신뢰도 모델(Ⅰ)의 한계(특히 식 (11.21)이 음수인 경우)를 해결할 수 있는 새로운 신뢰도 모델을 제시하고 있다.

11.4 적합도 검증

11.4.1 개요

일반적으로 적합도라 함은 추정치와 실제치 간의 차이(오차)의 크기(정도)를 말하는 것으로 오차의 절대치 또는 오차의 제곱합 등으로 적합도를 나타낸다. 여기서 적합도라 함은 각각의 경험적 베이지안 신뢰도를 반영해서 산출한 추정 손해율과 최근년도의 실제손해율과의 차이의 제곱합으로 정의하였다.

Herzog(1999)는 지역별 추정치가 $\hat{\alpha}_i$이고, 가장 최근년도 $(r+1)$의 실제관측치를 $\alpha_{i,r+1}$라고 할 때 적합도를 다음과 같이 정의하고 있다.

$$\sum_{i=1}^{k}\omega_{i,r+1}(\hat{\alpha}_i-\alpha_{i,r+1})^2$$

여기서, $\omega_{i,r+1}=\frac{E_{i,r+1}}{\sum_{i=1}^{k}E_{i,r+1}}$ 로 최근년도 $(r+1)$의 계약건수를 가중치로 적용하였다.

11.4.2 적합도 모델

적합도 식을 근거로 사례분석 등에서 적용하고 있는 적합도는 다음과 같이 Q로 정의한다. 식 (11.22)에서 보는 바와 같이 적합도의 크기 Q가 적으면 적을수록 합리적인 추정치라고 말할 수 있다.

$$Q=\sum_{i=1}^{K}\frac{E_{i.}}{E_{..}}(\hat{X}_i^Z-X_{i.})^2 \tag{11.22}$$

여기서, $\hat{X}_i^{(Z)}$은 경험적 베이지안 신뢰도가 반영된 등급별 추정 손해율을 말하고 $X_{i.}$는 i등급의 5개년간 발생한 실제치의 평균손해율을 나타낸다. 또한 $E_{i.}$와 $E_{..}$는 각각 i번째 등급의 위험측정단위수와 전체 포트폴리오의 위험측정단위수를 나타낸다.

11.5 뷜만-스트라웁의 경험적 베이지안 신뢰도(I) 모델의 알고리즘

뷜만-스트라웁의 경험적 베이지안 신뢰도를 추정하기 위해 데이터와 수식들을 하나의 통일된 기호로 정리하면 다음과 같다. 이후부터 손해액은 발생손해액을, 보험료는 경과보험료를, 손해율은 경과손해율을 각각 나타낸다. $i=1,2,...,K$이고 $t=1,2,...,T$에 대하여,

〈 데 이 터 〉

$L_{it} = i$ 등급의 t 년도 손해액　　　　$P_{it} = i$ 등급의 t 년도 보험료

위와 같은 데이터를 가지고 신뢰도가 반영된 손해율을 추정하기 위해 필요한 기호들은 다음과 같다. 여기서, 가중치로 보험료를 사용하였다.

〈 수　식 〉

$X_{it} = \frac{L_{it}}{P_{it}} =$ i 등급의 t 년도 손해율

$P_{i.} = \sum_{t=1}^{T} P_{it} = i$ 등급의 전체보험료

$\overline{X}_{i.} = \sum_{t=1}^{T} (\frac{P_{it}}{P_{i.}}) X_{it} = i$ 등급의 평균손해율

$P_{..} = \sum_{i=1}^{K} P_{i.} \sum =$ T년간 전체보험료

$\overline{X}_{..} = \sum_{i=1}^{K}\sum_{t=1}^{T} (\frac{P_{it}}{P_{..}}) X_{it} =$ 전체 평균손해율(grand mean)

위의 데이터와 수식들을 보다 쉽게 이해할 수 있도록 등급별 · 연도별 보험금, 연도별 손해액, 보험료와 손해율을 가지고 다음과 같은 <표 11.3>을 만들었다.

표 11.3 뷜만-스트라웁의 경험적 베이지안 신뢰도 자료구조

등급별		연도별				소 계	손해율
		1	2	…	T		
1	보험료	P_{11}	P_{12}	…	P_{1T}	$P_{1.}$	$\overline{X}_{1.} = \sum_{t=1}^{T} (\frac{P_{1t}}{P_{1.}}) X_{1t}$
	손해액	L_{11}	L_{12}	…	L_{1T}	$L_{1.}$	
	손해율	X_{11}	X_{12}	…	X_{1T}	$X_{1.}$	
…	…	…	…	…	…	…	
i	보험료	P_{i1}	P_{i2}	…	P_{iT}	$P_{i.}$	$\overline{X}_{i.} = \sum_{t=1}^{T} (\frac{P_{it}}{P_{i.}}) X_{it}$
	손해액	L_{i1}	L_{i2}	…	L_{iT}	$L_{i.}$	
	손해율	X_{i1}	X_{i2}	…	X_{iT}	$X_{i.}$	
…	…	…	…	…	…	…	

(계속)

등급별		연도별				소 계	손해율
		1	2	…	T		
K	보험료	P_{K1}	P_{K2}	…	P_{KT}	$P_{K.}$	$\overline{X}_{K.}=\sum_{t=1}^{T}(\frac{P_{Kt}}{P_{K.}})X_{Kt}$
	손해액	L_{K1}	L_{K2}	…	L_{KT}	$L_{K.}$	
	손해율	X_{K1}	X_{K2}	…	X_{KT}	$X_{K.}$	

등급별 뷜만-스트라웁의 경험적 베이지안 신뢰도는 다음과 같이 조건부(등급 내) 분산들의 기댓값, 조건부(등급 간) 평균들의 분산값, 등급별 신뢰도, 전체 손해율, 등급별 손해율의 산출 등 총 5단계에 걸쳐 산출된다.

<1단계> 조건부(등급 내) 분산들의 기댓값

앞의 <표 11.3>과 같이 보험료를 가중치로 한 등급별 평균손해율($\overline{X}_{i.}$)을 계산한 다음 식 (11.23)에 의해 각 조건부(등급 내) 분산들의 추정치 $\widehat{\Sigma_i^2}$을 차례로 구한다($i=1,\ 2,\ \cdots,\ K$). 여기서, T는 경험통계기간, K는 등급수를 나타낸다.

$$\widehat{\Sigma_i^2}=\frac{1}{T-1}\sum_{t=1}^{T}P_{it}(X_{it}-\overline{X}_{i.})^2 \tag{11.23}$$

식 (11.23)에서 구한 각 등급별 분산들의 합을 등급수 K로 나누어 조건부(등급 내) 분산들의 기댓값의 추정치를 식 (11.24)과 같이 구한다.

$$\begin{aligned}\widehat{\Sigma^2}&=\frac{1}{K}\sum_{i=1}^{K}\widehat{\Sigma_i^2}\\&=\frac{1}{K}\frac{1}{T-1}\sum_{i=1}^{K}\sum_{t=1}^{T}P_{it}(X_{it}-\overline{X}_{i.})^2\end{aligned} \tag{11.24}$$

<2단계> 조건부(등급 간) 평균들의 분산값

위 수식에서와 같이 등급별 · 연도별 보험료를 가중치로 한 전체 평균손해율 ($\overline{X}_{..}$)을 구한 후 복잡한 계산을 피하기 위해 다음과 같이 B^2, $\widetilde{B}^2$을 각각 구한 다음에 식 (11.25)~(11.27)에 의해 조건부(등급 간) 평균들의 분산값의 추정치 $\hat{\tau}^2$을 구한다.

$$B^2 = \frac{1}{K(T-1)} \sum_{i=1}^{K} \sum_{t=1}^{T} \frac{P_{it}}{P_{..}} (X_{it} - \overline{X}_{..})^2 \tag{11.25}$$

$$\widetilde{B}^2 = \frac{1}{K(T-1)} \sum_{i=1}^{K} \frac{P_{i.}}{P_{..}} (1 - \frac{P_{i.}}{P_{..}}) \tag{11.26}$$

$$\hat{\tau}^2 = \frac{B^2 - \dfrac{\hat{\Sigma}^2}{P_{..}}}{\widetilde{B}^2} \tag{11.27}$$

식 (11.27)과 같이 분자의 $\dfrac{\widehat{\Sigma^2}}{P_{..}}$ 값이 B^2보다 크게 되면 τ^2의 추정 값이 음수가 될 수 있다는 점이 뷜만-스트라웁의 경험적 베이지안 신뢰도의 가장 큰 결점이다.

<3단계> 등급별 신뢰도의 산출

<1단계>와 <2단계>에서 구한 조건부(등급 내) 분산들의 기댓값의 추정치 $\hat{\Sigma}^2$와 조건부(등급 간) 평균들의 분산값의 추정치 $\hat{\tau}^2$를 식 (11.28)에 각각 대입하여 등급별 신뢰도를 추정한다. 만약에 식 (11.28)에서 $\hat{\tau}^2 \leq 0$이라면 i번째 등급의 신뢰도 $Z_i = 0$ 이다. 즉, $Z_i = \max(\hat{\tau}^2,\ 0)$이다.

$$Z_i = \frac{P_{i.}}{P_{i.} + \dfrac{\hat{\Sigma}^2}{\hat{\tau}^2}} \tag{11.28}$$

그러나 이 경우 τ^2의 추정량은 편의(bias)가 발생한다(굴렛, Goulet, 1998).

<4단계> 전체 손해율의 추정

전체 손해율 $\overline{X}^{(Z)}$는 식 (11.11)에서 보는 바와 같이 등급별 평균손해율 $\overline{X_{i.}}$에 신뢰도 $Z_{i.}$를 가중시켜 산출한다. 만약에 모든 i에 대하여 $Z_i = 0$라면 $\overline{X}^{(Z)}$는 아래 식 (11.29)에서 보는 바와 같이 보험료 $P_{i.}$에 의해 가중된 등급별 평균손해율로 나타난다.

$$\overline{X}^{(Z)} = \frac{\sum_{i=1}^{K} P_{i.} \overline{X}_{i.}}{\sum_{i=1}^{K} P_{i.}} \tag{11.29}$$

<5단계> 뷜만-스트라웁의 경험적 베이지안 신뢰도(Ⅰ)가 반영된 손해율

다음의 식 (11.30)에 의해 뷜만-스트라웁의 경험적 베이지안 신뢰도(Ⅰ)가 반영된 등급별 손해율 $\hat{X}_i^{(BS)}$을 추정한다.

$$\hat{X}_i^{(BS)} = Z_i \overline{X}_{i.} + (1 - Z_i) \overline{X}^{(Z)} \tag{11.30}$$

11.6 사례분석(1)

11.6.1 경험데이터

다음 <표 11.4>의 포트폴리오는 시뮬레이션(2016년 등급별 손해율 추정)을 실시하기 위한 예시 자료로 위험등급 $K = 3$, 경험통계기간 $T(i) = 5$이다. 따라서 결측치(2011년 3등급)가 발생하는 경험데이터의 예이다.

표 11.4 일반보험 포트폴리오의 연도별 · 등급별 실적 (단위: 건, 백만 원)

등급별 \ 연도별		2011	2012	2013	2014	2015	계
$i=1$	보험료(P_{it})	120	20	90	110	50	390
	사고건수(N_{it})	250	100	300	280	230	1,160
	손해액(L_{it})	80	30	80	200	40	430
	손해율(%)	66.7	150.0	88.9	181.8	80	110.3
$i=2$	보험료(P_{it})	80	70	80	100	90	420
	사고건수(N_{it})	200	140	150	100	160	750
	손해액(L_{it})	110	90	70	60	60	390
	손해율(%)	137.5	128.6	87.5	60.0	66.7	92.9
$i=3$	보험료(P_{it})	-	90	100	120	140	450
	사고건수(N_{it})	-	2,000	5,000	1,200	2,700	10,900

(계속)

등급별 \ 연도별		2011	2012	2013	2014	2015	계
	손해액(L_{it})	-	70	80	100	90	340
	손해율(%)	-	77.8	80.0	83.3	64.3	75.6
계	보험료(P_{it})	200	180	270	330	280	1,260
	사고건수(N_{it})	450	2,240	5,450	1,580	3,090	12,810
	손해액(L_{it})	190	190	230	360	190	1,160
	손해율(%)	95.0	105.6	85.2	109.1	67.9	92.1

3등급($i=3$)의 상품은 2012년도부터 상품이 판매되기 시작하였기 때문에 2011년도의 경험데이터가 없다(결측치). 즉, 경험데이터는 3개 등급별 동질위험집단으로 구성되어 있으며 등급별 평균손해율은 1등급 110.3%, 2등급 92.9%, 3등급 75.6%로 나타나 등급 간 손해율의 편차가 크게 나타나고 있다. 이 같은 불규칙한 편차현상은 우리나라의 화재보험, 자동차보험, 상해보험 등을 제외한 대부분의 종목에서 발생하고 있는 일반적인 현상이다.

11.6.2 단계별 산출 과정: (생략)

11.6.3 분석 결과

분석결과를 종합해 보면 다음과 같다.

첫째, <표 11.5>에서 보는 바와 같이 보험료 P_{it}와 사고건수 N_{it}를 가중치로 두는 경우 식 (11.22)에 의한 적합도(Q)가 각각 0.00874과 0.00108로 나타나, 사고건수를 가중치로 두는 것이 더 적합한 손해율을 추정할 수 있다는 사실이 확인되었다. 여기서, 신뢰도와 손해율의 추정은 <부록>의 「일반적인 위험단위수와 통계기간이 다른 경우(일반손해보험)」의 프로그램을 이용하였다(적합도 Q에 대해서는 11.4.2절 참조). 결국, <표 11.5>와 같은 포트폴리오에서는 보험료보다 사고건수가 더 적합한 가중치로 활용될 수 있음을 보여주고 있다. 따라서 ISO(1980)와 같이 모든 보험종목에 일률적으로 보험료를 가중치로 두는 것보다는 포트폴리오의 특성에 맞게 가중치를 두는 것이 손해율을 추정하는 데 보다 합리적일 수 있다.

둘째, <표 11.5>에서와 같이 연도별 통계기간이 동일하지 않은 경우에도 등급별 신뢰도와 손해율의 추정이 가능하다. 특히, 우리나라와 같이 등급별 데이터량이 부족하고 상품판매의 중지 또는 변경과 같은 정책변화가 잦은 보험 실무계에서 유용하게 활용될 수 있다(제12장 참조).

이상의 실증적 분석결과를 종합해 볼 때 미국, 유럽 등에서 적용하고 있는 신뢰도 모델을 우리나라에 도입하기 위해서는 우리나라의 보험환경과 보험(위험)의 특성에 맞도록 모델을 개발하는 것이 필요하다.

표 11.5 2016년도 가중치별 신뢰도 및 손해율과 적합도의 추정

<table>
<tr><th rowspan="3">구분 / 등급</th><th colspan="4">위험단위(E_{it})</th><th rowspan="3">2016년 실제 손해율 (X_i)</th><th colspan="2" rowspan="2">적 합 도(Q)</th></tr>
<tr><th colspan="2">보험료(P_{it})</th><th colspan="2">사고건수(N_{it})</th></tr>
<tr><th>신뢰도(Z_i)</th><th>추정 손해율($\hat{X}_i$)</th><th>신뢰도(Z_i)</th><th>추정 손해율($\hat{X}_i$)</th><th>P_{it}</th><th>N_{it}</th></tr>
<tr><td>1</td><td>33.4%</td><td>94.4%</td><td>52.4%</td><td>101.0%</td><td>110.3%</td><td rowspan="3">0.00874</td><td rowspan="3">0.00108</td></tr>
<tr><td>2</td><td>35.1%</td><td>88.7%</td><td>41.6%</td><td>95.0%</td><td>92.9%</td></tr>
<tr><td>3</td><td>93.4%</td><td>76.3%</td><td>91.2%</td><td>77.4%</td><td>75.6%</td></tr>
</table>

11.7 사례분석(2)

11.7.1 경험데이터

<표 11.6>은 풍수해보험의 위험등급별(4개)과 연도별(7개년) 경험데이터이다. 2015년도 손해율을 추정하고자 한다. 가중치로 사고건수(N_{it})와 손해액(L_{it}), 보험료(P_{it})를 각각 적용하였다. 여기서 $i=1,2,3,4$이고, $t=1,2,\cdots,7$이다.

표 11.6 풍수해보험 위험등급별 계약 및 손해상황 (단위: 건, 백만 원)

위험등급별	연도별	2008	2009	2010	2011	2012	2013	2014	계	2015
1	보험료(P_{1t})	71.73	67.30	82.74	104.31	62.10	87.44	109.97	585.59	129.96
	사고건수(N_{1t})	6	4	2	-	11	15	5	43	16
	손해액(L_{1t})	8.17	6.74	1.65	-	24.91	16.35	9.27	67.09	8.46
	손해율(%)	11.39	10.02	2.00	0.00	40.11	18.70	8.43	11.46	6.51
2	보험료(P_{2t})	0.23	0.17	0.28	0.93	0.57	1.06	6.06	9.30	0.40
	사고건수(N_{2t})	1	1	-	1	1	2	1	7	-
	손해액(L_{2t})	0.01	0.01	-	0.05	0.16	0.57	0.33	1.13	-

(계속)

위험등급별 \ 연도별		2008	2009	2010	2011	2012	2013	2014	계	2015
	손해율(%)	4.30	5.88	0.00	5.37	28.07	53.77	5.45	12.15	0.00
3	보험료(P_{3t})	0.27	0.81	0.34	0.40	1.97	0.22	0.15	4.16	1.97
	사고건수(N_{3it})	2	1	-	1	3	1	-	8	2
	손해액(L_{3t})	1.04	0.08	-	0.08	0.64	0.06	0.05	1.95	0.39
	손해율(%)	385.19	9.88	0.00	20.00	32.49	27.27	33.33	46.88	19.80
4	보험료(P_{4t})	0.31	0.49	0.50	1.13	0.38	0.52	16.87	20.20	2.97
	사고건수(N_{4t})	2	1	-	2	2	1	8	16	6
	손해액(L_{4t})	2.55	0.20	-	1.48	0.57	0.36	20.75	25.91	3.56
	손해율(%)	822.58	40.82	0.00	130.97	152.00	69.23	123.00	128.27	119.87
계	보험료(P_{it})	72.54	68.77	83.86	106.77	65.02	89.24	133.05	619.25	135.30
	사고건수(N_{it})	11	7	2	4	17	19	14	74	24
	손해액(L_{it})	11.77	7.03	1.65	1.61	26.28	17.34	30.40	96.08	12.41
	손해율(%)	16.23	10.22	1.97	1.51	40.42	19.43	22.85	15.52	9.17

자료 : 국민안전처, 2016

11.7.2 분석결과

일반적인 위험단위 수(E_{it})를 가중치로 한 위험등급별 신뢰도와 추정 손해율은 347쪽의 <표 11.7>과 같다. 예시적으로, 일반적인 위험단위 수 E_{it}를 보험료(P_{it})로 하는 경우의 위험등급별 신뢰도와 손해율을 추정하면 다음과 같다. 먼저, 조건부(등급 내) 분산들의 기댓값($\hat{\Sigma}^2$)과 조건부(등급 간) 평균들의 분산값(τ^2)을 계산한다. 위험등급별 보험료를 가중치로 한 위험등급 1의 평균값 $\overline{X_{1.}}$은 다음과 같이 계산된다.

$$\overline{X}_{1.} = \frac{1}{585.59}[71.73\times 11.39 + 67.30\times 10.02 + 82.74\times 2.00 + 104.31\times 0.00$$
$$+ 62.10\times 40.11 + 87.44\times 18.70 + 109.97\times 8.43] = 11.46$$

동일한 계산식에 의해 $\overline{X}_{2.} = 12.15$, $\overline{X}_{3.} = 46.88$, $\overline{X}_{4.} = 128.27$이므로 1단계의 식 (11.24)에 의한 조건부(등급 내) 분산들의 기댓값($\hat{\Sigma}^2$)은 다음과 같이 계산된다.

$$\hat{\Sigma}^2 = \frac{1}{4}\frac{1}{(7-1)}[71.73(11.39-11.46)^2 + 67.30(10.02-11.46)^2 + \cdots$$

$$+0.52(69.23-128.27)^2+16.87(123.00-128.27)^2]$$
$$=\frac{1}{24}(254,938.44)=10,622.44$$

다음으로 <2단계>의 조건부(등급 간) 평균들의 분산값(τ^2)을 계산하기 위해 보험료를 가중치로 하는 전체 평균 손해율($\overline{X_{..}}$)은 다음과 같이 계산된다.

$$\overline{X_{..}}=\frac{1}{619.25}[71.73\times 11.39+67.30\times 10.02+\ \cdots$$
$$+0.52\times 69.23+16.87\times 123.00]$$
$$=\frac{96.08}{619.25}=15.52$$

또한 식 (11.20)의 $W=\sum_{i=1}^{K}\sum_{t=1}^{T(i)}\frac{E_{it}}{E_{..}}(X_{it}-\overline{X}_{..})^2$는 다음과 같이 계산된다.

$$W=\frac{1}{619.25}[71.73(11.39-15.52)^2+67.30(10.02-15.52)^2+\cdots$$
$$+0.52(69.23-15.52)^2+16.87(123.00-15.52)^2]$$
$$=\frac{1}{619.25}[511,666.99]=826.27$$

따라서 2단계의 식 (11.21)에 의한 조건부(등급 간) 평균들의 분산값 추정치($\hat{\tau}^2$)은 다음과 같이 계산된다.

$$\hat{\tau}^2=\frac{1}{1-\frac{585.59^2+9.30^2+4.16^2+20.20^2}{619.25^2}}[826.27-(28-1)(\frac{10,622.44}{619.25})]$$
$$=3,477.48$$

3단계의 식 (11.28)에 의한 위험등급 1에 대한 뷜만-스트라웁의 경험적 베이지안 신뢰도는 다음과 같이 계산된다.

$$Z_1^{(BS)} = \frac{585.59}{585.59 + \frac{10,622.44}{3,477.48}} = 0.99$$

동일한 방법에 의해 계산한 나머지 위험등급별 신뢰도는 $Z_2^{(BS)}$=0.75, $Z_3^{(BS)}$=0.58, $Z_4^{(BS)}$=0.87가 된다. 다음으로 4단계의 식 (11.11)에 의한 신뢰도가 반영된 전체 평균 손해율 $\overline{X}^{(Z)}$는 다음과 같이 계산된다.

$$\overline{X}^{(Z)} = \frac{0.99 \times 11.46 + 0.75 \times 12.15 + 0.58 \times 46.88 + 0.87 \times 128.31}{0.99 + 0.75 + 0.58 + 0.87} = 49.93\%$$

마지막 5단계의 뷜만-스트라웁의 경험적 베이지안 신뢰도를 반영한 위험등급 1의 추정 손해율은 다음과 같이 계산된다.

$$\widehat{X}_1^{(BS)} = 0.99 \times 11.46 + (1 - 0.99) \times 49.93 = 11.84$$

동일한 방법에 의해 계산한 위험등급별 신뢰도 $\widehat{X}_2^{(BS)} = 21.60$, $\widehat{X}_3^{(BS)} = 48.16$, $\widehat{X}_4^{(BS)} = 118.12$가 된다.

이상과 같은 단계적 절차에 의해 구한 일반적인 위험단위수(N_{it}, P_{it}, L_{it})를 가중치로 한 단계별 신뢰도 및 손해율 추정치는 <표 11.7>과 같다.

표 11.7 일반적인 위험단위수를 가중치로 한 신뢰도 및 손해율 추정

단계별 \ 가중치			E_{it}		
			사고건수(N_{it})	보험료(P_{it})	손해액(L_{it})
1단계: $\hat{\Sigma}^2$			45,105.58	10,622.44	50,087.77
2단계: $\hat{\tau}^2$			6,846.47	3,477.48	8,862.05
3단계: $Z_i^{(BS)}$	위험등급	1	0.87	0.99	0.92
		2	0.52	0.75	0.17
		3	0.55	0.58	0.26
		4	0.71	0.87	0.82
4단계: $\overline{X}_{..}^{(Z_i)}$ (%)			90.42	49.93	110.99
5단계: $\widehat{X}_i^{(BS)}$(%)	위험등급	1	29.49	11.84	30.09
		2	55.03	21.60	97.74
		3	104.29	48.16	139.08

(계속)

가중치 / 단계별			E_{it}		
			사고건수(N_{it})	보험료(P_{it})	손해액(L_{it})
		4	172.89	118.12	177.06

11.7.3 적합도 검증

변동제한법과 뷜만-스트라웁의 경험적 베이즈 신뢰도를 각각 적용해서 추정한 손해율과 2015년도의 실제손해율을 기준으로 식 (11.22)`에 의해 적합도를 검증하였다. 다시 말해, Q값이 적다는 것은 추정치와 실제치 간의 차이가 적다는 것을 말해준다. 여기서 $\widehat{X}_{i.}$은 신뢰도가 반영된 위험등급별 추정 손해율이고 $X_{i.}$는 2015년 실제손해율이다. $E_{i.}$는 위험등급 i의 위험단위수, $E_{..}$는 전체 위험단위수를 말한다. 다만, 변동제한법에 의한 적합도 검증에서는 일반적인 위험단위수 E_{it}로 사고건수를 적용하였다.

$$Q = \sum_{i=1}^{K} \frac{E_{i.}}{E_{..}} (\widehat{X}_{i.} - X_{i.})^2 \qquad (11.22)`$$

적합도 검증결과는 다음 <표 11.8>과 같이 보험료를 가중치로 하는 뷜만-스트라웁의 경험적 베이지안 신뢰도를 반영한 추정 손해율이 2015년도 실제 손해율을 가장 잘 나타내고 있는 것으로 나타났다. 즉, Q값이 가장 적은 것으로 나타났다. 따라서 앞으로 보험요율 검증의 기준이 되는 손해율을 추정할 때 변동제한 방법에 의한 신뢰도 보다는 뷜만-스트라웁의 경험적 베이지안 신뢰도를 활용하는 것도 하나의 보험요율검증방법이 될 수 있다는 것이 확인되었다. 다만, 본 사례분석에서는 자료접근의 한계로 충분한 데이터를 확보하고 있지는 못하다. 따라서, 더욱 합리적인 손해율 추정방법을 도출하기 위해서는 충분한 경험데이터가 필요하다고 판단된다.

표 11.8 추정 손해율과 적합도 검증결과

추정 손해율 / 위험등급	추정 손해율				2015년 실제 손해율
	변동제한법	가중치			
		사고건수(N_{it})	보험료(P_{it})	손해액(L)	
1	15.25	29.49	11.84	30.09	6.51
2	15.90	55.03	21.60	97.74	0.00
3	18.03	104.29	48.16	139.08	19.80
4	27.30	172.89	118.12	177.06	119.87
적합도(Q)	1,921.44	1,972.867	39.37	1,671.38	-

11.7.4 분석

2015년 추정 손해율과 실제 손해율과의 차이가 많은 것은 자연재해의 특성상 연도별 경험데이터가 불규칙할 뿐만 아니라 사고규모가 적어서 발생하는 것으로 보인다.

연습문제

1. 다음 표에서 보는 바와 같이 3개 보험계약자 그룹에 대한 3개년 손해액 데이터가 집적되었을 때, 4차 연도에 예상되는 총손해액을 추정하시오(단, 인플레이션은 고려하지 않는다).

보험계약자 그룹		1차 연도	2차 연도	3차 연도	4차 연도
1	총손해액	8,000	11,000	15,000	-
	그룹 크기	40	50	75	75
2	총손해액	20,000	24,000	18,000	-
	그룹 크기	100	120	120	95
3	총손해액	10,000	15,000	13,500	-
	그룹 크기	50	60	60	60

2. $\mu = 0.30$이고 $v = 0.10$의 값이 주어질 때, 문제 11.7.1의 방법과 기호를 이용해서 조건부 평균들의 분산값(a)을 추정하시오.

3. 어떤 부인의 자동차가 일주일 동안 정비소에 있을 때, 남편의 차를 몰고 아침에 출근하면서 사무실에 도착하는 데 걸리는 시간을 기록하였다. 그리고 자신의 자동차를 정비소에서 출고한 이후 사무실에 도착하는 데 걸리는 시간을 아래와 같이 기록하였다.

일	남편	부인
1	30분	30분
2	33분	28분
3	26분	31분
4	31분	27분
5	30분	24분

이때 뷜만의 방법에 의한 신뢰도를 반영하여 부인이 출근하는 데 소요되는 시간을 추정하고자 한다. EPV, VHM, k, Z를 계산하고 신뢰도가 반영된 추정치를 계산하시오.

4. 3년 동안 피보험자 5명의 경험데이터가 다음 표와 같다. 여기서, 보험료는 경험조정계수 적용 전 보험료이다.

피보험자	보험료	손해액	손해율(%)
1	1,000	600	60.0
2	500	200	40.0
3	2,000	1,100	55.0
4	1,500	700	46.7
5	3,000	2,200	73.3
계	8,000	4,800	60.0

다음과 같은 공식을 사용해서 피보험자에 대한 경험데이터를 수정하려고 한다.

$$Z = \frac{P}{P+k},\quad M = \frac{[(\frac{L}{P})Z + 60.0(1-Z)]}{60.0}$$

여기서, Z: 신뢰도, k: 범위모수, P: 보험료, M: 수정계수, L: 손해액, 60.0: 전체평균손해율이다. 만약 $k=1{,}000$을 적용한다면 각 피보험자의 수정계수를 구하시오.

5. 5년 차 경험기간에 대한 피보험자 5명의 경험데이터가 다음 표와 같다.

피보험자	보험료	손해액	손해율(%)
1	400	300	75.0
2	200	100	50.0
3	900	200	22.2
4	500	200	40.0
5	1,000	700	70.0
계	3,000	1,500	50.0

수정계수는 1, 2, 3년간 경험데이터를 이용해서 여러 가지 k값에 따라 계산된다. $k=1{,}000$일 때 5년 차 경험데이터를 수정계수로 조정한 보험료를 사용하여 수정손해율과 전체 평균손해율 간의 제곱차이의 합을 계산하시오(참고: 수정보험료는 보험료에 수정계수를 곱해서 계산된다. 수정손해율은 분자의 보험료를 수정계수로 수정해서 계산된다).

6. 5번에서 계산한 제곱합이 최소가 되는 k값을 구하시오(컴퓨터를 이용해서 풀어야 할 것이다).

12장

뷜만-스트라웁의 경험적 베이지안 신뢰도(Ⅱ)

12.1 개요

이번 장은 제11장의 뷜만-스트라웁의 경험적 베이지안 신뢰도 모델(Ⅰ)에서 다음 조건들을 확장시킨 모델을 알아볼 것이다.

첫째, 각 등급별 결측치가 발생하는 경우에도 적용될 수 있다.

둘째, 위험단위수를 보험료뿐만 아니라 사고건수, 손해액 등 일반적인 위험측정 단위수로 둘 수 있도록 하였다.

셋째, 등급 내 분산들의 기댓값이 항상 양수로 나타낼 수 있도록 하였다.

12.2 뷜만-스트라웁의 경험적 베이지안 신뢰도(II)

12.2.1 기본가정

본 절에서의 기본가정은 11.2.1절의 뷜만-스트라웁의 경험적 베이지안 신뢰도 모델(Ⅰ)과 동일하나, <표 12.1>이 <표 11.2>과 다른 점은 모수 θ_i가 주어졌을 때, 손해율 X_{it}의 분산은 일반적인 위험측정단위 $E_{i.}$의 크기에 반비례하고 등급별 경험통계기간이 $T(i)$라는 점이다. 다시 말해, <표 11.2>의 T 대신 $T(i)$, P_{it} 대신 E_{it} 또는 $E_{i.}$를 가중치로 둔 것이 다르다.

표 12.1 뷜만-스트라웁의 경험적 베이지안 신뢰도(Ⅰ) 포트폴리오의 구성

년도 / 등급	(관측치, 가중치)				위험 모수	등급별 모집단의 특성치	
	1	2	⋯	$T(i)$		모평균	모분산
1	(X_{11}, E_{11})	(X_{12}, E_{12})	⋯	$(X_{1T(1)}, E_{1T(1)})$	Θ_1	$\mu(\Theta_1)$	$\sigma^2(\Theta_1)$
2	(X_{21}, E_{21})	(X_{22}, E_{22})	⋯	$(X_{2T(2)}, E_{2T(2)})$	Θ_2	$\mu(\Theta_2)$	$\sigma^2(\Theta_2)$
⋯			⋯				
i	(X_{i1}, E_{i1})	(X_{i2}, E_{i2})	⋯	$(X_{iT(i)}, E_{iT(i)})$	Θ_i	$\mu(\Theta_i)$	$\sigma^2(\Theta_i)$
⋯			⋯				
K	(X_{K1}, E_{K1})	(X_{K2}, E_{K2})	⋯	$(X_{KT(K)}, E_{KT(K)})$	Θ_K	$\mu(\Theta_K)$	$\sigma^2(\Theta_K)$

<표 12.1>에서 보는 바와 같이 $X_{iT(i)}$와 $E_{iT(i)}$는 i번째 등급의 $T(i)$ 연도의 손

해율과 가중치(위험단위)를 각각 나타낸다. 여기서, 가중치는 일반적인 위험측정단위수를 나타내며 각 등급별 경험통계기간은 동일하지 않은 경우를 가정하였다(즉, 결측치가 발생할 수 있다).

Θ_i는 i번째 등급의 위험모수를 나타내며 $\mu(\Theta_i)$과 $\sigma^2(\Theta_i)$는 i등급의 모평균과 모분산을 각각 나타낸다. 손해율 X_{it}와 모수들 간에는 다음과 같은 가정들이 필요하다. 다음 가정은 11.2.1절의 기본 가정을 <표 12.1>에 따라 재구성하였다.

<가정 1> 고정된 모수 Θ_i $(i=1, 2, \cdots, K)$가 주어질 때 확률변수 $X_{i1}, X_{i2}, \cdots, X_{iT(i)}$는 서로 독립이다. 또한 $E[X_{it} \mid \theta_i] = \mu(\theta_i)$이고 $Var(X_{it} \mid \theta_i) = \dfrac{\sigma^2(\theta_i)}{E_{it}}$인 모수 Θ의 함수 μ와 σ^2 그리고 기지의 상수인 일반적인 위험측정단위인 가중치 E_{it}가 존재한다.

<가정 2> 고정된 모수 Θ_1, Θ_2, ..., Θ_K가 주어질 때 $i \neq j$에 대하여 확률벡터 $(X_{i1}, X_{i2}, \ldots, X_{iT(i)})$와 $(X_{j1}, X_{j2}, \ldots, X_{jT(j)})$는 서로 독립이다. 또한 모수 Θ_1, Θ_2, $\cdots$, Θ_K는 서로 독립이고 동일한 분포를 따른다.

<가정 3> 확률변수 X_{it}의 분산은 유한하다.

12.2.2 뷜만-스트라웁의 경험적 베이지안 신뢰도(II) 산출 모델

가. 등급별 신뢰도 산출 모델

i번째 등급모수 θ_i가 주어졌을 때 $\overline{X_{i.}}$의 평균과 분산은 각각 $\mu(\theta_i)$와 $\dfrac{\sigma^2(\theta_i)}{E_{i.}}$인 임의의 분포를 따른다고 가정하고 $\mu(\theta_i)$의 평균과 분산은 각각 M, τ^2이라고 가정하자. 제곱오차 손실함수 아래에서 $\mu(\theta_i)$의 베이지안 추정량은 다음과 같다.

$$\tilde{\mu}(x) = Z_i \overline{X_{i.}} + (1 - Z_i)M \tag{12.1}$$

여기서, $\overline{X_{i.}}$와 $E_{i.}$는 i번째 등급의 평균손해율과 일반적인 위험측정단위수(사고건수, 보험료, 손해액 등)이다. 또한 i번째 등급별 신뢰도 Z_i는 다음과 같다.

$$Z_i = \frac{\tau^2}{\tau^2 + \frac{\Sigma^2}{E_{i.}}} \tag{12.2}$$

여기서, τ^2은 조건부(등급 간) 평균들의 분산값, Σ^2은 조건부(등급 내) 분산들의 기댓값을 각각 나타낸다. 식 (12.2)에서 보는 바와 같이 i등급의 신뢰도 Z_i는 위험측정단위수 $E_{i.}$가 크면 클수록 1에 가깝게 된다. 또한 조건부(등급 간) 평균들의 분산값 τ^2이 크면 클수록 Z_i는 1에 가깝게 된다. 반대로 조건부(등급 내) 분산들의 기댓값 Σ^2이 클수록 Z_i는 0에 가깝게 됨을 알 수 있다.

식 (12.1)에서 M 대신 식 (11.11)의 등급별 신뢰도 $\overline{X}^{(Z)}$을 가중시킨 아래의 식 (12.3)이 뷜만-스트라웁의 경험적 베이지안 신뢰도 모델(Ⅰ)을 확장시킨 손해율 추정모델이다.

$$\tilde{\mu}(x) = Z_i \overline{X_{i.}} + (1 - Z_i)\overline{X}^{(Z)} \tag{12.3}$$

여기서, Z_i, $\overline{X_{i.}}$, $\overline{X}^{(Z)}$는 식 (12.2)의 등급별 신뢰도, <표 11.3>의 등급별 평균손해율, 식 (11.11)과 같이 등급별 신뢰도를 가중시킨 평균손해율이다. 마찬가지로 식 (12.2)의 등급별 신뢰도 Z_i에는 두 개의 모수 Σ^2와 τ^2가 있으며 경험데이터를 이용하여 이들 모수를 추정하지 않으면 안 된다.

나. 모수의 추정

(1) 조건부(등급 내) 분산들의 기댓값 Σ^2의 추정

조건부(등급 내) 분산들의 기댓값 $\Sigma^2 = E_{\theta_i}[\sigma^2(\theta_i)]$라고 가정한다. 여기서, $\sigma^2(\theta_i)$는 θ_i가 주어졌을 때 평균손해율 $\overline{X_{i.}}$의 분산을 나타내며, 위 <가정 1>에서 보는 바와 같이 다음과 같은 성질을 갖는 확률변수이다.

$$Var(X_{it} \mid \theta_i) = \frac{\sigma^2(\theta_i)}{E_{it}}, \quad Var(\overline{X_{i.}} \mid \theta_i) = \frac{\sigma^2(\theta_i)}{E_{i.}}$$

여기서, E_{it}는 i번째 등급의 t년도의 일반적인 위험측정단위의 개수를 말하며, $E_{i.} = \sum_{t=1}^{T(i)} E_{it}$를 나타낸다. 한편, 조건부(등급 내) 분산들의 기댓값 Σ^2을 추정하기 위에서는 [보조정리 12.1]이 필요하다.

앞의 [보조정리 11.3]을 이용하여 구한 Σ^2과 τ^2의 추정량은 다음 [정리 12.1]과 [정리 12.2]와 같다. 참고로 11.2.2절의 모수 추정방법을 이해하고 있는 독자는 이 절을 건너뛰어도 무방하다.

정리 12.1

위의 <가정 1>~<가정 3> 아래에서, Σ^2의 불편추정량은 다음과 같다. 제11장에서는 등급별 경험통계기간을 동일하게 T로 둔 반면, 여기에는 등급별 관찰연도를 $T(i)$로 지정하여 보다 현실적인 접근이 가능토록 하였다(식 (11.18) 참조).

$$\widehat{\Sigma^2} = \frac{1}{K}\sum_{i=1}^{K}[(\frac{1}{T(i)-1})\sum_{t=1}^{T(i)} E_{it}(X_{it} - \overline{X}_{i.})^2] \tag{12.4}$$

여기서, K는 등급 수, $T(i)$는 i번째 등급의 경험통계기간, X_{it}와 E_{it}는 i번째 등급의 t 연도의 손해율과 위험측정단위수를 각각 나타낸다. $\overline{X}_{i.}$는 i번째 등급의 평균손해율을 나타낸다.

증명

Σ^2은 조건부(등급 내) 분산들의 기댓값을 나타내므로 $(X_{it} - \overline{X}_{i.})^2$의 형태가 된다. 따라서 Σ^2의 불편추정량을 찾기 위하여 $E(X_{it} - \overline{X}_{i.})^2$을 계산한다. 이를 계산하기 위해 위의「가. 등급별 신뢰도 산출 모델」을 이용한다.

여기서, $\overline{X_{i.}} = \sum_{t=1}^{T(i)} \frac{E_{it}}{E_{i.}} X_{it}$이다. 만약 어떤 확률변수 X_{it}가 일정한 등급 i에 대하여 서로 독립이라면 위「가. 등급별 신뢰도 산출 모델」을 직접 이용할 수 있으나 X_{it}와 X_{jt}는 <가정 1>에 의해 서로 다른 등급($i \neq j$)끼리는 독립적이나 동일한 등급 내($i = j$)에서는 비독립적이다. 따라서 위「가. 등급별 신뢰도 산출 모델」을 직접 이용할 수 없으므로 모수 θ_i가 주어질 때,

$$C_i = \frac{E_{it}}{E_{i.}}, \quad Var(X_{it} \mid \theta_i) = \frac{\sigma^2(\theta_i)}{E_{it}}, \quad Var(\overline{X_{i.}} \mid \theta_i) = \frac{\sigma^2(\theta_i)}{E_{i.}}$$

라고 놓으면 다음과 같은 식이 성립한다.

$$\begin{aligned} E_{\theta_i}[(X_{it} - \overline{X_{i.}})^2 \mid \theta_i] &= (1 - 2\frac{E_{it}}{E_{i.}}) Var(X_{it} \mid \theta_i) + Var(\overline{X_{i.}} \mid \theta_i) \\ &= (1 - 2\frac{E_{it}}{E_{i.}}) \frac{\sigma^2(\theta_i)}{E_{it}} + \frac{\sigma^2(\theta_i)}{E_{i.}} \\ &= \frac{\sigma^2(\theta_i)}{E_{it}} - \frac{\sigma^2(\theta_i)}{E_{i.}} \end{aligned}$$

따라서 다음과 같이 계산된다.

$$\begin{aligned} E[(X - \overline{X_{i.}})^2] &= E_{\theta_i}[E(X - \overline{X_{i.}})^2 \mid \theta_i] \\ &= (\frac{1}{E_{it}} - \frac{1}{E_{i.}}) E_{\theta_i}[\sigma^2(\theta_i)] \\ &= (\frac{E_{i.} - E_{it}}{E_{it}E_{i.}}) \Sigma^2 \end{aligned}$$

한편, $V_i = \sum_{t=1}^{T(i)} E_{it}(X_{it} - \overline{X_{i.}})^2$라고 놓을 때, V_i의 기댓값은 다음과 같다.

$$\begin{aligned} E(V_i) &= \sum_{t=1}^{T(i)} E_{it} E[(X_{it} - \overline{X_{i.}})^2] = \sum_{t=1}^{T(i)} E_{it} \ (\frac{E_{i.} - E_{it}}{E_{it}E_{i.}}) \Sigma_i^2 \\ &= \sum_{t=1}^{T(i)} (1 - \frac{E_{it}}{E_{i.}}) \Sigma_i^2 = [T(i) - 1] \Sigma_i^2 \end{aligned}$$

따라서 i번째 등급의 경험데이터만으로 산출되는 Σ_i^2의 불편추정량을 $\widehat{\Sigma_i^2}$로 나타내면 다음과 같다.

$$\widehat{\Sigma_i^2} = \frac{1}{T(i) - 1} \sum_{t=1}^{T(i)} E_{it}(X_{it} - \overline{X_{i.}})^2 \tag{12.5}$$

모든 등급($i = 1, 2, \ldots, K$)에 기초하는 조건부(등급 내) 분산들의 기댓값 Σ^2의 불편추정량을 $\widehat{\Sigma^2} = \frac{1}{K}\sum_{i=1}^{K}\widehat{\Sigma_i^2}$ 로 나타내면 일반적인 조건부(등급 내) 분산들의 기댓값은 식 (12.4)와 같이 증명된다.

식 (12.4)가 기존의 뷜만-스트라웁 모델을 확장시킨 조건부(등급 내) 분산들의 기댓값의 산출식이다. 그러나 여기서 주목해야 할 사실은 각 $\widehat{\Sigma_i^2}$이 Σ_i^2의 불편추정량이기 때문에 $\widehat{\Sigma_i^2}$에 어떤 가중치를 적용하여도 $\widehat{\Sigma^2}$은 Σ^2의 불편추정량이 된다. 따라서 Σ^2의 불편추정량 $\widehat{\Sigma^2}$은 많이 존재할 수 있다.

(2) 조건부(등급 간) 평균들의 분산값 τ^2의 추정

조건부(등급 간) 평균들의 분산값이 $\tau^2 = Var_{\theta_i}[\mu(\theta_i)]$이고 등급별 평균들의 기댓값은 $E_{\theta_i}[\mu(\theta_i)] = M$이라 가정한다.

정리 12.2

위의 <가정 1> ~ <가정 3> 아래에서 τ^2의 불편추정량은 다음과 같다.

$$\widehat{\tau^2} = \frac{1}{(1 - \frac{\sum_{i=1}^{K} E_{i.}^2}{E_{..}^2})}[W - (\sum_{i=1}^{K} T(i) - 1)\frac{\widehat{\Sigma^2}}{E_{..}}] \tag{12.6}$$

여기서, K는 등급수, $T(i)$는 i번째 등급의 통계기간, X_{it}와 E_{it}는 i번째 등급의 t 연도의 손해율과 위험단위수를 각각 나타낸다.

증명

τ^2은 조건부(등급 간) 평균들의 분산값을 나타내므로 다음과 같은 형태로 나타낼 수 있다.

$$W = \sum_{i=1}^{K}\sum_{t=1}^{T(i)}\frac{E_{it}}{E_{..}}(X_{it} - \overline{X}_{..})^2$$

여기서, $\overline{X}_{..}$는 각 등급별 위험단위수를 가중치로 한 전체 평균손해율이고 $E_{..}$는 전체 위험단위수를 나타낸다. 한편, $E[(X_{it}-\overline{X}_{..})^2]$를 계산하기 위하여 위의 [보조정리 11.3]를 이용한다. 그러나 X_{it}가 전부 독립이 아니고 조건부적으로 독립이다. 즉, 등급 간 X_{is}와 X_{jt}는 $(i \neq j)$은 독립이지만 등급 내 X_{is}와 X_{it}는 독립이 아니다. 따라서 W를 다음과 같이 대수적으로 전개하여 각각의 기댓값을 계산한다.

$$
\begin{aligned}
W &= \sum_{i=1}^{K}\sum_{t=1}^{T(i)}\frac{E_{it}}{E_{..}}(X_{it}-\overline{X}_{..})^2 = \sum_{i=1}^{K}\sum_{t=1}^{T(i)}\frac{E_{it}}{E_{..}}(X_{it}^2-2X_{it}\overline{X}_{..}+\overline{X}_{..}^2) \\
&= \sum_{i=1}^{K}\sum_{t=1}^{T(i)}\frac{E_{it}}{E_{..}}X_{it}^2 - 2\sum_{i=1}^{K}\sum_{t=1}^{T(i)}\frac{E_{it}}{E_{..}}X_{it}\overline{X}_{..} + \sum_{i=1}^{K}\sum_{t=1}^{T(i)}\frac{E_{it}}{E_{..}}\overline{X}_{..}^2 \\
&= \sum_{i=1}^{K}\sum_{t=1}^{T(i)}\frac{E_{it}}{E_{..}}X_{it}^2 - \overline{X}_{..}^2
\end{aligned}
$$

따라서 W의 기댓값은 다음과 같이 나타난다.

$$
\begin{aligned}
E(W) &= E[\sum_{i=1}^{K}\sum_{t=1}^{T(i)}\frac{E_{it}}{E_{..}}X_{it}^2] - E(\overline{X}_{..}^2) \\
&= \sum_{i=1}^{K}\sum_{t=1}^{T(i)}\frac{E}{E_{..}}E(X^2) - E(\overline{X_{..}^2})
\end{aligned}
\tag{12.7}
$$

그러나 다음과 같은 식이 성립한다.

$$
\begin{aligned}
Var(X_{it}) &= Var_{\theta_i}[E(X_{it} \mid \theta_i)] + E_{\theta_i}[Var(X_{it} \mid \theta_i)] \\
&= Var_{\theta_i}[\mu(\theta_i)] + E_{\theta_i}[\frac{\sigma^2(\theta_i)}{E_{it}}] = \tau^2 + \frac{\Sigma^2}{E_{it}}
\end{aligned}
$$

따라서 식 (12.7)에 의해 다음과 같은 관계식이 성립한다.

$$
E(X_{it}^2) = Var(X_{it}) + [E(X_{it})]^2 = \tau^2 + \frac{\Sigma^2}{E_{it}} + M^2
$$

이들을 이용하여 식 (12.7)을 계산하면 다음과 같다.

① $E\left\{\sum_{i=1}^{K}\sum_{t=1}^{T(i)}\frac{E_{it}}{E_{..}}X_{it}^2\right\} = \left\{\sum_{i=1}^{K}\sum_{t=1}^{T(i)}\frac{E_{it}}{E_{..}}\right\}(\tau^2+M^2) + \sum_{i=1}^{K}\sum_{t=1}^{T(i)}\frac{E_{it}}{E_{..}}\frac{\Sigma^2}{E_{it}}$

$$= \tau^2 + M^2 + \sum_{i=1}^{K}\sum_{t=1}^{T(i)} \frac{\Sigma^2}{E_{..}}$$

$$= \tau^2 + M^2 + \sum_{i=1}^{K} T(i)\frac{\Sigma^2}{E_{..}}$$

② $\overline{X_{..}} = \sum_{i=1}^{K}\sum_{t=1}^{T(i)} \frac{E_{it}}{E_{..}} X_{it} = \sum_{i=1}^{K} \frac{E_{i.}}{E_{..}} \sum_{t=1}^{T(i)} \frac{E_{it}}{E_{i.}} X_{it} = \sum_{i=1}^{K} \frac{E_{i.}}{E_{..}} \overline{X_{i.}}$ 이므로 다음 식이 성립한다.

$$Var(\overline{X}_{..}) = \sum_{i=1}^{K} (\frac{E_{i.}}{E_{..}})^2 Var(\overline{X}_{i.}) = \sum_{i=1}^{K} \frac{E_{i.}^2}{E_{..}^2}(\tau^2 + \frac{\Sigma^2}{E_{i.}})$$

이를 풀면 아래와 같은 식이 성립한다.

$$Var(\overline{X}_{..}) = \frac{\sum_{i=1}^{K} E_{i.}^2}{E_{..}^2}\tau^2 + \sum_{i=1}^{K} \frac{E_{i.}}{E_{..}^2}\Sigma^2 = \frac{\sum_{i=1}^{K} E_{i.}^2}{E_{..}^2}\tau^2 + \frac{\Sigma^2}{E_{..}}$$

또한 $E(\overline{X}_{..}^2) = Var(\overline{X}_{..}) + [E(\overline{X}_{..})]^2$ 이므로 다음 식이 성립한다.

$$E(\overline{X_{..}^2}) = M^2 + \frac{\sum_{i=1}^{K} E_{i.}^2}{E_{..}^2}\tau^2 + \frac{\Sigma^2}{E_{..}}$$

따라서 ①과 ②를 각각 식 (12.7)에 대입하여 W의 기댓값을 구하면 다음과 같다.

$$\begin{aligned} E(W) &= \sum_{i=1}^{K}\sum_{t=1}^{T(i)} \frac{E_{it}^2}{E_{..}} E(X_{it}^2) - E(\overline{X_{..}^2}) \\ &= \tau^2 + M^2 + \sum_{i=1}^{K} T(i)\frac{\Sigma^2}{E_{..}} - M^2 - \frac{\sum_{i=1}^{K} E_{i.}^2}{E_{..}^2}\tau^2 - \frac{\Sigma^2}{E_{..}} \\ &= (1 - \frac{\sum_{i=1}^{K} E_{i.}^2}{E_{..}^2})\tau^2 + (\sum_{i=1}^{K} T(i) - 1)\frac{\Sigma^2}{E_{..}} \end{aligned} \tag{12.8}$$

Σ^2의 불편추정량으로 식 (12.4)를 대입하면 다음과 같은 식이 성립한다.

$$E[W-(\sum_{i=1}^{K}T(i)-1)\frac{\widehat{\Sigma^2}}{E_{..}}]=(1-\frac{\sum_{i=1}^{K}E_{i.}^2}{E_{..}^2})\tau^2$$

따라서 τ^2의 불편추정량은 식 (12.6)과 같이 증명된다. 그러나 식 (12.6)은 두 자승합의 차이로 인해 음수가 될 수 있다는 단점이 있다. 즉, 항상 양수(positive)가 되는 조건부(등급 간) 평균들의 분산값 τ^2의 불편추정량이 필요하다.

12.3 항상 양수(positive) 값을 갖는 조건부(등급 간) 평균들의 분산값 τ^2의 추정

τ^2은 조건부(등급 간) 평균들의 분산값으로 구성되기 때문에 $(\overline{X_{i.}}-\overline{X_{..}})^2$의 형태로 나타날 수 있다. $\overline{X_{i.}}$는 i번째 등급의 평균손해율을 나타내며 다음과 같이 등급별 위험측정단위수를 가중치로 하여 산출한다.

$$\overline{X_{i.}}=\sum_{t=1}^{T(i)}\frac{E_{it}}{E_{i.}}X_{it} \tag{12.9}$$

여기서, E_{it}는 i번째 등급의 t년도 위험측정단위수를 나타내며 $E_{i.}=\sum_{t=1}^{T(i)}E_{it}$이다. $\overline{X_{..}}$는 포트폴리오의 전체손해율을 나타내며 다음과 같이 평균손해율의 분산의 역수를 가중치로 하여 산출된다.

$$\overline{X_{..}}=\sum_{i=1}^{K}\frac{\zeta_i}{\zeta}\overline{X_{i.}} \tag{12.10}$$

여기서, ζ_i는 다음에서 보는 바와 같이 i등급의 평균손해율의 분산의 역수이고 $\zeta=\sum_{i=1}^{K}\zeta_i$라고 가정한다. 이때 식 (11.9)에 의해 $Var(\overline{X_{i.}})=\tau^2+\frac{\Sigma^2}{E_{i.}}$이다.

$$\zeta_i = \frac{1}{Var(\overline{X_{i.}})} = \frac{1}{\tau^2 + \dfrac{\Sigma^2}{E_{i.}}} \tag{12.11}$$

【제안 모델】 위 <가정 1>~<가정 3>을 만족시킬 때 항상 양수값을 갖는 조건부(등급 간) 평균들의 분산값 τ^2의 불편추정량은 다음과 같다.

$$\hat{\tau}^2 = \frac{1}{K-1}\sum_{i=1}^{K} Z_i(\overline{X_{i.}} - \overline{X}_{..})^2 \tag{12.12}$$

증명

τ^2은 조건부(등급 간) 평균들의 분산값들로 구성되기 때문에 τ^2의 추정량 $\hat{\tau}^2 = C\,(\overline{X}_{i.} - \overline{X}_{..})^2$의 형태로 나타낼 수 있다. 여기서, C는 일정한 계수를 나타낸다. τ^2의 추정량은 i등급의 평균손해율의 분산이 클수록 적은 가중치가 부여되도록 $(\overline{X_{i.}} - \overline{X}_{..})^2$에 $\frac{\zeta_i}{\zeta}$의 가중치를 부여하였다. [보조정리 11.3]에 의해 $\frac{\zeta_i}{\zeta}(\overline{X}_{i.} - \overline{X}_{..})^2$의 기댓값은 다음과 같다.

$$E[\frac{\zeta_i}{\zeta}(\overline{X}_{i.} - \overline{X}_{..})^2] = \frac{\zeta_i}{\zeta}[(1 - 2\frac{\zeta_i}{\zeta})\,Var(\overline{X_{i.}}) + Var(\overline{X_{..}})] \tag{12.13}$$

여기서, $\overline{X_{i.}}$와 $\overline{X}_{..}$의 분산은 각각 다음과 같다.

$$\begin{aligned} Var(\overline{X_{i.}}) &= Var_{\theta_i}[E(\overline{X_{i.}} \mid \theta_i)] + E_{\theta_i}[Var(\overline{X_{i.}} \mid \theta_i)] \\ &= \tau^2 + \frac{\Sigma^2}{E_{i.}} = \frac{1}{\zeta_i} \end{aligned} \tag{12.14}$$

$$\begin{aligned} Var(\overline{X_{..}}) &= \sum_{i=1}^{K} \frac{\zeta_i^2}{\zeta^2}\,Var(\overline{X_{i.}}) = \sum_{i=1}^{K} \frac{\zeta_i^2}{\zeta^2}\frac{1}{\zeta_i} = \sum_{i=1}^{K} \frac{\zeta_i}{\zeta^2} \\ &= \frac{\zeta}{\zeta^2} = \frac{1}{\zeta} \end{aligned} \tag{12.15}$$

따라서 $\frac{\zeta_i}{\zeta}(\overline{X}_{i.} - \overline{X}_{..})^2$의 기댓값은 다음과 같다.

$$E[\frac{\zeta_i}{\zeta}(\overline{X}_{i.}-\overline{X}_{..})^2]=\frac{\zeta_i}{\zeta}[(1-2\frac{\zeta_i}{\zeta})\frac{1}{\zeta_i}+\frac{1}{\zeta}]$$

$$=\frac{1}{\zeta}-\frac{\zeta_i}{\zeta^2} \tag{12.16}$$

또한 위 식 (12.2)와 식 (12.11)에 의해 $Z_i=\tau^2\zeta_i$이고 $Z=\tau^2\zeta$이므로 $\tau^2\neq 0$인 경우 $\frac{\zeta_i}{\zeta}=\frac{Z_i}{Z}$가 성립한다. 여기서, $\sum_{i=1}^{K}Z_i=Z$라고 가정한다.

식 (12.16)의 양변을 $i=1,\ 2,\ \ldots,\ K$로 더하면 다음과 같다.

$$E[\sum_{i=1}^{K}\frac{\zeta_i}{\zeta}(\overline{X_{i.}}-\overline{X}_{..})^2]=\sum_{i=1}^{K}(\frac{1}{\zeta}-\frac{\zeta_i}{\zeta^2})=\frac{1}{\zeta}(K-1)$$

$Z_i=\tau^2\zeta_i$이므로 τ^2의 불편추정량은 다음과 같다.

$$\hat{\tau^2}=\frac{1}{K-1}\sum_{i=1}^{K}Z_i(\overline{X_{i.}}-\overline{X_{..}})^2 \tag{12.17}$$

식 (12.17)에서 보는 것처럼 뷜만-스트라웁의 경험적 베이지안 신뢰도(Ⅱ)는 위험등급이 최소한 2개($K\geq 2$) 이상이어야 한다.

12.4 뷜만-스트라웁의 경험적 베이지안 신뢰도(II) 모델의 알고리즘

이번 절에는 등급별로 경험통계기간 $T(i)$가 동일하지 않고 τ^2이 항상 양수로 나타나는 뷜만-스트라웁의 경험적 베이지안 신뢰도(Ⅱ) 산출 모델에 대한 알고리즘을 제시하였다. 한편, 식 (12.17)의 $\hat{\tau^2}$은 항상 양수가 되는 반면에 i등급의 신뢰도 Z_i를 포함하고 있어 다음과 같이 6단계에 걸친 반복계산에 의해 τ^2을 추정하지 않으면 안 된다.

<1단계> 조건부(등급 내) 분산들의 기댓값 Σ^2의 추정

식 (12.5)와 같이 i번째 등급의 경험데이터를 이용하여 등급별 분산들의 추정치 $\widehat{\Sigma_i^2}$을 차례로 구한 다음 모든 등급($i=1,\ 2,\ \ldots,\ K$)에 기초하는 조건부(등급 내) 분산들의 기댓값을 다음과 같이 구한다. 이는 식 (12.4)에 의한 $\widehat{\Sigma}^2$과 동일하다.

$$\widehat{\Sigma}^2 = \frac{1}{K}\sum_{i=1}^{K}\widehat{\Sigma}_i^2 = \frac{1}{K}\sum_{i=1}^{K}[(\frac{1}{T(i)-1})\sum_{t=1}^{T(i)}E_{it}\,(X_{it}-\overline{X_{i.}})^2] \tag{12.18}$$

여기서, $T(i)$는 i번째 등급의 경험통계기간, K는 등급수를 각각 나타낸다.

<2단계> 조건부(등급 간) 평균들의 분산값 τ^2의 초기 추정치의 설정

τ^2의 초기 추정치로 $\widehat{\tau^2}$=0.001을 설정한다.

<3단계> 초기 신뢰도 A_i의 계산

식 (12.18)에 의해 구한 $\widehat{\Sigma^2}$과 $\widehat{\tau_0^2}$= 0.001을 식 (12.2)에 각각 대입하여 등급별 초기 신뢰도(initial credibility) A_i를 계산한다. Z_i를 A_i로 표시한다.

$$A_i = \frac{\widehat{\tau^2}}{\widehat{\tau^2} + \dfrac{\widehat{\Sigma^2}}{E_{i.}}} \tag{12.19}$$

<4단계> 초기 신뢰도가 가중된 전체 평균손해율 $\overline{X_{..}}$의 계산

전체 평균손해율 $\overline{X_{..}}$의 추정치를 다음과 같이 계산한다.

$$\overline{X_{..}} = \sum_{i=1}^{K}(\frac{A_i}{A})\overline{X_{i.}} \tag{12.20}$$

여기서, $A=\sum_{i=1}^{K}A_i$ 이다.

<5단계> τ^2의 추정

식 (12.19)와 (12.20)에서 구한 값을 각각 대입하여 조건부(등급 간) 평균들의 분산값 τ^2의 추정치 $\hat{\tau}_1^2$을 다음과 같이 계산한다. (식 (12.17) 참조)

$$\hat{\tau}_1^2 = \frac{1}{K-1}\sum_{i=1}^{K} A_i(\overline{X}_{i.} - \overline{X}_{..})^2 \tag{12.21}$$

<3단계>~<5단계>의 반복계산을 통해 $\hat{\tau}_1^2$을 구하며, $\hat{\tau}_1^2$의 변화가 거의 없을 때 $\hat{\tau}_i^2 = \tau^2$가 되고 $A_i \fallingdotseq Z_i$로 추정한다. 이 책의 <부록> 프로그램에서는 $| \hat{\tau}^2_i - \hat{\tau}^2 | < 0.000001$인 경우에 $\hat{\tau}_i^2 = \hat{\tau}^2$로 결정하였다. 이때 등급별 신뢰도의 추정치는 다음과 같다.

$$Z_i = \frac{\hat{\tau}^2}{\hat{\tau}^2 + \dfrac{\widehat{\Sigma}^2}{E_{i.}}} \tag{12.22}$$

<6단계> 뷜만-스트라웁의 경험적 베이지안 신뢰도(Ⅱ)가 반영된 손해율의 추정

식 (12.22)의 뷜만-스트라웁의 경험적 베이지안 신뢰도(Ⅱ)를 반영한 등급별 손해율의 추정치는 다음과 같다.

$$\hat{X}_i^{(Z)} = Z_i\overline{X}_{i.} + (1-Z_i)\overline{X}^{(Z)} \tag{12.23}$$

여기서, $\overline{X}^{(Z)} = \sum_{i=1}^{K}\frac{Z_i}{Z}\overline{X}_{i.}$, $Z = \sum_{i=1}^{K} Z_i$ 이다. 위 <1단계>~<6단계>에 걸쳐 신뢰도와 손해율을 추정하는 과정을 SAS(IML)로 프로그램화한 것이 이 책의 <부록>에 있다.

결과적으로 순수 베이지안 신뢰도와 경험적 베이지안 신뢰도의 접근방법은 서로 다른 것을 알 수 있다. 다시 말해, 순수 베이지안 신뢰도에서는 베이지안 패러다임(사전분포함수 등)을 직접 적용하고 있는 반면에 경험적 베이지안 신뢰도에서는 기본 가정하에서 경험데이터를 이용하여 신뢰도를 추정하고 있다는 점에서 차이점을 발견할 수 있다.

12.5 사례분석

12.5.1 경험데이터

화재보험의 2011~2015년도의 경험데이터를 이용하여 5개년간 평균손해율을 산출하였다.

화재보험은 보험에 가입한 물건이 화재(벼락 포함), 폭발 또는 파열로 입은 재산손해를 보상해 주는 보험으로 보험목적물의 유형에 따라 위험을 크게 3개의 등급으로 동질화되고 있다. 첫째, 주택등급은 단독주택 또는 아파트, 연립주택 등 주로 주거를 목적(소형)으로 하는 대상물을 말하며 둘째, 일반등급은 창고, 점포, 사무실 등 주로 보관을 목적(중형)으로 하는 대상을 말하며 셋째, 공장등급은 일반 공장, 광업소, 발전소 등 생산을 목적(대형)으로 하는 시설물을 대상으로 하는 보험이다.

아래 <표 12.2>의 경험데이터는 3개의 동질위험집단($i=1,\ 2,\ 3$)으로 구성되고 있으며 등급별 5개년간 손해율은 주택등급 42.5%, 일반등급 50.1%, 공장등급 57.8%로 발생편차는 비교적 안정되어 있다. 또한 <표 12.2>에는 결측치가 발생하고 있지 않다.

표 12.2 화재보험의 연도별 · 등급별 실적 (금액단위: 천 원)

구	분	2011	2012	2013	2014	2015	계
주택물건	보험료(P_{it})	15,143,703	19,196,598	21,492,493	23,500,781	25,604,894	104,938,469
	사고건수(N_{it})	1,169	1,247	1,587	1,782	2,583	8,368
	손해액(L_{it})	6,735,360	8,509,243	7,341,296	10,869,345	11,154,844	44,610,088
	손해율(%)	44.5	44.3	34.2	46.3	43.6	42.5
일반물건	보험료(P_{it})	98,812,393	104,372,392	101,424,918	89,634,491	88,223,815	482,468,009
	사고건수(N_{it})	1,008	1,093	1,564	1,672	1,908	7,245
	손해액(L_{it})	41,700,683	56,552,270	49,215,667	43,442,040	50,757,396	241,668,056
	손해율(%)	42.2	54.2	48.5	48.5	57.5	50.1
공장물건	보험료(P_{it})	245,004,734	237,825,157	200,801,058	171,644,136	142,202,312	997,477,397
	사고건수(N_{it})	1,023	1,068	1,408	1,451	1,724	6,674
	손해액(L_{it})	98,029,057	105,724,480	163,502,317	106,366,259	102,660,190	576,282,303
	손해율(%)	40.0	44.5	81.4	62.0	72.2	57.8

(계속)

구 분		2011	2012	2013	2014	2015	계
계	보험료(P_{it})	358,960,830	361,394,147	323,718,469	284,779,408	256,031,021	1,584,883,875
	사고건수(N_{it})	3,200	3,408	4,559	4,905	6,215	22,287
	손해액(L_{it})	146,465,100	170,785,993	220,059,280	160,677,644	164,572,430	862,560,447
	손해율(%)	40.8	47.3	68.0	56.4	64.3	54.4

※ 보험료(P_{it})는 경과보험료이고 손해액(L_{it})은 발생손해액이므로 손해율은 경과손해율임.

12.5.2 조건부(등급 간) 평균들의 분산값 τ^2이 음수인 경우

가. 신뢰도 및 손해율의 추정

조건부(등급 간) 평균들의 분산값이 음수인 경우를 해결하기 위해 제안된 식 (12.17)의 $\widehat{\tau^2}$에는 추정하고자 하는 등급별 신뢰도 Z_i가 포함되어 있다. 따라서 12.1절의 알고리즘과 같이 단계별 반복 계산과정을 거쳐 신뢰도와 손해율을 추정해야 한다.

조건부(등급 내) 분산들의 기댓값 Σ^2의 추정량은 식 (12.18)의 계산방법과 동일하다. 다만, 조건부(등급 간) 평균들의 분산값 τ^2의 추정치가 다를 뿐이다. 여기서, 신뢰도와 손해율의 추정은 <부록>의 「2. 음의 조건부 (등급 간) 평균들의 분산값의 경우(화재보험)」 프로그램을 이용하였다.

(1) 조건부(등급 내) 분산들의 기댓값 Σ^2의 추정

식 (12.4)에서 가중치 E_{it} 대신 손해액 L_{it}로 정하여 계산한 조건부(등급 내) 분산들의 기댓값 Σ^2의 추정치는 $\widehat{\Sigma^2}=1,326,525.693$이다.

(2) 조건부(등급 간) 평균들의 분산값 τ^2의 추정

손해액을 가중치로 하여 식 (12.6)에 의해 τ^2을 추정하면 $\hat{\tau}^2=-0.020766$으로 음수가 나타나 등급별 신뢰도 및 손해율의 추정이 현실적으로 어렵다. 따라서 식 (12.12)의 제안모델을 이용하여 $\hat{\tau}^2$을 계산하였으며 이때 가중치는 손해액을 적용하였다. $\widehat{\tau^2}$의 초기치를 $\widehat{\tau_0^2}=0.001$로 하여 단계별로 반복 계산한 결과, 다음과 같이 19번째와 20번째 사이의 변화가 가장 적게 나타나고 있어 $\hat{\tau}_1^2$

$=0.001383$로 추정하였다. 이 결과는 <부록>의 프로그램 실행결과이다.

표 12.3 반복계산에 따른 $\hat{\tau}_1^2$의 변화

구분	1회	2회	3회	4회	5회	…	18회	19회	20회
$\hat{\tau}_1^2$	0.0010644	0.0011209	0.001169	0.001210	0.001244	…	0.0013810	0.001382	0.001383

식 (12.4)에 의한 조건부(등급 내) 분산들의 기댓값의 추정치 $\widehat{\Sigma^2}=1,326,525.693$과 조건부(등급 간) 평균들의 분산값 $\hat{\tau}_1^2=0.001383$을 각각 대입하여 식 (12.22)에 의한 등급별 신뢰도와 식 (12.23)에 의한 손해율을 추정하면 다음과 같은 <표 12.4>의 결과를 얻었다.

표 12.4 제안 모델에 의한 등급별 신뢰도 및 손해율의 추정

등급별	주택물건($i=1$)	일반물건($i=2$)	공장물건($i=3$)	비고
신뢰도(Z_i)	4.4%	20.1%	37.5%	
추정 손해율($\widehat{X}_i$)	56.6%	55.9%	59.1%	
실제 손해율(X_{it})	42.5%	50.1%	57.8%	5개년간 평균 손해율

나. 결과 분석

위와 같은 실증적 분석 결과에 의하면 주택등급의 5개년간 실제 평균손해율 42.5%는 일반물건의 50.1%보다 낮음에도 불구하고 신뢰도가 반영된 손해율은 그 반대로 나타났다. 이것은 주택물건의 연도별 손해율의 편차가 일반물건보다 크고 주택물건의 5개년간 손해액의 크기가 일반물건에 비해 상대적으로 적은 것에 기인하는 것으로 볼 수 있다. 따라서 5개년간 평균손해율에 의해 요율수준을 조정할 때 단순히 5개년간 실제 평균손해율을 적용할 것이 아니라 뷜만-스트라웁의 경험적 베이지안 신뢰도(Ⅱ)가 반영된 추정 손해율을 적용하는 것이 보다 합리적이다.

이처럼 경험적 베이지안 신뢰도는 고전적 신뢰도(예, 변동제한 신뢰도)와 달리 포트폴리오의 안정성(stability)보다는 이질성의 정도(the degree of heterogeneity)를 반영하기 위한 모델임을 알 수 있다.

연습문제

1. 어떤 보험회사에서 2개 그룹에 대해 근재보험을 판매하고 있다. 각 그룹에서의 총손해액이 다음 표와 같다. 각 그룹은 동일한 피보험자를 갖는다고 가정한다.[33)]

그룹	1차 연도	2차 연도	3차 연도
I	5	8	11
II	2	8	14

뷜만의 경험적 베이지안 신뢰도를 이용하여 4차 연도의 총손해액을 추정하고자 한다. 이때 조건부 평균들의 분산값($\hat{a}$)이 음수가 됨을 보이고 12.4절의 알고리즘을 이용해서 그룹별로 4차 연도의 손해액을 추정하시오.

2. 다음 표와 같이 3개 그룹에 대한 3차 연도까지의 총손해액이 집적되었다.

그룹		1차 연도	2차 연도	3차 연도
I	총손해액	8,000	11,000	15,000
	사고건수	40	50	70
II	총손해액	20,000	24,000	19,000
	사고건수	100	120	115
III	총손해액	10,000	15,000	13,500
	사고건수	50	60	60

1) 4차 연도 보험계약자 그룹 1인당 뷜만-스트라웁의 경험적 베이지안 신뢰도가 반영된 보험료를 계산하시오.

2) μ에 대한 추정치로 신뢰도가 가중된 평균값을 사용해서 그룹 Ⅰ의 4차 연도 위험단위(사고건수)당 보험료를 계산하시오.

33) 10장의 연습문제 4와 동일한 경험데이터이다.

3. 연습문제 2의 표에서 그룹 Ⅰ의 1차 연도 경험데이터와 그룹 Ⅲ의 전체 경험데이터가 없다고 하자(즉, $n_1 = 2$, $n_2 = 3$). 이를 표로 나타내면 다음과 같다.

그룹		1차 연도	2차 연도	3차 연도
I	총손해액	-	11,000	15,000
	사고건수	-	50	70
II	총손해액	20,000	24,000	19,000
	사고건수	100	120	115

1) 4차 연도 보험계약자 그룹의 1인당 뷜만-스트라웁의 경험적 베이지안 신뢰도가 반영된 보험료를 계산하시오.

2) μ에 대한 추정치로 신뢰도가 가중된 평균값을 사용해서 그룹 Ⅰ의 4차 연도 위험단위당 보험료를 계산하시오.

「부록」

손해율 산출 SAS 프로그램

1. 일반적인 위험단위수와 통계기간이 다른 경우(일반보험)

■ 데이터 입력 부분 cards 문 밑에서부터 차례대로 데이터 입력

```
data aa;
  n=3;
  t=5;
  do i=1 to n;
     do j=1 to 3;
        do k=1 to t;
           input y @@;output;
        end;
     end;
  end;
cards;
 120   20   90  110   50
  80   30   80  200   40
 250  100  300  280  230
  80   70   80  100   90
 110   90   70   60   60
 200  140  150  100  160
   .   90  100  120  140
   .   70   80  100   90
   . 2000 5000 1200 2700
run;
```

■ 데이터 처리 부분

```
proc iml;
```

■ 가중치가 p->1, n 또는 s->2

```
 wgt=2;
```

■ 데이터를 행렬로 바꿈

```
reset nolog center;
  use aa;
  read all var{n t y};
  n=n[1,];
  t=t[1,];
```

■ 보험료, 손해액, 손해율의 행렬을 생성

```
  p=shape(0,n,t);
  l=shape(0,n,t);
  x=shape(0,n,t);
  ns=shape(0,n,t);
  w=shape(0,n,t);
  do i=0 to n-1;
     z=1;
     do j=1 to t;
        p[i+1,j] =y[(3*t)*i+z];
        l[i+1,j] =y[(3*t)*i+z+t];

ns[i+1,j]=y[(3*t)*i+z+2*t];
```

```
        z=z+1;
     end;
  end;
  x=l/p;
  if wgt=1 then w=p;
  else w=ns
```

■ 수식 계산 부분

뷜만-스트라웁 방법

```
 wi=shape(0,n,1);      /* P(i).        */
 wdd=0;                /* P..          */
  xi=shape(0,n,1);     /* X(i).        */
  barxi=shape(0,n,1);  /* barx(i).     */
  barxdd=0;            /* barx..       */
  wi2=shape(0,n,1);    /* Wi^2         */
  w2=0;                /* W^2          */
  b2=0;                /* B^2          */
  tildab2=0;           /* tildab^2     */
  tau2=0;              /* tau^2        */
  tau2_00=0.001;       /* tau0^2       */
  tau2_01=1;           /* tau1^2       */
  ai=shape(0,n,1);     /* Ai           */
  a=0;                 /* A            */
  zi=shape(0,n,1);     /* Zi           */
  z=0;                 /* Z            */
  tildax=0;            /* tildaX       */
  barx=0;              /* barX         */
  barzi=0;             /* barZ(i)      */
  hatxi=shape(0,n,1);  /* hatX(i)(BS)  */
  do i=1 to n;
    do j=1 to t;
      if (p[i,j]>=0 & l[i,j]>=0 &
w[i,j]>=0) then do;
          wi[i]=wi[i]+w[i,j];
          wdd=wdd+w[i,j];
              xi[i]=xi[i]+x[i,j];
                          end;
     end;
  end;
  do i=1 to n;
     do j=1 to t;
        if (p[i,j]>=0 & l[i,j]>=0 &
w[i,j]>=0) then do;
  barxi[i]=barxi[i]+(w[i,j]/wi[i])*x[i,j];
  barxdd=barxdd+(w[i,j]/wdd)*x[i,j];
                   end;
     end;
  end;
```

■ 등급 내 분산

```
  do i=1 to n;
    ti=t;
         do k=1 to t;
            if (p[i,k]<0 | l[i,k]<0 |
w[i,k]<0) then ti=ti-1;
         end;
    do j=1 to t;
       if (p[i,j]>=0 & l[i,j]>=0 &
w[i,j]>=0) then do;
wi2[i]=wi2[i]+(w[i,j]*(x[i,j]-barxi[i])**2)/(t
i-1);
            end;
      end;
         w2=w2+wi2[i]/n;
  end;
```

■등급 간 분산

```
do i=1 to n;
     ti=t;
     do k=1 to t;
          if (p[i,k]<0 | l[i,k]<0 |
w[i,k]<0) then ti=ti-1;
          end;
     do j=1 to t;
        if (p[i,j]>=0 & l[i,j]>=0 &
w[i,j]>=0) then do;

b2=b2+((w[i,j]/wdd)*(x[i,j]-barxdd)**2)/(n
*ti-1);
                              end;
     end;
tildab2=tildab2+(wi[i]/wdd)*(1-(wi[i]/wdd))
/(n*ti-1);
   end;
    tau2=(b2-w2/wdd)/tildab2
```

■등급별 부분신뢰도 산출

```
  if (tau2<=0) then do;
                              do i=1 to n;
                                 zi[i]=0;
                              end;
                           end;
                    else do;
                              do i=1 to n;
                  zi[i]=wi[i]/(wi[i]+w2/tau2);
                              end;
                           end;
```

■ 전체 손해율 추정

```
  if zi=shape(0,n,1) then do;
                              do i=1 to n;
          barx=barx+wi[i]*barxi[i]/wdd;
                                    end;
                                 end;
                           else do;
                                 do i=1 to n;
                     barzi=barzi+zi[i];
                                 end;
                                 do i=1 to n;
          barx=barx+zi[i]*barxi[i]/barzi;
                                    end;
                                 end
```

■ 손해율 추정

```
 do i=1 to n;
     hatxi[i]=zi[i]*barxi[i]+(1-zi[i])*barx;
  end;
print p,l,x,ns,w,wi,wdd,xi,barxi,barxdd,wi2,
w2,b2,tildab2,tau2,zi,barx,hatxi;
quit;
```

2. 음(negative)의 조건부(등급 간) 평균들의 분산값의 경우 (화재보험)

■데이터 입력 부분 cards문 밑에서부터 차례대로 데이터 입력

```
data aa;
  n=3;
  t=5;
  do i=1 to n;
      do j=1 to 3;
          do k=1 to t;
              input y @@;output;
```

```
          end;
       end;
    end;
cards;
15143703   19196598   21492493
23500781   25604894
  6735360    8509243    7341296
10869345   11154844
      1169         1247         1587
1782          2583
 98812393 104372392 101424918
89634491   88223815
 41700683   56552270   49215667
43442040   50757396
      1008         1093         1564
1672          1908
245004734 237825157 200801058
171644136 142202312
  p=shape(0,n,t);
  l=shape(0,n,t);
  x=shape(0,n,t);
  ns=shape(0,n,t);
  w=shape(0,n,t);
  do i=0 to n-1;
      z=1;
      do j=1 to t;
          p[i+1,j] =y[(3*t)*i+z];
          l[i+1,j] =y[(3*t)*i+z+t];

ns[i+1,j]=y[(3*t)*i+z+2*t];
          z=z+1;
      end;
 98029057 105724480 163502317
106366259 102660190
      1023         1068         1408
1451          1724
;
run
```

■ 데이터 처리 부분

```
proc iml;
```

■ 가중치가 p->1, e->2

```
 wgt=2;
```

■ 데이터를 행렬로 바

```
reset nolog center;
  use aa;
  read all var{n t y};
  n=n[1,];
  t=t[1,];
```

■ 보험료, 손해액, 손해율의 행렬을 생성

```
  end;
  x=l/p;
  if wgt=1 then w=p;
  else w=n
```

■ 수식 계산 부분

뷜만-스트라웁

```
 wi=shape(0,n,1);       /* P(i).        */
  wdd=0;                /* P..          */
  barxi=shape(0,n,1);   /* barx(i).     */
  barxdd=0;             /* barx..       */
  wi2=shape(0,n,1);     /* Wi^2         */
  w2=0;                 /* W^2          */
  tau2=0;               /* tau^2        */
  tau2_00=0.001;        /* tau0^2       */
```

```
tau2_01=1;            /* tau1^2        */
ai=shape(0,n,1);      /* Ai            */
a=0;                  /* A             */
zi=shape(0,n,1);      /* Zi            */
z=0;                  /* Z             */
tildax=0;             /* tildaX        */
barx=0;               /* barX          */
barzi=0;              /* barZ(i)       */
hatxi=shape(0,n,1);   /* hatX(i)(BS)   */
do i=1 to n;
   do j=1 to t;
      if (p[i,j]>=0 & l[i,j]>=0 &
ns[i,j]>=0) then do;
            wi[i]=wi[i]+w[i,j];
            wdd=wdd+w[i,j];
                        end;
   end;
end;
do i=1 to n;
   do j=1 to t;
      if (p[i,j]>=0 & l[i,j]>=0 &
ns[i,j]>=0) then do;

barxi[i]=barxi[i]+(w[i,j]/wi[i])*x[i,j];
/*   barxdd=barxdd+(w[i,j]/wdd)*x[i,j];   */
                     end;
   end;
en
```

■등급 내 분산

```
do i=1 to n;
   ti=t;
         do k=1 to t;
               if (p[i,k]<0 | l[i,k]<0 |
ns[i,k]<0) then ti=ti-1;
            end;
      do j=1 to t;
         if (p[i,j]>=0 & l[i,j]>=0 &
ns[i,j]>=0) then do;
wi2[i]=wi2[i]+(w[i,j]*(x[i,j]-barxi[i])**2)/(t
i-1);
               end;
      end;
            w2=w2+wi2[i]/n;
   end;
```

■등급 간 분산

```
do while(tau2=0);
   a=0;
   do i=1 to n;
      ai[i]=tau2_00/(tau2_00+w2/wi[i]);
      a=a+ai[i];
   end;
   barxdd=0;
   do i=1 to n;
      barxdd=barxdd+(ai[i]/a)*barxi[i];
   end;
   tau2_01=0;
   do i=1 to n;
tau2_01=tau2_01+(ai[i]*((barxi[i]-barxdd)*
*2))/(n-1);
   end;
   if (abs(tau2_01-tau2_00)<0.000001)
then tau2=1;
   tau2_00=tau2_01;
 end;
```

```
do i=1 to n;
     zi[i]=tau2_01/(tau2_01+w2/wi[i]);
          z=z+zi[i];
end;
do i=1 to n;
     tildax=tildax+(zi[i]/z)*barxi[i];
end;
do i=1 to n;
     hatxi[i]=zi[i]*barxi[i]+(1-zi[i])*tildax;
end;
print
p,l,x,ns,w,wi,wdd,w2,barxi,barxdd,wi2,w2,ta
u2_01,zi,barx,hatxi;
quit;
```

참고문헌

1. 국내

1. 강계욱 · 김명준 · 최양호, 「계리모형론」, 박영사, 2014.
2. 김창섭, 「계리모형론」, 법문사, 2015.
3. ______, 「손해보험계리학원론」, 문영사, 2010.
4. 박상범, 김용하, 이희춘, 「손해보험론」, 문영사, 2006.
5. 박동준 · 정운경 · 이용두 · 정지호, 「미분적분학」, 광림사, 1973.
6. 배기욱, 「손해보험수리」, 한국보험계리사회, 2005.
7. 송문섭, 박창순, 『비모수통계학개론』, 자유아카데미사, 1996.
8. 송문섭, 허문열, 「수리통계학」, 박영사, 2005.
9. 이강섭, 이희춘, 「경험적 베이즈 신뢰도 모델의 가중치 부여방법에 대한 실증적 고찰」, 보험개발연구 32(1), 2001.
10. 이강섭, 이희춘, 「An Estimation of Loss Ratio Bassed on Empirical Bayes Credibility」, 한국통계학회, 2002.
11. 이경아 · 이항석, 「실손의료보험의 역선택과 보험료 차등화」, 리스크관리연구 제27권 제3호, 2016.
12. 이봉주, 신기철, 김평원, 민병욱, 이희춘, 「손해보험 수리 · 회계」, 보험개발원
13. 이창수, 「신뢰도기법을 이용한 자료의 충분성 평가와 보험요율의 조정」, 보험개발연구지 21(2), 1997.
14. 이희춘, 「통계적 분포를 이용한 공제금액 할인율의 수리적 고찰", 보험계리인회지, 1990.
15. ______, 「경험적 베이즈 신뢰도 이론의 이해와 활용에 관한 연구」, 단국대학교 박사학위 논문, 2001.
16. ______, 「경험적 베이즈 신뢰도의 활용방안에 관한 연구」, 보험개발원, 2001.
17. 조해균, 「보험경영론」, 박영사, 1981
18. 최용석, 「신뢰도(Credibility)에 관한 이론적 고찰」, 보험개발연구지 11(1), 1994
19. 허문열 · 송문섭, 「수리통계학」, 박영사, 1998.
20. 홍종선 · 전홍기, 「신용도 이론」, 자유아카데미, 2006.

2. 미국 및 유럽

1. Bailey, A. L., 「Credibility Procedures - La place's Generalization of Bayes' Rule and the Combination of Collateral Knowledge with Observed Data」, PCAS, 37 (1950), 7-23, 94-115.
2. ________, 「Sampling Theory in Casualty Insurance」, PCAS, 29(1942), 50.: PCAS, 30(1943), 13.
3. ________, 「A Generalized Theory of Credibility」, PCAS, 32(1945), 13-20
4. Berger, J., 「Statistical Decision Theory and Bayesian Analysis(Second Edition)」. New York: Springer-Verlag, 1985.
5. Blühmann, W. F., ed., 「Group Insurance」, Winsted: ACTEX Publications, 1992
6. Bowers, N., Gerber, H., Hickman, J., Jones, D., and Nesbitt, C., 「Actuarial Mathematics」, Chicago: Society of Actuaries, 1986.
7. Brosius, E., 「Loss Development Using Credibility(Part 7 Study Note)」, Arlington: Casualty Actuarial Society, 1993.
8. Brown, R. L., 「Introduction to Ratemaking and Loss Reserving for Property and Casualty Insurance」, Winsted, Connecticut: ACTEX Publications, 1993.
9. Blühmann, H., 「A Distribution Free Method for General Risk Problems」, The Astin Bulletin, 3, 1964.
10. __________, 「Experience Rating and Credibility」, The Astin Bulletin, 3, 1967.
11. __________, 「Discussion of Credibility for Severity by C.C. Hewitt」, PCAS, LVIII (1971).
12. __________, 「Experience Rating and Credibility」, ASTIN Bulletin, 4, 1969, 157-165.
13. __________, 「Mathematical Methods in Risk Theory」, New York: Springer-Verlag, 1970.
14. __________, 「A comparison of three credibility formulae using multi dimensional techniques」, ASTIN Bulletin, Ⅶ(1974), 202-207.
15. Blühmann, H. and A. Gisler, 「Credibility in the Regression Case Revisited」, ASTIN Bulletin, 27(1997), 83-98.
16. Blühmann, H. and Straub, E., 「Glaubwuerdigkeit fuer Schadensaetze」, Bulletin de l'Association des Actuaires Suisses, 70. 1972.(Translation: 「Credibility for Loss Ratios」by C. E. Brooks in ARCH, 1972.)
17. __________, 「Credibility for Loss Ratios」(Translated by C. E. Brooks), ARCH, 1972.
18. Derron, M., 「A study in credibility betterment through exclusion of the largest claims」, ASTIN Bulletin, 27 (1966), 38-48.
19. DeVinti, T.R. and T.N. Herzog, 「Modeling Home Equity Conversion Mortgages」, TSA, XLIII (1991), 261-275.

20. Hart, D.G., Buchanan, R.A., Howe, B.A., 「The Actuarial Practice of General Insurance」, Institute of Actuaries of Australia, 1996.

21. Draper N. and H. Smith, 「Applied Regression Analysis(Second Edition)」, New York: John Wiley and Sons, 1981.

22. Edwrds, W., H. Lindman, and L.J. Savage, 「Bayesian Statistical Inference for Psychological Research」, 70 Psychological Review 193(1963).

23. Efron, B. and Morris, C., 「Limiting the Risk of Bayes and Empirical Bayes Estimators-Part I: The Bayes Case」, JASA, 66, 336(December 1971), 807-815.

24. ________, 「Limiting the Risk of Bayes and Empirical Bayes Estimators--Part II: The Empirical Bayes Case」, JASA, 67, 337(March 1972), 130-139.

25. ________, 「Stein's Estimation Rule and Its Competitors - An Empirical Bayes Approach」, JASA, 68, No. 341(1973), 117-130.

26. ________, 「Data Analysis Using Stein's Estimator and Its Generalizations」, JASA, 70, No. 350 (1975), 311-319.

27. ________, 「Stein's Paradox in Statistics」, Scientific American, 236, No. 5(1977), 119-127.4

28. Ericson, W.A., 「On the Posterior Mean and Variance of a Population Mean」, JASA, 65, No. 330 (1970), 649-52.

29. Fuhrer, C., 「Some Applications of Credibility Theory to Group Insurance」, TSA, XL, part 1(1998), 387-404.

30. Gary, Curtis., 「An Introduction to Credibility, CAS Seminars on Ratemaking(19950.

31. Gerber, H. U., 「Discussion of Credibility for Severity by C. C. Hewitt」, PCAS, LVIII (1971).

32. ________, 「An Introduction to Mathematical Risk Theory (S.S. Heubner Foundation Monograph Series No. 8)」, Homewood: Richard D. Irwin, 1979.

33. ________, 「A Teacher's Remark on Exact Credibility」, ASTIN Bulletin, 25(1992), 189-192.

34. Goovaerts, M.J. and W.J. Hoogstad, 「Credibility Theory」. Rotterdam: Nationale-Nederlanden N.V., 1987.

35. Goulet, V., 「Principles and Application of Credibility Theory」, J. of Actuarial Practice, 6(1998), 5-62.

36. Hansen, M.D. and Y.R. Wang , 「Managing Data Quality: A Critical Issue for the Decade to Come」. Cambridge: Sloan School of Management, Massachusetts Institute of Technology, 1991.

37. Heckman, P.E. and G.G. Meyers, 「The Calculations of Aggregate Loss Distributions from Claim Severity and Claim Count Distributions」, PCAS, 70(1983), 22-74; PCAS, 71 (1984), 49-66.

38. Herzog, T.N., 「An Introduction to Stochastic Simulation (Exam 130 Study Note)」, Schaumburg: Society of Actuaries, 1983.

39. ________, 「Bayesian Graduation of FHA/HUD Single-Family Home Mortage Insurance Contracts - Section 203」, Insurance: Mathematics and Economics, No. 2(1983), 271-279.

40. ________, 「Credibility: The Bayesian Model Versus Buhlmann's Model」, TSA, XLI (1989), 43-81.

41. ________, 「Discussion of AIDS: Exponential vs. Polynomial Growth Models」, by H.H. Panjer, Insurance: Mathematics and Economics, 9(1990), 291.

42. ________, 「Introduction to Credibility Theory」, ACTEX Publications, Inc. 1999

43. Herzog, T.N. and D.B. Rubin, 「The Use of Multiple Imputations to Handle Nonresponse」, Chapter 15 of Non-response in Sample Surveys: The Theory of Current Practice. New York: Academic Press, 1983.

44. Hewitt, C. C., 「Discussion of A Bayesian View of Credibility by A. Mayerson」, PCAS, LII (1965).

45. ________, 「Discussion of On the Credibility of the Pure Premium by Mayerson」, Jones and Bowers, PCAS, LVI (1969).

46. ________, Jr., 「Credibility for Severity」, PCAS, 57 (1970), 148-71; PCAS, 58(1971), 25-31.

47. ________, 「Loss Ratio distributions - A Model」, PCAS, 54 (1967), 70-93.

48. Hickman, J.C. and L. Heacox,「Credibility Theory: The Cornerstone of Actuarial Scienc e」, NAAJ, 3(1999), 1-8

49. Hogg, R.V. and A.T. Craig, 「Introduction to Mathematical Statistics (Fourth Edition)」, New York: Macmillan Publishing Co., 1978.

50. Hogg, R.V. and S.A. Klugman, 「Loss Distributions」, New York: John Wiley and Sons, 1984.

51. Hossack, I.B., J.H. Pollard, and B. Zehnwirth, 「Introductory Statistics with Applications in General Insurance」, New York: Cambridge University Press, 1999.

52. Howard C. Mahler and Curtis Gary Dean, 「FOUNDATIONS of Casualty Actuarial Science (Chapter 8)」, Casualty Actuarial Society, 2001.

53. Insurance Services Office, 「Report of the Credibility Subcommittee: Development and Testing of Empirical Bayes Credibility Procedures for Classification Ratemaking」, New York, ISO, 1980.

54. James, W. and C. Stein, 「Estimation with Quadratic Loss」, Proceedings of the Fourth Berkeley Symposium on Mathematics, Statistics, and Probability, Vol. 1. Berkeley: University of California Press (1961), 361-379.

55. Jewell, W. S., 「Multi-dimensional Credibility, Operations Research Center Report No.

73-7」, Berkeley: Operations Research Center, University of California(1973). (Also in ARCH, 1973.)

56. ________, 「Credible Means are Exact Bayesian for Exponential Families」, Technical Report, Berkeley: Operations Research Center, University of California(1975).

57. ________, 「The Credible Distribution」, ASTIN Bulletin, 7(1974), 237-69.

58. ________, 「Predicting IBNYR Events and Delays I: Continuous Time」, ASTIN Bulletin, No, 19(1989), 25-55.

59. ________, 「Predicting IBNYR Events and Delays II: Discrete Time」, ASTIN Bulletin, No. 20(1990), 93-111.

60. ________, 「A Survey of Credibility Theory」, Operations Research Center, University of California, Berkeley, 1976.

61. Kahn, P. M.,「An Overview of Credibility: a paper read before the Actuarial Research Conference at Yale University」, 1967.

62. ________, 「A survey of Some Recent Developments in Credibility Theory and Experience Rating from the Bayesian Viewpoint, in Transactions of the XVIII-th International Congress of Actuaries, 1968.

63. ________, 「Credibility: Theory and Applications」, Academic Press Inc., New York (1975).

64. Kamreiter, H. and Erwin -스트라웁e, 「On the Calculation of IBNR Reserves II」, Bulletin de l'Association des Actuaries suisses, 73, 1974.

65. Kimeldorf, G.S. and D.A. Jones, 「Bayesian Graduation」," TSA XIX(1967), 66.

66. Klugman, S. A.,「Credibility for Classification Ratemaking via the Hierarchical Normal Linear Model」, PCAS, 74 (1987), 272-321.

67. ________, 「Bayesian Statistics in Actuarial Science」, Boston: Kluwer Academic Publishers, 1992.

68. Klugman, S.A., Panjer, H.H., and Willmot G.E.,「Loss Models: From Data to Decisions」, New York: John Wiley and Sons, INC., 1998.

69. Kormes, M., 「A practical application of credibility to experience rating plans for hospitalization and medical-surgical insurance」, Scand. Actuarial. J., 1(1968), 32-40.

70. Landsman, Z. and U. Markov, 「Exponential Dispersion Models and Credibility」, Scand. Actuarial. J., 1(1998a), 89-96.

71. ________, 「On Stochastic Approximation and Credibility」, Scand. Actuarial. J., (1998b), to appear.

72. London, D., Graduation: 「The Revision of Estimates」. Winsted: ACTEX Publications, 1985.

73. Longley-Cook, L.H., 「An Introduction to Credibility Theory」, PCAS, 49(1962), 194-221.

74. Maguire, R. D., 「An Empirical Approach to the Determination of Credibility Factors」,

Transactions of the Society of Actuaries, 1971.

75. Mayerson, A.L., 「A Bayesian View of Credibility」, PCAS, 51(1964), 85-104; PCAS, 52(1965), 121-127.

76. Mayerson, A.L., D.A. Jones, and N.L. Bowers, 「The Credibility of the Pure Premium」, PCAS, 55 (1968), 175-185.

77. Miller, R. B., J. C., Hickman, 「Insurance Credibility and Bayesian Estimation」, PCAS.

78. Mobray, A.H., 「How Extensive a Payroll Experience is Necessary to Give a Dependable Pure Premium?」, 1914.

79. Morgan, I.M., 「Credibility Theory under the Collective Risk Model」, Ph. D. dissertation. Madison: University of Wisconsin, 1983.

80. Morris, C. and L. van Slyke, 「Empirical Bayes Methods for Pricing Insurance Classes」, Proceedings of the American Statistical Association: 1978 Business and Economics Sections, (1979), 579-582.

81. Mosteller, F. and G.W. Tukey, 「Data Analysis and Regression」, Reading: Addison-Wesley Publishing Company, 1977.

82. Mowbray, A.H., 「How Extensive a Payroll is Necessary to Give a Dependable Pure Premium?」, PCAS, 1(1914), 24-30.

83. Norberg, R., 「The credibility approach to experience rating」, Scand. Actuarial. J., (1979), 180-221.

84. ________, 「A credibility theory for automobile bonus system」, Scand. Actur. J., (1976), 93-107.

85. Panjer, H.H. and G.E. Willmot, 「Insurance Risk Models」, Schaumburg: Society of Actuaries, 1992.

86. Patrick G., Mashitz I., 「Credibility for reinsurance excess pricing」, Astin Colloqium XXI (1989), 335-371.

87. Perryman, F.S., 「Some Notes on Crediblity Theory」, PCAS, 19(1932), 65-84

88. ________, 「Experience Rating Plan Credibilites」, PCAS, 24, 1937.

89. Philbrick, S., 「An Examination of Credibility Concepts」, PCAS, 48(1981), 195-219.

90. Raiffa, H. and R. Schlaifer, 「Applied Statistical Decision Theory」, Cambridge: Harvard University Press, 1961.

91. Robert L. Brown. 「Introduction to Ratemaking and Loss Reserving for Property and Casualty Insurance」, ACTEX Publications, Inc. 1993

92. Rodermund, M., 「Introduction of Chapter 1 of Foundations of Casualty Actuarial Science」. New York: Casualty Actuarial Society, 1989.

93. Russo, G., 「Continuous Time Models of the Reporting and Cost Process of Insurance Claims」, (Ph. D. Dissertation). Berkeley: University of California, 1995.

94. Savage, L.J., 「The Foundations of Statistics」, New York: John Wiley and Sons, 1954.

95. Scarsini, M., 「Bayesian Θ - Free credibility」, Scand. Actuarial. J., (1984), 248-252.
96. -스트라웁, E., 「Credibility in Practice in Credibility: Theory and Applications」, P. M. Kahn, ed., Academic Press, (1975).
97. Sundt, B., 「On Greatest Accuracy Credibility with Limited Fluctuation」, Scand. Actuarial. J., 2(1992), 109-119.
98. ___________, 「Parameter estimation in some credibility model」, Scand. Actuarial. J., (1983), 239-255.
99. Taylor, G. C., 「In Search of a General Parameter-Free Credibility Formula in Credibility: Theory and Applications」, P. M. Kahn, ed., Academic Press, (1975).
100. Tukey, J. W., 「Exploratory Date Analysis: Reading」, Addison Wesley Publishing Company, 1977.
101. Velleman, P. and D. Hoaglin, 「Applications, Basics, and Computing of Exploratory Data Analysis」, Boston: Doxbury Press, 1981.
102. Venter Goulet, 「Credibility」, Chapter 7 of Foundations of Casualty Actuarial Science. New York: Casualty Actuarial Society, 1989.
103. ___________, 「Principles and Application of Credibility Theory」, Journal of Actuarial Practice. 1998.
104. Waters, H.R., 「Credibility Theory」, Edinburgh: Heriot-Watt University, 1993.
105. Whitney, A., 「The Theory of Experience Rating」, PCAS, 4(1918), 274-292.
106. Woll, R. G., 「A Study of Risk Assessment」, to appear in PCAS.
107. Woll, R. G., 「A Covariance Approach to Bayesian Credibility」, Unpublished Paper.
108. Young, V.R., 「Credibility Using a Loss Function from Spline Theory」, Scand. Actuarial. J., 2(1997), 160-185.
109. _________, 「Credibility Using a Loss Function from Spline Theory: Parametric Models with a One-Dimensional Sufficient Statistic」, NAAJ, 2, 1(1998), 101-117.
110. 「Compendium of ISO Credibility Procedures Enclosed」, ISO, 1995.

3. 일본

1. 嶋倉征雄, 『損害保険料率算定の 基礎知識』, (株)損害保険企劃, 1993.
2. 會澤春久 外 6人, 「保險 1(損害保險)」, 社團法人 日本 Actuary會, 1998.
3. 辻ケ當 哲, 「損害保険會計と決算」, 社團法人 損害保険事業總合研究所, 2005.

찾아보기

저자 소개

이희춘

강원대학교 이공대학 통계학과 학사
서울대학교 자연과학대학원 계산통계학과 석사
단국대학교 이공대학 전산통계학과 박사

보험개발원 손해보험 · 생명보험 본부장(보험계리사)
소방방재청(행정안전부) 재해보험과장
강원대학교 산학협력단 전임연구원
경희대학교, 단국대학교, 상명대학교, 세종사이버대학교 등 출강

풍수해보험의 보험요율 산정 시스템 및 장치, 특허번호: 제10-1745138호(2017년 06월 01일), 발명자: 이희춘 외 3인
풍수해 위험도가 반영된 개별요율 산정 및 지도개발 연구(R&D)(요율산정부분)(행정안전부, 2013.5-2018.4)
An Estimation of Loss Ratio Based on Empirical Bayes Credibility(한국통계학회, 2002)
Zone(침수심)별 보험가입목적물의 손해액과 보험가액을 이용한 보험요율산정 방안: 대재해 모델링 방법을 중심으로(한국보험학회, 2015) 외 다수

E-Mail: hclee6053@naver.com

신뢰도 이론의 이해와 활용

저　자　이희춘
발 행 인　김지영
발 행 처　자유아카데미
주　소　경기도 파주시 회동길 37-42 파주출판도시
전　화　031-955-1321
팩　스　031-955-1322
홈페이지　www.freeaca.com
전자우편　main@freeaca.com (대표)
editor@freeaca.com (편집)
crm@freeaca.com (영업)
등　록　제406-2003-017호, 1980. 7. 12
제1판1쇄　2022년 5월 20일 발행

저자와의 협의하에 인지생략

ISBN 979-11-5808-355-7　93310